领导干部论丛

新蓝海 新浙江

Xin Lanhai Xin Zhejiang

中共浙江省委党校中青年干部培训班 / 编

兰州大学出版社

图书在版编目(CIP)数据

新蓝海　新浙江/中共浙江省委党校中青年干部培训
班编. —兰州:兰州大学出版社,2012.9
　　ISBN 978-7-311-03971-4

　　Ⅰ.①新… Ⅱ.①中… Ⅲ.①区域经济发展—浙江省—
文集②社会发展—浙江省—文集 Ⅳ.①F127.55-53

中国版本图书馆 CIP 数据核字(2012)第 234164 号

策划编辑　施援平　许　景
责任编辑　许　景　施援平
封面设计　管军伟

书　　名　**新蓝海　新浙江**
作　　者　中共浙江省委党校中青年干部培训班　编
出版发行　兰州大学出版社　(地址:兰州市天水南路 222 号　730000)
电　　话　0931-8912613(总编办公室)　0931-8617156(营销中心)
　　　　　0931-8914298(读者服务部)
网　　址　http://www.onbook.com.cn
电子信箱　press@lzu.edu.cn
印　　刷　兰州奥林印刷有限责任公司
开　　本　880 mm×1230 mm　1/32
印　　张　14.625
字　　数　431 千
版　　次　2012 年 9 月第 1 版
印　　次　2012 年 9 月第 1 次印刷
书　　号　ISBN 978-7-311-03971-4
定　　价　38.00 元

(图书若有破损、缺页、掉页可随时与本社联系)

前　言

　　时光飞逝，秋去冬来。浙江省委党校2011年秋季中青年干部培训一班为期4个月的培训已经圆满完成。在省委组织部、省委党校的总体设计和精心安排下，这4个月的学习十分短暂却丰富多彩，课堂讲学、现场教学、实地调研、学员论坛、小组讨论留下了学员们勤学多思的身影和思想交锋的精彩，模拟演练、实践体验、论文答辩、综合测试留下了学员们全力以赴的努力和团结共进的友谊，延安干部学院、北京市委党校留下了学员们追寻党的光辉历史、党的优良传统、党的根本宗旨和宏观战略思维的深深足迹。可以说，这一期中青年干部培训班收获甚丰，成果累累。

　　坚持不懈的创新是这一切的动力源泉。近年来，省委党校在省委的正确领导下，以党的十七大和省第十二次党代会及历次全会精神为指导，深入贯彻落实科学发展观，把科学发展贯穿于干部培训的全过程，切实按照《中国共产党党校工作条例》要求和我省领导干部理论武装、教育培训工作的实际开展教学工作。在教学中坚持全面发展、注重能力、联系实际、学以致用、与时俱进、改革创新的原则，不断创新教学模式，完善教学内容，重点研究中国特色社会主义在浙江实践的重大理论与现实问题，把学习理论与研究问题、总结经验、指导工作结合起来，把学习理论与改造主观世界、增强党性锻炼、提高思想政治素质结合起来，把学习理论与增强干部科学发展实践结合起来，力求在提高干部素质上下工夫，在推动实际工作上见成效。2012年，《领导干部论丛》系列丛书第19辑《新蓝海·新浙江》的出版，体现了党校干部培训工作的最新成果,凝聚了广大党校老师的心血,集成了广大学员务实创新的不懈努力和大胆探索,是加快经济转型升级的科学发展理念与具体工作有机结合的生动实践。

全体学员的百倍努力是这一切的坚实基础。浙江省委党校2011年秋季中青年干部培训一班的学员,无论是来自我省各条战线上的,还有来自于北京的,都具备丰富的领导实践经验和扎实的理论基础。在这次培训学习中,他们深入学习了经济转型升级、中国特色社会主义理论、党建理论和领导干部综合素质等理论知识;紧密结合当前国内外经济形势,结合浙江经济社会发展实际,以全面落实省委"八八战略"和"两创"总战略为主线,以所学的理论、知识和方法为重要基础,以深入调查研究和充分探讨为重要依据,全面研究探讨了有关经济建设、政治建设、文化建设、社会建设和党的建设及生态文明建设等各个方面的重大问题。并且,围绕省委、省政府的工作部署,重点在产业转型升级、生态文明建设、新农村建设和新型城市化等研究方向开展了深入思考和深入调研,分组形成了有层次、有创新、有分量、有见地的5个调研报告,突出反映了当前浙江经济社会发展中出现的新情况、新问题,明确提出了具有很强针对性、有效性的政策建议。同时,根据学习培训计划,每位学员根据研究方向和自身工作及研究特长,分别选取了其中的一个子课题,全身心地投入,深入调查研究,认真完成论文,形成了一个个力作精品。4个月的时间里,广大学员通过学习与思考,写就这62篇论文,凝聚成这本《新蓝海·新浙江》的研究专辑。

广大老师的真情付出是这一切的重要保证。在培训期间,省委党校的老师们系统合理安排教学活动、认真传授知识、精心指导研究,督导员全程参与、精心指导,对学员们的学习和生活给予了极大的帮助,给学员们树立了良好的榜样。特别是在课题研究、校外学习和外出考察方面,他们细致安排,认真负责,关怀备至,让学员们深深体会到了省委党校老师们实事求是的作风、严谨治学的态度和兢兢业业的精神。

2012年是一个具有重要意义的年份,我们将迎来党的十八大和省委第十三次党代会。如何在新形势新阶段,保持经济平稳较快发展和社会和谐稳定,增强发展的普惠性、稳定性、协调性和可持续性,以经济社会发展的新成绩迎接党的十八大和省委第十三次党代会胜利召开至关重要。我们特整理出版此书,希望其中的研究成果和论文,能为领导决策和指导实际工作提供有益参考,推动科学发展在浙江生动实践中发挥积极的作用。

中共浙江省委党校 教务处
学员部

2012年1月

目 录

第三部分

第一部分

第一種子

强化科技人才支撑　加快发展海洋经济

——对科技人才支撑浙江海洋经济发展状况的调查与思考

徐明华

　　21世纪是海洋的世纪,海洋经济的竞争影响区域发展的绩效和区域竞争力。2011年年初,国务院正式批复了《浙江海洋经济发展示范区规划》;7月,又批准设立浙江舟山群岛新区,这将促进我省海洋经济发展进入一个新阶段。如何加快推进我省海洋经济发展? 我省海洋经济发展还存在哪些制约因素? 带着这些问题,2011年秋季中青一班第一调研组赴舟山、宁波、嘉兴等地开展调研,深入考察了阿尔法船舶制造(舟山)有限公司、浙江海洋学院、宁波工程学院、宁波港、嘉兴港区等三地相关的企业、园区和高校,并与三地的组织部、市委市府办公室、发改委、科技局及相关园区、企业的负责人进行座谈,深入了解三地加快发展海洋经济的情况。之后,调研组又进行了大量的文献调研,并通过省教育厅、科技厅等有关部门了解我省海洋科技发展与海洋人才培养建设情况,收集了大量资料。在此基础上,调研组就我省海洋经济发展中的科技与人才支撑问题,撰写了本调研报告。

一、海洋经济发展的国际背景与基本趋势

　　占地球表面积71%以上的海洋是人类生存和发展的重要空间。人类与海洋相依相存,在对海洋的认知与探索中创造了繁荣富庶的商业文明和丰富灿烂的历史文化。随着世界经济的发展和人口的增长,陆地资源日益减少,海洋以其蕴藏丰富的生物、化学、矿产、淡水资源成为人类生存发展的

新空间。目前,海洋资源开发与可持续利用已成为沿海国家尤其是海洋大国的国家发展战略,各国纷纷制定开发、发展海洋经济的战略,抢占海洋经济的制高点。

一方面,海洋经济已经成为国际竞争的重要组成部分。21世纪是"海洋世纪"。进入21世纪以来,随着全球竞争的加剧和产业结构的调整,海洋的战略地位日益突出。美国认为海洋是地球上"最后的疆域",未来50年战略重点要从外层空间转向海洋;英国也宣称要把发展海洋科学作为跨世纪的一次革命;加拿大则提出要发展海洋产业,提高海洋产业贡献,扩大就业,占领国际市场;我国对发展海洋事业也十分重视,海洋已被列为国家重点部署的战略领域之一。目前,海洋已经成为国际政治、军事和外交竞争的重要舞台。围绕海洋划界争端、海洋渔业资源争端、海底油气资源争端、深海矿产资源勘探开发以及深海生物基因资源利用争端等,在局部地区出现的争夺海岛主权、争夺管辖海域的海上军事对抗或冲突,表明以争夺海洋资源、控制海洋空间、抢占海洋科技"制高点"为主要特征的现代国际海洋竞争日趋激烈,逐鹿海洋、竞争海洋、深度开发利用海洋已是大势所趋。海洋竞争的核心是通过争夺、控制和深度开发利用海洋资源,发展海洋经济,提升国家实力,维护国家安全。因此,海洋经济的竞争实际上关系到民族兴亡和国家安全,已经成为国际竞争的重要组成部分。

另一方面,科技与人才竞争是国际海洋经济竞争的关键。海洋经济的竞争促进了海洋科技的不断发展,掀起了一次次蓝色革命:一是以浅海滩涂养殖和海洋捕捞为代表的渔业发展,为人们提供了丰富多样的海洋食品,很大程度上改善了人们的食物结构,拓展了人类食物来源的渠道。二是以造船为代表的海洋装备制造业发展,大大提高了航运能力和技术水平,促进了全球生产要素的流动和配置,加速了经济全球化进程。三是以海洋环境技术、资源勘探开发技术、海洋通用工程技术为代表的海洋高新技术产业发展,支撑了海洋资源利用,打开了海洋开发的深度和广度空间。四是以海洋天然产物、生物活性物质、特殊功能基因组为代表的海洋生物产业发展,将带来海洋生命科学和生物技术的重大突破,形成海洋生物技术产业群。科学家们普遍预测,海洋科技是21世纪人类最有可能取得重大突破的领域之一。

目前,海洋科技与海洋经济在互动中不断发展。一方面,随着海洋科学技术的进步,海洋开发不断向着更深、更广的领域拓展。世界海洋高新技术的迅速发展,引发了海洋开发新的热潮,推动了新兴海洋产业的形成及发展。另一方面,海洋经济的竞争推动了海洋科技的进步,海洋经济的发展也越来越依赖高新技术。例如,海上油田开发从勘察、钻探、开采和油气集输到提炼的全过程,几乎都离不开高新技术的支持。因此,科技与人才的竞争是海洋经济竞争的关键。

也正因如此,世界主要沿海大国都高度重视海洋科技发展与人才建设。如美国先后制定了《全球海洋科学规划》、《90年代海洋学:确定科技界和联邦政府新型伙伴关系》、《1995—2005年海洋战略发展规划》、《21世纪海洋蓝图》、《美国海洋行动计划》、《海洋石油业合作研究计划》等,规划重点发展海洋工程技术、海洋生物技术、海水淡化技术、海洋能发电技术、大洋钻探和海上工程服务业;日本制定了《深海钻探计划》、《大洋钻探计划》、《海洋高技术产业发展规划》、《天然气水合物研究计划》、《海洋研究开发长期规划》、《综合大洋钻探计划》等,规划重点发展海洋环境探测技术、海洋再生能源试验研究、海洋生物资源开发工程技术、海水资源利用技术、海洋矿产资源勘探开发技术;澳大利亚制定了《海洋产业发展战略》、《澳大利亚海洋科学与技术计划》、《21世纪海洋科学技术发展计划》等,规划重点发展海洋资源、海岸和海洋工程与设备、航运产业等等。

同时,美国、澳大利亚、韩国、德国、日本等沿海国家也都大力发展海洋高等教育,高度重视培养海洋类人才。如德国的基尔大学,进行海洋人才培养与研究已有100多年的历史,设有海洋地学研究中心,下设古生物和古海洋系、海洋环境地质系、海底岩浆和岩石学系等,以培养研究生为主,每3人中就有1人是研究生,这所大学为德国输送了大批的海洋类高层次人才。还有美国的缅因大学、乔治亚大学、南加州大学、麻省州立大学和日本的东北大学等都大力发展海洋类学科专业,培养了大批的海洋类高层次人才,为其海洋经济发展作出了贡献。

可见,海洋科学技术也已成为世界各国争先发展的高科技领域。开发海洋的竞争是科技与人才的竞争,谁拥有人才谁就掌控海洋开发的钥匙,掌控海洋开发的话语权。

二、浙江的海洋科技发展与人才建设状况：比较与分析

　　浙江是国内海洋经济科教支撑能力较强的省市之一。国家海洋局第二海洋研究所是国内从事海洋高新技术研发与应用的主要综合型海洋研究机构之一，学科齐全、科技力量雄厚、设备先进，尤其是在资源保护与遥感技术等方面优势突出。中国化工集团杭州水处理技术开发研究中心是国内水处理技术和膜过程开发的创始单位，也是国家液体分离膜工程技术研究中心、中国海洋学会海水淡化与水再利用分会及国家净水设备技术动员中心的依托单位，拥有膜与膜过程国家重点实验室，实力雄厚。中国船舶重工集团公司第七一五研究所（杭州应用声学研究所）是我国最早专业从事声学技术装备开发的科研机构，也是声呐技术国防科技重点实验室的依托建设单位，在国内占有相当重要的地位。2007年成立的浙江省海洋开发研究院，整合了中国海洋大学、国家海洋二所、宁波大学和浙江海洋学院等省内外涉海大专院校、科研院所的科技资源，依托我省良好的海洋产业基础，围绕海洋产业对科技创新的需求，开展应用技术创新、共性关键技术攻关、技术中试开发、技术引进与成果产业化应用、产品检验检测、对外科技合作交流、技术与信息服务和人才培养等科技创新服务，是省重点支持的海洋科技创新服务平台的主要载体。浙江大学2003年组建了海洋研究中心，2009年成立了海洋科学与工程学系，填补了海洋科学的缺项，同年又与舟山市共建了"海上浙江"示范基地和第一个国家级海洋技术海上公共试验场——摘箬山科技示范岛。以涉海专业为主的浙江海洋学院和浙江国际海运职业技术学院迅速成长，宁波大学等院校建立了一些涉海院系，更多的高校加强了对涉海人才的培养。浙江海洋科研机构经常费用收入居全国第4位，海洋本专科专业点数量居全国第2位。这些都表明，经过多年的投入建设，我省的海洋科技与人才已经有了非常好的基础。

　　然而，与上海、广东等海洋科技较发达的省市相比，我省在海洋科技发展与人才建设方面还存在一些差距，如主要为海洋经济服务的教学科研机构不多，大多数涉海教学科研机构还比较年轻，积淀不厚，还不能满足海洋经济迅速崛起对科研和人才急剧增长的需要等。本文利用2008年的统计数据，对浙江与其他几个沿海省份的海洋科技发展与人才建设情况进行比较

分析,以找出不足,分析原因,提出对策。

表1列出了浙江等沿海11个地区包括海洋专业技术人员、海洋从业人员和海洋科技机构在内的海洋科技力量总体规模情况。可以看出,海洋专业技术人员,山东、上海、天津、广东、江苏分列前5位,浙江位列第6;海洋从业人员,前5位中,天津与上海位次互换,分列第2、3位,浙江位次不变,仍然是第6位;在海洋科技机构方面,浙江仅次于广东和山东,位列第3。

表1　沿海省份海洋科技力量总体规模

指标＼省份	浙江	上海	江苏	福建	天津	山东	辽宁	广东	广西	河北	海南
专业技术人员数	859	2128	1031	635	1849	2406	539	1732	123	400	135
从业人员数	1042	2591	1280	682	2630	3094	606	2249	167	418	153
科技机构数	17	13	8	10	11	20	8	23	6	4	3

数据来源:2009年《中国海洋统计年鉴》。

表2列出的是沿海11个地区以专业技术人员和从业人员为度量的海洋科技机构的平均规模情况。可以看出,与山东、上海、江苏相比,浙江海洋科技机构的平均规模显著偏小。

表2　沿海省份海洋科技机构平均规模

指标＼省份	平均专业技术人员数	平均从业人员数
浙江	50.30	61.29
上海	163.69	199.31
江苏	128.88	160.00
福建	63.50	68.20
天津	168.09	239.09
山东	120.30	154.70
辽宁	67.38	75.75

续表2

指标 省份	平均专业技术人员数	平均从业人员数
广东	75.30	97.98
广西	20.50	27.83
河北	100.00	104.50
海南	45.00	51.00

数据来源:2009年《中国海洋统计年鉴》。

有研究运用简单比较法,并赋予不同指标不同权重,计算了沿海各地区科技与人才各项指标的得分,整理得表3。可见,浙江除了科技机构规模得分靠前外,其余指标都较为靠后,科技实力总体规模得分位列第5。

表3　沿海省份海洋科技人才综合比较

得分排序 省份	从业人员 规模	专业人员 规模	科技人员 结构	科技机构 规模	科技机构 平均规模	科技实力 总体规模
浙江	6	6	6	3	9	5
上海	3	2	2	4	2	3
江苏	5	5	5	7	3	6
福建	7	7	7	6	8	7
天津	2	3	4	5	1	4
山东	1	1	1	2	4	1
辽宁	8	8	8	7	7	8
广东	4	4	3	1	6	2
广西	10	11	10	9	11	10
河北	9	9	9	10	5	9
海南	11	10	11	11	10	11

数据来源:整理自周达军等,浙江省海洋科技投入产出分析,《经济地理》,2010年第9期。

表4列出的是沿海11个地区承担的各类海洋科技方面课题的情况。根据重要性程度对不同类型课题赋予不同权重可以计算出各地区在海洋课题承担方面的总体得分。可以看出,浙江在承担海洋类课题方面明显少于广东、江苏、山东等省份,综合得分排在第6位。

表4 沿海省份海洋科技课题承担情况

课题类别	生产性活动	科技服务	成果应用	实验发展	应用研究	基础研究	合计	综合得分排序
浙江	2	123	59	34	68	86	372	6
上海	2	215	40	250	197	56	760	4
江苏	2	307	276	331	194	18	1128	3
福建	0	125	25	108	101	86	445	5
天津	6	113	75	106	90	2	392	7
山东	1	117	64	155	292	263	892	2
辽宁	7	20	17	17	1	0	62	8
广东	0	351	58	173	372	279	1233	1
广西	0	2	3	13	5	0	23	11
河北	0	26	10	3	9	0	48	10
海南	0	5	29	4	1	5	44	9

数据来源:周达军等,浙江省海洋科技投入产出分析,《经济地理》,2010年第9期。

表5列出的是沿海各地区海洋科技实力的总体评价。其中,科技投入实力主要由海洋技术人员、海洋从业人员和海洋专业机构等指标计算得出,科技产出实力主要由海洋类课题指标计算得出,科技效率实力则主要由人均科技产出数据计算得出。从表5可以看出,浙江的效率实力排位相对靠前,而投入实力和产出实力排位与前述各指标的排位是基本一致的,总体实力则排在第7位。

表5　沿海省份海洋科技实力总体评价

省份＼实力排序	投入实力	产出实力	效率实力	总体实力
浙江	6	6	4	7
上海	2	4	6	3
江苏	5	3	1	4
福建	7	5	3	6
天津	3	7	8	5
山东	1	2	5	1
辽宁	9	8	9	8
广东	4	1	2	2
广西	11	11	10	11
河北	8	10	11	9
海南	10	9	7	10

数据来源:周达军等,浙江省海洋科技投入产出分析,《经济地理》,2010年第9期。

上述分析表明,浙江的海洋科技与人才实力无论是各项细分指标,还是综合得分,在全国沿海11个省份中都不占优势,基本上处于中等水平,列广东、山东、上海、天津和江苏之后,大致在第6位上下。这与浙江海洋经济的发展以及海洋经济在浙江发展中的重要地位是不相称的。据省统计局的一项研究,2008年浙江海洋经济增加值绝对量排在全国第5位;2007年浙江省的海洋渔业产量排在全国第4位,海洋捕捞产量居全国第1位。再从港口湾道等海洋资源看,浙江海岸线曲折,全省海岸线长达6486公里,占全国总长度的20.3%,居全国第1位;且浙江海域内的港湾、岛屿众多,面积500平方米以上的海岛3061个,占全国海岛总数的2/5;可建万吨级泊位的深水岸线290.4公里,10万吨级泊位岸线105.8公里。丰富的港口湾道资源,为浙江港口业发展提供了很好的基础,近年来我省海洋运输发展较快,港口客货吞吐量均居全国前列。因此,相比之下,浙江的海洋科技发展和海洋人才建设滞后于海洋经济发展,从长期看是不利的。

我省海洋科技发展和海洋人才建设滞后于海洋经济发展这一结论,也得到了其他相关研究的支持。如表6所示,有人通过对我国海洋科技创新能力与海洋经济发展的协调性分析表明,沿海地区省际协调发展度差异明显,其中,广东属于良好协调发展型,天津、上海、山东为中度协调发展型,江苏、河北、辽宁、浙江、福建则属于勉强协调发展型,其中浙江为海洋科技滞后型,江苏为海洋经济滞后型等。

表6　沿海省份海洋科技创新能力和海洋经济发展综合水平得分

综合得分	2004 年		2005 年		2006 年		2007 年		2008 年	
	海洋科技	海洋经济	海洋科技	海洋经济	海洋科技	海洋经济	海洋科技	海洋经济	海洋科技	海洋经济
天津	0.475891	0.048791	0.478807	0.601692	0.532377	0.389592	0.535579	0.410413	0.464119	0.435026
河北	0.042867	0.038782	0.042804	0.225520	0.085505	0.233667	0.171121	0.231421	0.167131	0.254320
辽宁	0.186610	0.391055	0.186969	0.241668	0.118591	0.213079	0.136488	0.224320	0.130844	0.251441
上海	0.565476	0.481092	0.557292	0.615460	0.748198	0.809676	0.765000	0.830573	0.762320	0.768865
江苏	0.425432	0.318986	0.425393	0.143357	0.434403	0.263496	0.397773	0.255050	0.400499	0.286595
浙江	0.411315	0.243588	0.409278	0.272774	0.357667	0.368743	0.326940	0.384115	0.323198	0.387886
福建	0.270972	0.320278	0.271307	0.227795	0.214516	0.376027	0.222862	0.411710	0.190232	0.444498
山东	0.958690	0.373802	0.963263	0.201171	0.930109	0.312064	0.923398	0.337473	0.881795	0.371933
广东	0.652834	0.444704	0.654960	0.539623	0.727094	0.643967	0.805188	0.656342	0.763445	0.640949
广西	0.049702	0.177352	0.049370	0.011294	0.027485	0.128864	0.033296	0.132020	0.012525	0.146383
海南	0.044148	0.359185	0.044148	0.211795	0.040559	0.321353	0.037595	0.300432	0.053140	0.367254

资料来源:王泽宇等,我国海洋科技创新能力与海洋经济发展的协调性分析,《科学学与科学技术管理》,2011年第5期。

三、制约浙江海洋科技发展与人才建设的因素分析

我省海洋科技与人才发展相对滞后,原因是多方面的,但基础差是一个重要因素。长期以来,我省的高等教育发展滞后于经济建设,虽然近10年来发展迅速,但毕竟基础薄弱、积淀不多,在人才的引进与培养方面与沿海高等教育大省相比有不少距离。就海洋科技发展与人才培养而言,不仅与山东、广东、上海等这些海洋经济和海洋高等教育都比较发达的省份相比有较大差距,即使与江苏、福建这些海洋经济和海洋高等教育不是很发达的省份相比也不占优势。如福建省,厦门大学、集美大学都是较早培养海洋科技人才的高校,且海洋类学科体系也较为完善。厦门海洋职业技术学院、福建交通职业技术学院在培养海洋科技人才方面也有较长的历史和较强的实力。2007年年底,福建全省共有涉海类博士点7个、硕士点15个,在校博士生41人,在校硕士生161人,在校本科生3545人。再比如江苏省,虽然没有专门的海洋大学(据报道,江苏正在筹办一所专门的海洋大学),但江苏的涉海类高校有10多所,并且实力都较强,如河海大学的港口、海岸近海工程、水利工程专业,南京大学的海洋地学专业,东南大学的港航工程专业,江苏科技大学的船舶制造等实力都很强。江苏海洋本科专业2008年在校生(11382)与毕业生(2527)人数居全国第2(山东第1,11597,2559);海洋硕士生,2008年在校生与毕业生人数居全国第4(次于山东、辽宁、上海);2008年海洋专业博士生在校生(117)与毕业生(26)人数居全国第5。

另一方面,中央部委在我省的科研院所也不多,其中,涉海类的算是较强的,但也只有国家海洋局海洋二所、杭州水处理技术研究开发中心和中国船舶重工集团公司第七一五研究所(杭州应用声学研究所)等几所研究机构。而山东、广东、上海和江苏这类研究机构都不少,且实力较强。如在江苏省的有中科院南京地理与湖泊研究所、中科院南京地质古生物研究所、中科院南京土壤研究所、中国船舶重工集团公司第七二四研究所、南京水利科学研究院等,都有很强的科研实力。

意识不强,政策措施力度不够是我省海洋科技与人才发展相对滞后的另一个重要原因。早在1995年,江苏就把建设"海上苏东"列入了"九五"计划和2010年长远发展目标。1996年,江苏省委省政府颁布了《关于加快发展

江苏海洋经济的若干意见》(苏发〔1996〕5号),是国内最早的关于发展海洋经济的省级政府文件之一,对海洋科技与人才的培养提出了明确细致的规定和要求:"加强海洋开发专业人才的培养与使用。充分发挥我省现有教育资源的潜力,在现有的高、中等院校中,强化或增设与海洋开发相关的院系或专业,其新增教育事业费由省财政按标准专项予以安排;新增专业所需设备购置和相应基建经费,省财政给予积极支持。海洋开发重大项目的实施内容,必须包括人才培训的安排,否则不予批准立项。海洋开发专业人才以定向委培为主,在沿海地区大力发展与海洋开发有关的职业教育和成人教育,逐步建设一支留得住、用得上的海洋开发专业队伍,并有计划地分批选送从事海洋开发的人员到国内外海洋院所培训。鼓励历年来分配到我省的海洋专业人才归队,制定激励政策,吸纳留学人员回国来我省从事海洋开发。广泛开展海洋开发领域的国内外科技合作,在平等互利、成果共享、保护知识产权、尊重国际惯例的原则下,以多边、双边、官方、民间等方式,进行多层次的科技成果交流与联合攻关。""加强海洋研究的基础工作。按照海洋经济发展的需要,充实、加强、提高现有海洋产业的研究机构,选择基础较好、与海洋产业相关的研究机构,从事海洋新兴产业的研究,并在政策上给予扶植。在现有海涂资源综合调查、海岛资源调查、海洋功能区划、海洋开发规划、港口资源调查的基础上,建立我省海洋资料数据中心,为滚动研究海洋经济和制定规划提供基础资料。加强海洋科技示范点和试验基地的建设,沿海三市以及有条件的县(市)都要建立1~2个科技示范点(区)和试验基地。"

　　相比之下,我们查到的我省最早的关于海洋经济的政府文件是2003年10月,为贯彻落实《全国海洋经济发展规划纲要》而颁布的《中共浙江省委、浙江省人民政府关于建设海洋经济强省的若干意见》(浙委〔2003〕20号),其中也有关于海洋科技人才培养的要求:"加大海洋科技人才的培养和引进力度。调整学科结构,加强重点学科建设,高质量办好浙江海洋学院。支持浙江大学、宁波大学、浙江海洋学院等涉海专业加快发展,加快建设涉海类博士后流动站、博士点、硕士点、国家级重点学科、本科重点专业。加快培养一批海洋科技和管理人才。采取优惠政策,以多种方式引进国内外高层次海洋科技与管理人才,加强海洋科技人才队伍建设。重视和加强在职培训与海洋科普教育。"可见,这一文件提出的政策要比江苏省1996年出台的文件笼统得多。

政策措施的不到位,表现在海洋高等教育方面就是投入相对不足,发展较为缓慢。这也是在我们调研中,有关高校反映较为强烈的方面。首先,与浙江省高等教育总体发展情况相比,海洋教育发展是比较缓慢的。在全省77所高校中,共设置本科专业220种,布点数达1054个,而涉海类专业只占到全省本科专业数和布点数的5.5%和1.7%。其次,涉海类专业布局和结构不尽合理,且分布狭窄,契合海洋经济发展的新兴专业缺乏。再次,涉海类专业师资力量相对薄弱,人才培养层次较低,高层次、高水平的学科专业领军人物比较缺乏,省内高校中目前还没有涉海类的国家级重点学科和重点实验室。最后是办学经费相对紧张,实践教学条件还不能满足专业建设和发展的需要。涉海类专业的实践性很强,要求有良好的海上实习条件和稳定的教学实习基地,相对于一般专业来说,其投入相对较大,目前满足程度不高。此外,浙江与其他沿海省市的海洋教育相比,存在着资源分散、阵容不强的现象,尽管在形式上已组建了浙江海洋学院,但至今还没有形成强有力的中心板块和核心竞争力。

当然,与江苏、上海、广东等省份相比,我省R&D投入占GDP的比重一直偏低,对海洋科技与人才方面的投入自然也相应不足。这也是政策措施不够有力的一个表现。还有,我省发展海洋经济的重点区域,如舟山,受制于经济社会发展条件,对人才的吸引力不强,不仅人才引进难,而且人才外流现象也较严重。

最后,我省以中小民营企业为主的经济结构也是制约海洋科技进步与人才培养的一个不容忽视的因素。虽然,以中小民营企业为主的经济结构市场化程度较高,有利于科技与人才资源的市场化配置,有利于我省企业引进利用省外的科技与人才资源,这也是我们在浙江很多领域里都可以看到的现象,即省外大量高层次的优秀人才为我所用,并且通常是不求所有,但求所用。然而,以中小民营企业为主的经济,产业层次低,再加上大量中小民营企业意识不强,观念落后,总体上对技术与人才需求的层次都不高。事实上,这也是导致整个浙江经济科技与人才支撑不足的一个重要原因。

四、强化浙江海洋经济发展的科技与人才支撑的对策思考

科技发展与人才建设事关重大,影响深远。但科技的发展和人才的建设又不是一蹴而就的,需要科学分析,精心谋划。因此,我们认为,加快浙江海洋科技发展和海洋人才建设需要遵循以下原则:

(一)国际视野

发展海洋经济不仅仅是个区域经济发展问题,同时也涉及国家的政治、军事、国防等诸多重大问题;另一方面,人类对于海洋的认识和开发利用还是比较初步的,海洋经济发展的空间,其广度和深度往往是超乎想象的。因此,必须站在更高的高度,以更开阔的视野来审视、谋划浙江的海洋科技发展和人才建设。

(二)因地制宜

现在各地都高度重视海洋科技发展与海洋人才建设,加快推进海洋经济发展。但各地发展海洋经济的产业基础、区位条件、发展重点等方面都有所不同,因此在加快海洋科技发展和人才建设方面也应该有所不同。我省应该紧贴《浙江海洋经济发展示范区规划》,适应舟山群岛新区建设的要求,科学部署海洋科技发展和人才培养建设。

(三)市场推动

市场化是我省经济发展的突出优势,也是我国社会主义市场经济发展的大势所趋,因此,市场化配置资源,包括通过市场化推进海洋科技发展和海洋人才建设,应该是其重要的方向和途径。要继续发挥我省民营企业在配置利用全国甚至全球科技人才资源方面的能力优势,实现更大范围内的科技人才资源为我所用,促进我省海洋科技进步和人才建设。

(四)重点突破

发展海洋经济需要有所为有所不为,同样,海洋科技发展与人才建设也需要有所为有所不为。要根据浙江海洋经济发展的重点目标和产业选择,着重培育发展港口物流、滨海旅游、现代渔业、海洋装备制造、船舶工业、海水综合利用、海洋生物医药、深海资源勘探开发、海洋金融信息、港航服务等方面的科技与人才支撑。

根据上述理念与原则,重点要在以下方面采取措施,进一步发展海洋科技,培育海洋人才,支撑浙江海洋经济发展。

(一)做好规划

根据国际海洋经济发展大趋势和海洋科技与人才竞争的总态势,结合我省实际,科学预测我省未来对于海洋科技与人才的需求。在此基础上,建立健全3个体系:其一是海洋科技教育与人才培养引进体系。适应浙江海洋经济发展示范区和舟山群岛新区发展需要,科学制定海洋高等教育发展战略和人才队伍建设规划,加大海洋类人才培养和引进力度。其二是海洋科技创新体系。充分利用浙江海洋学院、浙江大学、浙江工业大学、宁波大学和国家海洋局第二海洋研究所等的资源优势,通过建立海洋科技研发基地、科技成果转化平台,培育自主创新型企业和创新人才,构建以企业为主体、市场为导向、产学研紧密结合的开放型海洋科技创新体系。其三是劳动者素质提升体系。21世纪海洋的竞争,离不开海洋科技人才的培养,更离不开生产第一线千万劳动者素质的提高,因此必须加大现有海洋职工的培训,提高他们的素质和劳动技能,以适应海洋开发的需要。兴建海洋技术继续教育培训基地,建立海洋从业人员进修培训制度,大量培育海洋开发基层技术人才。

(二)加大投入

科技发展与人才建设是一项长期工程,并且具有公共产品的性质,政府责无旁贷。大量的事实也表明,科技发展与人才建设需要大量长期持续不断的投入。因此,加大投入仍然是不得不强调的重要措施。其一是加大政府财政对海洋科技的投入。根据《科技进步法》及党政领导科技目标责任制的相关规定,在确保财政科技投入不断增长的前提下,根据我省海洋经济发展的需要,要对一些具有战略性意义的海洋科技进行倾斜,促进海洋科技更快发展;要实施科技兴海战略,加大海洋科技项目的攻关实施力度,重点突破海洋经济发展中的关键共性技术,在项目数量、经费等方面予以保障。此外,对于高校、科研院所新增的涉海类学科、建设项目等要优先予以经费保障。其二是加大企业的海洋科技投入。要通过完善财政贴息、抵扣税、经费返还等财税政策,引导、鼓励企业加大海洋科技投入,强化创新力度;还要通过创新产品的政府采购、专利示范企业和创新型企业优惠政策等措施,激励企业开展技术创新。最关键的是要完善激励机制,形成有利于企业创新的政策环境,使企业的创新投入总体上有利可图。其三是要加大社会的海洋科技投入。重点是加快海洋科技中介服务体系建设,鼓励企事业单位和个人创办海洋科技服务机构,或从事海洋科技中介服务活动,加快海洋科技成果的应用与转化。

(三)搭建平台

海洋科技与人才作用的发挥需要适当的平台,这也是政府可以作为的方面。其一是海洋科技与人才工作平台。在发挥省海洋科学院、省海洋开发研究院、省水利河口研究院等平台集聚作用与效应的基础上,要总结提升以往引进大院大所的经验,探索多种方式引进或建立一批涉海类科研院所,为海洋科技发展与人才建设提供更多的作用平台。其二是海洋科技成果转化平台。引导企业主动与科研机构对接,产学研联合进行科技攻关,加强科技成果转化,创建科技创业投融资服务平台,大力发展技术交易市场。重点建设浙江网上技术交易市场海洋分市场、浙江省海洋科学院、摘箬山科技示范岛、浙江省海洋科研信息服务中心、浙江海洋发展规划研究咨询中心等科研创新服务平台,为涉海企业提供科研创新和成果转化服务。其三是产业集聚平台。根据我省海洋经济示范区规划及试点的目标要求,参照省有关产业集聚区建设的政策原则,在继续积极推进杭州大江东产业集聚区、宁波杭州湾产业集聚区、宁波梅山物流产业集聚区、嘉兴现代服务业集聚区、绍兴滨海产业集聚区、舟山海洋产业集聚区、台州湾循环经济产业集聚区、温州瓯江口产业集聚区等建设的基础上,要在舟山、宁波、温州、台州,包括一些岛屿,打造一批新兴、特色海洋产业集聚平台,如舟山本岛至六横岛及镇海至穿山、北仑、大榭一带的临港先进制造业,北仑至金塘、穿山、洋山、梅山、六横一带的物流业等,为海洋科技发展和人才成长提供更广阔的舞台。

(四)优化环境

科技发展与人才成长不仅需要科研设施、经费投入等刚性条件,也需要激励机制、学术氛围等软环境。其一是科技发展与人才成长的学术环境。关键是要改革目前行政主导的学术资源配置、学术成果评价机制,建立和完善由学术共同体更广泛参与、更公开公正透明、符合科学发展规律和国际学术规范的科研资源配置机制、科研成果评价机制、科技人员职称晋升机制及各类学术荣誉授予机制,营造良好的科技发展和人才成长环境。其二是创业创新的市场环境。不尊重科技人员的创造性劳动、侵犯他人知识产权等是制约科技人员创业创新的重要因素。要认真总结我省在全国率先实施的科技成果参股入股政策的成功经验,继续大力改革科技人员收入分配方式,大力实施技术要素参与收益分配的各项政策,扩大探索技术要素质押贷款政策,激发广大科技人员创业创新的积极性。要强化知识产权保护,有效打击知识产权侵权行为,净化市场环境。其三是科技发展和人才成长的社会服务环境。重点是要确保创新型人才成长或创业的社会保障条件,包括医疗保险等在内的各类社会保障条件,包括住房、子女教育等在内的家庭基本生活条件保障,包括人才流动、深造等在内的职业发展环境等等,总之,要营造一个优秀人才创业创新无后顾之忧的社会环境,使优秀人才能够全身心地投入到推进科技进步,发展海洋经济的活动中去。

（作者单位:省委党校科研处）

关于浙江海洋经济发展
资金筹集问题的探讨

林梅凤

　　2011年,浙江迎来了建设海洋经济强省的元年和历史的转折点:刚刚实施的浙江省"十二五"发展规划用专门的篇章描绘了未来5年浙江省海洋经济发展的宏伟蓝图;国务院批准了《浙江海洋经济发展示范区规划》并设立国内首个以海洋经济为主题的国家战略层面新区——浙江舟山群岛新区,这标志着浙江省的海洋经济发展由区域发展战略上升为国家发展战略。自此,浙江加快挺进蔚蓝海洋、建设海洋经济强省的大幕徐徐拉开。而资金是经济发展的重要要素支撑,加快海洋经济强省建设离不开资金要素的强有力的保障。本文拟就浙江海洋经济发展资金的筹集问题进行初步的探讨。

一、浙江发展海洋经济的资金需求分析

　　海洋经济活动是一个技术密集型和资本密集型的产业领域,发展海洋经济所需要的资金投入存在着需求多、周期长、风险高等特点。

(一)资金需求大

　　海洋经济属于资本密集型产业,诸如海底油气开发、海底隧道工程等现代海洋开发工程,需耗费巨额资金。因此,要实现浙江海洋经济生产总值2015年突破7200亿元、2020年突破12000亿元的目标,需要大规模的资金投入,而且单项建设项目的资金需求也很大。据介绍,浙江现已编制完成了"十二五"海洋经济重大建设项目规划,统筹安排相关重点建设项目近500个,总投资约1.2万亿元,平均单个项目投资额达24亿元,其中"十二五"期间投资8000多亿元。如果加上海洋科技项目的研究、海洋企业的生产经营

资金需求,未来浙江省发展海洋经济需要巨大的资金投入。

(二)资金投入周期长

一是海洋产业自身周期长,从海水养殖业来看,生产周期一般在2~5年;油气、金属等海底资源勘采要经过普查、详查、目标钻位选定、开采等阶段,生产周期面临不确定性。二是海洋产业的建设周期长,大部分海洋经济建设项目,如港口等建设项目的建设经营周期较长。三是一些海洋产业从研发到实际应用的周期长。以上特点决定了发展海洋经济需要长期持续的资金保障。

(三)资金投入面临较大风险

海洋经济在发展中面临风险大和不可控问题。一是由于海洋面临各种自然灾害频繁发生且灾害具有不可抗拒性的状况,直接威胁海水养殖业等海洋产业的发展。二是海洋开发的自然环境恶劣,容易导致风险,如海洋石油勘探与开采,因情况不明造成的成功性风险。三是海洋经济主要依赖于高新技术发展,而海洋高新技术的开发与应用的复杂性,导致其面临较高的风险性,使海洋科技企业在创建和成长期,创业风险大,又缺乏固定资产,难以获得担保、抵押或质押,得不到银行贷款的支持。四是污染风险,由于工业化的快速推进和粗放型的增长方式,陆源污染物排海量居高不下,近岸局部海域污染加重,海洋生物多样性指数下降,渔业资源日益衰退,海洋生态环境压力加大。

二、浙江发展海洋经济的资金供求现状分析

海洋产业自身周期长、风险大、收益不确定等弱质性,决定了金融机构支持力度有限和产业发展必然存在资金缺口。实际上,以当前的资金融通量和渠道均无法满足未来海洋经济发展建设对资金日益增长的需求,并存在着诸多矛盾,主要体现在以下几个方面。

(一)海洋经济发展资金巨额需求与供应不足之间的矛盾

资金问题是海洋经济发展过程中的一个重要问题,无论是海洋经济的启动,还是海洋科技项目的研究,无论是以大型海洋经济建设项目为主的扩大再生产,还是维持涉及海洋经济企业正常经营为主的简单再生产,都需要大量的建设投资资金和生产流动资金。但是当前我省发展海洋经济的

资金来源主要依靠传统的金融机构间接信贷融资,以股票市场、债券市场等为主要内容的海洋经济直接融资占比很小。浙江省银行业每年的贷款增量在7000亿元左右,能用于海洋经济建设的贷款资金有限。以目前有效资金来源渠道单一、总量有限的供给状况,根本无法完全满足浙江未来海洋经济发展对资金的大额和连续性需求。

(二)海洋经济发展多样化资金需求与资金供应单一之间的矛盾

一是民营资本的充沛与海洋经济发展资金短缺的矛盾。浙江民间资金极为充沛,且以闲置、小额、散乱形式存在,不符合未来发展海洋经济大项目、大平台、大产业的需要,亟待研究转化的工具和手段。二是资金期限供求矛盾。在海洋经济建设投资领域,建设周期一般都比较长,某些海洋经济产业的生产周期也比较长,但在资本市场的直接融资功能尚未充分体现出来、以银行信贷为主体的融资模式下,受到"短存"的影响,银行的"长贷"很难有大量的增加,这种天然的"短存长贷"的内在缺陷,使海洋经济发展很难筹集到中长期的持续资金来源。据统计,2010年年末,浙江省银行业中长期贷款余额约占全部贷款的40%左右,当年的增量在3500亿元左右。可见,银行中长期贷款远不能满足发展海洋经济对长期资金的需求。三是银行信贷产品单一化问题。当前银行受到监管政策和制度的约束及多数银行机构对支持海洋经济发展的重视程度不够,并且缺乏既懂海洋产业又懂金融的高端人才,因此针对海洋经济发展需要的信贷融资创新乏善可陈,满足于提供传统信贷产品,很少提供适应现代海洋产业需要的新型融资工具和风险管理工具。

(三)海洋经济发展战略实施与企业微观追逐利益之间的矛盾

实施海洋经济发展战略需要高起点、高标准的海洋经济发展目标、海洋产业选择、海洋产业布局,从而实现对海洋经济产业结构和企业结构的优化,追求宏观、长远、可持续的利益。但个人、企业的大量投资往往具有微观逐利的属性,往往会过分强调追求短期效益,而偏重"资源导向型"的海洋经济发展格局,可能会把海洋经济发展简单化为"大开发"、"拼资源"的急功近利式的开发倾向。如果任凭这种资金参与开发,极易造成盲目地扩张海洋经济规模,从而造成海洋资源的严重浪费和海洋生态的严重破坏。

（四）海洋经济发展面临一定风险与银行加强信贷风险防范之间的矛盾

鉴于海洋经济的许多产业都具有内在风险特征,如海水养殖业一些不可预见的灾害风险, 造成海洋经济中的渔业及养殖业贷款的不良率较高。又如海洋经济主要依赖于高新技术发展,其发展具有一定的风险性,如前所述,海洋企业特别是在创建和成长期,创业风险大,又缺乏固定资产,难以获得担保、抵押或质押。这些风险与银行防范信贷风险要求相悖,从而增加了海洋养殖业等海洋产业获得金融支持的难度,严重制约了银行对海洋渔业经济发展的支持力度。

三、浙江筹集海洋经济发展资金的途径思考

建设海洋经济强省是一个宏伟而又庞大的建设规划,如此庞大的建设规划,需要有一个强大的融资体系,统筹安排国家投资、引进外资、地方筹资、信贷资金、企业投资、社会投资等各种公共性和市场化的资金,为海洋经济发展提供全方位的资金支持。

（一）科学制定海洋经济发展规划

制定高起点、高标准、前瞻性、科学性的海洋经济发展规划是实现海洋经济强省各项目标的重要载体,促进浙江海洋经济科学发展的关键。因此有关部门应认真贯彻科学发展观,在国务院批复有关浙江海洋经济建设文件的基础上,综合考虑全省海洋资源的分布、开发利用的条件、现实的经济和科技水平、时空制约等因素,抓紧制定完善浙江海洋经济发展规划体系。在内容上,要包括海洋经济总体发展规划和各项专业发展规划;在要素保障上,要制定海洋经济发展资金需求规划、土地需求规划等;在功能上,要制定各种海洋经济发展功能区规划;在层次上,要制定全省性的规划、全市性和县域海洋发展规划;在期限上,要制定远期海洋经济发展规划、中长期海洋经济发展规划、短期海洋经济发展规划。通过制定完整及完善的海洋经济发展规划体系,在资源开发利用和保护活动方面做出空间及时间上的优化组合、统筹规划和合理安排,避免低水平重复建设,无序、浪费和过度开发海洋资源,确保在海洋经济发展过程中,尊重客观规律。

对于海洋经济发展的资金供求规划,首先要组织力量研究测算发展海洋经济的资金需求总体和分项状况,研究确定资金供给渠道及其资金缺口

的解决之道；其次是明确出台相关政策规定和办法，为吸引和促进社会资金投入海洋经济建设项目创造宽松环境；三是要明确对海洋经济建设项目规划的宏观控制和微观指导意见，运用工商、金融、财政与税收等手段对资金进行管理。

（二）充分利用传统融资模式，巩固海洋经济发展存量资金

传统的融资渠道主要包括政府投资、银行信贷、吸引内外资等。浙江在海洋经济发展中要根据不同的情况利用不同的融资渠道。

1. 增加政府对海洋经济发展的投入。政府投资对海洋经济发展具有基础性和引导性的功能，全省各级政府应加大对海洋经济发展的投资。具体形式：一是加快建立省级及沿海市县财政对海洋公益性事业投入的增长机制，要求各级政府每年在财政预算内安排一定的比例资金用于发展海洋经济。二是建立政府海洋经济发展基金，专项用于海洋公共基础设施建设和海洋经济建设，浙江省政府已经决定从2010年起至2012年，由省财政每年安排10亿元，设立浙江省海洋经济发展专项资金，以加快全省海洋经济发展，推动海岛和沿海地区的海洋资源综合开发利用和海洋生态环境保护，但是笔者认为还应加大力度，建议增加海洋经济发展专项资金额度，采取每年递增5亿额度的方式增加专项资金规模；同时专项资金制度存续期可适当延长，可与"十二五"规划保持同步或更长。三是设立定位于"浙江海洋经济发展核心投融资平台、海洋科技成果孵化和技术转化平台、海洋战略性新兴产业整合平台"的浙江海洋投资公司，作为国有全资公司，主要发挥国有资本投资对构建现代海洋产业体系、科学配置海洋资源、加快海洋经济区域布局的引导、扶持作用。

政府投资是海洋经济发展的战略性投资，主要方向为：一是基础性、战略性的重大海洋投资项目、海洋科技开发项目，即筛选一批有战略价值的重点项目由政府制定投资规划并进行投资，或由政府主导投资，其他投资来源相配套。二是对鼓励的海洋投资项目，政府资金给予一定期限的贷款贴息，促进微观经济主体的生产经营行为选择，引导金融资本、民间资本和外资的进入。

2. 继续巩固银行对海洋经济发展的信贷支持力度。银行融资居海洋经济发展的主导地位，我省目前已经集聚了各种政策银行、国有控股商业银

行、股份制商业银行、城（乡）商业银行（合作银行）、城（乡）信用社、村镇银行、信托、租赁、财务公司、小额贷款公司、证券、保险等多种金融机构，形成了相对完整的金融机构服务体系。只要加强引导，创造良好的融资环境，调动金融机构信贷支持海洋经济发展的积极性，可以想象，在当前及今后相当长的一段时期内，银行信贷资金仍将在海洋经济发展中扮演关键角色。

一是金融机构要充分认识海洋经济在未来我省经济发展中的重要地位，从形成自身业务发展新增长点的高度，主动创新，自觉加大对海洋经济产业的信贷投入，提高海洋产业贷款在全部贷款中的比重，特别是全国性的银行机构要积极从总行争取更多信贷资金规模，支持浙江海洋经济发展。

二是不同性质和规模的金融机构，要正确定位，实行"错位"支持浙江海洋经济发展：政策性银行可以直接投入政策性资金支持具体海洋经济建设投资项目；国有银行及规模较大的全国性股份制银行应以支持大中型海洋经济企业生产资金和各类海洋开发基础设施项目、涉海建设大型项目等建设项目投资为主，尤其要对重点海洋建设项目提供中长期融资支持；规模较小的全国性股份制银行及城市商业银行应以支持中小型海洋企业及特色海洋行业为主；农村商业（合作）银行、城乡信用社、村镇银行等应以支持小型及微小海洋企业为主。

三是金融机构要对海洋经济发展实施"差异化服务"。在为涉海企业提供金融服务中，除为重点客户办理传统贷款业务外，不断推出与海洋经济相关的创新金融产品，以满足海洋经济的多样化需求。如积极推动探索海域使用权、船舶、码头、应收账款质押、股权质押、采矿权等新的抵、质押担保方式融资业务的发展，破解企业融资抵质押物不足的难题。

3. 加大引进内外资，支持海洋经济发展。鼓励和支持国内外各类投资者依法平等参与海洋经济开发。

一是吸引央企和兄弟省份投资。吸引实力强的大型央企参与浙江海洋经济开发，引导鼓励内陆地区以合作的方式，参与浙江海洋经济开发，鼓励内陆成熟产业、有实力的大型集团化公司向浙江海洋经济发展渗透。

二是优化对外引进跨国公司投资，在确保国家安全的基础上，加大引进外资参与浙江海洋经济的力度。

（三）创新融资新模式，不断增加海洋经济建设资金

　　建设海洋经济强省光靠传统融资方式来解决全部资金短缺问题是不现实的。必须根据形势，加大创新，以引导各种资本流向海洋经济建设领域。

　　1. 鼓励民间资本参与海洋经济建设。浙江有2万亿元的居民储蓄存款，还有数万亿元的民间资本，目前还未全面、充分地进入海洋经济开发和建设领域。可通过创新，有效地将民间资本引导到海洋经济建设的投资体制中来，既可缓解海洋经济建设资金短缺的难题，又可释放民间资本的活力，从而实现民间资本大省对接浙江海洋经济大发展的良性格局。

　　一是营造民间资本进入海洋经济建设的公平环境和通道政策，增强民间资本参与海洋开发的积极性。主要是：清理不利于民间资本进入海洋开发的政策性障碍；降低民间资本进入海洋经济建设的门槛；支持民间资本实施海洋经济重大项目；积极探索发展政策性保险，降低民间资本投资海洋经济领域的风险。

　　二是设立由民间资本参与的产业投资基金。目前浙江民间资本总量巨大，但又非常分散。以分散的民间资本力量估计很难进入海洋经济发展领域，可采用以海洋产业投资基金等抱团集聚的方式，将分散的民间资本有效地汇聚转化为海洋经济的发展资金，实现民间资本对海洋经济发展的支持。

　　三是支持民营企业商会建立转贷基金，地方政府可按一定比例的资金配套支持其发展，并引导商会转贷基金投向海洋经济发展。

　　四是发展集合信托投资。对于前景看好、见效快的大型海洋建设投资项目可利用集合投资形式吸引储蓄存款转化为海洋经济发展资金，具体操作程序是：由信托公司设计信托凭证，由银行代理向储户发行，按规范的市场运作将吸纳来的资金投入到海洋经济建设项目上去。

　　五是我国在公路、市政建设、能源项目中通过特许权转让引进民营资本方面进行了许多探索，并取得不少成功经验，如BOT（建设—营运—转让）、BOOT（建设—拥有—营运—转让）、LDO（租赁—开发—营运）、BOO（建设—拥有—营运）、TOT（转让—经营—转让）等方式。在海洋经济发展中同样可以采取类似的方式将利用民营资本转化为海洋经济建设资金。

2. 通过债券市场筹集海洋经济发展资金。研究债券市场的融资特点,有选择、有针对地发行债券,筹集海洋经济发展资金。一是发行重点建设债券,筹集海洋经济建设资金;二是发行中期票据,满足生产周期较长的涉海企业长期资金需求;三是发行短期融资券,满足涉海企业的紧急、短期生产资金的需要;四是通过海洋投资项目的资产证券化方式筹集资金,加快海洋经济基础设施建设步伐;五是选择良好涉海中小企业打包发行海洋中小企业集合票据和集合债券。

3. 充分利用股票市场上的不同板块筹集海洋经济发展资金。除了挑选好的企业在主板上市筹集海洋经济发展资金外,重点推选海洋科技创业企业在创业板上市直接筹集资金。

（作者单位:浙江省农村信用社联合社发展计划处）

浙江海洋信息产业发展对策研究

张永平

海洋信息产业是一种为海洋经济建设和海洋研究提供信息产品的高技术服务产业。可概括地描述为以现代测绘、通信和信息技术为基础,专门从事海洋信息资源的研究、开发和应用,以及对海洋信息进行收集、生产、处理、传输、储存和营销活动,为海洋经济建设提供信息产品和服务的产业集合体。主要包括海洋信息设备制造业、海洋信息生产业、海洋信息服务业和海洋信息传输中介产业。据国家海洋局预测,仅海洋信息服务业在国内的市场规模就将达几十亿元。同时,采用现代信息技术对海洋信息进行有效收集、处理和分析,还可为政府科学决策、海洋管理、企业生产和海洋生态环境保护提供重要的依据和技术支持。

一、浙江海洋信息产业发展现状

1. 初步建成了海洋信息基础架构和信息网络体系,具备了海洋信息服务能力,已顺利实施全国海洋综合调查与评价"908"专项任务,完成了"数字海洋"相关数据库体系和数据标准设计、元数据库和空间信息库建设、海洋综合管理专题应用系统软件开发以及全覆盖的1:50000海图、1:10000陆图制作,部分成果已投入应用,初步构建了"数字海洋"信息基础框架;建成了浙江省渔业信息网、宁波海洋与渔业网、舟上海洋与渔业网等省市级信息网站;已建成由1个省级监控中心、4个市级监控中心和25个县级监控中心组成的海洋渔业船舶安全救助中心,该中心包括20座AIS基站覆盖的3级共30个监控指挥中心, 辖域内60马力和185马力以上海洋渔船(含渔运船等)均已分别安装AIS船载终端,卫星监控和通信终端。全省共有2万余艘大中型渔船纳入该系统管理。这些信息架构和网络设施的建设,使浙江具备了发展海洋信息服务业的现实基础。

2. 港航物流信息化全面启动,海洋信息服务业正在兴起。宁波等港口城市正着手建设综合信息服务平台和电子交易平台,以互联网为依托,积极融合计算机技术、信息技术、数字化技术、通信技术,综合应用物联网技术,全面改造提升交易方式和物流管理模式,逐步实现物资交易、物流、仓储与港口、铁路之间的信息对接和实时交换,全面提升交易手段和物流效率。省内已有浙江海予信息技术有限公司、盘石信息技术有限公司等为代表的电子信息类企业涉足海洋信息服务。

3. 信息技术在船舶工业中得到初步应用,计算机辅助制造(CAM)已在船舶制造行业得到应用,主要骨干企业已普遍将计算机辅助设计(CAD)、数字放样和数控切割技术引入船舶制造环节。信息技术也开始应用于船舶制造的过程管理。部分企业已具备了自主开发CAM软件和管理软件的能力。信息技术的应用,缩短了造船周期,提高了造船质量,造船能力得到了10倍以上的提高。

4. 海洋探测电子仪器制造业正在兴起,初步具备海洋探测电子设备的研制和生产能力。省内的七一五研究所(杭州应用声学研究所)等科研机构具有较强的海洋探测技术研究实力,已研制出多款海洋探测电子仪器。2004年成立的杭州瑞声海洋仪器有限公司已开始与七一五研究所合作生产包括相控阵声学海流剖面仪(PAADCP)、超宽频海底剖面仪、拖曳式多参数剖面测量系统、水声数据传输、水下高精度定位导航系统、数字式海洋磁探仪等在内的海洋探测电子产品。

二、存在的主要问题

浙江省各级政府已将海洋信息这一新兴海洋产业的发展提高到战略高度,几年来通过建设"数字海洋"工程,浙江发展海洋信息产业已具备了现实基础,但仍存在如下问题:

1. 信息化基础建设发展不平衡,海洋信息管理系统不健全。省市主干基础网络系统及环境设备已能满足海洋与渔业应用需要,但各个县(市、区)较为落后。包含主机设备、网络设备等在内的设备依然比较落后,很难支持当前业务及应用的实际需要。业务应用系统建设处于起步阶段,全省没有一套统一建成的办公或业务管理系统在运行。

2. 业务数据不规范,标准不统一。由于国家、省尚未出台统一的数据规范和标准,各市、县海洋部门(单位)采集的海洋与渔业数据,都是根据自身的业务需要采用自身的数据格式,影响了海洋与渔业数据的应用、交流和共享。

3. "海洋信息孤岛"现象严重,信息资源难以有效利用。大量海洋调查和预报信息、海洋与渔业管理信息等没有被很好地利用和挖掘,导致重复调查等现象,造成人力、财力和物力的浪费。

4. 船舶制造、航行管理的信息化水平不高。船舶制造的CAD/CAM软件主要依赖进口,由于国外造船模式和国内存在差异,加上国外软件商出于商业利益和技术保密的原因,所进口的软件很难进行二次开发,浙江的造船企业还没有完整的产品数据管理技术,使船舶企业的设计、生产和管理无法有效集成。此外,省内单个船舶制造企业的软件开发能力不高,又没有建立起服务于企业间的信息交互和共享的本地化网络平台,难以形成优势互补的合力,致使生产要素不能精确配置。船舶安全航行和管理的信息化建设也处于起步阶段。

5. 海洋探测电子仪器的制造起步晚,研究与制造存在"两张皮"现象。一些海洋探测设备是在浙江的研究机构研发的,研究成果至今未能得到很好的转化。研发机构与生产企业间的信息不够对称,民间资本对投资海洋探测电子仪器的制造缺乏主动性和信心,相关电子产品的制造企业少、实力不强,没有形成产业优势。

6. 海洋信息技术专业人才缺乏。在信息化建设方面,除省、市成立信息化领导小组并配置一定的专业人才外,各县(市、区)基本上都没有相应的专业服务队伍,对推动信息化建设有很大的影响。既懂海洋工程技术又懂电子信息技术的复合型人才稀缺,制约了海洋信息产业的发展。

三、对策与建议

海洋信息技术是海洋工程技术与现代信息技术的有机融合,其应用几乎涉及人类海洋活动的所有领域。海洋开发活动对信息的预见性、广泛性、准确性、及时性等有着相当高的要求。海洋信息不仅是领导决策的依据,也是生产活动的指南,更是在竞争中取胜的法宝和获取最佳社会效益、经济效益和生态效益的捷径。海洋信息获取、传输、处理等设备和系统的生产、制造本身又形成独立的产业。海洋信息产业的持续健康发展必须充分发挥政府、市场、企业和人才的作用。针对浙江海洋信息产业的发展现状,提出如下对策建议:

1. 坚持政府对海洋信息管理的主导作用,实施海洋信息的分级管理,发挥政府的信息引导职能。海洋信息包括海洋资源信息、海洋经济信息、海洋管理信息、海洋科技信息和海洋政策信息。这些信息既可为海洋经济发展服务,也可为国防安全服务。传统的海洋信息发布主要是自下而上的,这种方式具有信息多元、内容丰富等特点,但信息的有效性、可靠性和安全性较差。海洋信息的基础工程建设和信息管理必须统一领导、统一规划、健全制度,在保证信息安全的前提下,使海洋信息的利用极大化、规范化。

2. 构建现代海洋信息网络,夯实海洋信息产业发展基础。加快实施和完善"数字海洋"工程,发展和完善包括光缆、微波和卫星在内的通讯系统,建设无线传感器网络,形成多位一体的信息采集和传输网络,奠定发展海洋信息产业的坚实基础。

3. 建立海洋与渔业信息化综合管理平台,满足信息管理和服务的需求。在政务外网上建设集海洋与渔业基础地理信息数据库及其管理系统、海洋与渔业管理数据库、海洋与渔业安全管理、办公自动化、执法监察、海域动态视频监控、信息政务公开和社会服务为一体的海洋与渔业信息化综合管理平台,并与有关海洋与渔业电子政务系统进行无缝对接。实现全省海洋与渔业信息资源的互联互通和实时共享,为海洋与渔业管理辅助决策支持与公众信息服务一体化提供技术支撑。应用全省海洋与渔业管理信息系统上下贯通、左右连接、运转协调、便捷高效的海洋与渔业信息化服务体系,以满足海洋与渔业管理和信息服务的需要。

4. 建立典型的海洋信息应用系统,推动海洋信息服务业发展。通过建立和完善省、市(县)、区多级一体的渔业船舶安全救助信息系统、海洋与渔业综合视频监控系统、海洋与渔业地理信息系统和海域雷达溢油探测系统等应用系统,提高海洋信息管理和综合服务能力;积极培育大型信息服务企业,促进海洋信息服务向集团化、网络化、品牌化发展,推动包括软件产品开发在内的海洋信息服务业发展。

5. 以港口和物流信息化为依托,建立和完善航运物流信息系统。以创新海关和国检管理体制机制为先导,全面推进电子口岸(EDI)信息系统建设,实现宁波—舟山港口岸物流管理与国内国际口岸物流无缝衔接;探索物流市场信息平台系统开发,完善信息发布、交易匹配、合同签订、整体物流等解决方案;推进航运物流企业信息示范工程建设,提升航运物流信息化整体水平。

6. 以科技研发投入为导向,培育新兴海洋信息产业。通过设立专项基金加大对3S(GPS/GIS/RS即全球定位系统、地球地理系统和遥感系统)等信息技术研发的支持力度,实施一批科技成果产业化项目,建立海洋科技的洽谈和交流平台,引进和转化国内外研发成果;加强对民间资本投入海洋信息产品研制的引导,促进海洋科技成果的推广应用与产业化,培育海洋导航、海洋GIS和海洋探测等产业。

7. 通过大项目的实施,集聚和培养海洋信息技术人才队伍,推动海洋信息产业链的形成和发展。利用"舟山群岛海洋经济新区"建设的契机,科学选点,建立"东海海底动态观测实验网络",以此带动海底探测传感器、海底光缆、海底供电、海洋通信、海洋信息处理等高新科技的攻关,促进海洋信息产业链的形成,提高海洋经济的发展水平。

8. 引导企业研制船舶制造和航行管理电子产品和信息系统,大力发展船舶电子信息产业。通过成立船舶制造产业联盟等措施,推动计算机辅助设计和制造(CAD/CAM)等信息技术在船舶制造业中的应用,提高船舶制造的现代化水平。渔船、商船的安全航行和管理对电子信息产品的需求日益旺盛,可引导企业围绕AIS设备、动态监控设备、轮询(polling)设备、设备管理与故障查询系统、船运信息系统、船舶和船员档案管理、船—岸通讯设备等的研发和生产,做大做强船舶电子信息产业。

9. 重视信息人才的培养。在海洋信息产业发展过程中,应重视和加强人才队伍建设。组织开展与高等院校、科研院所对海洋信息技术发展战略进行研讨与政策研究;有计划地对海洋系统的在职人员进行多种形式的信息技术培训,提高全系统人员应用信息技术和设备的能力;积极培养和造就一批信息技术方面的学术带头人和中青年科技骨干,形成海洋系统专业和实用相结合的信息科技人才队伍。

（作者单位:宁波工程学院电信学院）

现代海洋经济背景下
我省普通本科高校涉海专业群建设

潘慧炬

一、前言

　　2011年2月25日，国务院批复《浙江海洋经济发展示范区规划》(国函〔2011〕19号)，为认真贯彻落实国家海洋经济发展战略的国务院批复精神，进一步发挥我省海洋资源优势，推进海洋经济发展，3月18日，省委、省政府出台了《中共浙江省委浙江省人民政府关于加快发展海洋经济的若干意见》(浙委〔2011〕31号)。浙江省教育厅根据上述文件精神，为加快我省海洋教育事业发展和人才培养，加强涉海类学科专业建设，进一步提高我省海洋高等教育办学水平和竞争力，增强科教文化对海洋经济的支撑引领作用，结合本省实际制定了《浙江省高校海洋学科专业建设与发展规划若干意见(2011—2015)》。

　　浙江是海洋大省，海洋产业初具规模，涉海院校、学科也有一定的基础。但与《规划》和《若干意见》中提出的"海洋科教水平明显提升，涉海院校和学科建设取得显著成效""打造现代海洋产业体系"的目标要求还有不少差距。我省涉海高等教育在发展上仍具有一定的自发性、随机性的特点，缺少面向国家战略和现代海洋产业发展的战略规划和整体布局。与山东、上海、广东等海洋经济试点省市相比，我省涉海高等教育发展水平仍有很大差距，缺少学科优势鲜明的综合性海洋大学，缺少涉海国家重点学科，涉海专业分布较为狭窄，人才培养层次较低，契合海洋经济发展的新兴专业缺乏,涉海高等教育投入偏少。

　　构建海洋科技教育人才支撑体系的基本任务,已经成为当前和今后一个时期我省高校学科专业建设的一项重点工作。本研究依据《浙江海洋经济发展示范区规划》和《浙江省海洋经济发展试点工作实施方案》,围绕海洋新兴产业、海洋服务业、临港先进制造业和现代渔业等现代海洋产业的发展要求,界定和构架我省普通本科高等学校的专业群与海洋装备制造业、清洁能源产业、海洋生物医药产业、海水综合利用业、海洋勘探开发业、涉海金融服务业、滨海旅游业、航运服务业、涉海商贸服务业、海洋信息与科技服务业、船舶工业、海洋捕捞和海水养殖业、水产品精加工和贸易等行业的对应关系,分别构建与上述某一产业相对应的核心专业群、相关专业群,并结合我省普通本科高校当前专业群设置的现状,提出专业建设的原则和途径。

二、涉海专业群的定位与构架

　　根据教育部2011年公布的《普通高等学校本科专业目录》,学科门类共12个(哲学、经济学、法学、教育学、文学、历史学、理学、工学、农学、医学、管理学、艺术学);专业类共91个,具体专业设置共443种。

　　本研究中的涉海专业群具有特定的指向性。具体是指根据《浙江海洋经济发展示范区规划》提出的现代海洋产业体系中所涉及的海洋装备制造业、清洁能源产业、海洋生物医药产业、海水综合利用业、海洋勘探开发业、涉海金融服务业、滨海旅游业、航运服务业、涉海商贸服务业、海洋信息与科技服务业、船舶工业、海洋捕捞和海水养殖业、水产品精加工和贸易等相对应的专业群。这些专业群的建设与发展将推动和支撑上述海洋产业的发展,达到打造我省现代海洋产业体系的目标。

　　根据各产业的具体特征,把与之相对应的专业(类)群分为核心专业(类)群和相关专业(类)群(表1)。

表1　产业与核心专业(类)群、相关专业(类)群

产业	核心专业(类)群	相关专业(类)群
海洋装备制造业	机械类　仪器仪表类　电气类　自动化类	物理学类　海洋科学类　能源动力类　材料类　计算机类　化工与制药类　交叉类
清洁能源产业	能源动力类　电气类　水利类　地质类　矿业类　海洋工程类　核工业类	物理学类　地球科学类　大气科学类　海洋科学类　仪器仪表类　自动化类　测绘类　工程力学类
海洋生物医药产业	化工与制药类　生物医学工程类　生物工程类　药学类	化学类　海洋科学类　生物科学类　轻工类　环境科学与工程类　公共卫生与预防医学类
海水综合利用业	海洋科学类　海洋工程类　环境科学与工程类	化学类　生物科学类　水利类　化工与制药类
海洋勘探开发业	测绘类　地质类　矿业类　海洋工程类	物理学类　海洋科学类　地球物理类　地质学类　仪器仪表类
涉海金融服务业	金融学类　财政学类　经济与贸易类	法学类　计算机类　工商管理类　公共管理类
滨海旅游业	工商管理类　设计学类	公共管理类　历史学类　心理学类　体育类
航运服务业	金融学类　财政学类　公共管理类	工商管理类　经济与贸易类　法学类
涉海商贸服务业	工商管理类　管理科学与工程类　设计学类	海洋科学类　经济与贸易类　计算机类
海洋信息与科技服务业	海洋科学类　海洋工程类　大气科学类　计算机类	经济学类　财政学类　金融学类　经济与贸易类　法学类
船舶工业	能源动力类　电气类　海洋工程类	机械类　仪器仪表类　材料类
海洋捕捞和海水养殖业	水产类　交通运输类　公共管理类	海洋科学类　海洋工程类
水产品精加工和贸易	食品工程类　生物医学工程类　经济与贸易类	生物科学类　海洋科学类　管理科学与工程类　工商管理类　公共卫生与预防医学类

从表1可以看出,与《浙江海洋经济发展示范区规划》提出的现代海洋产业体系中所涉及的13类产业相对应的核心专业类共46个,其中有17个专业类在不同的产业中重叠,实际对应的专业类别29个;相关专业类共79个,其中有25个专业类在不同的产业中重叠,实际对应的专业类别34个;核心专业类与相关专业类重叠18个,与上述产业发展相对应的核心专业类和相关专业类总共45个,涉及10个门类,占教育部2011年公布的《普通高等学校本科专业目录》中91个专业类的49.5%。

三、我省高校涉海专业(类)群现状

浙江省按照2011年本科高校招生目录,普通本科高校招生涵盖全部12个学科门类;其中普通本科院校共33个,招生专业总数1287个;独立学院22个,招生专业总数622个。从招生专业点情况看,独立学院招生的专业点几乎全部与普通本科院校招生的专业点重复,因此本文在下面讨论中把普通本科院校与独立学院的专业点数合并统计。

(一)核心专业(类)群及专业点分布现状

针对现代海洋产业体系所对应的核心专业群,本研究统计了专业类别、按照教育部颁布的各专业类别下的专业总数、浙江省现有该专业类别下的招生专业点数、该专业类别下55所学校(普通本科+独立学院)招生专业点分布总数、各高校相同专业最多分布点数、该专业类别中浙江省高校中空缺专业点名称等,见表2。

从表2可以看出,与现代海洋产业相关的核心专业(类)群中,7个门类全部齐全,但在涉及的29个专业类别中,空缺3个类别,分别是地质类、矿业类和核工业类;在29个专业类别下共129个专业点中,目前我省招生的只有80个,专业覆盖率只有62%。

表2 核心专业(类)群及专业点分布现状

学科门类	专业类别	专业总数（按教育部目录）	浙江省现有专业数	专业点分布总数	同一专业最多分布点数	空缺专业点
工学	机械类	9	8	63	30	微机电系统工程
	仪器仪表类	1	1	8	8	
	电气类	3	1	27	27	智能电网信息工程 光源与照明
	自动化类	1	1	17	17	
	能源动力类	3	2	5	4	风能与动力工程
	水利类	3	3	3	1	
	地质类	3	0	0	0	地质工程 勘查技术与工程 海洋油气工程
	矿业类	4	0	0	0	采矿工程 石油工程 矿物加工工程 矿物资源工程
	海洋工程类	3	2	3	2	海洋资源开发技术
	核工业类	4	0	0	0	核工程与核技术 核安全工程 工程物理 核化工与核燃料工程
	化工与制药类	5	3	30	16	资源循环科学与工程 能源化学工程
	生物医学类	1	1	5	5	
	生物工程类	2	2	21	20	
	测绘类	2	1	1	1	地理空间信息工程
	计算机类	7	5	76	48	智能科学与技术 电子与计算机工程
	交通运输类	7	4	16	7	飞行技术 交通设备与控制工程 救助与打捞工程
	环境科学与工程类	6	5	39	19	环保设备工程 资源环境科学
	食品工程类	6	3	22	13	粮食工程 乳品工程 葡萄与葡萄酒工程

续表2

学科门类	专业类别	专业总数（按教育部目录）	浙江省现有专业数	专业点分布总数	同一专业最多分布点数	空缺专业点
经济学	金融学类	6	4	24	20	投资学　金融数学
	财政学类	2	2	5	3	
	经济与贸易类	2	1	42	42	贸易经济
理学	海洋科学类	4	3	7	3	军事海洋学
	大气科学类	2	1	1	1	应用气象学
医学	药学类	7	2	18	14	临床药学　药事管理药物分析　药物化学海洋药学
农学	水产类	3	2	3	2	水族科学与技术
管理学	工商管理类	15	12	212	42	人力资源管理酒店管理　物业管理
	公共管理类	8	5	55	24	海关管理　交通管理海事管理
	管理科学与工程类	7	4	90	35	管理科学　房地产开发与管理工程造价
艺术学	设计学类	3	2	37	36	会展艺术与技术

（二）相关专业（类）群及专业点分布现状

按照上述统计方法，相关专业（类）群共涉及34个专业类别，其中与核心专业类别相同的共18个（见表1），有16个专业类别与核心专业类别不同（见表3）。

表3　相关专业(类)群及专业点分布现状

学科门类	专业类别	专业总数（按教育部目录）	浙江省现有专业数	专业点分布总数	同一专业最多分布点数	空缺专业点
理学	物理学类	4	2	21	12	核物理　声学
	化学类	4	2	27	17	化学生物学分子科学与工程
	生物科学类	4	4	45	24	
	地球科学类	3	3	13	9	
	地球物理类	2	0	0	0	地球物理学空间科学和技术
	地质类	4	1	1	1	地质学　地球化学古生物学
法学	法学类	3	2	36	32	狱政学
历史学	历史学	5	2	13	12	世界历史　考古学文物保护技术
经济学	经济学类	4	1	2	2	逻辑学　宗教学　伦理学
教育学	心理学类	2	2	15	14	
	体育学类	7	6	30	13	体育康复与健康
工学	工程力学类	1	1	4	4	
	材料类	14	4	27	12	冶金工程　功能材料　金属材料工程　无机非金属材料工程　复合材料与工程粉体材料科学与工程　宝石及材料工艺学　焊接技术与工程　纳米材料与技术　新能源材料与器件
	轻工类	3	3	14	6	
	交叉类	2	2	26	15	
医学	公共卫生与预防医学类	4	1	4	4	卫生检验　妇幼保健医学营养学

从表2、表3可以看出，与现代海洋产业相关的相关专业类群中，10个门类全部齐全，但在涉及的34个专业类别中空缺1个类别；在34个专业类别下共135个专业点中，目前我省招生的只有85个，专业覆盖率只有63%。

根据上述统计结果，我省普通本科高校在专业设置上存在以下问题：

1. 专业点覆盖率低。所有与13类现代海洋产业体系相关的核心专业点和相关专业点数均不足2/3。

2. 专业点分布不合理。在传统学科上建立的专业点较为集中，专业性较强的专业点分布较少。

3. 涉海专业点空缺严重。某些与13类现代海洋产业体系相关度很高的专业点目前在我省高校中还存在很多空白点。

四、我省高校涉海专业群建设

根据《浙江省高校海洋学科专业建设与发展规划若干意见（2011—2015）》，结合我省普通本科院校职业设置现状，为实现与现代海洋产业体系的对接，特提出以下专业建设原则和建设途径。

（一）建设原则

1. 适应性原则

服务社会是高校办学的三大功能之一。高校的发展目标，就是适应并促进地方社会经济的全面建设，在人力资源开发方面发挥重要的支撑作用。高校应成为地方经济发展的人才培养基地，实现人才培养目标的战略转移，实现从学历教育到能力本位的战略转移。海洋经济的发展必然需要大量的专业人才，因此，我省高校海洋学科专业建设必须对接我省海洋经济发展的实际需求，重点布局和打造现代海洋产业体系紧缺的学科、专业，同时要体现适当的前瞻性，着眼于谋划新兴学科和专业，推动高等教育资源集中配置。

2. 特色化原则

特色化是高校的核心竞争力。高校要在激烈竞争中站稳脚跟，立于不败之地，必须在做好常规工作的基础上，在短时间内创造特色，重点发展特色专业，更好地促进海洋经济，打造现代海洋产业体系。首先，通过对同类院校和社会需要进行比较研究，找出学校在学科建设与专业设置方面的优势,有计划地集中人力,加大投资,填补空白,占领学科专业的至高点。其次,根据现代海洋产业结构和就业结构需求,结合自身的实际情况,不断调整优化学科建设和专业结构,将办学有特色、地方有需求的学科专业作为特色学科专业大力发展。

3. 合理布局原则

省内55所普通本科院校和独立学院为在本轮海洋经济发展中获得突破与发展,必然会站在各个学校自身的立场上进行专业调整和拓展。因此在全省宏观的层面上进行统筹,使专业点布局合理化,避免重复建设而造成的新一轮资源浪费。专业点布局指导中需把握两个方面:第一,根据海洋产业发展的具体需求,结合各学校现有的学科基础,比较明确地提出各相关院校应发展的专业及其具体培养目标;第二,每类海洋产业都有具体的核心支撑专业和相关支撑专业,因此当一个学校进行专业布点时,应贯彻专业群建设的观念,将核心支撑专业类与相关支撑专业类同时考虑,发挥综合优势。

(二)建设路径

1. 强化专业内涵建设,凸显专业特色

鼓励高校改革专业课程体系,组建课程模块,积极发展跨学科的专业方向。专业设置和课程体系建设的长期性和稳定性必然难以完全迎合瞬息万变的社会人才需求结构的变化,如何尽可能地缩小这种差距? 在通识教育的基础上努力培养具有特殊适应性的专业型人才,这种培养方式既可以是一个学科或专业内的,也可以是跨学科或专业的。因为现代海洋产业体系具有综合性强、产业发展迅速的特征,传统的专业分工已很难适应社会上这种产业发展的新动向,这就需要建立课程模块。课程模块的设立应以目前具有针对性的海洋产业需求为指向,将核心专业课程与相关专业课程进行组合,使之具有综合交叉的特点,充分发挥资源优势,建立具有明显特色的课程模块。高校在专业基础上努力培养跨学科专业的人才是一个谋求特色的过程,也是一个以回避竞争的方式把握竞争主动权的过程。在教育观念和教学过程中,更加注重提高学生的学习能力、就业能力和创业能力。高校的主要办学目标是为地方经济建设与社会发展需要培养大批下得去、留得住、用得上的高级应用型人才。因此强化专业内涵建设,凸显专业特色是高校专业建设的重要途径。

2. 加快改造传统专业,拓展新的专业方向

高校的专业设置应以地方人才市场为导向,本着"立足当地,注重实用,着手现在,着眼未来"的原则,采取"扬特、改老、扶新"的方式,积极进行学科专业调整改造,以满足地方经济、科技、文化和社会发展的需要,形成人才培养"需—产—销"的良性循环,从而优化高校的专业资源。

我省现有的55所本科院校专业设置,与现代海洋产业体系对接所涉及的45个核心和相关专业类别下的195个专业点(其中涉海专业点134个)相比,空缺4个专业类别,有专业点116个(其中涉海74个)。从表1、2、3可以看出,我省高校传统专业占有非常大的比例,并且专业设置重复率也非常高,如半数以上高校设置有相同专业,其中包括计算机科学与技术48个;工商管理42个;国际经济与贸易42个;信息管理与信息系统35个;艺术设计36个;机械设计制造及自动化30个;电气工程及其自动化27个。专业性比加强并且与涉海产业相关性大的专业比较少,如风能与动力工程、勘查技术与工程、海洋油气工程、海洋资源开发技术、核工程与核技术、军事海洋学、海关管理、海事管理、会展艺术与技术等还是空白点。因此加快改造传统专业,拓展新的专业方向刻不容缓。

3. 以重点专业建设为抓手,提升专业建设水平

根据《浙江省高校海洋学科专业建设与发展规划若干意见(2011—2015)》,浙江省实施"浙江高校海洋学科专业建设335工程",即重点支持3个海洋学科一级学科建设,大力扶持30个涉海重点学科,科学规划建设50个涉海特色专业。地方经济发展和市场需求是高校学科建设与专业设置的支撑点,高校应充分依托地方经济发展的宏观规划、产业结构进行自我定位、自我规划,实现高校与地方经济和市场的链接。高校在人才和学科方面的优势,能为政府宏观调控能力的增强及制定科学合理的发展规划决策提供理论论证、技术支持和咨询服务。围绕海洋新兴产业、海洋服务业、临港先进制造业和现代渔业等现代海洋产业的发展要求,确定海洋重点建设高校和涉海学科专业建设的重点领域和优先次序,形成合理的学科专业建设梯队,发挥重点学科和重点专业群的统领作用,立足实际,通过在学科建设和专业群建设上的重点突破,推动我省涉海学科专业水平的整体提升。

(作者单位:浙江师范大学)

新形势下台州实施
海洋人才战略的对策建议

潘通天

人才兴,则行业兴。台州是一个海洋大市,要成为海洋强市,关键在于海洋人才的培养。台州海洋资源,尤其是岛屿、港口资源十分丰富,海洋经济有一定基础,也有较优越的区位条件,但十分匮乏的海洋人才成为台州发展海洋经济的一大软肋。只有加快海洋经济人才的培育、引进、交流,建立一支省内一流、国内有影响的海洋人才队伍,才能实现台州海洋经济的跨越式发展。

一、台州海洋经济发展目标与海洋人才现状

(一)台州海洋经济发展目标

台州地处浙江中部沿海,拥有领海和内水面积约6910 km²,占浙江省的16.3%;大陆海岸线长630.87 km,占浙江省的34.28%。"十一五"以来,台州海洋经济持续快速发展,增速高于同期国民经济增速。2010年全市实现生产总值2415亿元,其中规划区内生产总值1947亿元,海洋经济总产出954亿元,海洋经济增加值296亿元。

台州海洋经济近期目标是:根据《浙江海洋经济发展示范区规划台州市实施意见》(征求意见稿),力争到2015年,台州海洋经济增加值达到750亿元以上,占全省海洋经济的比重提高10%以上;同时,全市海洋经济综合实力明显增强,港航服务能力显著提高,海洋经济产业结构逐步优化,特色海洋产业基地初步形成,海洋经济创新体系日趋完善,海洋生态环境持续

改善。

（二）台州海洋人才现状

台州9个县市区中共有椒江、路桥、临海、温岭、玉环、三门等6个县市区涉海。根据台州市海洋渔业局最近的一份调查,这6个县市区和市级15家从事海洋经济活动的涉海行政机关、事业单位、社会团体,涉海行政机关人员共有2985人,事业及社会团体共有8250人,涉海特殊专业技术人才4人(指省级特级专家,省内有突出贡献的中青年专家,浙江省新世纪151人才工程人选,省级、国家级科技奖项负责人)。

这份调查没有涉及船舶制造业、物流业和养殖业等企业,因为这些企业几乎都是民营企业,调查数据难度很大。但是,从调查者初步掌握的手头资料看,企业的海洋人才缺乏程度远远要超过涉海行政机关、事业单位、社会团体。

二、台州海洋人才存在的问题及原因

（一）主要问题

当前,台州海洋人才存在的主要问题是海洋人才数量严重不足、人才质量档次不高。如果对现有的海洋人才作进一步分析,可以发现一些问题:一是现代型海洋人才少,传统型海洋人才多,即渔民多;二是科技型人才少,经济型人才多;三是企业型海洋人才少,部门型海洋人才多。

除涉海部门、研究机构的海洋人才外,台州海洋人才主要集中在船舶制造业、物流和海洋养殖业。台州涉海企业几乎都是民营企业,其中人才的问题尤为突出。尽管这些民营企业通过引进和培养,以及借用外脑等形式,拥有了一些人才,但与企业的发展要求相比还远远不够,与海洋资源大市的地位相比,也极不相称。

（二）原因分析

台州海洋人才严重缺乏的主要原因,一是海洋经济发展起步晚。与山东、江苏等沿海发达地区比,包括台州在内的浙江海洋经济发展明显滞后。二是没有系统的海洋人才规划。目前正在修订的台州人才"十二五"规划里,尚没有专门涉及海洋人才的具体内容。三是对海洋人才的培养不足。台州3所主要的高校里,没有设置专门针对海洋经济方面的专业。仅有1所中专——台州海洋学校,主要以培养"水手"为主,面很窄,也很有限。四是引进力度不大。由于缺乏完善的海洋人才激励、引进机制,加上台州区位条件所限,很难引进国内、国际上高端的海洋人才。

此外,量大面广的渔业技术人员素质也亟待提高。传统渔民大多还凭经验和传统技术进行养殖,尤其是因形势所需而被迫转产的大量渔民,更是缺乏养殖技术,这在相当程度上严重困扰着台州传统海洋优势产业的结构调整和升级。

三、加快台州海洋人才培养的对策建议

当前,国家海洋局、教育部、科学技术部、农业部、中国科学院已经联合印发了《全国海洋人才发展中长期规划纲要(2010—2020年)》(以下简称《海洋人才规划纲要》)。《海洋人才规划纲要》是我国第一个海洋人才发展中长期规划。根据《浙江海洋经济发展示范区规划台州市实施意见》(征求意见稿)2011—2020年"建设现代海洋产业体系"规划思路分析,台州今后10年海洋经济发展的主要方向是:大力发展临港型工业;培育发展海洋新兴产业;加快发展海洋服务业;优化发展现代农渔业。从以上发展要求分析,可以预测以下几类海洋人才是台州海洋经济发展的急需类型,即:临港型工业类、海洋高新技术产业类、海洋服务业类和海洋渔业类。为此,笔者呼吁台州应该大力实施海洋人才战略,并提出以下建议。

(一)抓紧编制海洋人才专项发展规划

地方政府应将台州海洋人才发展列入专项规划,从政策层面予以保障。基于台州海洋经济在国民经济中的地位和作用,以及台州海洋经济发展趋势和海洋人才基本情况,"十二五"期间应制定海洋人才发展专项规划;专项规划应围绕台州海洋经济发展规划,以及对专业人才的需求,海洋相关科研院所、高等院校、高职院校、中等职业学校的海洋专业情况,编制台州市海洋经济发展人才规划,包括人才培养目标、重点任务、保障措施等,为"十二五"加快建设"海上台州"奠定科技和人才基础。

(二)沿海市县要保证海洋人才优先投入政策

台州沿海县(市、区)各级政府要优先保障对海洋人才发展的投入,人才开发专项资金每年要随着经济社会发展增长,保证海外高层次人才引进

计划等重大人才项目的实施。分类制定和实施涉海产业、行业人才发展规划与政策;开展海洋人才需求预测,定期发布急需紧缺人才目录,多渠道开展定向、专项人才招聘,积极引进各类急需紧缺人才。

(三)加强与地方院校、企业人才培养合作

开发培养海洋人才,必须优化发展海洋教育,提高海洋从业者的素质,重点是要整合好高校教育资源,建设好一批高等院校的海洋学科,积极发展多形式、多层次的海洋职业教育和海洋成人教育,使海洋普通教育和海洋职业教育的比例更加合理;鼓励社会力量开办海洋教育,提倡多种形式的联合办学,优化配置。

要以企业和高校、科研机构为主体,以项目为抓手,以推动自主创新为核心,构建连续稳定的创新团队支持机制;积极调整优化本地高校学科专业设置和师资结构,推行定向培养、订单培养,加快培养涉海紧缺应用型人才和技能型人才;在省内外高校和研究机构建立台州海洋经济发展急需紧缺人才培养基地,大规模开展相关人才知识更新和技能培训;加强沿海产业带园区建设,提升人才集聚功能,形成优势特色产业、新兴产业人才密集区。

(四)借鉴先进经验,创建台州海洋科技城和科技岛

台州海洋科技滞后,主要原因在于人才匮乏,这是制约海洋经济发展的最大瓶颈。因此,"十二五"期间,可以借鉴舟山等地的做法,创建"台州海洋科技城"或"海洋科技岛"的科技与人才联动管理体制。

台州海洋科技城,主要是要整合台州各大中职院校、科研院所等,创建台州海洋高科技产业园区、科教园区、科技创意园区等功能区,促成国内独具特色的海洋科学城。海洋科技岛主要是将海岛以"零租金"出租给有关海洋科研机构和院校,允许他们在该岛及附近海域进行各类海洋科技攻关试验、产业化开发和海洋人才培养。

(五)设立台州海洋人才专项基金

设立台州海洋人才专项基金,扶持人才成长实行"台州海洋人才专项基金"计划,此计划主要是通过市财政预算、社会力量等途径获得资金,专门用于高层次海洋人才和紧缺海洋人才的培养。

专项基金旨在支持台州高等教育发展、密切校企合作、提升海洋生物高科技成果的市场转化能力、推动海洋人才培养基地的建设,鼓励海洋专

业学生发奋学习、努力成才,促进海洋高层次人才培养。台州还应加大财政对海洋基础研究和关键技术的投入;积极引导企业和全社会增加海洋科技投入,形成多元化、多渠道的投入格局。

(六)拓宽视野,加强国际交流与合作

台州发展海洋经济还必须要有全球视野。应在海洋高技术人才培养方面积极开展国际交流与合作,以此提升台州海洋高技术产业基地建设的层次,加快台州海洋高技术产业基地的建设步伐;启动政府层面的海洋科技、人才合作,通过政府间达成双边或多边合作协议,搭建技术引进平台,引进国内暂时无法解决的关键技术,吸引国际上尖端的海洋经济人才,分享当前国际先进的、多学科、多领域、综合性海洋科研成果;鼓励学术层面的国际交流,把握国际海洋高技术最新发展态势;推动企业层面的项目合作,通过国际项目合作,借用一切可能的外资和国外先进技术,面向国内外市场,在台州建立起比较完整的海洋高新技术产业体系,改造传统的海洋产业,最终实现海洋高新技术成果的商品化、国际化和产业化;加紧建设海洋科技园区等创新载体,使其成为对外交流和合作的窗口。

总之,21世纪是海洋世纪,谁先发展海洋经济,谁就赢得了发展的先机;谁拥有更多的海洋人才,谁就拥有了发展海洋经济的主动权。当前,台州正在实施"主攻沿海"战略,大力发展海洋经济。只有大力培育、引进海洋人才,建立一支省内领先、国内一流、国际上有影响的海洋人才队伍,台州的海洋经济才有可能后来居上甚至赶超先进。

(作者单位:台州日报社)

支持浙江海洋经济发展的
财税政策思考

钱国兴

2011年2月,国务院正式批复了《浙江海洋经济发展示范区规划》,把浙江海洋经济发展规划纳入国家海洋发展战略和区域协调发展战略之中。6月30日,国务院正式批复设立浙江舟山群岛新区,成为我国继上海浦东、天津滨海和重庆两江后的第4个国家级新区,也是首个以海洋经济为主题的国家级新区,为进一步推进海洋经济发展提供了历史机遇。本文拟从浙江实际出发,借鉴沿海省市发展海洋经济的经验做法,就国家和地方层面对支持浙江海洋经济发展和舟山群岛新区建设的税收政策、非税(收费)政策、财政投入政策、财政融资政策(以下统称"财税政策")等作初步研究。

一、财税政策在发展海洋经济中的地位和作用

浙江发展海洋经济和加快舟山群岛新区建设,不仅是加快国家海洋经济发展、完善国家沿海区域发展布局的战略重点,也是培育浙江新的经济增长极、推进经济转型升级的战略选择。如何落实这一战略部署、实现上述战略目标,财税政策无疑将起着十分关键和积极的作用。

(一)浙江海洋基础设施投资不足,需要国家财政的大力支持

浙江虽然地理位置独特,海洋资源丰富,具备了发展海洋经济的良好基础,但由于长期来作为海防前线的需要,浙江尤其是舟山群岛缺少基础设施投资和重大产业布局,部分沿海市县经济社会发展相对滞后。目前如仅仅依靠浙江或部分市县自身财力和现有经济财税政策来发展海洋经济

和国家重大产业布局,将面临较大的困难与挑战,因此需要中央给予强有力的财政资金投入和财税政策支持,以有效推动落实国家海洋经济发展战略,推动浙江舟山群岛新区发展,发挥示范作用。

(二)财税政策是实现海洋经济发展战略的有力支撑

从国内外政策实践来看,财税政策支持海洋经济的领域相当广泛,从港口投资到国民海洋教育,从船舶制造到海洋消费旅游,都有政府的影子,国家通过财政投入、税收优惠等多种手段支持港口投资、物流、海洋产业以及特定海洋地区的发展。同时通过与其他经济政策(如土地使用和租赁、产业规划、融资租赁、银行信贷、海洋保险等)协调配合,共同推动海洋产业的发展,大大提升财税政策对经济增长、就业和科技等方面的贡献率,提高本地区海洋产业在国内外市场上的竞争力。

(三)发挥财税政策的支撑和引导作用,带动社会资本参与海洋经济建设

财税政策具有最直接、最有效推动经济发展的作用。在海洋开发建设的初始阶段,由于港口交通等公共基础设施具有较强的战略性和一定的公共性,以及海洋产业存在融资额度大、风险高等特点,一般投资主体不愿意参与,需要政府的引导和参与。为此,国家通过出台专门针对特定区域建设和新兴产业发展的财税政策,不仅可以推动战略性新兴海洋产业、高新技术产业、临港临海外向型经济发展,还可发挥财政资金"四两拨千斤"的作用,有力带动和引导社会资本投入到海洋基础设施建设和新兴海洋产业中去,为我国海洋经济注入持久的发展动力和活力。

(四)国际竞争日益激烈,国家支持海洋经济发展或新区建设符合国际潮流

目前,全球许多国家都在实施新一轮的海洋战略、"蓝海战略",把海洋经济发展与国家海洋战略提升到综合国力竞争的高度,纷纷通过立法保障、财政投入、税收优惠、土地政策、金融政策等手段从国家层面大力推动战略实施。一些国家还专门成立了"海洋经济开发区"、"海洋经济发展特区"、"蓝色经济区"或实行离岛免税政策等,加快推动海洋、海岛经济发展。特别是与我国、我省经济关系密切的日本、韩国、新加坡等国家,在支持发展各类海洋产业和支持特定港口(岛屿)发展方面出台了一系列财税经济政策。我国应当积极借鉴和创新财税政策,加大财税对新区建设和海洋经济发展的扶持力度,提升其作为国家综合竞争力的"桥头堡"和"前沿阵地"

的作用。

二、目前国内支持海洋经济发展的主要财税政策实践

　　为支持海洋经济发展,目前国家出台了不少财税政策,加快其发展。下面着重从国家级新区、海南国际旅游岛、海洋经济开发区三个层面略作归纳梳理。

(一)支持国家级"新区"发展的财税经济政策

　　一是设立财政专项补助资金支持起步阶段建设。"九五"期间,中央财政采取设立浦东发展基金的方式支持浦东建设。以1993年中央核定的税收返还基数为准,浦东新区每年"两税(增值税、消费税)收入"增幅在15%(含)以内的,新增收入中按规定应上划中央财政收入的部分,全部进入浦东发展基金;每年上划中央的"两税"收入增幅超过15%的部分,50%进入浦东发展基金,50%上交中央财政。中央对天津滨海新区开发建设也给予了专项支持,从2005年至2014年10年内,中央每年安排财政资金10亿元,用于滨海新区科技创新及基础设施建设。重庆市政府也设立百亿元专项资金,集中用于两江新区基础设施的起步建设;同时,以2010年为基数,将"十二五"期间新区内新增地方财力及建设项目有关的行政事业性收费收入全额用于设立两江新区发展专项资金,以投资入股、定额补助、对发行企业债券和贷款实行贴息等方式,扶持区内的先进制造和现代服务类企业发展。

　　二是通过产业税收优惠政策支持企业发展。"新区"在发展过程中,中央都给予了促进产业发展等方面的税收优惠。如中央给予天津滨海新区高新技术企业税收优惠,包括所得税减免、减半、固定资产和无形资产予以加速折旧等政策;给予浦东新区部分现代服务业和先进制造业减免企业所得税、营业税、增加税前扣除项等优惠政策。同时,各地方政府也重点对"新区"内高新技术企业、现代服务业(贸易、物流、金融、旅游)以及其他国家鼓励类企业予以税收优惠和财政补助、奖励等支持。

　　三是批准设立海关特殊监管区域。目前在所有的"新区",中央均批准设立了海关特殊监管区域。1990年6月,国务院批准设立上海外高桥保税区;2005年又批准设立洋山保税港区,主要发展国际中转、配送、采购、转口贸易和出口加工等业务,并享受保税区、出口加工区、保税物流园区相关的

税收和外汇管理政策；2008年国务院批准设立天津滨海新区综合保税区；同年，又批准设立重庆两路寸滩保税港区，享受"国外货物入区保税、国内货物入区退税、区内自由贸易"等特殊的税收政策。

(二)支持海南国际旅游岛发展的财税政策

中央对海南支持的政策主要包括预算经费倾斜性支持、财政专项补助以及免税购物政策。《国务院关于推进海南国际旅游岛建设发展的若干意见》规定，针对海南的特殊情况，中央财政进一步加大对海南的均衡性转移支付力度，同时在其他一般性转移支付和专项转移支付，特别是革命老区转移支付、边境地区转移支付等方面，加大对海南的支持。中央财政在一定时期内对海南国际旅游岛的建设发展给予专项补助。在海南试行境外旅客购物离境退税的具体办法和离岛旅客免税购物政策。

海南省政府相应地出台了一系列的税收优惠、规费减免、财政补助等政策支持现代服务业发展。如允许在海南省举办的国际性、全国性大型文化、体育比赛、展览及旅游推介活动的广告和业务宣传费支出作税前扣除；对试点物流企业从事代理业务取得的业务收入，实行差额征收营业税，新开办大型专业运输企业的固定资产可以加速折旧，对有困难的现代物流企业给予城镇土地使用税、房产税减免；在洋浦保税港区实施启运港退税政策。对港航企业港口航道、公共港池(不含码头前沿水域)、锚地、防波堤、航标等非经营性基础设施用海，可按有关政策规定和程序提请免缴海域使用金。另外，海南省级财政从产业发展引导资金中每年安排一定规模的促进服务业发展专项资金，用于扶持服务业重点行业、重点项目和公共性旅游设施、旅游促销活动。对引进的国内外著名服务业企业、金融机构总部、地区总部、采购中心、研发中心等，给予资金扶持；对航空、海运公司新增的国际、国内航线及班轮，给予资金扶持，等等。

(三)支持海洋经济开发区发展的财税经济政策

一是在资金安排上给予倾斜支持。主要是在中央财政转移支付、中央预算内专项资金和中央预算内投资，以及其他中央专项资金分配时，加大对扶持地区的支持力度。如中央明确在各项资金分配时要加大对海峡西岸经济区的扶持力度；国家在安排重大技术改造项目和资金方面，对山东半岛蓝色经济区给予支持；中央在安排文化产业发展专项资金、海洋资源勘探专项资金时,对蓝色经济区内符合条件的项目,给予适当倾斜;国家在有关规划、重大项目布局及项目审批、核准、备案等方面,给予北部湾经济区必要的支持,鼓励东部地区带动和帮助北部湾经济区发展。

二是给予参照执行政策。如中央安排中央预算内投资等资金时,福建革命老区、少数民族地区等参照执行中部地区政策,福建原中央苏区县参照执行西部地区政策。

三是出台专门税收优惠政策。财政部为促进海峡两岸经济发展,专门出台了有关两岸海上直航的税收政策,对从事海峡两岸海上直航业务在大陆取得的运输收入和所得,分别免征营业税和企业所得税。

四是对出口退税负担较重地区予以政策倾斜。中央加大对山东半岛蓝色经济区内出口退税负担较重地区的财政支持力度。

五是设立海关特殊监管区域,给予特殊优惠政策。国务院同意在现有海关特殊监管区域政策的基础上,进一步探索在福建沿海有条件的岛屿设立两岸合作的海关特殊监管区域,实施更加优惠的政策。允许青岛前湾、烟台保税港区在海关监管、外汇金融、检验检疫等方面先行先试;支持江苏沿海地区在有条件的地区设立海关特殊监管区域,加快连云港出口加工区等各类海关特殊监管区功能叠加和整合;支持辽宁沿海经济带有条件的地区设立海关特殊监管区域;支持北部湾经济区在符合条件的地区设立保税港区、综合保税区和保税物流中心,拓展出口加工区保税物流功能。目前广西已经获批设立钦州保税港区及凭祥综合保税区。

六是省级财政在预算安排资金,或设专项资金支持重大项目和基础设施建设。辽宁省及沿海经济带的各市在安排交通、建设、农林水等建设资金,或在制定全省和专项、区域规划,编制重大项目计划、预算投资计划以及申报外国政府贷款项目计划时,对沿海经济带的项目应予以积极支持。江苏省对沿海开发区的枢纽性海港建设、航道开挖和整治、近远洋航线的开辟、信息基础设施和大通关系统建设等方面,省级财政要给予资金支持。山东省省级财政安排10亿元专项资金、蓝色经济区内7市共安排10亿元专项资金,用于支持山东半岛蓝色经济区建设;并整合省级现有专项资金,重点支持列入蓝色经济区规划的交通、能源、水利等重大基础设施项目建设和海洋产业发展。

七是完善财政投融资体制政策。广西积极运用财政手段支持构建自治区政府信用平台,将沿海三市"四税"自治区分享增量部分全额注入北部湾开发投融资平台公司,用于支持北部湾经济区重大基础设施建设。

由此可见,财税支持海洋经济发展的政策工具多样,主要包括设立专项资金支持、预算内资金分配倾斜性支持、省级以下部分财政分成比例和体制调整、贷款贴息、政府奖励、新增地方财力补贴、海域使用金减免及返还、土地出让金补贴,以及建立保税区、优惠税率、地方税减免、加速折旧、加计税前扣除项目等多种方式,各项政策之间相互配套。同时,在优惠政策方向上,以促进鼓励类产业发展和基础设施建设为主;在优惠政策力度上,对"新区"的优惠政策力度相对较大,并注重政策的叠加效应。

三、支持浙江海洋经济发展的财税政策建议

(一)总体思路

借鉴国内相关政策实践,结合浙江实际,提出下一步财税支持浙江海洋经济发展和舟山群岛新区建设的总体思路:"要突出重点、分类引导,并注重政策协调和示范带动。"即从现行国内外支持海洋经济和新区建设的政策实践来看,财税政策工具应该多样,但在具体实施中应对不同区域和产业有所侧重,财税政策支持应围绕"全国海洋经济发展示范区和舟山群岛新区建设"这一总目标,重点投向有助于"一个中心和四个示范区"构建和"一核两翼三圈九区多岛"布局的区域、产业、企业;在具体政策的应用上,应分类引导,并注重财税政策与金融、投资、外贸发展等政策支持的协调配合,促进我省从海洋大省向海洋强省的转变。

(二)具体政策建议

1. 重点支持舟山群岛新区开放开发的财税政策

舟山群岛新区是国家发展海洋经济的前沿阵地,也是我国海洋经济参与国际竞争的核心区域,加大对舟山群岛新区的扶持,有利于发挥新区的示范带动作用,从而整体推进我省海洋经济的发展。在财税政策的选择上,新区应结合现有的财力状况,按照国家给予新区先行先试的政策要求,更多地采用建立保税区、设立专项资金等长效政策。具体应突出考虑以下优惠政策:

一是在享受现行保税区相应的税收政策基础上，实施启运港退税政策，经舟山保税港区中转出口的货物，凭启运地海关签发的出口报关单办理退税。二是实施船舶登记特案减免税办法，引入注册在境外的中资船舶等。三是对海外船舶融资租赁业务实行出口退税试点。四是争取在舟山群岛新区实行离岛免税政策，大力发展旅游产业，并结合海岛特点，试办一些海洋性旅游和体育娱乐项目，探索开展海岛博彩业试点。五是创新非税收入(收费)政策，设立"海洋发展专项基金"，加大财政投入。将现有收费上缴部分留存(返还)给地方的海域使用金、矿产资源补偿费、新增建设用地有偿使用费等收入，新开设的收费项目收入，在财政预算内直接安排，以及从车购税中下拨部分交通运输专项资金等，多途径充实专项基金，重点用于新区基础设施建设和海洋环境的保护等。

2. 大力支持海洋产业发展的财税政策

结合国家和省里的海洋优先发展产业目录，对符合条件的重点涉海企业实行税收优惠，提高涉海企业的自我积累能力。如对港口码头、跨海大桥、仓储物流、海洋生物制药、海洋能源、海洋新材料、海水综合利用等高端海洋产业开发项目，以及国家鼓励优先发展的海洋产业领域项目，减按15%征收企业所得税；对精深加工农产品的所得免征企业所得税；对重点涉海产业企业所购置的用于产业升级的专用设备，可按投资额的10%从企业当年或今后5年内的应纳税额中抵免，允许涉海产业企业所使用的固定资产加速折旧；对海水淡化企业的海水淡化项目，只要符合规定，可按"3免5减半"征收企业所得税。此外，对一般纳税人实行增值税即征即退政策，鼓励海水淡化产业发展；对高新技术产业，实行减按15%优惠税率征收企业所得税；对与海洋经济密切相关的战略性新兴产业，如对风力发电、潮汐发电产业等，可在已按50%增值税即征即退优惠的基础上实行一额征退，加大鼓励创新、引导投资和消费的税收支持政策。扩大试点物流企业范围，更大范围地让符合条件的物流企业享受营业税和增值税的优惠政策。

3. 创新促进涉海人才引进的财税政策

为吸引高端人才，除了给予一定的财政奖励政策外，还可考虑实施一定的税收优惠政策：一是研究适当扩大科技研究开发人员技术成果奖励的个人所得税的免税范围；二是研究对企业、高等院校、科研机构以股份或出资比例等股权形式给予科技人员个人的有关奖励免征个人所得税；三是对从事近海运输的海员，个人所得税扣除标准按远洋船员标准执行。

4. 完善支持海洋经济发展的投融资政策

针对海洋经济建设的巨大融资需求，创新地方政府融资政策，积极利用我省自行发行地方政府债券试点的契机，通过向社会各类投资者发行债券，探索建立专项用于海洋经济区建设的地方政府举债融资机制。同时通过加大国债转贷分配力度和放宽在浙商业银行贷款信用份额，以及对海洋经济产业园区基础设施给予贷款贴息等方式，加大对舟山群岛新区开发建设和海洋经济示范区建设发展的支持力度。

（作者单位：省财政厅采购监督处）

高校招生服务海洋人才培养的思考

孙 恒

发展海洋经济,亟须智力和教育资源的支撑。《浙江海洋经济发展示范区规划》强调,浙江要"提高海洋类院校实力,加快涉海人才队伍建设",到2015年,"科技贡献率要达到70%以上"。提升我省涉海专业科教水平已成为当前和今后一个时期我省高等教育建设的一项重点工作。招生是高校人才培养的基础,笔者试图从高校招生的视角,来探讨浙江海洋人才培养问题。

一、浙江高校涉海类专业招生基本情况

（一）浙江实施海洋教育的高校情况

浙江实施海洋教育的高校有20所，其中，985、211院校1所，即浙江大学；普通本科学校9所，即浙江工业大学、宁波大学、杭州电子科技大学、浙江海洋学院、温医学院、公安海警学院、宁波工程学院、浙江科技学院、浙江海洋学院东海科学技术学院；高等职业技术学院10所，即浙江交通职业技术学院、浙江国际海运业技术学院、浙江经济职业技术学院、金华职业技术学院、浙江工商职业技术学院、湖州职业技术学院、宁波城市职业技术学院、嘉兴职业技术学院、浙江长征职业技术学院、嘉兴南洋业技术学院。

总体上看，浙江实施海洋教育的高校普通本科和高职院校不多，只占浙江普通高校数量的约20%，大部分高校尚未开展海洋教育；缺少学科优势鲜明的综合性海洋大学，只有1所985高校。

（二）浙江高校涉海类专业设置情况

浙江高校设置的海洋本科、专科专业点数居全国第2位。涉海类本科专业有水资源与海洋工程、海洋生物资源与环境、水产养殖学、轮机工程、航海技术、海洋技术、海洋科学、船舶与海洋工程、海洋渔业科学与技术、油气储运工程、物流工程和港口航道与海岸工程等共12个；涉海类高职专业有水产养殖技术、海洋捕捞技术、航海技术、国际航运业务管理、轮机工程技术、船舶工程技术、船机制造与维修、船舶舾装、港口业务管理、港口物流设备与自动控制、集装箱运输管理、报关与国际货运、油气储运技术等共13个。

从结构和层次上分析，浙江高校设置的涉海类专业主要存在以下几个问题：

1. 专业分布狭窄，主要集中在传统的海洋产业。海洋装备制造业、港口物流、清洁能源、海洋生物医药、海水综合利用等与海洋经济发展密切相关的高新技术类产业对应的专业相对缺乏。

2. 已开设的专业缺乏统一规划。一方面，专业重复率高，如10所高职院校均开设报关与国际货运专业，人才培养大量重复；另一方面，一些专业显得十分稀缺，如港口物流设备与自动控制专业只有浙江经济职业技术学院开设。同时，一些专业的培养潜力没有充分挖掘，如水资源与海洋工程专业只有浙江大学开设，每年却只培养20人左右。

3. 重量级品牌、特色专业相对缺乏。目前我省有省级及以上涉海类重点学科9个，校级涉海类重点学科近20个。但只有2个涉海国家级特色专业，没有涉海国家重点学科，没有涉海省重中之重一级学科。

（三）浙江高校涉海类专业在浙招生情况

2011年，浙江高校涉海类专业总招生计划为3500余名，其中面向浙江招生计划共2202名，约占63%。面向浙江的招生计划中，本科711名，高职1491名，本科与高职比例约为1:2。

从录取批次上看，第一批（重点本科批）招生院校有浙江工业大学的海洋技术、物流工程2个专业，宁波大学的海洋生物资源与环境、水产养殖学、航海技术、轮机工程4个专业和浙江海洋学院的船舶与海洋工程、海洋科学、海洋技术3个专业，招生计划为287名，占浙江高校涉海类专业面向浙江招生计划的13.05%;第二批(普通本科批)招生院校7所,招生计划424名;第三批(高职高专批)招生院校12所,招生计划1491名。

二、省外高校涉海类专业在浙招生情况

除浙江高校外,大量部委属和外省地方属高校也在浙江招收涉海类专业。

(一)招收涉海类专业的省外高校情况

2011年在我省招收涉海类专业的省外高校总计173所。其中,985高校13所,分别是:天津大学、大连理工大学、哈尔滨工业大学(威海)、上海交通大学、同济大学、南京大学、厦门大学、山东大学威海分校、中国海洋大学、华中科技大学、中山大学、重庆大学、西北农林科技大学;其他211高校23所,分别是:北京科技大学、北京邮电大学、对外经济贸易大学、中国地质大学(北京)、中国石油大学(北京)、大连海事大学、东北林业大学、哈尔滨工程大学、华东理工大学、河海大学、南京农业大学、南京师范大学、中国药科大学、南昌大学、中国石油大学(华东)、华中农业大学、武汉理工大学、中国地质大学(武汉)、海南大学、西南大学、四川农业大学、西南交通大学、长安大学;普通本科高校65所;高职学院72所。

(二)省外高校在我省招生的涉海类专业情况

2011年省外高校在我省招收涉海类专业(含专业方向)共62个,其中本科专业39个,高职专业23个。除浙江高校已开设的涉海类专业外,还包括许多浙江高校未开设的专业,其中有海洋经济学、海洋管理、海洋油气工程、船舶电子电气工程、海事管理、海洋资源开发技术、海洋药学、海关管理和舰船与海洋工程等9个本科专业;海事管理、国际邮轮乘务、船舶电气工程技术、港口与航运管理和国际航运保险与公估等5个高职专业;以及化学工程与工艺(海洋化工与工业分析)、通信工程(海洋通信)、机电一体化技术(船电方向)等大量的浙江高校尚未开设的涉海专业方向。

(三)省外高校涉海类专业招生情况

2011年,省外高校涉海类专业面向浙江招生计划共1096名,其中本科573名,高职523名,本科与高职比例约为1:1。

从录取批次上看,第一批招生的院校有42所,涉及专业(含专业方向)

34个，招生计划为196名，占省外高校涉海类专业面向浙江招生计划的19.9%；第二批招生院校60所，招生计划为377名；第三批招生院校74所，招生计划为523名。

三、涉海类专业招生存在的问题

(一)涉海类专业的生源相对处于弱势

尽管海洋经济发展急需大量的海洋专业人才，但总体而言，涉海类院校、专业在招生中却属于相对冷门的位置。如以海洋和水产学科为特色的中国海洋大学是国家"985工程"和"211工程"重点建设高校，但招生投档线却常年处于第一批高校的中等水平，而涉海类专业的录取分数线亦同样低于该校其他专业。从招生批次结构上分析，第一批招生的涉海类专业招生计划只占该批次的1.5%，与浙江省海洋经济大省建设的人力资源需求并不相称。

(二)招生的学科专业契合性有待提高

与其他专业相比，涉海类专业有比较明显的学科特色，如就业环境比较艰苦，就业面向比较单一，因此在招生方面往往会对考生的身体素质、环境适应能力、明确的专业意向等方面有较高要求。而目前，涉海类专业招生的主要渠道是统考统招，在统一的招生办法和投档标准下，这些标准往往无法得到满足。在某些情况下，由于涉海类专业合格考生的生源确实不足，但又为了避免过多考生退档，高校往往只能将涉海类专业招生计划转入其他热门专业招生，从而使本已紧缺的涉海类专业招生计划进一步减少。

(三)涉海类专业高等教育资源的潜力还有待进一步挖掘

据初步统计，涉海类专业招生计划占我省高校年度招生计划总量的比重多年来一直保持在1.4%左右的水平。部分高校的涉海类专业长期以来没有形成规模招生。省外高校也是浙江培养海洋类人才的重要渠道，是浙江海洋高等教育的重要补充。省外高校在我省招生，使我省招收涉海类专业的985、211高校达到了36所，并拓展了涉海类专业分布，使我省海洋类人才培养得以分享全国优质高等教育资源。但目前引入的涉海类专业招生计划只占全部省外高校面向浙江招生计划的1.7%，数量上也少于我省高校相关专业出省招生计划。无论是结构还是数量，涉海类专业高等教育资源都还有较大的挖掘空间。

四、改进涉海类专业招生,促进海洋人才培养的建议

(一)加大扶持,提升涉海类专业生源质量

生源质量是高校人才培养的重要基础。针对我省涉海类专业的生源相对处于弱势的问题,有必要给予适当扶持,提升生源质量。一是加大宣传力度。高中生主要精力集中于学习,对专业的学科特点、就业前景、社会需求等并不了解,专业选择存在一定的盲目性、随机性。因此可以通过省级招生考试机构组织相关高校集中宣传,深度解读,让考生了解涉海类专业,提升报考热情。二是提升本科涉海类专业的招生层次。目前,我省本科涉海专业招生主要集中在本科第二批,可适当放宽第一批招生准入条件,海洋学科办学实力达到一定水平的高校可优先考虑列入第一批招生。三是对涉海类专业集中实行提前批录取。一方面可以使涉海类专业招生形成规模效应,另一方面也可以避免涉海类专业与其他热门专业的竞争,从而使高校招收到专业意向更加明确、身体素质等各方面条件更加符合要求的考生。

(二)统筹规划,扩大涉海类专业招生规模

扩大涉海类专业招生规模要坚持省内省外并举。已经开设涉海类专业的高校,要切实开展涉海类专业招生。省级教育行政部门在年度招生计划安排时,要适当地、有计划地逐年向涉海专业倾斜,并根据就业形势及时调整。同时,要高度重视省外高校的人才培养作用。在协商年度跨省招生计划时,有重点地吸引涉海类高校、专业招生计划,确保涉海类专业引入的招生计划超过我省高校出省计划,有效扩大我省涉海类专业高等教育资源总量;在院校层次上要重点吸引海洋类高校、985或211高校和国家级示范性高职院校,提升优质资源总量;在专业结构上,要注意多引入海洋经济发展急需的,但目前我省尚不具备开设条件的专业,以及国家级、省级重点学科(专业),提升省内外涉海专业招生的互补性。

(三)创新办法,拓展涉海类专业招生渠道

一是开展涉海类专业定向招生。由人才需求地政府或用人单位根据当地海洋经济发展规划对海洋产业特殊专业人才的需求,提出定向培养计划。高校结合本校教学、科研特点,联合需求方专门制定"定向生"培养方案。考生毕业后按照签订的定向就业协议,实行定向招生,一方面可满足我省沿海地区对一线海洋类专业人才的需求;另一方面也可保证涉海专业毕业生的就业去向和就业对口度;同时也能有效提升海洋人才培养的个性化。

二是实行航海类专业自主招生。航海类专业培养的人才要符合《海员培训、发证和值班标准国际公约》和我国海船船员适任标准要求,考生的选拔、培养过程、培养目标均具有特殊性。现行的高考统一招生,无法满足航海类专业的特殊性,也不利于专业稳定性。为能使航海类专业招生更加符合专业要求,可适当放宽航海类专业的高校招生自主权。对于本科专业,可开展三位一体综合评价招生;对于高职专业,则可开展"校考+高考"模式,进而采用"校考单录"模式自主招生。

三是整合高校教学资源,实行联合培养式招生。《浙江海洋经济发展示范区规划》指出,要优化整合资源,形成学科优势鲜明、科研实力较强的综合性海洋大学,高质量建设涉海类职业院校。但由于前期我省海洋高等教育专业分布较为狭窄,人才培养层次较低,涉海类高等教育投入偏少,实现这一目标将是一个投入大、困难多的长期过程。而中国海洋大学等部委属或外省地方属高校,乃至国际上的一些海洋类高校则具有一定的涉海类专业富余教学资源。因此,可大力推动整合省内外、国内外高校涉海类高等教育资源,促进省内高校与其合作办学,以合作方在浙教学点的名义进行招生,进校后联合培养,毕业后颁发合作方的文凭。实行联合培养式招生,可快速集聚优质高等教育资源,有效地加速推动我省海洋类高等教育质量提升。

(作者单位:省教育考试院)

构建海洋人才体系　促进海洋经济发展

王景荣

　　在海洋事业发展进程中,科技是先导,是支撑,而科技兴海的根本保证是人才。浙江海洋经济建设的快速推进,使其对海洋人才的需求愈显迫切,海洋人才的供需矛盾将会更加突出。如何通过加强海洋人才培养体系建设,培养出数量充足、类型齐全、素质较高、能够适应海洋经济建设需要的海洋人才,已成为浙江海洋事业发展所面临的亟待破解的瓶颈问题。

一、浙江海洋人才队伍建设的现状

　　近几年来,省委、省政府高度重视海洋人才队伍建设,海洋人才素质不断提高,海洋人才结构得到改善,基本上形成了一支汇集海洋管理、海洋执法与海洋科技人才的生力军,为浙江海洋经济的发展提供了重要保障。分析浙江海洋人才体系建设的现状,主要有以下4个特点:

　　1. 海洋高等教育办学水平有明显提高。经过几年的努力,浙江省海洋高等教育办学水平有明显提高,初步形成区域与专业结构布局比较合理的高等学校海洋学科专业体系;若干学科专业在国内处于领先水平,培养了一批海洋应用型人才;初步完成对接现代海洋产业体系的建设,海洋高等教育综合实力有显著增强, 有力地支撑和引领了浙江省海洋经济的发展。目前,浙江省拥有涉海高等学校19所,省部级涉海重点学科9个,其中重中之重学科4个,涉海一级博士点4个,涉海一级硕士点13个,拥有涉海两院院士2人,正高资格的涉海教师230余人,海洋本科、专科专业点数居全国第2位,拥有海洋类专业在校生4200多名,海洋类教育结构不断优化,专业布局日趋合理。

2. 实施海洋人才工程取得了新成效。近年来,浙江省实施大力引进人才特别是创新型领军人才和战略性新兴产业人才工程,完善涉海人才交流服务平台,为他们施展才能创造良好环境,大规模、全方位地培养涉海人才。首先,集中力量做大做强省内综合性和专科性海洋类院校,同时也加强了其他高校的涉海院系、专业、学科建设,积极发展涉海类职业院校,培养海洋应用型人才。其次,充分认识海洋研究和开发的综合性,注意通过非涉海专业培养发展海洋经济所需的人才。再次,积极争取与国内外优秀海洋院校合作培养人才。同时还适应海洋经济迅速发展和转型升级的需要,加强对在职人员的继续教育,把示范区建设成全国性的海洋科技教育培训基地。舟山市的一组数据也可以说明:舟山市拥有博士和硕士学位的人才分别比2005年年底增长3.8倍和2.7倍,呈现出人才涌流的蓬勃生机和崭新活力。

3. 整合有限的科技资源,积极构筑海洋科技创新平台。近年来,浙江省在继续积极争取国家级科研机构在浙江设立海洋科研基地的同时,大力加强省内已经建立的海洋科研教学机构、科技创新平台和引智园区的建设,充分发挥他们的作用;扶持建设一批海洋科研中试基地和孵化器,深化产学研合作,推进科研成果转化;加快构筑海洋科技资源公共平台,扶持一批中介机构,为涉海企业提供科研服务;举办各种形式的海洋科技论坛,加强智力引进与学术交流;加强地区间特别是长三角和山东、广东、浙江3个发展海洋经济试点省之间的合作,积极开展与国外海洋研究机构特别是新兴海洋产业研究机构的合作,实现更大范围内的科技资源共享。切实加强对科技兴海的投入,加快创建海洋科技创业投融资服务平台,建立和完善海洋科技投资体系,形成海洋科技投入的多元化融资渠道。

4. 健全人才引进机制,大力引进高素质人才。加强对本地人才的开发和海外人才的引进,制定吸引人才的优惠政策,举办海洋人才招聘会和引荐会,并采取其他积极措施,加大引进工作力度,有重点、有目的地吸引国际人才及其他省(市、自治区)人才参与浙江省某些海洋项目的建设和合作。通过海洋产业发展的引资项目,多渠道引进国外智力资源,建立海外留学人员资料库和国际海洋人才信息库,到海外招聘,引进能带动海洋产业迅速发展的高层次国际人才。为了吸引人才,舟山市投入7000余万元,建造了总建筑面积18727m²的人才公寓,重点解决高层次人才的用房;另外,还提供了100~300万元不等的创业启动资金及3年内免租的工作场所和住房,引进了一大批具有海洋经济特色的海内外创新创业领军人才和创新团队。

二、浙江海洋人才体系存在的主要问题

浙江海洋经济人才体系构建工作取得了令人欣喜的成绩,积累了不少成功的经验。但是,也存在不少问题和不足,主要表现为3个方面:

1. 行业分布不合理。虽然我们没有对高校海洋科技人才数据进行统计,但事实上,很多海洋科研人才分布在高校。由于科研资金不足及没有人带头组织,造成许多海洋科技人才的闲置和浪费。人才流动渠道不够顺畅,引进困难与人才流失并存;用人机制有待创新,论资排辈、人才浪费现象依然存在。而新世纪的海洋事业对构建海洋人才体系提出了新的要求。实现观念创新、机制创新、管理创新,已成为浙江省构建海洋人才体系面临的一项重要课题。

2. 年龄构成不合理。在现有的海洋科技人才中,海洋法律人才、海洋综合管理人才相对缺乏,中青年高层次、高素质人才比较匮乏;浙江省海洋界人才老化严重,现有的研究员中50岁以下的很少,严重缺乏21世纪的学术和学科带头人。20世纪80年代以来,海洋界出国留学人员学成归国者寥寥无几,向其他行业流失的情况也很严重。一个高级海洋知识分子退休的高峰期正在来临,而新人又没有培养出来,因此将形成人才断层的严峻局面。

3. 知识结构不合理。浙江省现有的海洋科技人才,知识结构单一,应变能力差,不少人面对社会各阶层、各行业的信息需求显得力不从心,加上长期在计划经济模式下运行,他们对市场经济运行机制缺乏组织协调能力和应变能力。海洋专业和高级复合型人才比较少,又受部门分割、条块分割、论资排辈等传统体制和思想的束缚,一些地方和单位,对海洋人才的宝贵价值及其对海洋事业发展的重大作用认识不足,不尊重知识、不尊重人才、学用不对口、埋没人才的现象还普遍存在着。

因此,加快海洋科技人才队伍建设,抓好人才的培养和使用,实施海洋人才开发工程,构建海洋人才体系,就成了一个十分紧迫的战略任务。

三、构建海洋人才体系的目标与工作机制

新世纪的海洋事业对海洋人才资源开发提出了新的要求。实现观念创新、机制创新、管理创新,成为当前队伍建设面临的一项重要课题。构建海洋人才体系的目标就是要优化人才配置,提升人才优势,建设一支素质优良、结构合理、总量优化的海洋人才队伍,创造一个人才辈出、人尽其才的机制和环境。具体而言,就是要建设一支高素质的海洋管理人才队伍、一支高质量的海监执法队伍、一支高水平的海洋科技队伍。强化党委的领导,切实发挥牵头抓总作用,为构建海洋人才体系,促进海洋经济发展提供坚强保证。

1. 构建适应海洋经济发展的人才工作格局。坚持党管人才,各级党委重点管宏观、管大局、管政策、管协调、管服务;重点是加强领导,把握全局,协调好、解决好人才队伍建设的大事要事和焦点难点,形成党委统一领导,组织部门牵头抓总,有关部门各司其职、上下贯通、各方协调、灵活高效的人才工作格局。

2. 形成适应海洋经济发展的人才工作机制。各级党委政府要集中精力抓大事,抓规划指导,抓督促检查,抓重点突破,建立健全人才工作机制,更好地体现宏观管理和综合服务;加强"一把手"人才工作目标责任制,通过分解目标任务、明确工作责任、督查考核奖惩等环节,实现人才工作职责、任务的准确定位;进一步整合资源,充分调动各部门抓人才工作的积极性,创造齐抓共管人才工作的良好氛围。

3. 营造适应海洋经济发展的开拓创新氛围。各级党委政府、主管部门要加大对海洋经济、海洋事业发展的宣传力度;各级领导干部,要增强海洋意识和创新意识,努力学习、勇于开拓、不断创新,不断提高自身修养和综合素质,以海纳百川的胸怀和知人善任的慧眼,以满腔的热情和扎实的作风,抓住机遇,乘势而上,加强海洋人才队伍建设,为海洋经济的持续健康发展提供有效的人才智力保障。

四、构建海洋人才体系的策略选择

海洋人才体系的构建需要在明确方向、目标的前提下,选择合适的策

略,分阶段、分步骤地展开,逐步实现所需人才的大集聚。

1. 制定适合经济发展的人才规划和人才政策。人才规划要适合海洋经济发展的趋势,要紧密围绕产业结构和发展阶段,明确对人才规模、质量的需求。人才政策是人才工作的依据,是人才工作制度化的根本保证。人才政策要根据人才规划及阶段性主题,结合当地实际和特点,制定一系列包括人才培养、吸引、使用、评价和激励等方面的政策措施,充分发挥人才政策在实施人才战略中的杠杆作用,既要体现超前性,又要结合实效性,要突破人才队伍建设中的体制性约束,以更灵活的机制、更宽松的环境、更优质的服务,吸引高层次海洋人才来创业创新创优。

2. 营造多渠道获取人才、多层面留住人才的环境。总结发达城市的经验,可以通过以下5条路径来获取所需人才资源。一是招聘路径。组织用人单位到人才密集的城市、高校展开有针对性的招聘活动,通过直接招聘获取所需人才资源。二是引才路径。根据经济社会发展要求,对当地急需的人才以特别优惠政策,实施重点定向引进。三是项目路径。通过举行国内外高层次人才智力(技术)项目洽谈会等活动,以"项目+人才"的路径引入人才资源。四是创业路径,通过营造优良的创业环境和制定优惠的创业扶植政策,吸引海内外人才来创业创新,以创业集聚人才。五是智力路径。建立海洋经济发展所涉及领域的知名专家信息库,并定期和不定期地就当地经济发展中所存在的问题同相应的专家进行交流,对其智力资源实现跨区域、跨国界的有效利用。

人才的保留对人才高地的构筑非常重要。首先是完善社会保障体系,解决人才的后顾之忧,为其创造良好的工作、生活条件,使他们能安心工作;其次是创新分配机制,积极推行技术要素、管理要素参与分配,使分配措施实现持续、有效的激励作用;再次是事业层面,要重视人才知识的价值,关注人才在事业上的发展;最后是环境营造方面,要积极营造良好的爱才、惜才的社会环境、人文环境。

2. 建立健全人才公共服务体系。在未来的人才竞争中,服务是凝聚人才的重要因素。构建海洋人才体系应借鉴发达国家的先进做法,建立和健全人才公共服务体系。一是提供便捷化服务。积极探索"一站式"服务模式,由专门部门统一掌握人才对服务的诉求,集中提供便捷服务。二是提供专业化服务。相关部门要在科研资源支持、技术专利保护、创业融资扶持等方面提供专业化的优质服务,为高层次创业创新人才办实事、解难题。三是提供个性化服务。各级各部门要主动加强与各类人才的联系沟通,以人才的需要为导向,及时调整服务内容,提高服务的针对性和实效性。四是提供亲情化服务。要通过体贴关心、细致周到的态度,可亲可敬、可信可靠的形象,营造爱惜人才、亲近人才、关怀人才的氛围。

3. 完善人才使用和管理机制。人才的使用和管理是人才成长的关键,应该采用灵活多变的方式,充分使用现有人才资源,建立人才动态管理机制,要根据人才的专业和岗位特点,做到能岗匹配,科学使用,切实发挥人才效能;同时,积极研究探讨人才动态管理激励机制,建立优胜劣汰的考核管理机制,使人才工作更加健康有序地发展,按照公正、竞争、择优的原则逐步形成人才能进能出、职务能上能下、待遇能升能降、人尽其才的管理机制;建立和完善人事争议仲裁制度,保护人才与用人单位的合法权益,并加强对人才政策法规执行情况的督促检查;积极探索建立人才诚信管理制度,逐步建立人才诚信档案。

4. 健全人才资源市场体系,加强人才载体搭建。健全人才资源市场可以及时为区域内各种工作岗位提供和调剂所需的各种人才,促进人才资源内部有序流动与合理配置,有效降低人才资源内部流动成本,提升运转效率;鼓励社会力量创办各类科技型孵化器,健全和完善孵化器内公共服务平台建设,为创业人员提供孵化服务,降低创业风险;鼓励设立重点实验室、科研机构、博士后流动站等,为培养创新人才和培育创新提供持续的动力。

(作者单位:金华市委统战部)

发挥审判职能　服务海洋经济

郑菊红

建设海洋经济发展示范区和舟山群岛新区,是我省海洋经济发展史上具有划时代意义的大事,标志着我省海洋经济进入跨越式大发展的新时期。海洋经济的发展,客观上对人民法院的工作提出了更高、更新的要求。准确把握海洋经济新形势下的司法需求,是我们回应需求、寻求对策的基础所在。

一、我省涉海案件审理的基本情况

(一)数量统计

近年来,我省法院审理的涉及海洋经济发展的纠纷案件大幅提升,其中最为典型的是涉外商事海事案件数量居高不下。

1. 涉外商事案件

2010年,全省共计新收一审涉外商事案件1139件,比去年增长14%,其中国际货物买卖合同(含涉及外商独资企业等)纠纷528件,民间借贷纠纷198件,承揽合同纠纷115件。共计结案1102件。

2010年,全省共计新收二审涉外商事案件199件,比上年增长32%,其中国际货物买卖合同(含涉及外商独资企业等)纠纷75件,民间借贷纠纷27件,承揽合同纠纷27件。共计结案194件。

2011年上半年,全省共计新收一审涉外商事案件595件,其中国际货物买卖合同(含涉及外商独资企业等)纠纷246件,民间借贷纠纷137件,承揽合同纠纷35件,股权转让20件。共计结案472件。

2011年上半年,全省共计新收二审涉外商事案件107件,其中国际货物买卖合同(含涉及外商独资企业等)纠纷41件,信用证欺诈14件,承揽合同纠纷10件,民间借贷纠纷9件。共计结案81件。

2. 海事海商案件

从2008年至2010年的数据统计看,我省一审海事海商案件的数量处于较为稳定的状态,但是上诉比率有所波动。从案件类型看,海上航运,航运金融,造船工业,船舶权属、经营、侵权,海事纠纷,港口物流等六大类案件几乎占全部海事海商案件的99%以上。

(二)案件特点

根据历年的数据统计,我省涉外商事与海事案件主要呈现以下特点:

1. 传统产业贸易纠纷比重较大

浙江是传统外向型经济大省,据杭州海关统计,2010年浙江省实现进出口贸易总额2534.7亿美元,比上年增长35%,占全国外贸进出口总值的8.5%。从案件受理情况来看,涉外纠纷中的国际货物买卖与加工承揽等传统项目依然占绝对多数,究其原因,一是由于我省上述产业的基数较大,相关纠纷较多;二是2008年金融危机对经济的冲击以及后金融危机时期经济的快速复苏所带来的问题;三是近年来我省所倡导的经济转型升级,进出口商品结构以及外贸加工层次在调整中逐渐提升。

2. 航运物流相关纠纷占绝对多数

近年来我省海上运力与运量快速增长。截至2010年12月底,我省水运运力总量达到1825万载重吨,创历史新高。海运船舶为3682艘,运力比2009年年底增加19.15%。沿海特种船舶和万吨级船舶达到1140艘,运力增幅28.5%。其中,沿海万吨轮运力飞速增长,增幅达32.25%,平均吨位达2.41万载重吨。从案件审理来看,海上货物运输合同纠纷、航次租船合同纠纷、定期租船合同纠纷及光船租赁(租购)合同纠纷较多,其中因为交易不规范、海运欺诈以及灰色清关等导致的相关货物灭失、损失纠纷层出不穷;因为市场无序竞争、货主法律意识和风险意识欠缺导致的货运代理合同纠纷多发。

3. 航运金融类案件较为普遍

随着我省船舶建造与买卖产业的发展,相应的船舶融资手段也在逐渐成熟。船舶涉及资金较大,从其建造所需的钢材、发动机等原料配件到设计图纸、质量检验等技术服务无不需要大额资金,因此船舶抵押与融资租赁等形式应用日渐广泛。但金融危机发生后,造船市场的供需波动较大,导致建造合同违约、采购代理违约、抵押船舶转让等纠纷大量涌现。

4. 传统资本融通纠纷居高不下

浙江作为经济大省,民间资本充实;同时又是中小企业强省,大量的中小企业发展急需资金支持,在正规渠道融资困难的情况下,浙江民间借贷一直非常活跃,由此引发的非法吸收公众存款、集资诈骗等刑事案件频发。从受理案件反映的情况看,我省民间高息借款十分风行,利率达到银行同期贷款利率的几倍甚至十几倍,而且一般通过现金支付、提前扣息、虚构借款数额、隐匿高额利息等方式予以掩饰,给审判带来较大困难。

5. 新型国际贸易纠纷逐渐显现

随着现代贸易的发展,各种新型国际贸易纠纷也纷纷涌现。信用证是国际贸易中最常用的结算方式和支付工具,涉及环节较多、程序复杂,当事人利用不规范的操作进行信用证融资甚至欺诈,由此导致欺诈支付等纠纷日渐增长。另外,我省出现的由利比亚战乱引起的独立保函纠纷,也属国内首例。最高法院为此成立了专门的"利比亚独立保函工作小组",由万鄂湘副院长担任组长,密切关注我国企业在利比亚基建、投资等领域的合法权益受到的威胁与侵害。

二、我省涉海案件审理存在的问题

目前我省的涉海案件审理面临着体制机制、法律保障、队伍建设3方面的问题与障碍,制约着海洋经济与司法保障的跨越式发展。

(一)体制机制方面

部分法院对海洋经济发展的历史意义与司法需求认识不足,对能动发挥审判职能、结合本地实际、有针对性地保障海洋经济大局理解尚不到位,审判理念出现偏差,存在就案办案、片面追求结案指标的倾向,致使个案处理失当。首先,法院布局有待完善。随着舟山群岛新区规划的批准,大量新型社会纠纷必将随着新区的开发建设而涌现,如何通过完善新区法院的设置来集中管辖相关的纠纷,也是摆在我省海洋经济发展面前的一个重要课题。其次,审判机制有待健全。人民法院如何综合运用民事、刑事、行政等多种审判职能,建立与其他相关机构的协同保护机制和长效机制值得进一步研究。再次,外部环境有待改善。社会公众乃至部分行政机关对司法保障海洋经济的意义认识不足或存在偏差。

（二）法律保障方面

我省海洋经济发展的相关政策法规目前尚不完善,尤其是涉及舟山群岛新区、新兴产业发展、港航物流中心等新问题的法律规制,尚属空白领域。司法保护力度需要加强。国务院规划对我省海洋经济与舟山群岛的定位是"示范区"与"新区",示范就是"探索引领",新区就是"先行先试",这必然会涉及金融创新、行政创新与知识产权保护等各领域的新情况、新问题,人民法院如何通过发挥审判职能鼓励探索创新,保障海洋发展,是我们需要进一步思考的问题。

（三）队伍建设方面

目前仍存在思想政治建设的不足和业务能力建设的不足。全省涉海审判工作发展还不均衡,舟山新区因涉海案件数量较少,审判经验相对欠缺,对涉外案件的特殊程序和法律适用仍需要进一步熟悉。

三、充分发挥审判职能,为海洋经济发展提供全面司法保护

司法保障海洋经济发展是一项系统工程,人民法院需要从各个方面加以保护,构建海洋经济的司法保障体系。其中应抓住几个主要方面的工作。

（一）土地、海洋要素的保护

随着我省海洋经济发展示范区的建设,土地、海洋开发利用将会出现新旧规划冲突和变更导致的纠纷。司法机关应当协同立法机关、行政机关等进行积极应对:明确和落实规划的群众参与原则;进一步加大土地规划的执法监察力度;加大查处土地违法违规案件的力度,重点组织受理、审查违反规划、突破计划、乱占滥用耕地、违法批地用地的典型案件;有效发挥行政审判的监督职能,纠正违法行政行为,保护行政相对人的合法权益;做好新《国有土地上房屋征收和补偿条例》的应对。根据国务院《国有土地上房屋征收和补偿条例》,明确了以下几个方面:公共利益征收与商业开发彻底分开;政府是唯一的补偿主体,具有公告和听证义务;征收争议可以提交

司法裁决；明确了征收补偿的范围；强调评估机构的中立；被征收人具有补偿选择权；协议不成政府有权决定；违法建筑不予补偿，野蛮拆迁可被追究刑责等。该条例取消了政府对城市国有土地直接强制拆迁的权力，一律移交司法审查和执行，一方面给法院的行政审判和非诉审查执行工作带来了新的压力，提出了新的更高的要求；另一方面也为法院回应人民群众的关切，充分发挥司法审查职能作用提供了重要契机。人民法院在审查过程中，应当明确服务大局的中心思想，优先满足示范区的开发需要，同时，做好对行政相对人的合理补偿，既要保障经济发展，又不能损害司法公信力。

浙江是我国岛屿最多的省份，其中无居民海岛就有385.5个。2010年3月1日起施行的《中华人民共和国海岛保护法》明确规定，无居民海岛属于国家所有，国务院代表国家行使无居民海岛所有权。《物权法》进一步确定了海域使用权这一新型物权的法律地位，从而为在私法范畴内建立起一整套涉及海域使用权归属或流转的民事规则奠定了法律基础。在新形势下，我们应当以法律形式对海域使用权的获得方式、流转条件、流转程序作全面、具体的规定，通过建构海域物权的私法体系，完善海域市场准入、流转规则等市场规制法，强化用海人权益保护等措施，确保海域使用权能够作为一种私人财产权自由流转，从而实现其价值，达到促进海域合理开发利用的目的。在开发过程中，必须要严格遵守相关法律法规，凡未经批准利用的无居民海岛，应当维持现状；禁止采石、挖海砂、采伐林木以及进行破坏性生产、建设、旅游等活动；禁止改变自然保护区内海岛的海岸线；造成海岛及其周边海域生态系统破坏的，依法承担民事责任，构成犯罪的，予以刑事处罚。

(二)市场秩序的维护

我省发展海洋经济离不开良好的市场秩序和制度环境。针对涉海的借贷纠纷、货代纠纷等案件，应准确界定和把握非法集资与民间借贷、商业交易的罪与非罪的界限；罪与非罪界限一时难以划清的案件，要从有利于促进企业生存发展、有利于保障员工生计、有利于维护社会和谐稳定的高度，依法妥善处理；依法审理涉中小企业民间借贷纠纷案件，通过审判职能的发挥，规范民间金融市场；企业之间自有资金的临时调剂行为，可不作无效借款合同处理。另外，要加快推进专门的货代立法，发挥行业组织的自治作用,增强合同意识和风险意识,完善司法的规制导向功能。

随着我省船舶工业和临港工业、航运物流与国际贸易等海洋产业的迅速发展以及大宗商品交易和融资市场的建立,我们迫切需要做好积极应对信息流、资金流、货物流对现有法规体系、司法职能、行政管理的挑战。人民法院要积极配合当地政府优化产业空间布局、完善功能分局、提高基础设施共享共用;保障集约化和集群化发展,构造良好司法环境,采取便捷司法程序,培育和引进龙头企业、骨干项目,做好延伸产业链、完善产业配套的研判工作;依法促进循环发展,保护循环技术研发应用和废旧物资综合利用产业链等。

(三)知识产权的保护

新近出台的《浙江省海洋新兴产业发展规划》中,我省根据自身发展优势,将未来的"蓝色经济"重点锁定在海洋先进装备制造、海洋生物医药、海水综合利用、海洋清洁能源、港航物流服务和海洋勘探开发服务等领域。为此,我们需要重点加强对上述领域的知识产权新问题、新趋势的研判把握;发挥知识产权刑事审判的惩治犯罪作用,加大对侵犯知识产权犯罪的打击力度,逐步杜绝生产、销售仿冒商标商品的犯罪行为,净化市场竞争环境;发挥知识产权民事审判的调节作用,正确界定权利范围,依法审查和支持当事人的在先权、先用权、公知技术、禁止反悔、合理使用、正当使用等抗辩理由,既要切实保护知识产权,又要制止滥用和非法垄断,在鼓励创新与推广应用之间把握好平衡点;发挥知识产权行政审判的审查和监督作用,保护行政相对人的合法权益、维护知识产权行政管理秩序,通过规范行政管理行为促进我省新兴产业健康有序发展,推动实现在各个领域的产业突围与核心塑造。

(四)海洋生态环境的保护

伴随着海洋经济的高速发展和海洋产业的不断增长,海洋环境仍然面临着不断恶化的威胁,2009年浙江省中度和重度污染的海域占全省近岸海域的57%,近岸海域海洋环境质量恶化和海洋生态体系损害趋势日益加剧,近岸海域海洋环境保护的任务艰巨。为应对海洋生态环境保护对司法工作提出的新要求、新任务,我省各级法院应从以下方面着手:第一,建立我省环境污染公益诉讼制度。第二,建立灵活的排除侵害方式。在排除侵害的具体方式上,应增加部分排除危害(又称中间排除危害,如限制污染性工厂、设施的运营时间或排污时间,限制扰民机场的飞机起降时间,限制噪声扰民的建筑施工时间,责令安装或改善污染防治设施,禁止部分加害活动等)、代替性赔偿(即以交付赔偿金的形式代替发布关闭污染性工厂的禁令)等更具调和性的制度,以便法院通过对有关利益的比较平衡而对各种侵害排除方式加以灵活运用,从而更好地兼顾对受害人的保护、社会公平正义和经济发展。第三,加强海洋生态环境保护的法制宣传。第四,建立强制保险制度与环境损害赔偿基金制度。一方面可以减轻加害人的赔偿负担,防止因赔偿而导致企业关闭或破产;另一方面,也可以为受害人提供切实的损害赔偿保障,实现对受害人的真正救济,维护社会的公平与正义。

(作者单位:省高院民事审判第四庭)

聚焦新兴产业　发展海洋经济

——推进宁波海洋经济发展的思考

罗利达

　　宁波因海而得名,因海而发展、因海而繁荣。浙江海洋经济发展示范区规划上升到国家战略层面,不仅是推动宁波海洋经济快速发展的重大契机,更是全面推动"六个加快"战略部署、争创科学发展新优势的战略机遇。发展海洋新兴产业是海洋经济发展示范区建设3项重点工作之一,对于加快海洋经济产业结构转型升级,增强海洋经济核心竞争力具有重要意义。前阶段,笔者聆听了专家领导的授课,并在课余走访了宁波市的相关部门,进一步深化了对海洋经济尤其是海洋新兴产业发展的认识。在此,不避浅陋,就推动宁波海洋新兴产业发展方面谈几点认识。

一、发展海洋新兴产业的必要性

　　海洋新兴产业主要指以海洋高新科技发展为基础,以海洋科技、海洋服务业为核心内容的产业形态,具有低污染、低耗能、高效率的特点,且具有很强的产业带动力和引领性。当前,宁波海洋新兴产业发展既面临着难得的机遇,也是基于当前海洋经济任务形势发展的必然要求。

（一）机遇难得

　　海洋新兴产业是一个科技、资金高度密集型产业,前期发展需要强大的科技支撑和持续的资金投入,需要政策层面的适度倾斜。纵观发达国家海洋新兴产业发展的经验,走的就是一条"科技先行、服务主导、政府扶持"的道路。浙江海洋经济发展示范区规划上升到国家战略层面,宁波又是示范区建设的核心之一,因此在政策导向、科研支持等方面享有诸多优惠政策。对于示范区建设确定的重点任务,宁波有50多项,占了近1/3,这对于破解海洋新兴产业发展中的科技、资金等要素制约带来了良好契机。省委、省政府对发展海洋新兴产业也高度重视,新近出台的《浙江省海洋新兴产业发展规划》,明确表达了发展海洋新兴产业的决心,勾勒了海洋新兴产业发展蓝图。宁波必须紧紧抓住这个千载难逢的机遇,顺势而为,重点突破,推动全市海洋新兴产业快速发展。

(二)形势使然

开发丰富的海洋油气、动力、矿产、生物和化学资源,是突破资源要素瓶颈,推动经济社会可持续发展的重要选择。当前,随着海洋资源开发不断由浅海向深海,近海向远海发展,以及海底资源新种类的不断发现,海洋战略地位不断提升,成为沿海各国相互竞争的焦点。特别是随着海洋科技的深入发展,海洋经济领域可望在海水利用、能源、矿产、海洋生物等方面获得新突破,形成系列新产品、新产业,海洋新兴产业的规模和比重不断扩大。发展海洋新兴产业已经成为提升经济竞争力的战略举措,成为沿海国家和地区海洋综合开发利用能力的重要体现。可以说,海洋新兴产业的发展态势,将成为宁波经济社会可持续发展的一个重要引擎。

(三)问题所迫

宁波港全球闻名,宁波海洋交通运输、临港重化工、出口加工贸易等产业发达,基础雄厚。但此类传统海洋经济发展过度依赖能源、环境、土地资源,给海洋经济可持续发展带来较大压力。近年来,在各级政府的重视和支持下,宁波海洋新兴产业实现了快速发展,在港航物流服务、海洋生物科技、海水利用等领域走在了全国前列。但我们必须清醒地看到,宁波海洋新兴产业的发展规模和水平与海洋资源优势还不协调,尚未成为新的经济增长点;海洋科研总体实力与国内外先进水平相比还有较大差距,科研成果产业化水平不高;海洋高技术产业和服务业发展相对滞后等问题。可以说,与上海、深圳、青岛相比,海洋新兴产业是宁波海洋经济发展中的一条"短腿",必须在这方面加大力度、狠下工夫、努力拉长,着力实现海洋经济结构的全面优化升级,提升海洋经济的整体层次。

二、发展海洋新兴产业的重点领域

海洋新兴产业包含众多行业,不同行业发展的现状与潜力、所具优势和条件不同,需分类指导、择优推进。综合审视宁波海洋经济发展现状,借鉴国内外海洋新兴产业的发展趋势、经济效益和产品市场需求等因素,宁波海洋新兴产业要着力突出以下重点领域:

(一)港航物流服务体系产业

这是浙江海洋经济的亮点和特色,也是宁波海洋经济发展的重中之重。目前宁波港在生产规模和大宗商品交易方面取得了先发优势,但总体上仍属于大进大出的运输枢纽港,综合港航物流服务体系还不尽完善。要按照构建大宗商品交易平台的战略要求,坚持注重效益、大进优出、快进精出,加快推进平台建设各项事宜,力争形成若干在全国乃至全球具有影响力的交易平台;要加快完善梅山、大榭、穿山等进港航道、锚地、疏港公路铁路建设,完善集疏运网络体系,增强港口面向长三角、中西部的辐射力和服务功能;要加快港航服务领域的信息和金融创新,推进宁波国际航运服务中心、国际金融服务中心建设,集聚一批优秀企业、服务机构,抢占高端服务环节,增强行业的国内和国际竞争力。

(二)海洋工程装备产业

海洋工程装备覆盖海洋电子、机械、材料、通讯技术、工业设计、精密制造等领域,具有潜在的巨大市场。根据我国海洋石油远景规划,未来几年,我国将有数十个海上油田待开发,海洋工程装备投资总量每年将以百亿元以上递增。要针对宁波海洋工程装备企业分散、规模较小、科研能力较弱等特点,坚持自主创新与国内外合资合作并重,着力推进工业化和信息化融合发展,强化龙头企业培育,提升海洋工程装备规模和层次;要以北仑、杭州湾新区和三门湾区域为重点,全力加强海洋高技术专用船舶设计,船舶共性技术、关键技术的配备产品开发和应用,积极发展海洋钻进平台、海上浮式生产储油装备、水下运载装备等海洋工程装备,促进海洋装备产业向技术自主化、制造集约化、装备成套化、产品品牌化方向发展。

(三)海洋清洁能源及海水综合利用产业

随着节能减排成为国家的基本政策,我国对新能源产业发展的支持力度不断加大。海洋新能源具有绿色环保、永续性和可再生性等特点,是煤电等传统能源的良好替代品。发展海洋新能源产业是解决能源瓶颈和环境危机的重要途径。要加快发展海岛和近海风能、潮汐能、生物质能等新能源,特别是技术比较成熟且具有一定产业基础的海洋风能发电,要在短期内培育壮大,着力规划建设象山东南沿海、杭州湾新区、国电北仑穿山半岛等风电场;要积极开展波浪能、温差能与海上科研仪器和海上自动化观测监测系统相结合的示范,扩大海洋能利用范围,提高能源利用效率;要依托大唐乌沙山电厂、国华宁海电厂等在水处理方面的先进技术,加大对海水直接利用的技术研究,改进和创新海水淡化预处理技术,提高海水直接利用和海水循环利用冷却技术水平。

(四)海洋药业及生物制品产业

海洋是一个蕴藏着众多高效药理活性物质的巨大宝库,仅我国已知的药用海洋生物就有近千种。从目前海洋经济发展业态来看,海洋药业及生物制品产业已经成为海洋经济发展的一个重点,也是国际竞争最激烈的领域之一。要坚持自主研发和引进消化结合,发挥宁波海洋生物资源丰富、产业基础较好的优势,依托宁波大学、在甬海洋科学院院所平台,加强药业和生物产业的基础研究和应用研究,不断提高产业化水平和规模;要在杭州湾新区或高新园区,规划建设高层次的宁波海洋生物科技园,集聚和培育一批海洋生物优势企业,重点发展海洋药物、海洋生物保健品和海洋生物功能材料产业,力争打造全国级的海洋医药和生物制品业重要基地;要探索设立海洋生物产业引导资金,规划建设宁波海洋生物工程院,形成较强的海洋生物医药技术研发能力和相对健全的产业化促进体系。

(五)深海勘测开发产业

在宁波沿海大陆架拥有春晓油田等丰富的油气资源,而且可燃冰、锰结核、热液硫化物等资源预计储量也比较丰富。要根据国家和省委、省政府的总体部署,从国家战略需要高度,面向国际前沿,立足现有基础和国家重大专项支持,以参与近外海勘探开发服务为突破口,做好东海油气田后方基地建设,扩大服务保障范围,延伸服务链;要聚力深海矿产资源开发,大洋矿产资源选冶,深海生物及基因资源研发,开展中长期战略规划与布局,加强大洋深海资源及相关科学研究,为其产业化提供有力支撑;要争取国家大洋矿产资源接收储运与研发加工基地在甬落户,并使其成为我国深海大洋矿产资源开发的前沿阵地和战略性资源的接收储运加工与冶炼试验中心。

三、发展海洋新兴产业的保障支撑

海洋新兴产业涉及面广、系统性强、关联度大。发展海洋新兴产业必须充分发挥多层次、多主体的比较优势,着力在政策导向、科技支撑、对外合作、氛围营造等方面取得新突破。

(一)强化政策支持

要把扶持海洋新兴产业发展作为发展海洋经济的优先策略,探索建立财政扶持、企业为主,金融支持、社会参与的多元投入机制。发挥海洋经济专项资金"四两拨千斤"的导向作用,依托宁波民营经济发达、民间资本充裕的优势,鼓励和引导社会资本进入海洋新兴产业部门,形成多渠道、市场化的投融资体系;在符合国家税收政策的前提下,制定海洋新兴产业优先发展的目录,实施重大项目税收减免政策,对符合条件的重点企业实行税收优惠;构建海洋行政主管部门与金融企业的联动机制,强化信贷资金对海洋新兴产业的支持,努力消除融资方面的束缚。要深化水、电、土地等价值政策改革,优先安排海洋新兴产业用地用海指标。要完善促进投资政策,创新招商引资形式,瞄准国内外知名企业,引进一批海洋经济战略合作伙伴。

(二)强化科技支撑

海洋新兴产业的最大特点是对高新技术的高度依赖性,开发水平完全取决于海洋技术的发展水平。要从海洋科技的基础、优势和特点出发,进一步理顺海洋教育、科研的体制机制,着力研发一批具有自主知识产权、国际领先的科技成果;要全力提升在甬涉海院校实力,整合教育资源,扩大办学规模,调整学科结构,大力培育海洋研究和技术应用型人才;要实施与国家海洋局的战略合作计划,强化海洋生物工程、装备工程等若干重点学科建设,研究设立宁波大学海洋综合性研究院;要鼓励高校、科研院所以多种形式参与企业的技术攻坚、技术开发,构建以企业为主体,以资产为纽带,产学研相结合的海洋科技创新体系,建立一批海洋科研成果产业化基地;要通过设立奖励基金、成果表彰等方式,鼓励科研人员对海洋高新技术的探索以及科研成果的转化与推广,不断提高先进技术对海洋传统产业的渗透能力。

(三)强化对外合作

要充分发挥宁波外向型经济发达,拥有宁波梅山保税港区、保税区、高新区、杭州湾新区等6个国家级开发区的优势,加大招商引资力度,重点引进一批著名的海洋新兴产业跨国公司、优势企业,在优秀国外企业的带动下,推动本地海洋新兴产业企业的快速发展,提高经济效益。鼓励和支持有条件的海洋新兴产业企业实施"走出去"战略,以独资或合资方式在省外、境外建立原料基地、生产基地、营销中心和经贸合作区,开展境外海洋资源合作开发、国际劳务合作、国际工程承包,发展海洋高技术服务业外包等。

(四)强化氛围营造

良好的舆论和文化氛围是宁波海洋新兴产业发展的软实力。要广泛宣传海洋新兴产业的有关知识,让公众对海洋新兴产业有基本的认识与了解,增强公众对海洋新兴产业发展的责任意识和工作支持;要大力发展海洋文化,传承民间海洋文化艺术,扶持发展海洋文化产业,办好由宁波主办的中国海洋论坛和中国海洋经济投资洽谈会,着力为宁波海洋新兴产业发展营造浓厚的氛围,提升宁波城市对国内外优秀企业的吸引力;要大力加强海洋综合治理,强化海洋生态文明,加强海洋资源利用监管,形成海洋科学开发长效机制。

(作者单位:宁波市公安局)

海洋产业集聚背景下
高技能人才培养对策研究

——以舟山群岛新区为例

杨永明

2011年6月30日,国务院正式批准设立浙江舟山群岛新区,标志着舟山的发展已经纳入国家发展总体规划,上升为国家发展战略。舟山群岛新区的建设是以海洋产业在区域内的优化集聚为主线的,产业集聚既是海洋经济发展的必由之路,又是海洋经济综合开发的显性特征。按照"一体两翼三圈诸岛"的规划格局,港口物流、海洋工程、远洋渔业、海洋能源、海洋运输、海洋旅游等海洋企业会源源不断地在舟山这块土地上落户生根,各种产业要素会加速在舟山集聚。

产业资本要素中,人力资本是重要方面。在海洋经济发展过程中,人才始终是不可或缺的重要组成部分,重点是两类人才,一类是海洋科研与海洋经济的前沿领军人物;另一类则是舟山海洋产业综合开发需要的高技能人才。我们可以引进资金,引进设备,引进高级管理人员,而成千上万的技术工人是不可能完全依靠引进的,唯一的出路只能是大力培养一批适应海洋经济发展需要的高技能人才。

一、舟山市海洋产业高技能人才队伍现状及原因分析

(一)高技能人才队伍现状

技能型人才是指在生产、运输、服务领域的某种岗位工作,熟练掌握专

门知识和技术,具备精湛的操作技能,具有较强的创新能力,并在工作实践中能够解决关键技术和工艺的操作性难题的人员,主要包括技术技能劳动者中取得高级技工、技师和高级技师职业资格及相应职级的人员。其中,高级工、技师、高级技师称为高技能人才。高技能人才是技术工人队伍中的骨干,是推动技术创新和实现科技成果转化不可缺少的重要力量。

据统计,截至2009年年底,舟山市拥有各类技能人才共68000人,其中高级技师仅140人、技师1960人、高级工5721人。高技能人才处于非常缺乏的状态。未来几年,随着海洋经济的快速发展,修造船及船配、海洋旅游、水产加工、航运业、港口物流等相关海洋产业人才需求数量持续增长、需求层次不断提高、需求程度日益紧迫。海洋产业高技能人才短缺和结构不合理的矛盾将严重制约舟山海洋经济的发展和产业的转型升级。

(二)海洋产业高技能人才短缺的原因分析

1. 舟山海洋经济快速发展加大了对人才的需求。产业结构决定人才需求结构,进而影响人力资源发展的方向与水平。(如图1)

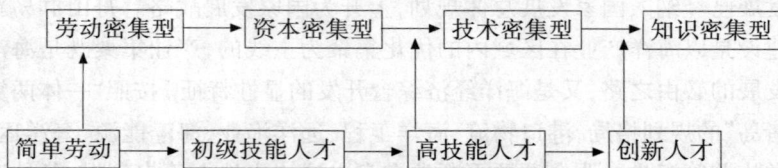

图1 产业结构升级与人才素质的提高

经过改革开放30多年的快速发展,舟山顺利地进入了工业化中期阶段并加速向工业化后期过渡,产业结构不断优化升级,海洋经济发展势头迅猛,随之而来的产业技术工人尤其是高技能人才的供需矛盾更趋明显,特别是能够适应信息化、自动化设备操作的高技能人才缺乏,"技工荒"现象频现,直接影响着经济发展方式的转变和产业结构的优化。

2. 社会观念存在误区。虽然各方面都在强调技能人才的重要性,但落实到具体工作,举措不多、力度不大、投入不够,尤其是海洋产业高技能人才的工资报酬和福利待遇与技能水平不相匹配,在一定程度上影响了技能人才能力提升的积极性。另一方面,因为世俗眼光和传统思维,大多数家长把船舶修造、海洋运输、水产加工等海洋产业就业与脏、累、艰苦、枯燥联系在一起,不愿意自己的子女从事这些行业的工作;有的家长不考虑子女的实际情况,一味地将子女送入大学,哪怕是三本的、专业不好的,也不愿将子女送到职业院校,这也从一个侧面反映了技能人才的社会地位不尽如人意。

3. 职业教育存在的问题与不足。职业院校基础作用发挥不充分,海洋职业教育远远落后于海洋经济发展的要求。舟山职业教育布局不够合理,专业设置狭窄,人才培养水平不高。除一所具有一定办学规模的高等职业院校外,其他多为规模小、层次低的中等职业学校,教学培训的设施设备、课程设置、教材内容、实操条件等已远远跟不上海洋产业发展的需要,且由于条件所限,偏重于理论教学,实操培训比较薄弱,与产业转型升级要求不相匹配。面临着海洋经济人才短缺的历史机遇,一些职业学校的专业设置与培养模式并没有及时跟进,职业教育没有发挥应有的作用。

4. 海洋企业在高技能人才培养上的欠缺。修造船、航运、港口等海洋企业需要的一些高技能人才,他们的技能属于工作经验甚至是技术秘密,必须依附于专门设备和人员,需要专门环境条件和较长时间的培养,所以这类人才一般是在工作过程中培养。考虑到周期长、成本高、易跳槽等因素,一些海洋企业尤其是中小型民营企业积极性不高,往往是重使用轻培养,甚至只使用不培训,企业教育培训经费投入明显不足,对高技能人才培养出现了“政府和职工两头热、企业中间冷”的现象。

5. 海洋产业技能人才公共资源建设投入不足。高技能人才培养工作缺乏稳定的经费支持,缺少具有一定规模的海洋专业公共实训基地,影响了海洋产业高技能人才队伍建设的系统性和持续性。高技能人才的培养对硬件有着特殊的要求,尤其船舶修造、海洋运输、港口物流等海洋产业,实训实施设备的要求非常高,投入非常大。经费投入不足直接影响海洋经济高技能人才培养的质量和数量。

二、舟山市海洋产业高技能人才的培养对策

(一)深化职业教育改革,大力发展海洋职业教育

舟山海洋经济的大发展,海洋新兴产业的迅速崛起,为发展海洋职业教育提供了广阔的平台,更为传统职业教育的改革提供了难得的机遇,职

业教育应不失时机地深化改革,服务海洋经济,为海洋经济发展提供人才支持。第一,进行市场调研和评估。对舟山海洋经济先期投入企业的规模、类别运行期、人才需求等进行市场调研和评估,做出职业教育近期调整计划和远期改革方案。在保留优势专业的基础上,压缩或淘汰落后专业,优先发展修造船及船配、海洋旅游、装备制造、航运业、水产品加工、临港化工、港口物流等海洋产业急需的专业,有计划、稳妥地发展海洋职业教育。第二,调整职业教育结构。海洋职业教育的规模、专业设置等,要适应海洋经济的产业、行业和工作单位等不同层面的需求。专业设置要与海洋经济区域需求相协调,职业院校各专业的比例要与三大产业的比例大体相当。专业的招生规模应与相关海洋行业对技能人才的需求大体相当,各专业的招生数量要与就业岗位相适应。第三,提高职业教育与市场的贴近度。职业院校要深入企业,了解海洋企业,通过校企合作、工学结合和订单培养,与海洋企业建立紧密的联系,以提高职业教育培养目标与企业高技能人才需求的契合度,从而满足市场主体—海洋企业的需求。

(二)加强对海洋产业高技能人才培养的宏观调控

在社会主义市场经济条件下,人才在各部门、各行业的分配主要通过市场进行调节。各个市场主体决策的信息基础往往并不对称,单主体理性选择的集合往往并不符合实际,这就是宏观结构偏差的根源。与物质生产领域相似,人才培养领域的结构调整,政府的宏观调控也必不可少。在建立舟山群岛新区的初期,各级政府更是要转变观念提高认识,明确做好海洋经济高技能人才培养的重要性和宏观调控的重点。第一,人力资源和社会保障部门要根据区域海洋经济的社会发展规划作出相应的人力资源规划,并组织专家预测增长快速的就业领域的信息,引导职业教育作出相应的发展规划。第二,做好海洋产业技能人才供求情况的报告。依托现代信息网络,构建起连接海洋企业、职业院校、培训机构、人才资源市场和相关行业(协会)的公共信息服务平台,及时收集、发布用工培训需求,建立海洋产业高技能人才供需平台。第三,综合运用各种调控手段,对高技能人才的供求结构进行积极的宏观调控。采取为贫困学生减免学费的办法,有针对性地调整学生就业方向;制定更加优惠的资助政策,鼓励初、高中毕业生接受海洋职业教育。第四,加强对职业院校学生的就职指导和就业咨询服务。在舟山建立具有海洋经济特色的专业人才交流市场;介绍海洋经济企业各个岗位的特点、发展前景,使学生加深对区域海洋行业企业的认识;培养学生适应海洋职业岗位的能力,使其积极投身到海洋经济的发展中。

(三)建立与海洋产业相适应的高技能人才培养基地

整合现有培训资源,通过校校合作、校企合作等形式,加快推进海洋产业高技能人才培养,建设一批面向社会、区域特色明显、专业设置合理、适应海洋经济发展的高技能人才培养基地。第一,整合全市现有职业学校、技工学校和培训机构,建立舟山市技师学院,统筹全市职业技术教育资源,打通职业资格认定通道,缩短海洋产业高技能人才培养的周期。第二,职业院校要搭建开放式培训平台,支持和鼓励职业院校与海洋企业建立技能人才培养战略协作伙伴关系,以国家海洋行业职业技能鉴定标准为依据,建立模块式培训课程和计划,在为学生提供贴近国家职业技能标准、贴近海洋企业社会需求的技能培训的同时,满足海洋企业和社会对高技能人才培训的不同需求。第三,充分发挥海洋企业在培养高技能人才中的主体作用,引导海洋企业将高技能人才队伍建设纳入企业发展总体规划。海洋企业要围绕发展规划和产业实际,根据各自特点,自主开展本行业、本单位职工技能培训,加大高技能人才的储备力度,做到同步发展、同步推进。第四,加强公共实训基地建设。根据海洋产业发展需求,建立一批布局合理、技术先进、面向社会的集技能培训和鉴定服务为一体的公共实训基地,重点是要做强做大船舶修造、航运驾轮、海洋文化与旅游、机电制造等海洋产业公共实训基地,面向职业院校和海洋企业职工提供资源共享的实训和鉴定平台。第五,推进职成教一体化建设。坚持培训主体多元化,完善培训体系,规范培训市场;加强各级社区学院和乡镇成教中心建设,确保办学经费,要根据产业布局,突出海岛渔农民特别是"失海失地"渔农民的职业技能培训,有重点地加强乡镇(街道)成校建设,落实专门场地,配备相应师资;因地制宜地开展本区域海洋产业发展所需的职业(工种)培训工作,并建立优秀农民、优秀工人进职业技术院校深造的机制,培养渔农村实用技能人才;积极打造社会培训品牌,引进知名院校到舟山举办分校或独立学院,积极开发高端培训。

（四）营建有利于培养海洋经济高技能人才的社会环境和激励机制

舟山人口增长率偏低，新增劳动力人口持续下降，加上交通、信息、海岛区域等的局限性，在海洋产业集聚的背景下，无疑给高技能人才的培养带来不利的影响，因此营建好的社会环境和激励机制，使舟山成为海洋经济高技能人才的集聚区尤其重要。第一，坚持开门办学，创新培养模式。与中西部职业院校、教育部门开展合作办学。如浙江国际海运职业技术学院根据本地企业订单需求，与重庆、贵州教育部门开展合作，从当地职业院校招收三年级高职学生到舟山，经过一年的专业训练，输送到舟山的船舶企业工作，既解决了企业的需求，又使一些欠发达地区的学生获得了较好的就业机会。这种互利多赢的合作模式值得推广。第二，坚持分类指导，实施劳动就业准入制度。要重点做好相关海洋产业行业协会建设，开展技能交流、技术开发、技能评定，提供就业指导、信息咨询、职业规划，为高技能专业人才的成长发展提供平台；大力推行职业资格证书制度，力争到"十二五"末，对舟山海洋产业集聚的六大重点产业主要工种，全面实施就业准入制度和职业资格证书制度。第三，营造良好氛围，提供各种服务。海洋产业涉及航运、修造船、港口、物流等，专业性强，工作环境相对艰苦，职业风险大，对技术和工作责任心的要求也高，所以政府应不断改善高技能人才的工作与生活环境，让高技能专业人才走进来，留下来；解决紧缺专业、特殊岗位和非公企业中高技能人才的相关待遇，如家属就业、子女就学等，为高技能人才在舟山就业创业提供良好的工作生活环境。第四，加强海洋经济高技能人才队伍建设。抓住浙江大力发展海洋经济、舟山建设群岛新区的契机，大力宣传高技能人才在推进海洋经济发展中的重要作用，激励表彰一批在生产一线作出突出贡献的各级各类高技能人才，进一步认识加强高技能人才队伍建设的紧迫感，增强全社会对从事技能劳动的认同感，激发广大技能人才的自豪感，从而营造尊重劳动、崇尚技能、鼓励创造的舆论氛围，形成全社会关心和支持技能人才队伍建设的良好局面，为人人竞相成才和充分施展才能创造良好的社会环境。

（作者单位：舟山广播电视大学）

第二部分

走出去：浙江企业转型升级的新引擎

——"十二五"期间
浙江企业境外投资形势分析及对策建议

李欣时

"走出去"是经济全球化发展的必然要求。"十一五"期间，浙江经济发展到了一个新阶段，浙江企业已经具备开展境外直接投资的实力；经济发展中面临的资源能源保障、外国贸易保护等现实压力客观上形成开放促改革的"倒逼"机制，正是在这种内外部因素的共同作用下，"走出去"已经成为我省企业冲破束缚生产力发展的桎梏，拓宽市场发展空间的重要渠道。本文将分析"十二五"期间，浙江企业"走出去"面临的机遇与挑战，并提出相应对策。

一、浙江企业"走出去"面临的战略机遇

(一)省委省政府大力实施"走出去"战略

中共浙江省委在"十二五"规划建议中指出，要按照市场导向和企业自主决策原则，引导各类所有制企业有序到境外投资合作。支持和鼓励优势企业并购境外企业和知名品牌，在境外投资建立营销网络、生产基地、研发机构、经贸合作区，发展海外工程承包，扩大农业国际合作，开发境外能源资源。培育我省大型跨国公司，提高国际化经营水平。完善"走出去"服务体系，加强宏观指导和政策服务。

大力实施"走出去"战略，是实现我省产业转型升级的必然要求。同时，

大力实施"走出去"战略,也是企业合理配置资源、扩大国际市场份额,规避贸易壁垒的有效途径。

(二)"走出去"正成为企业转型升级的一种倒逼机制

"十二五"期间,是全球产业结构调整的关键时期,也是全球市场需求不足、供给过剩的时期,企业要把握这一重大战略机遇。这意味着,企业必须从代工向自主生产模式转换:在欧美市场需求不景气的情况下,代工企业很难发展,应通过"走出去",形成新兴市场的研发设计、生产加工、物流分销的综合运作能力。

把"走出去"视为倒逼机制,企业将逐步形成跨国投资、跨境服务、跨境布局的竞争实力;逐步把产品价值链的工序和环节延伸到境外,形成跨境经济的综合竞争实力;纺织、轻工等传统产业通过对外投资建立境外开发区,可以把产品的加工组装、销售网络、售后服务,还有产品设计开发等工序、环节延伸扩展到目标市场区。

(三)国际金融危机引发国际优质资产贬值和人民币不断升值

两年多前美国次贷危机引发的国际金融危机和目前愈演愈烈的欧债危机,引发世界经济格局的深刻调整,新一轮国际产业重组已经启动。一些优秀的境外企业遇到较大经营困难,资产严重缩水,资金流动性亟须补充,正在考虑出售部分优质资产或者知名品牌。更为重要的是,此时出让价格比以往要低很多,直接降低投资成本。正是这种萧条的国际环境与企业内在的经营需求并存,为浙江企业"走出去"实现跨越式发展提供了难得的机遇。越来越多的浙江企业逆势而上,或兴建海外生产基地,或收购国际品牌,或并购国外研发企业,提升在国际产业价值链中的地位。

另外,自2005年7月汇改以来,人民币累计升值超过30%。人民币持续升值,使得我省的一些出口型企业通过对外直接投资,规避人民币升值造成的比较成本劣势;同时,也使得以贬值货币来衡量的生产成本投入和资产变得低廉,这种财富效应鼓励了浙江企业以并购等方式获得更多的境外资产。

(四)浙江企业和浙江产品的国际影响力正在快速提升

改革开放以来,浙江的出口贸易持续快速增长,浙江商人遍及全球,浙江企业的市场占有率不断扩大,在许多产品和服务领域拥有了越来越多的话语权。在这种大背景下,浙江企业开展境外投资的交易条件正在逐步改善。不少国家对浙江投资需求有所增长,在过去一些严格控制的领域放宽了对中国资本的限制。一些国家希望我省提供多元化融资,投资方式向跨国并购、参股、境外上市等多种形式扩展。现在,从发展中国家到发达国家,邀请浙江企业去投资的越来越多。

二、浙江企业"走出去"面临的严峻挑战

(一)国际上政治局势的动荡和贸易投资保护主义抬头

1. 国际政治局势的动荡不安加大了在发展中国家投资的风险。2011年以来,中东北非的突尼斯、埃及、利比亚、也门、巴林、叙利亚等许多国家政局动荡,利比亚还发生了内战。尽管我国政府采取积极有效的措施保护了我在外经商、劳务人员的安全,但我国企业在动乱中蒙受重大损失已是不争的事实。国际政治形势的动荡加大了我省企业境外投资的风险,也在很大程度上打击了企业外向型发展的信心。

2. 贸易投资保护主义抬头制约了在发达国家的投资。近年来,美国、加拿大、澳大利亚等发达国家纷纷出台法律,对外资并购进行安全审查。如美国2007年通过制定《外国投资和国家安全法》,要求美国外国投资委员会加强对外资收购"重要基础设施"以及来自外国"国有企业"的收购进行国家安全审查,将威胁美国国家安全的关键领域数量从8个扩大到11个。再如,作为矿产资源极其丰富的国家,澳大利亚2008年公布了规范和审查外国政府对澳大利亚投资的6项原则,审查外国国有企业和主权财富基金对该国投资是否有损国家利益。由于我省企业的主要投资领域有向高新技术和资源能源领域发展的趋势,这些投资保护措施的出台直接影响到我省"十二五"期间境外投资的开展。

3. 一些国家政治势力对来自中国的投资有抵制情绪。西方发达国家中仍有相当一部分人以冷战时期的战略思维考虑问题,戴着有色眼镜看待中国的快速发展。近年来,一些东道国政治势力频频以国家经济军事安全为由,阻止我国企业开展并购活动。这使得中国的境外投资面临很强的主观因素,增加了投资项目的不确定性。由于境外投资项目一般规模都比较大,涉及的利益面比较广,这种不确定性极大地挫伤了浙江企业的积极性。

4. 发达国家工商界面对中国企业时心情复杂。在外投资的浙江企业秉承了浙商善于经营、吃苦耐劳的优良传统,因此往往在同业竞争中取得优势,从而引发处于劣势的本土企业的不满和嫉妒。因此,一些传统发达国家的工商界一方面希望浙江企业的到来能带来资金、就业和新的需求,另一方面也有很深的戒心,有时还会发展成群体式的抵制甚至攻击。其中,西班牙烧鞋事件、莫斯科大市场查封事件,最大的受害群体都是浙江商人。

(二)企业自身能力与境外投资促进体系不足

1. 企业跨国经营能力有待提高

境外投资的主要方式是跨国并购,但并购之后的整合需要处理好管理冲突、文化冲突等问题。我省企业这方面经验较少,许多企业在"走出去"的过程中走了不少弯路,说明跨国经营能力还需提高。

浙江企业在"走出去"过程中普遍存在的问题包括:境外投资项目的平均规模仍然弱小;缺乏资金、信息和人才支撑;本土化经营严重滞后。上述问题的存在,使大多数浙江企业只能获得一时一事上的利益,很难实现长远发展。

2. 集群式"走出去"亟待加强

多年来,我省企业在境外探索了多种集群式发展的模式,包括大卖场、批发市场、工业园等投资活动,但由于我国就各境外经贸合作区没有与外国政府形成双边政府框架内的合作机制,因此,由我省开发企业(其中大部分是民营企业)为主体的境外经贸合作区在东道国没有获得应有的法律地位,东道国给予合作区的政策差别较大,一些合作区在购买租赁土地、人员入境签证、税收政策等方面都遇到困难。

同时,由于我省的政府部门和公共服务机构并未在境外经贸合作区的建设中发挥主导作用,境外合作区内的较完整的产业链难以形成,产业链成为制约境外投资的瓶颈,生产、经营成本的梯度转移难以实现。

3. 境外投资促进体系还需进一步完善

一是思想认识上存在偏差。与"引进来"相比,我国"走出去"制度建设滞后,境外投资立法空白,政策体系不成熟。

二是服务支撑体系不健全。境外投资信息服务不完善,信息不对称问题突出;我省"走出去"工作还处于企业自发为主、盲目发展的阶段,政府部门缺乏浙江企业在海外投资合作的国别地区、产业发展的指导意见和规划,缺乏发展的重点和方向。

三是境外安全援助机制尚未建立。与国内投资相比,境外投资面临着更大的风险和不确定性,企业"走出去"发展,对境外投资的风险控制能力较弱,在境外经济纠纷中,企业的合法权益得不到根本保障,凸显了援助机制亟待完善。境外安全援助机制的建设,直接影响到"走出去"发展的可持续性。

4. 贸易投资促进机构和商协会组织的作用没有得到发挥

浙江企业对外投资的主要目的国,无论是欧美发达国家,还是亚、非、拉美发展中国家,绝大多数都是市场经济国家。在经济运行的微观层面,政府涉及面有限,而更多依靠公共服务机构、贸易投资促进机构和商协会、行业协会在行业自律、规范企业经营行为等方面行使管理、协调和服务职能。当下我省企业"走出去"除了依靠政府给予的政策支持外,主要是靠自身的单打独斗,而没有经贸促进机构或商协会组织在企业的境外投资过程中作为企业的代言人与所在国的对口机构进行沟通、寻求合作和帮助。这也是我省企业本土化经营不甚理想的一个主要原因。

三、"十二五"期间加快推动"走出去"的对策建议

(一)企业层面,应全面提升跨国经营能力

1. 积极推进境外投资的本土化进程

境外投资的浙江企业应适当提高当地职员在公司持有股份的比例。一方面,增强当地员工的归属感。另一方面,东道国政府采取相关行为时会考虑到本国民众的利益而有所顾忌,客观上促进东道国相关行业的发展,增加当地政府和工商界对浙江企业的好感,提高企业市场风险抵抗能力;妥善处理与当地工会的关系,向东道国政府和企业提供人才培训、技术支持等,通过当地的主流商会组织融入当地社会,在企业和社会公众之间创造相互促进、共同发展的和谐融洽的外部环境。

2. 建立完善的风险评估和控制机制

"十二五"期间,省委、省政府都将在鼓励企业"走出去"方面加大支持力度,但境外投资终究是企业行为,需要企业自身做好市场调研,不仅要深

入了解投资目的国的市场状况和特点,把握投资时机;同时还要切实掌握当地的法规、人文环境,特别是政治和安全形势,最大限度地规避各种不确定因素带来的投资风险。

3. 善于发现和培训跨国经营人才

加快境外投资的人才培养和储备,重点培养技术研发、资源开发、中介服务等境外投资领域的人才。增加人才引进和人才培训的投入,逐步形成企业国际、国内两支经营管理队伍。

(二)政府和公共服务机构层面,要加快完善境外投资促进服务体系

1. 构建国际投资合作联系网络,打造高水平的交流合作平台

为帮助企业克服在境外投资过程中信息不对称、风险控制不足等问题,我省政府部门和促进机构应该着力拓展与主要投资目的国的国家和地方政界、商界的联系与合作,构建成国际投资合作联系网络,为我省企业境外投资提供当地投资环境、人力资源、法律、财税、生活等各方面的权威性指导和咨询服务;同时通过这一联系网络,组织高水平的项目对接洽谈活动,为企业间的合作创造机会。

浙江省贸促会目前已与六大洲的40多个国家和港澳台地区的100多家促进机构、商会签署了友好合作协议,在人员互访、举办活动、信息交流等方面保持长年合作。在成功举办了"2010浙江企业走进欧盟"和"2011浙江企业走进美洲"活动之后,根据省领导指示,浙江省贸促会还将继续举办"浙江企业走进非洲"产业对接系列活动。并争取通过几年的努力,将帮助浙江拓展国际化经营空间的活动,培育成系列品牌项目,覆盖全球主要国家和地区。搭建这种高水平的交流合作平台,除了做好友好平等的机构合作、认真细致的项目对接和长期的跟踪服务外,也需要财政方面加大支持力度。

2. 完善信息服务平台,增强对浙江企业境外投资的引导和风险预警

按照我省"四大建设"要求和产业重点发展规划,围绕传统产业改造提升、新兴战略产业培育发展的方向,结合我省产业、企业海外布局态势,发布浙江省境外国别地区产业指导信息和"走出去"政策,积极打造浙江省境外投资合作综合信息服务平台;定期收集、发布海外投资国别环境和项目信息,省内企业海外投资项目合作意向。

建立境外投资风险预警机制,妥善规避跨国经营风险。一是慎重选择目标市场。要与驻外机构、已投资的中资企业加强联系,充分了解东道国法律法规、政局、民族文化、宗教习惯、风土人情、市场环境、劳动力成本等情况,认真评估投资风险。二是建立有效的风险监控预警系统。跟踪东道国和相关国家综合形势变化,尽早发现风险前兆,采取相应措施,最大限度地避免不必要的损失。

3. 加强与外国投资促进服务机构的合作,推动境外投资的便利化

浙江企业立足海外,首先是东道国主权范围的事情,取决于东道国的开放政策水平,取决于东道国对这些投资活动实行的监管政策。我省可尝试由双方的经贸促进机构、商协会组织、开发企业共同组建商务理事会或联合办事机构,就浙江企业境外投资中普遍存在的重大问题进行磋商,共同促进浙江企业的境外发展,创造有利的政策环境和服务措施,营造良好的投资环境。

4. 整合和提升境外浙江商会、侨团的功能和力量

利用海外关系、老乡网络进行境外投资,带动产品销售是浙江企业"走出去"的最初形式和特色之一。我省是个侨务大省,拥有遍布全球129个国家和地区的145万浙江籍华人华侨。境外的浙江商会、侨团凭借信息、资本、营销渠道、人才等方面的优势在我省企业实施的"走出去"战略中发挥着重要的桥梁和纽带作用。但总体来说,大多数浙江商会和侨团的组织仍较为松散,且良莠不齐,未能与当地的主流商会组织建立稳定的联系。这就需要通过我省一些在国际商界有一定知名度和影响力的商协会,如国际商会,对海外的浙江商会、侨团进行摸底,选择一些实力和凝聚力较强、资质较好、运作较规范的商会团体,帮助其建立与当地主流商会和促进机构的沟通和交流,使这些浙江商会能在其他浙江企业走出去的过程中发挥咨询、联络、互助的作用;同时在经济、劳资纠纷发生时,能为企业维护权益、争取利益。

(三)文化层面,注重理念传播和智力输出

近年来的实践证明,许多发展中国家政府虽然有着吸引中国企业投资、发展本国经济的良好愿望,却没有掌握特区和开发区建设的基本做法,不懂得如何使用优惠政策、让度部分短期利益以获取长远的发展利益,所

以,浙江投资者前往开发建设合作区、工业园或大卖场,提出的优惠政策的诉求很难得到满足。因此,要想真正做到帮助发展中国家建设经济特区和开发区,必须把真诚传播特区和开发区建设的理念放在首位。建议我省考虑举办开发区建设、招商引资的援外培训班,或者在有经济条件的国家举办专题宣讲会,对发展中国家各级政府官员、公共服务机构和商协会负责人进行开发区建设和外国投资服务培训,解决观念问题,破解发展中国家政府在这个问题上的困惑,这样才能从根本上解除他们提供优惠政策的后顾之忧,全面配合我省企业"走出去"战略。

(作者单位:省贸促会联络部)

打破传统路径依赖　推动经济转型升级

——以嘉兴市为例

沈岱峰

改革开放30多年来,嘉兴从一个相对封闭的、以传统农业为主体的经济体发展成为一个开放的、以现代工业为主体的经济体。2010年,嘉兴常住人口人均地区生产总值达到7703美元,目前正处于从较发达的经济体向发达经济体转变的关键时期,率先进入了基本实现现代化的新阶段。国际经验表明,这一阶段是居民消费结构升级、产业结构调整和工业化、城镇化进程加快的时期,也是各类矛盾凸显、瓶颈约束加剧的时期。如何抓住机遇,加快经济转型升级,跨越"中等收入陷阱",再创一个黄金发展期,需要我们认真思考和实践。本文将认真回顾和总结嘉兴原有经济发展模式,分析当前发展环境,从制度变迁入手,尝试找出打破原有路径依赖,推动经济转型升级的途径和办法。

一、改革开放以来嘉兴经济发展的路径回顾

改革开放30多年来,嘉兴充分发挥独特的区位优势,积极融入长三角经济一体化,主动吸收浦东、苏南、温州经济模式的优点,保持了持续较快增长的良好态势,经济总量和经济质量均有较大提升。2010年,全市生产总值达到2296亿元,财政总收入达到334.33亿元,城镇居民可支配收入和农村居民纯收入分别为27487元、14365元,城乡居民收入比为1.91:1。

回顾嘉兴经济发展路径,可以将嘉兴经济发展模式的形成过程分为3

个阶段:

第一阶段(1978—1991年),是嘉兴经济发展模式的摸索阶段。

这一阶段,嘉兴周边地区通过改革摸索,逐步找到了适合自己的发展模式,如温州大力发展个私经济,苏南大力发展乡镇企业。而嘉兴则在学习温州模式、苏南模式之间摇摆不定,导致嘉兴经济发展速度低于其他地区,经济总量在全省的位次逐年跌落。

这一时期的主要特点是:先农村后城市推进经济体制改革,推行承包经营责任制;推进以国内横向联合为主的对外开放,外向型经济开始起步;乡镇企业大力发展,占据嘉兴工业的"半壁江山"。

第二阶段(1992—2000年),是嘉兴经济发展模式的逐步形成阶段。

这一阶段,通过对苏南模式、温州模式的比较学习,嘉兴逐步消化吸收两种模式的长处,并借鉴上海浦东的经验,形成自己的发展模式,出现了八大经济现象,即"新农村经济"现象、"零资源经济"现象、"蒲公英经济"现象、"杂交经济"现象、"配角经济"现象、"杠杆经济"现象、"后花园经济"现象、"文化力经济"现象。

这一时期的主要特点是:大力推行产权制度改革,"乡镇企业"一词逐步退出历史舞台;大力发展个私经济,使其成为嘉兴工业的最主要力量;大力推进以"接轨上海"为重点的对外开放;大力实施城市化战略;大力调整产业结构;大力发展社会事业。

第三阶段(2001—2008年),是嘉兴经济发展模式的成熟发展阶段。

这一阶段,嘉兴沿着自己的发展模式,坚持以发展为主题,以体制机制创新为动力,以提高人民生活水平为着力点,促进经济社会协调发展,不断赋予嘉兴发展模式新的生命力和活力。

这一时期的主要特点是:改革从经济领域向其他领域拓展;大力实施城乡一体化战略;深入实施接轨上海开放带动战略;实施新型工业化战略;推进基本公共服务均等化。

总的来说,改革开放30多年来,嘉兴经济发展走出了一条民营经济、外向型经济、乡镇集体经济融合,专业市场、出口加工、块状经济交织的道路。

二、当前嘉兴经济转型升级所面临的困境

改革开放30多年来,嘉兴经济发展模式的形成、发展和成熟,与当时的经济发展水平和历史条件是相吻合的,并在最大程度上推动了经济社会的进一步发展。但随着发展阶段的升级和发展环境的变化,这一路径逐渐进入了衰退期,原有的比较优势逐渐弱化,经济效率呈递减趋势,各种结构性矛盾逐步显现,转变原有经济发展模式已成为必然。然而在具体实践中,传统发展模式显示出强大的体制惯性,经常会出现一种"方向灯向左打,方向盘向右偏"的现象,转型成本较高,短期效果不明显,再加上对转型过程中GDP和税收收入增长速度减慢的种种担心,使转变传统增长方式一直未能取得突破性的进展,并陷入两难困境,具体表现在以下几个方面:

困境一:粗放型经济增长方式如何得到根本性扭转?

改革开放以来,嘉兴经济增长主要依靠增加要素投入,粗放型增长方式的特征十分明显。目前全要素生产率提高对GDP增长的贡献率只有35%左右,远远不及集约型经济增长方式所需的50%的水平。另一方面,嘉兴资本投资率一直较高("十一五"时期为57.02%),在很大程度上拉动了经济较快增长,但随着经济的增长,嘉兴工业行业投入产出率不断降低,导致投资效率也呈现快速下降趋势(百元投资效果系数从"八五"时期的0.66下降到"十一五"时期的0.24),投资的边际效益正在迅速递减。同时,随着经济总量的不断增大,要素驱动的粗放型增长模式遇到的矛盾也更加突出,土地、能源、劳动力等资源性生产要素的瓶颈效应逐渐显现,生态和生存环境恶化程度加剧,社会矛盾频发,原先的比较优势逐渐弱化。对此,嘉兴早在上世纪就确立了推动经济发展从量的扩张向质的提高转变的工作主线,取得了一定成效,但总体效果不明显,粗放型经济增长方式没得到根本性扭转。

困境二:产业结构调整如何取得实质性突破?

改革开放以来,嘉兴的产业结构实现了由以传统农业经济为主向以工业经济为主的演进,进入了工业化中后期,2010年年底,一、二、三产比例为5.5:58.5:36,二产占比较高,三产发展缓慢,并出现滞涨现象。二产虽然占比较高,但嘉兴制造业仍处于产业链的低端,传统产业升级缓慢,高新技术产业发展相对滞后,众多企业是以"小、低、散"为特征的小企业,大企业、大集团数量极少,导致经济资源和生产要素配置分散化,企业扩张力弱,产业集中度低,资本使用率不高。三产仍以传统的生活性服务业为主,现代生产性服务业发展缓慢,增加值仅占服务业比重的36.2%,与发达国家生产性服务业增加值占全部服务业60%的比重有较大差距。针对以上情况,嘉兴在发展现代服务业、提升传统产业、培育新兴产业方面也做了大量工作,但仍很难打破原有的路径依赖,产业结构调整一直没能取得实质性突破。

困境三:企业创新能力如何进一步激发?

创新是推动整个社会进步的动力。近年来,嘉兴围绕建立浙江省区域创新体系副中心和国家创新型试点城市,在科技创新方面做了大量工作,取得了一定成效,R&D占GDP的比重逐年提高,2010年达到2.1%。但企业作为技术创新的投入主体和成果转化主体,其自主创新、持续创新意识仍未得到有效加强,创新能力也未得到充分释放,创新型龙头企业缺乏。很多企业考虑当前效益和创新风险,不敢或不想在研发上投入大量资金,导致企业研发投入严重不足,2009年企业研发投入占销售收入的比例仅为0.98%,低于全省平均水平,全市187家国家重点扶持的高新技术企业中市级以上研发中心仅有54家,影响了产品开发能力、市场竞争力和国内外高新技术的跟踪研究能力。从创新成果来看,发明专利授权量较少,具有自主知识产权的核心技术和产品尤为缺乏,2006年以来全市累计新增发明专利仅为318件,2009年全市发明专利仅占专利授权总数的2.85%,而同期杭州为16.34%、宁波为5.07%,与之相比,相差悬殊。

三、嘉兴经济转型升级的路径选择

嘉兴经济转型升级要紧紧围绕"科技创新"这一主题,突出企业的主体地位,充分发挥政府和社会的积极性,通过制度变迁,使经济发展模式从资源驱动、投资驱动、出口驱动快速转型为创新驱动新阶段。

(一)转变发展理念

嘉兴发展模式的重构首先是发展理念的重构。首先要引导全社会理性地解读"GDP",不能把"发展是硬道理"简单理解成"GDP是硬道理";正确认识GDP与经济发展、增加就业并不是简单的正比例关系,关键要看增长结构和增长质量;不能因为GDP增长速度的暂时变慢而对转型升级产生质疑。其次要在全社会营造鼓励创新的良好氛围,正确认识科技创新对转型升级的极端重要性,增加对企业技术创新的支持力度,提高对创新失败的宽容度,使创新成为一种自觉行为。

(二)加快产业融合

首先要转变工业发展模式。要激励制造企业大力发展服务型制造,完善研发设计和市场服务环节,拓展生产性服务业需求空间,通过为产品增加更多的服务含量而不断提升价格,丰富整体产品的内涵,不断加大产品价值构成中服务部分的比重,形成新的经济增长点,实现工业转型升级;要鼓励制造企业与服务企业建立企业联盟、创新联盟、虚拟企业,鼓励现代服务业向先进制造业的前期研发、中期设计和融资、后期信息反馈等全过程渗透。其次要提升服务业自主增长能力。要结合工业转型升级需求,大力发展物流服务、信息服务、金融服务、科技服务等新兴生产性服务业,做到高效便捷;同时要积极发展市场中介、商务营销、产品展示、检验检测、咨询培训、低息融资等全方位服务,增强产业配套能力,降低运营成本,提高经济效益;要以新一轮国际服务产业转移为契机,重视服务业招商引资,大力引进先进的服务业发展理念和高端品牌服务业,增强服务业自主创新能力;要加强与上海、杭州等城市合作,引进高端服务业分支机构,提升服务水平。

(三)促进制造业升级

首先要加快培育新兴产业,根据国家明确的七大战略性新兴产业和浙江省出台的九大专项规划,结合嘉兴实际,重点培育发展潜力大、成长快的新能源、新材料、节能环保、生物、物联网、核电关联等六大产业,加强分类指导,实行一业一策,分层次、分阶段推进;加快新兴产业核心技术的突破,尽快掌握一批具有战略意义的核心技术,抢占技术制高点;以领军企业为主体,以大项目为支撑,以产业基地为平台,引导人才、技术、资金、土地等资源向战略性新兴产业领域集聚,促进新兴产业集群集聚发展。其次要推动传统产业向价值链高端延伸。探索提出传统产业加快向现代产业集群转变的政策意见,积极运用先进理念、先进技术、新型业态等推进传统产业升级改造,开展省级现代产业集群示范区试点工作,引导纺织、服装、化纤、皮革等传统产业向现代产业集群转变;提升产业集群在国内外市场的话语权,要通过技术创新,加快研发并投产一批拥有自主知识产权和较高附加值的新产品,提高市场竞争力;要加快"腾笼换鸟"步伐,加大落后产能淘汰力度,转移劳动密集型产业的加工制造环节,抢占"微笑曲线"两端。

(四)提升科技创新水平

首先要加大科技投入力度,探索多元化的科技投入机制,以财政资金为引导、以企业投入为主体,继续加大政策支持力度,落实好企业研发费用加计抵扣、高新技术企业税收优惠等政策,强化对科技型中小企业技术创新的资金扶持,激发企业增加技术创新投入的积极性;鼓励更多的民间资本投向科技创新,大幅度增加全社会的科技投入。其次要完善创新载体建设,构建以市本级科技城和科技孵化城为核心,各县(市)差异化创新功能区为支点的区域创新平台体系,积极争创国家级高新技术产业区和产业化基地。第三要增强企业自主创新能力,以企业技术研发中心为重点,大力推进重点实验室、工程技术研究中心、企业技术中心、企业研发中心等各类创新主体建设,强化企业在科技创新中的主体作用。第四要增强产学研合作创新能力,进一步深化产学研合作联盟,形成以企业为中心、市场为导向的产学研合作机制,畅通创新成果向现实生产力转化的渠道,努力实现高校、科研院所和企业的"优势叠加"、技术创新链和产业链的"双向融合"。第五要集聚科技人才资源,根据产业升级需要,加大人才政策创新力度,重点突破人才创新创业的分配制度和激励机制,打通政策壁垒,引进科技领军人才、拔尖人才和创新创业团队,不惜重金把高端人才吸引到嘉兴创业。第六要强化科技金融支持,大力推动科技与金融的紧密结合,创新科技金融产品和服务,加大对企业技术创新的信贷支持,加快发展创业投资、风险投资,吸引境内外股权投资基金、社保基金、保险公司等投资机构在嘉兴开展创业投资业务,探索建立一批科技担保公司、科技保险公司,努力构建多元化、多层次的科技创新投融资体制。

(作者单位:嘉兴市委市政府)

城镇化与块状经济转型升级的
良性互动分析

张少华

改革开放以来，浙江形成了众多的以特色产业集聚为主的块状经济，这些板块的形成，不仅推动了当地的经济发展，也极大地推动了城市化的进程。30多年的发展，浙江块状经济和城市化成绩显著，但也出现了不少问题。浙江省委省政府决定在27个镇率先实行小城市培育试点，这是站在历史的高度，统筹城乡发展、推动产业转型升级和"三化"同步建设、加快城乡一体化新格局的重要战略举措。

本文根据对部分列入我省小城市化培育的城镇调研中所发现的问题，试图就块状经济和小城市发展的互动关系进行分析，就产业集聚和小城市培育如何实现良性互动，提出看法和建议。

一、产业集聚推动城市化进程

产业集聚化和城市化是区域经济发展的两个重要路径。城市化和产业集聚有着必然的联系，城市是人口和产业在空间上的集聚体，集聚既是城市的本质特征，也是维系城市基本功能的内在纽带。产业集聚增强了城市集聚效应。城市作为一个"经济景观"，本质上是空间集聚的经济，产业集聚效应是城市形成、生存和发展的重要动力和基础。纵观国内外城市发展的历史，产业集聚对城市化有着极为重要的作用：

第一，农村人口向城市的转移是城市化的主要特征之一。没有产业发展对人口的巨大吸引力，人口的集聚很难实现。只有通过发展产业集聚，同时推动伴随产业集聚的专业化市场的发展,才能形成人口的集聚和农村劳动力向第二、第三产业的转移,城市化才有源源不断的动力。

第二,产业集聚以它巨大的经济优势为城市化提供支持。产业集群内部高效的专业分工体系,良好的创新氛围,企业之间彼此的信任与合作,以及公共设施的共享等都使得地区显示出强大的竞争力。地区竞争力的提高又必然会加速劳动力、资本等生产要素的集聚,从而与城市化形成良好的互动。同时,产业集聚为城市化降低成本。据国家发改委宏观经济研究院的调查分析,按照城市化的要求,产业集聚后,可以节约土地30%,提高能源利用率40%,节约行政管理费用20%以上。基础设施建设有其特殊性,由于财力的限制,只能实行相对集中投入,分散的企业布局和农民的一家一户经营,使得镇域或村域范围的交通、供水、供电等设施难以发挥规模效益。产业集聚是提高基础设施共享性的必然选择。

第三,产业集聚也为城市化扩展了空间、增加了城市功能。许多集聚大量企业的工业园区都成为城镇新区,同时由于相同的区位指向或经济关系带来的产业集聚的发展都对城市化的推进方式和扩张形态产生了不可低估的影响。产业集聚能有效地推动城市生产与生活功能的分离,提高了城市的规划科学性、布局合理性、设施共享性,铺平了工业进园区、居住进小区、农村变城市、农民变市民的城镇化道路。

第四,产业集聚能提升城镇知名度。由于浙江的块状经济具有很强的地域性效应,它的强势发展必然会带来该产业知名度的大幅提升,特色产业知名度的提升必然也会促使产业所在城镇知名度的提升。许多拥有特色产业的城镇事实上也借此使自身的知名度得到快速提升,崇福的皮草、杜桥的眼镜、大唐的袜子、义乌的小商品等等,产业和地方紧密相连。而在知名度就是生产力的今天,一个城镇知名度的提升,实质上就为其旅游业的发展和招商引资提供了种种便利,从而极大地促进了其城镇化的进一步发展。

第五,促进城镇产业体系的完善。浙江的块状经济虽有着极强的专业性,但如果它的专业性不与其他产业发生联系、没有相关性的产业作支持,那么特色产业必将难以融合到大市场中,最终可能也会面临着一个无市场的困境。特色产业的持续发展能够带动相关产业的发展,对促进地域经济体系的完善起着相当重要的作用。特色产业在一个城镇得到深入发展后，不仅能促进一系列相关产业的发展，同时更能促使当地由单一的产业结构向分工精细、结构多重的多元产业结构转变，形成合理的产业集聚，并最终推动当地城市化的跨越式发展。

由此可见，城市化的过程也是产业集聚的过程，只有具备强大的产业支持能力，城市才能成为核心，才能增强集聚和辐射能力，促进生产要素集聚和流动。因此，产业集聚带动城市化已是不争的事实。浙江30多年来的发展历史证明：众多的块状经济构成了富有特色的区域性产业组织形态，支撑起浙江经济的快速发展，也是浙江城市化过程中最主要的推动力。

二、城市化过程中产业集聚面临的问题

浙江省的块状经济，起步的经济条件基础不高，传统产业仍然占据主导地位，多数块状经济尚处在通过企业自身扩大而产生集聚优势的初级阶段，并没有形成坚实稳固的竞争优势，产业集聚在发展过程中还存在诸多问题，特别是以城镇为主的区域性块状经济问题尤为突出，主要表现在以下几个方面：

1. 发展空间受限，企业后劲不足。以"低、小、散"企业为主的大量块状经济，在国家实行越来越严厉的土地政策的背景下，产业集聚的发展空间受到很大的限制。虽然省政府从2007年开始对中心镇采取了系列优惠扶持政策，但在调研中我们发现，即使是列入小城市培育的城镇，土地资源也是限制产业发展的最主要因素。同时，由于大多数区域性块状经济的企业处于同质、低价、产品类同、竞争过度的状态，对要素供应和材料、人力成本非常敏感。2011年以来的要素供应收紧，特别是银行贷款收紧，人民币升值以及人力成本的高速上升，企业获利能力大幅降低，面临生存危机。新引进企业难以落地，现有企业转型升级困难重重。

2. 基础设施欠缺，服务业发展不平衡。虽然前些年我省在乡镇工业小区的建设过程中，注重了对基础设施的配套建设，但整体而言，在城镇一级的基础设施配套水平低，特别是公共设施缺乏，难以吸引高端企业入驻。并且，除了以旅游观光和市场流通为主的特色小城市外，绝大多数以制造业为主的小城市第三产业发展严重滞后，公共文化、娱乐、体育、教育和医疗

等设施或缺乏、或水平很低,满足不了越来越多外来人口的需要,留住人成为企业家最头疼的大事。生产型服务业基本处于起步阶段。

3. 管理权限和政府服务水平不足。由于区域性块状经济所在的城镇一般都是距区域中心有一定的距离并相对独立的建制镇,原有的管理权限一般为镇一级管理权限,服务企业的权限有限,企业办事难问题无法根本解决。农民变市民、外来人口成为常住人口,对利益冲突易发的新市民群体,无论是对其户籍管理还是社区管理,都面临很多的新问题,社会管理必须有新的举措,对政府工作也提出了更高的要求。目前政府工作人员数量不足、服务水平不高的现象普遍存在。

4. 人才缺乏,自主创新能力薄弱。由于公共设施的缺失,吸引高端人才在当地工作创业难度很大,加上企业过度竞争,获利能力普遍较低,投入研发资金不足,企业自主创新能力低是普遍现象。

5. 环境保护压力大。由于历史形成的原因,企业分布不合理,污水处理、噪音、气体排放等环保问题解决起来难度很大,距群众要求相差甚远,环保问题压力很大。

这些问题都是我省产业集聚发展到一定程度的必然产物,很多问题是由于城市化水平满足不了产业集聚的要求而出现的。加快城市化进程,提高城市化水平,不仅能满足广大群众日益增长的需要,也会对产业集聚的转型升级起到非常积极的作用。

三、产业集聚与城市化良性互动发展的对策

产业集聚推动了城市化的进程。随着产业集聚的不断提高,需要城市对产业提供更多的服务,缺少城市的基础支撑,产业也难以进一步发展和提升。因此产业集聚和城市化是一个良性的互动支持过程。在城市化过程中,必须高度重视产业的集聚发展;在产业集聚发展的过程中,也需要城市提供更多的基础支撑。现阶段从我省实际出发,应加强以下几个方面的工作,以促使产业集聚和城市化的良性互动发展:

1. 提升块状产业规模,壮大区域经济实力。在当前浙江的各个块状经济中,有许多区块虽然有了一定规模和知名度,但其竞争力不强,在金融危机的冲击下,其产业上的许多弱点暴露无遗,真正的规模效应难以实现,块

状经济要在区域内持久发展并对城镇化产生实质性的影响,就必须首先提升块状产业的规模,获得规模效应,提升区域经济的竞争力。

应拓展产业链,刺激关键产业。发展地方生产系统关键在于延伸产业链,推进产业联系,加强对上游的原材料、机械设备、零部件和生产服务等供应商,下游的销售商及其网络、客户的联系和拓展,侧面延伸到互补产品的制造商以及基础设施供应商等,解决本地专业化发展的制约"瓶颈"。

此外,还要促进企业关联,密切企业和劳动力市场的关系,研究与开发、生产的关系等,通过生产链和商品链联结,使区域内各行为主体间形成稳定关系。同时,促进具有上下游或产品互补关系产业之间的联系,通过系统的协调作用,促进共性技术创新,形成有竞争力的产业集群。

2. 加强小城市的科学管理与规划。在以后的发展过程中,应该通过科学的管理,为城市化提供高质量的公共产品和发展环境。同时,城市规划与产业规划、开发区规划应该统筹考虑、有机结合。一方面,规划要明确产业集聚的重点方向和空间布局;另一方面,规划要确保土地的充分利用,既要节约土地,又要能保证产业集聚对土地的要求。通过科学规划,实现现代产业快速集聚,有利于实现其外部经济、成本节约和创新的功能。

3. 积极推进公共服务体系的建设。政府及相关部门作为地方权威,有责任出面筹建企业协会,将分散的企业有效地组织起来,增强企业的集体效率;制定质量标准,保证产品质量,维护区域产业集群的品牌;创建产业公共信息平台,不仅为行业提供专门的网上服务,包括向企业提供企业信息、帮助企业实现网上交易、促进专业市场网络化虚拟经营等,还提供专业的企业咨询服务,如企业整体形象策划、营销战略策划、项目可行性研究、广告宣传战略与战术等。

4. 提供充足的人才和技术支持。产业应该积极实施切实可行的人力资源政策,加大对产业技术应用的教育事业的投入,扩大接受高等教育的群体;鼓励企业对员工的培训,积极引入各行业国际通用的从业人员认证制度;探索股权、期权等激励方式,有效激发技术人员、管理人员的积极性。

同时,加大对技术创新的支持力度。通过实施地方财政政策鼓励技术研发,对企业的研究发展与技术改造活动,直接提供财政补贴或税收方面的优惠政策;利用信息平台鼓励技术模仿,利用政府自身的信息优势,为企业和研究机构提供"联姻"机会；增强企业间正式与非正式的联系，利用经济杠杆促进拥有高新技术的企业的技术转移，规范市场以创造良好的环境。

5.发展多种产业，促进城镇功能的完善。发展服务业特别是生产型服务业是一个城市发展和产业转型升级的有效举措，也是吸引人才、留住人才的关键。从调研中我们发现，各地对服务业的重视和认识有待加强，要结合当地的实际情况，制定服务业的发展规划，有计划、有重点地去引导和推进当地服务业的发展，逐步完善功能，从城镇向城市转化。

四、结语

城市化和产业集聚是一个良性的互动过程，很难判别是产业集聚推进了城市化的进程，还是由于城市的存在推进了产业的集聚，从而反过来促进城市的发展，在我省这两者都有典型的现实案例（如义乌和乐清）。不可否认的是，两者之间存在相互依赖、相互促进和相互支撑的关系，在重视产业集聚的过程中，必须要高度重视城市的发展，反之亦然。

（作者单位：金华市政协、市商务局）

浙江制造业生产性服务业发展的
重点与方向

骆云伟

随着制造业全球分工的发展和产业链的延伸,产业链各个环节创造价值的差异性不断扩大,研发、营销等生产性服务环节对产品价值的贡献日益增加,制造业的整体竞争力将主要由其生产性服务业水平决定。要实现浙江块状经济向现代产业集群转变,必须全力提升块状经济区域内产品和产业的升级,其中的关键要素是要大力发展生产性服务业。从价值链"微笑曲线"的角度来看,要提升我省制造业的竞争力,实现浙江制造向浙江创造的转变,必须致力于提升研发设计的前端、品牌营销和商业模式创新的后端以及提高制造环节生产效率的中端。为此,必须理清工作思路,从众多生产性服务业领域中梳理出有利于制造业提升的重要环节。

一、生产性服务业范围和概念的界定

目前,世界各国对生产性服务业的分类尚无统一的标准,不同国家和地区对生产性服务业的侧重点也有不同。国内相关省份的表述也有所区别:国务院《2010年政府工作报告》中提出,"要大力发展金融、物流、信息、研发、工业设计、商务、节能环保服务等面向生产的服务业,促进服务业与现代制造业有机融合。"《四川省人民政府关于加快发展生产性服务业的实施意见》重点是现代物流业、信息服务业、科技服务业、金融服务业、商务服务业、会展业、涉农服务业等行业;《山东省人民政府关于加快发展生产性服务业的意见》重点是发展金融、现代物流、信息服务、科技服务、商务服务、创意产业、职业培训等领域。事实上,金融、物流等行业,既为生产服务,也为生活服务,更为整个国民经济和社会发展服务,不能笼统地归纳为生产性服务业的发展重点。特别是金融业,实现从G到G′的转变,如果没有商品和服务的载体,钱是没办法生出钱来的,因而片面重视发展金融业,实际上是对实体经济的一种"侵蚀"。

发展生产性服务业要把握两个方面,一是明确发展生产性服务业的最终目标是提升制造业的效率、效益和能力;二是要明确生产性服务业的载体和环节,并努力培育壮大。

通常,生产性服务业是与制造业直接相关的配套服务业,是从制造业内部生产服务部门中独立发展起来的新兴产业,贯穿于企业生产的上游、中游和下游诸环节当中,能够为国民经济三大产业提供服务产品,促进技术进步和生产力水平的提高,对经济效率提升有直接的推动作用,对产业结构亦有较强的优化作用。

就制造业领域来说,生产性服务业可表述为:围绕提高生产效率和专业化程度而进行的系统优化集成,实现资源有效配置、提升品牌及附加值、增强市场终端控制力等功能的新兴产业。

二、浙江省制造业生产性服务业的发展重点

浙江是制造业大省,块状经济发达。有超10亿元产值的块状经济312个,其中超100亿元产值的块状经济达70多个,22.5万余户制造业企业工业品总产值4.5万亿元,但总体上是外延扩张式发展的结果,要改变产品雷同度高、产业附加值低、块状经济竞争力弱的现状,必须围绕块状经济向现代产业集群转型的目标,大力发展制造业领域的生产性服务业,主要工作是围绕提升价值链"微笑曲线"两端来开展工作,前端是设计和研发,后端是营销和品牌,中间是提高制造环节的效率和水平。可从以下9个方面入手:

1. 大力发展工业设计,提升产业竞争能力。工业设计属于产业链中极具增值力的环节,核心是产品设计,其发展水平是衡量工业竞争力的重要标志。要积极推进特色工业设计基地建设,依托大市、大县、大区的工业园区、产业集聚区、经济开发区、高新技术产业园区,利用现有公共服务平台、总部经济大楼或老厂房改造,吸引专业工业设计企业和工业设计人才集

聚,建设一批特色工业设计基地。加快培育一批为块状经济中小企业提供专业化设计服务的工业设计企业,提高企业设计水平。扩大工业设计市场需求与供给,引导制造企业通过招标或委托代理等方式,开展工业设计业务外包,提高工业设计服务外包市场容量,推进设计成果转化和产业化。

2. 推进"两化"融合,提高信息技术水平。培育信息消费热点,发展信息服务业。坚持以信息化带动工业化、以工业化促进信息化,继续推进企业信息化工作,鼓励信息技术企业和工业制造企业加强合作,推进"两化融合"。抓好省级块状经济转型升级示范区的数字化、网络化、自动化、智能化改造,建设示范区信息技术公共服务平台。推进软件产业发展,推动软件服务外包。加速"三网融合",推进电信通讯网、广播电视网和计算机互联网的相互渗透、互相兼容,实现资源共享。推广应用物联网技术,实现对物品的智能化识别、定位、跟踪、监控和管理。支持发展云计算,扩大网络资源的应用与服务。

3. 推广供应链物流技术,提高制造业生产效率。要积极引导企业运用现代物流技术,完善内部供应链,整合生产流程,降低经营成本,提高资金周转率,提高生产效率。促进现代制造与现代物流业的融合发展,支持在工业园区或块状经济所在地建立专业化第三方物流项目,承接不同企业的物流外包,开展平台集成、仓单质押、电子商务、库存调配、运输设计等统筹服务。鼓励物流企业间的联合重组,培育优势物流企业,扩展外部供应链,形成众多供应商、制造商、分销商、零售商、最终用户的有机整合,提高单个企业的运行效率,实现众多企业的增值分享。积极利用浙江舟山群岛新区、宁波港口物流建设机遇,促进大型制造企业与港口物流的全方位对接。

4. 大力培育总部经济,引导楼宇经济集聚。要充分发挥省内外浙商的资本、管理、人才、影响力等资源优势,加快培育和引进研发设计、运营管理、集成制造、营销服务等领域的总部企业。总结研究我省各地在发展总部经济中的实践经验,探索经营管理型、集聚集中型、经销代理型、仓储物流型、回归发展型、营销研发型、资本投资型等多种总部经济发展形态。支持引进大型企业集团总部或区域总部,加快推进龙头企业向总部企业转型,大力发展现代服务业总部企业。积极推进省内总部企业开展跨省市的兼并重组和重大投资,支持总部企业参与国家援建项目。发展以政府主导、市场配置、专业化分工为主的楼宇经济,引导总部企业在楼宇内聚集,形成集聚效应。

5. 注重营销体系建设,拓展国内国际市场。推动企业运用现代营销理念和营销手段,建立健全营销网络,提高全球资源组织和配置能力。充分发挥浙江专业市场的优势,加大对浙江产品的销售推广力度,支持销售超百亿的专业市场到国内外开设窗口。引导省内企业借助浙商在国内外开设的市场或销售点,提高浙江产品销售份额。办好浙江省工业博览会,组织开展"浙货万里行"活动,有计划、有重点地在国内外城市举办浙江产品巡回展。组织企业参加有影响的国内外会展,在有条件的城市建立浙江产品销售中心。积极协调和推荐浙江制造产品进入政府采购及重点工程采购招标目录。

6. 推进商业模式创新,提高营销渠道控制力。支持生产企业从制造产品向"产品+服务+连锁"的后端延伸,减少流通环节,扩大市场辐射范围,提升价值链。支持有条件的企业采取"虚拟经营"模式,利用研发、采购和营销自主品牌,开展生产外包、直营销售和特许加盟相结合的运作模式。支持有条件的企业采用"设计+商品+服务"的模式,组合不同企业的优势产品,提供最优性价的总成服务。支持企业运用信息技术,开展电子商务,扩大网络采购和营销。支持生产型企业采用连锁经营,以直营或加盟等不同方式建立销售终端,提高市场营销渠道控制能力。发挥现有工业企业的品牌效应,增强品牌延伸和带动作用。

7. 提高总集成能力,推进服务型制造业发展。总结推广杭氧股份从生产空分设备到成为气体供应商,浙江运达风电从生产和销售并网型风力发电机组向风场规划、设计安装和发电管理等全方位发展的经验,引导企业从提供设备,向提供设计、承接项目、实施工程、项目控制、设施维护和管理运营等一体化服务转变。引导企业根据项目需要,整合资源,优化配置,形成掌握核心技术的系统集成。支持企业开展集研发设计、工程设计、软件设计、设备制造、系统集成、工程总承包于一体的总集成总承包服务。做好协调工作,鼓励大企业间通过建立战略联盟,集成综合优势,提高重大项目承接能力,参与国内外重大项目招投标。

8. 完善担保体系,推进产业资本与金融资本融合。加快建立和完善中小企业信用担保体系,采取多层次、多渠道、多元化形式,组建中小企业信用担保机构,鼓励各类民间投资者参与中小企业信用担保机构的组建。加强对中小企业信用担保机构的监督管理,担保机构应采取公司制的形式,实行市场化运作,注重防范风险,规范运作。设立风险补偿资金,对银行业金融机构因当年新增小企业贷款而产生的风险进行补偿。促进产业资本与金融资本的融合,支持有条件的企业入股商业银行,有意愿的投资银行嫁接企业,实行股权置换。积极引导各类资本投资省内企业,畅通风险资本进出通道。

9. 发挥中介组织作用,构筑公共服务平台。有序发展各类社会中介组织,培育一批管理规范、运作独立、处事公平、社会认同度高的中介服务机构。支持节能环保、管理咨询、财务审计、职业教育、评估认证等机构开展各类中介服务。重视和发挥各级行业协会作用,承接政府购买服务,加强对会员企业的指导和服务,牵头反倾销、反补贴等应诉起诉工作。鼓励多种经济主体,采取多种合作方式建设公共服务平台,构筑加快转型升级的要素支撑体系,围绕块状经济向现代产业集群转型升级示范区,建设一批生产性公共服务平台,提高公共服务平台的要素集聚和辐射能力。

三、加快发展我省制造业生产性服务业的保障措施

制造业生产性服务业涉及面广,必须坚持政府引导、市场运作、企业主体和社会参与相结合,采取切实可行的政策措施推进生产性服务业的发展。

1. 加强领导,构建工作机制。各级政府要重视制造业生产性服务业的工作领导,形成政府领导、部门配合、分工协作的生产性服务业工作机制,构建运行高效的促进生产性服务业发展的领导体系,协调解决生产性服务业发展中的重大问题;要成立制造业生产性服务业发展的专家团队,定期研究制造业生产性服务业的阶段性发展任务和目标。既重点突破又整体推进。

2. 典型带动,营造良好氛围。要及时总结推广国内外生产服务业发展的典型经验,加大宣传力度,在全社会形成"以发展生产性服务业促进制造业转型升级,以制造业发展拉动生产性服务业需求,形成先进制造业与生

产性服务业两轮驱动"的理念,提升政府、企业和社会对发展生产性服务业紧迫性的认识;要创新扶持方式,将生产性服务业作为战略性新兴产业加以重点培育,研究出台促进生产性服务业发展的政策措施。

（作者单位:省经信委生产服务处）

发展内河集装箱运输
助推浙江经济转型升级

夏坚定

2011年,国务院正式颁布了《关于加快长江等内河水运发展的意见》,标志着内河水运发展上升为国家战略。浙江省政府已着手编制《内河水运复兴行动计划》,加快内河集装箱运输是该行动计划的重要内容。近10年来,浙江水运集装箱发展迅猛,2010年集装箱吞吐量达到1400万标箱,其中宁波—舟山港集装箱吞吐量达到1315万标箱,跃居世界第6。相比之下,内河集装箱运输起步较晚,2010年嘉兴港建成省内首个内河港现代集装箱码头并投入运营,当年吞吐量达到1775标箱;相邻的湖州港,2010年年底开通首条集装箱内河支线,半年多时间完成吞吐量8484标箱、货运量3.2万吨。内河集装箱运输低成本、少能耗、大运量、高效率,必将在复兴浙江内河水运经济中发挥越来越重要的作用。

一、浙江发展内河集装箱运输的重要性和必然性

(一)从转变发展方式的战略看,发展内河集装箱运输适应形势、符合需求

一是经济转型升级的客观需要。"十二五"是浙江加快经济发展方式转型的关键时期。高效、便捷、安全、环保的水路集装箱运输是适应和保障经济转型升级后产品运输的重要条件。内河集装箱运输的发展有利于改善沿河带的投资环境,优化临港产业布局,促进沿河经济带的形成。以长湖申线湖州段航道为例,航道两岸聚集了木材加工、水泥新型建材和装备制造等3个百亿产业集群,2010年湖州市规模以上工业企业完成工业总产值2677.8

亿元,其中上述3个百亿产业群的产出就占到近1/4的比重,已成为拉动地方经济持续发展的支柱产业。

二是保障运输需求的有力支撑。我省内河运输主要集中在浙北杭嘉湖地区,该地区2010年内河完成货运量2亿吨,货运周转量285亿吨公里,分别约占该地区全社会货运量和货物周转量的1/2和2/3。内河集装箱运输的发展将进一步扩充运能和拉动区域市场需求。据调查,与集装箱运输直接相关的产品和服务涉及国民经济近40%的行业,若再加上间接影响,几乎80%的行业都与集装箱运输相关。外贸集装箱生成量的不断增加,对货物运输组织、运输时间的要求将会更高,这不仅需要沿海港口的蓬勃发展,也需要内河港口集装箱运输的大力发展作为强有力的支撑。

三是内河水运发展的必然趋势。总结国内外内河水运发展的客观规律可以发现,由分散运输、分散装卸转向集中运输、集中装卸,即大规模、低成本的运作方式是必然趋势。从运输特点上看,集装箱运输采用机械化装卸,大幅增加了运输量,加快了货物运送的速度,有效减少了物品的破损,有利于提高内河运输效率;从经济性上看,集装箱可重复使用并减少装、拆箱费用,有利于增加内河运输综合效益;从运输方式间对接协调上看,可有效分流陆路集装箱货运量,缓解区域内陆路交通运输的压力,有利于优化集装箱集疏运体系。标准化操作有利于实现陆路运输和水路运输的无缝衔接,符合水陆联运的现代交通运输发展趋势。

(二)从生态文明建设的要求看,发展内河集装箱运输优势明显、集约低碳

一有利于降低能耗。对比水陆两种运输方式,每运输千吨公里,内河运输仅消耗燃油5.6公斤,公路运输则需49公斤。有关数据表明,一辆集卡运输2个20英尺的集装箱所需动力,与一艘装载24个20英尺集装箱的内河船的动力相同。

二有利于节约土地。在铁路、公路、水路3种运输方式中,内河运输扩建航道占地最少。以每公里运输线路计,内河线路用地规模为2亩,铁路需要25亩,公路平均需要40亩。

三有利于改善环境。如果将内河运输的污染指数定为1的话,则铁路运输为3.3,公路运输为15。疏浚航道在内河两侧种植绿化带等,还有助于蓄水泄洪、美化环境、改善生态。

（三）从内河水运的现状看，发展内河集装箱运输大有可为、前景良好

一是具备了基础条件。2010年年底，全省内河航道通航里程达到9704公里，其中4级及以上航道1317公里，"北网南线、双十千八"的骨干航道格局基本形成。内河港口方面，相继建成一批专业化、规模化港区，提高了内河港口集装箱通过能力。2010年年底，全省内河港口生产用码头泊位4213个，年综合通过能力3万标箱。

二是积累了初步经验。浙江发展内河集装箱运输主要集中在湖州、杭州、嘉兴和绍兴4个港口，四港总吞吐量占全省内河的99.5%。其中，嘉兴和湖州通过近几年的探索实践，在内河集装箱运输方面积累了良好的经验。嘉兴内河港集装箱码头一期工程于2010年12月开港运营，港区总占地面积32.6万㎡，建成1000吨级多用途码头泊位8个，设计年吞吐能力18万标箱，最初仅有1艘载箱能力51TEU船投入运营，半年后增至6艘集装箱船。湖州安吉川达集装箱码头于2010年12月开辟安吉至上海外高桥码头航线，正式开通内河集装箱运输。该码头一期建造1000吨级多用途泊位5个，设计年吞吐能力达20万标箱。目前，该码头已有集装箱运力5艘，实现每天开航一班，平均每航次舱位利用率已达到70%，发展前景良好。

三是明确了发展目标。2007年6月浙江提出"港航强省"战略；2008年提出"大港口"建设目标；2010年"内河航运复兴工程"提出"积极发展内河集装箱运输"；2011年《浙江省内河水运"十二五"发展规划》编制出台，《规划》明确了内河集装箱运输的具体发展目标。

二、当前制约浙江内河集装箱运输发展的不利因素

（一）基础设施不完善

全省内河航道等级普遍较低，4级及以上航道里程仅占通航总里程的13%，特别是3级及以上航道里程只占总里程的1.8%，远低于全国7%的水平。浙北水网地区部分高等级航道上存在一定数量未能达到通航标准的桥梁，碍航问题比较突出，尤其是不利于2层以上集装箱运输船舶通行。部分航道弯度和宽度对大型内河集装箱船形成制约，干支航道之间标准贯通，内河水运与其他运输方式衔接不畅，内河集装箱运潜力无法得到充分发挥。

(二)港口码头不配套

我省内河港口结构性矛盾突出,规模化、专业化、现代化的公用港区十分缺乏。500吨级以上泊位仅占全省内河码头泊位总数的15%,公用泊位仅占全省泊位总数的14%。内河集装箱泊位严重不足,码头装卸设备普遍较为简陋,运输组织功能和综合运输枢纽作用不明显,集装箱码头配套设施及机械化作业水平迫切需要改善提高。

(三)体制机制不协调

内河集装箱运输是一种系统性很强的货运组织方式,需要集中投资、统一建设、区域一体化推进,同时辅以必要的政策保障,使上下游集装箱码头能力对接,发挥效益。目前,全省内河集装箱运输发展的体制机制还不健全,管理制度还不完善,无论是在内河口岸管理上,还是在市场准入和退出机制建设上,都存在一定的制约因素。政府对内河集装箱运输,在土地和资金上的支持力度不大,各管理部门间的联动协调不够密切。

(四)发展认识不到位

目前,我省内河运输客户集装箱运输意识还不强,基本还停留在以前杂货船概念上,未认识到形势发展的要求、现代物流的需求、集装箱运输所拥有的优势及可能带来的巨大经济效益。同时,从经济发展全局看,社会对内河水路集装箱运输的关注度不够,有"重陆上轻水上"的倾向。

三、加快发展内河集装箱运输的对策建议

"十二五"乃至更长一个时期,将是浙江内河集装箱运输发展的"黄金"时期。无论是促进长三角区域经济协调发展,推进综合运输体系建设,还是开展生态文明建设,都迫切需要加快发展内河集装箱运输。充分借鉴周边地区和国外发达国家的发展经验可以看到,要在经济社会转型升级背景下实现内河集装箱运输快速、规范、可持续发展,有4个方面的认识:一是必须坚持高起点编制规划,这是加快发展内河集装箱运输的必要前提;二是必须重视加强内河基础设施建设,这是加快发展内河集装箱运输的重要基础;三是必须有效发挥政府主导作用,这是加快发展内河集装箱运输的关键所在;四是必须充分依靠科技进步,这是加快发展内河集装箱运输的有效途径。具体而言,加快发展我省内河集装箱运输应从以下几个方面着手:

（一）加快内河集装箱运输通道和码头枢纽的规划建设

重点建设完善杭甬运河、湖嘉申线、杭平申线、钱塘江等4条骨干航道，加快提升京杭运河、杭申线、长湖申线、乍嘉苏线等航道的通航等级，布局形成全省内河运输航道网络；以"一河两网两江"为重点，加快京杭运河3级航道建设，全面提升浙北航道网和浙东航道网，推进钱塘江和瓯江航运开发；加快重点港口规模化、专业化、现代化港区建设，以嘉兴内河港城郊港区、杭州港余杭港区、湖州港长兴港区、绍兴港中心港区和上虞港区等综合性公用港区建设为重点，加快建设杭州、嘉兴内河、湖州港以及杭甬运河沿线港口内河集装箱专用码头和规模化、专业化散杂货码头；积极拓展内河港口物流服务功能，开拓港口货物存储、分拨、配送、加工、商贸等功能，完善港口集疏运体系，依托重点港口建设区域性物流中心，打造物流服务平台，促进港口物流发展，为内河集装箱运输提供良好的发展平台。

（二）推进集装箱船舶船型标准化建设和水运科技进步

根据内河航运的特点，制定并实施船型标准化相关政策，加大船型标准化、大型化的扶持力度，重点发展500~1000吨级标准化船舶；全面推广集装箱标准化船型优惠政策，落实专项资金用于运输船舶结构调整，鼓励发展特种运输船舶；进一步把好准入关，严禁达不到船龄标准和技术标准的船舶进入运输市场，全面淘汰水泥船、挂桨机船等落后运力；推广应用船舶综合监管系统，改造和完善现有海事、船检、运政、港政等业务系统，建立港航综合管理信息平台和公共信息服务系统，加强水运调控管理，以水运科技推动内河集装箱运输科学发展。

（三）加大政府培育引导和政策扶持力度

在培育引导方面，加强对内河集装箱运输相关企业的经营指导和政策宣传，积极支持集装箱码头企业完善管理，鼓励企业不断拓展物流服务功能，提高服务水平；加强建立区域协调机制，推进系统化建设，形成发展长三角内河集装箱运输的合力。在政策扶持方面，强化土地政策的支持力度，基础设施建设用地优先向内河水运倾斜，尤其对集装箱码头建设的用地给予一定优惠；针对在省内从事码头集装箱装卸、运输、租赁以及相关业务的企业，设定不同的集装箱经营业务量门槛，给予企业必要的奖励，保障和调动企业积极性；进一步加大对内河航运的资金投入，为内河项目出台优惠、灵活的融资政策,扶持集装箱码头企业和航运公司建立融资平台。积极争取国家、省相关建设专项资金,并由地方财政给予一定比例的配套,有效促进内河集装箱运输的发展。

(四)加强市场监管体系和政策法规体系建设

严格水运市场准入和退出机制,以客船、危险品船为重点,建立健全经营资质动态管理制度;加强市场监管,规范市场行为,推进统一开放、竞争有序的内河水运市场建设;深化港口管理和航道养护体制改革;研究加强运政工作的各类数据统计工作,努力提高系统数据的实时性、完备性、准确性;改善口岸环境,提高"一关三检"部门的服务效率;完善水运管理相关法规,抓紧出台《浙江省航道管理条例》、《浙江省港口岸线管理办法》等地方性法规和其他相关政府规章,使内河水运建设、养护、资源保护等管理活动做到有法可依。

(作者单位:湖州市交通运输局)

发展视听新媒体
推动广电产业转型升级

张一莉

党的十六届七中全会决定指出,要加快发展文化产业、推动文化产业成为国民经济支柱性产业,作为国家文化产业重要组成部分的广播影视产业必将迎来新的发展阶段。当前,以数字技术、网络技术为核心的信息革命催生的视听新媒体表现出蓬勃发展的态势,既改变了媒介传播方式,也改变了视听内容的生产与消费方式,给传统广播影视产业的发展带来前所未有的严峻挑战。传统广电传媒应该主动出击,积极成为发展视听新媒体的主力军,大力发展视听新媒体,推进视听新媒体与传统广电媒体的融合,拓展舆论引导新阵地,开发产业发展新空间,实现广播影视的转型升级和科学发展。

一、视听新媒体的基本内涵及发展态势

(一)视听新媒体及其主要特征

所谓视听新媒体,按技术的革命性变化和传播模式变革来划分,是指基于互联网的各种视听业务形态,包括网络广播影视、IP电视、互联网电视、手机电视等;按时间与空间的变化来划分,是指近10年中出现的,在传播形式和空间上发生重大变化的视听业务形态,除了上述业务形态外,还包括移动多媒体广播电视(CMMB)、公共视听载体等传统传播模式意义上的媒体新形态。视听新媒体是一个历时的、相对的概念,是相对于传统媒体而言的。与传统媒体相比,视听新媒体具有以下特征:一是视听内容形态呈

现多元化和分众化;二是内容来源多样化,既有大型专业机构生产的视听内容,也有中小型内容生产商生产的内容,还有用户生产的内容(UGC);三是内容体验丰富化,内容的传播和接收不再受时空限制,一切都以个人的需求为准;四是传播渠道/终端无所不在;五是单一渠道/终端的兼容性与多功能化,以iPad为代表的功能复合性终端代表了视听新媒体终端发展的一个方向;六是互动性,传播者和受众可以互动,受众之间也可以互动,这是视听新媒体最重要的特质之一。上述特征在基于互联网的视听新媒体形态中,表现尤为明显。

(二)视听新媒体的发展态势

视听新媒体是当今世界迅速崛起的新兴产业。我国视听新媒体与发达国家视听新媒体一样,在信息化、网络化、数字化等信息技术革命不断深化的环境中诞生,并不断衍生、演变出各种新业态,形成新兴媒体产业链和产业集群。我国的视听新媒体经过近10年的发展,目前已经走过萌芽期和发育期,进入了快速发展期。视听新媒体的发展纳入了国家文化产业和信息产业发展战略,在国家媒介格局中的地位得到更大提升。与此同时,视听新媒体成为广电与电信、互联网融合发展以及媒介融合的主导业务。更重要的是,一批运营企业相继上市,中国网络电视台等一批网络电视台上线,传统媒体与新媒体融合进一步增强。全国视听新媒体2010年度经营收入达到108亿元,同比增长59%,呈现出蓬勃发展的良好势头。浙江省互联网发展应用水平走在全国前列,截至2010年年底,全省共有网站数18.9万个,网民人数2786万人,联网普及率53.8%,均居全国第4位。近年来我省视听新媒体也呈现出加快发展的良好态势,业务范围涵盖了网络广播影视、IP电视、手机电视、移动多媒体广播电视、公共视听载体等主要类型,其整体发展水平处于全国视听新媒体发展的前列。浙江网络电视联盟整合50多家县市广电台视听资源,实现了全省网上广播电视联播和增值服务,初步形成了特色鲜明的浙江地方广电视频网站集群。

二、传统广电媒体面临的挑战和机遇

当前,以互联网、IP电视、手机电视、移动多媒体广播电视、博客、微博等为代表的各种新媒体迅速崛起,显示出强劲的发展势头和传播影响力,给传统广电媒体带来前所未有的巨大压力和挑战。

1. 受众从客体成为主体,舆论引导面临挑战。随着新媒体的出现,新媒体与高新技术结合,彻底突破传播时空局限,实现了从单向传播到交互传播的跨越;受众从客体成为主体,每个人都能自由发布信息,充分表达观点,成为信息传播渠道和意见表达主体;话语权不再为传统媒体所独有,出现了"人人都是通讯社、个个都有麦克风"的局面。新媒体特别是互联网,使我国的舆论传播渠道发生深刻变化,据统计,截至2011年6月底,我国网民规模达到4.85亿,手机网民达到3.18亿,特别是微博用户飞速增长,已达2.4亿,我国已经成为全球新媒体用户第一大国。可以说,新媒体已经成为"思想文化信息的集散地和社会舆论的放大器",各种道德观念、价值取向和利益诉求在传播网络上充分集合、碰撞,并表现出聚焦社会矛盾兴奋点、宣泄负面情绪非理性、传播过程难以掌控等特点,彻底打破了传统媒体占主导地位的舆论格局,成为舆论引导不可忽视的重要新生力量。

2. 经营市场分流,产业竞争更加激烈。近年来,新媒体产业高速发展,产业链涵盖网络新媒体、数字新媒体、影视动漫新媒体、娱乐游戏新媒体,涉及出版发行、文化传媒、影视制作、动漫游戏等各个领域,成为文化产业新的经济增长点。在发展潜力方面,新媒体凭借灵活的机制体制和市场化运营方式,吸引大量资金投入。随着技术进步、带宽增大、成本降低,广电产业将不可避免地迎来新媒体巨大而实质性的冲击。在广告经营方面,新媒体以其快速性、精准性、互动性、便捷性以及粘合度高、性价比高、投放成本低、有效性强等特点被越来越多的企业青睐。资料显示,2010年全球网络广告总额达到618亿美元,预计2014年则有望增至968亿美元,在全球媒体广告市场的份额将从2004年的4%增至19%。据统计,一些知名品牌企业近几年保持以每年10%~30%的增幅加大在新媒体投放广告的费用预算,2010年国内电视广告的平均增长幅度只有不到9%,而视频网站广告则增长了3倍多,远高于电视广告的增速及增幅,广播电视赖以生存的广告资源不断被新媒体分流、蚕食,以广告收入为主的单一盈利模式已难以适应激烈竞争,其生存空间进一步被挤压。在市场占有方面,新媒体借助高新科技手段,不断创新业务类型,积极拓展市场空间,受到越来越多的受众喜爱。在市场竞争方面,新媒体具有市场竞争能力强、市场运营手段多、市场发展潜力大的优势。仅以视听新媒体为例,就融合了直播、轮播、点播、回看等多种传播形式为一体,呈现出网络广播影视、IP电视、手机电视、移动多媒体广播电视等多种业务形态,能够实现包月收费、按次收费、版权分销等多种营销模式。

3. 多元文化消费需求,潜在受众大量分流。新媒体运用数字化技术,实现了双向互动、即时传播和差异化传播,满足人们多元文化消费需求,改变人们文化消费形式习惯,进一步推动潜在受众大量分流。今天,人们已经越来越习惯通过视听网站上传共享视频,点播电影和电视剧,利用手机随时随地看电视、听广播,在公交车、出租车上通过移动广播电视了解新闻时事、欣赏娱乐节目,人们的文化消费内容更加丰富,消费形式更加多元。截至2010年年底,国内网络视频用户规模已达到2.84亿,其中66.5%的网民喜欢在网上看热播剧,远远大于通过电视和购买光盘观看的24.7%和7.6%。另外,新媒体借助高新科技,不断丰富影视创作生产新形式,为影视产业发展提供了新的广阔空间。如网络广播电视台在互联网技术支持下,形成了以视听和互动为核心,融电视与网络特色于一体的多终端、立体化传播平台,在功能上能够提供音视频自由播放、下载和分享;内容上既集成了传统电视媒体的精品内容,又集纳了网络自制个性化节目;终端上既包括传统电视机,又包括了网络电视、手机电视、IP电视以及移动电视等;地域上不仅能覆盖当地和国内,而且具有实现全球传播的可能,成为当前人们视听消费的重要选择。

新媒体固然给广电传媒带来诸多挑战,但辩证法告诉我们,挑战中往往蕴含着机遇,机遇中存在着挑战,只有主动迎接挑战才能发现机遇,只有抓住机遇加快发展才能面对更大的挑战。通过认真的审视、分析、思考可以发现,当前广电传媒发展视听新媒体确有其得天独厚的优势:

1. 数字技术、网络技术的发展,为传统广电发展视听新媒体提供了难得的机遇和技术条件。比如,数字技术的发展,频率资源利用率的提高,频道资源的大大增加,使广电发展的核心资源由短缺变为富盈;服务领域大大扩展,由单一播放到多媒体服务,由固定时间、固定场所收听收视到任意时间地点收听收视,使广电服务突破了时空的局限;服务方式大大改善,由面向群体的大众服务,到面向小众的个性化服务,由单向传播到双向互动传播等,使广播影视呈现出前所未有的新业态、新景象,成为推动广电现代化和产业升级的主要动力。

2. 传统广电媒体发展视听新媒体具有独特优势。比如,公信力优势:现有商业视听网站内容丰富,但常常泥沙俱下,真假参半,公信力较差,而传统广电媒体凭借长期以来形成的公信力和从业资质,所报道内容公正客观,具有很大影响力,更能得到受众的信赖。内容资源优势:传统广电媒体积累了大量音视频资源,在投资泡沫和眼球泡沫破灭、各类视听网站积极探索依托正版内容创建盈利模式的重要时期,广电的内容资源变得弥足珍贵。人力资源优势:广电媒体运营机构拥有大量高素质的传媒专业人才,拥有内容制作和商业运营的经验,经过一定培训,能很快转型适应新媒体的运营和管理。广告运营优势:视听新媒体目前的主要盈利模式仍然是广告,而广告运营是广电媒体的强项,这种经验可以很快移植到视听新媒体的运营中。

新媒体的迅猛发展,对传统媒体来说,用一个不太恰当的比喻是"狼来了!"其实,狼来了并不可怕,可以"与狼共舞",与狼共舞,就必须变成狼,如果把自己定位在羊的位置上,命运只有一个,就是被狼吃掉。我们要清醒地认识到在信息传播技术高度发达的今天,传统主流媒体向互联网等新兴传播领域延伸是大势所趋,谁占领了新兴媒体阵地,谁的传播手段就更先进、传播能力就更强大、发展前景就更广阔。广电传媒只有顺应信息传播技术的新发展,顺应新闻信息传播的新变化,顺应媒介融合的新趋势,顺应文化消费和传媒市场的新需求,抢占舆论制高点,把握未来发展主动权的战略高度,积极开拓新兴媒体领域,努力实现广播影视由单一传统媒体为主,向传统媒体与新兴媒体融合发展的重大转变。

三、推进视听新媒体发展的几点思考

当前,广播影视正处于加快转变、加速转型的战略机遇期。大力发展视听新媒体,是认真贯彻落实十七届六中全会精神,履行广播影视系统新的历史使命,实现科学发展的迫切需要。各级广电媒体要进一步解放思想,提高认识,以内容创新、技术创新和盈利模式创新为重点,加快发展新业态,加快传统媒体与新媒体深层融合,推动广电产业跨越式发展。

1. 提高思想认识,切实增强推进视听新媒体发展的紧迫感和主动性。

思想指导行动,认识决定方向。当前,我省广电媒体普遍存在着推动视听新媒体发展意识不强,发展紧迫感不够的问题。一些广电媒体守着传统业务故步自封,小富即安,缺乏开拓进取的勇气和创新发展的举措,在等待观望中错失发展良机,面对新媒体的挑战和冲击只能被动应战。一些广电媒体只是抱着跑马占地的想法进入互联网领域,将视听网站简单地作为节目介绍和推介的通道,对新媒体建设缺乏明确的发展目标方向、长远规划前景和市场竞争意识。各级广电媒体要转变观念,解放思想,统一认识,树立发展是第一要务的正确理念,充分认识到传统媒体与新媒体的融合,绝不仅仅是简单的技术升级换代,也不仅仅是传统媒体的简单补充和延伸,而是包括制作、集控、播出、接收环节的全过程融合,是涵盖传播理念、内容形式、管理模式、体制机制全方位的创新,是传统广播影视的一场深刻变革。加快广电传统媒体与新兴媒体融合发展是广播影视发展的必然趋势,是广播影视转型升级的重要突破口,必须坚决摒弃各种等待观望心理,积极主动地投入到视听新媒体建设发展工作中来。要将推进视听新媒体发展作为广播影视发展壮大的主攻方向,纳入当地广播影视发展"十二五"规划,明确发展的重点目标任务,从巩固壮大宣传阵地、抢占未来发展制高点的高度,积极开办视听新媒体,在激烈的市场竞争中站稳阵脚,在未来产业发展中赢得胜利。

2. 加强内容创新,以内容优势抢占新媒体新阵地发展主动权。内容生产是视听新媒体的核心竞争力和可持续发展基础。当前视听新媒体发展的核心竞争力节目源不足,内容的发展速度远远落后于渠道的发展速度,表现为视听新媒体用户覆盖率不断提升的同时,优秀内容没有及时跟上,导致视听新媒体缺乏具有自身特色的精品内容;遵循视听新媒体传播特征的内容创作生产、适合新媒体播出平台、多种接收终端传播的视听产品还不多;深入研究新媒体受众接受习惯和喜好,创新节目内容、形式和传播手段,满足多元化、多层次、个性化消费需求的原创精品还很少;在省内还缺少具有全国性影响力的视听新媒体节目、栏目品牌,以及具有示范带动作用的视听新媒体龙头企业。视听新媒体具备典型的文化创意生产特征,与传统广电媒体内容生产相比,在制作理念、题材种类、形态方式、手段技巧、运作机制等方面有着很大差别。随着"三网融合"进程的加快,在内容生产上必须充分利用新媒体技术,提高创意能力,整合相关资源,实现由资源分散向生产聚合发展转型,从粗放型节目编排向差异化制作转型,从单向制作向双向互动转型。要根据新媒体传播和用户接收特点,有针对性地创作生产适合不同年龄、不同受众的视听新媒体节目,培育一批特色鲜明的视听新媒体品牌,满足多种数字播出平台和接收终端需要,以内容优势抢占新媒体新阵地发展主动权,履行好引领正确舆论和先进文化的重要政治责任。

3. 加强科技创新,不断开发运用高端技术的视听新媒体新业态。科技是引领广播影视发展的关键所在,视听新媒体是科技进步的产物,科技创新是视听新媒体发展的强大动力。从整体上看,全省广电系统对视听新媒体新技术、新领域的认识和开发较为迟缓,还无法适应现代信息技术发展趋势和三网融合要求,需要进一步组织力量加强技术研发,提高科技自主创新能力,加强对新媒体新业态的开发、扶持和利用。与通信行业相比,技术理念、技术实力和技术配套等方面相对落后;具有自主知识产权的技术标准、技术规划还需进一步完善统一。要善于学习借鉴,跟踪研究,加强应用,攻克难题,占领科技制高点,提升技术支撑力,积极运用高新技术改造提升传统媒体,不断开发运用高端技术的视听新媒体新业态,真正担负起主流媒体主阵地、主力军的重任;要遵循视听新媒体传播特点和规律,逐步完善和统一各项具有自主知识产权的技术标准,通过技术创新带动业务创新,为用户带来更加便捷,更高品质的视听新媒体服务。

4. 创新盈利模式,增强视听新媒体的盈利能力。盈利能力是衡量新媒体的竞争力和影响力的重要标志,也是推进视听新媒体持续发展的动力。目前视听新媒体的各种业务形态中,虽然有些已经实现包月收费、按次收费、版权分销等多种营销模式,但多数媒体仍以广告为主要营收模式。必须尽快改变视听新媒体单纯依靠广告的盈利模式,充分利用视听新媒体的独特性开发增值业务,实现单一业务主体向多业务运营商的转变;加强新媒体市场主体培育,推进新旧媒体深层融合,进一步完善产业链;推动网络广播、网络电视、手机电视等视听新媒体市场主体加快发展,打造新媒体的龙头企业;加快传统媒体和新媒体的融合发展,实现优势互补,各展其长,形成新的市场竞争力;加快完善视听新媒体产业链,加大相关延伸产品开发力度;增强视听新媒体的市场竞争力,推动视听新媒体产业成为广播影视产业新的增长极。

5. 加大扶持力度,创造推动视听新媒体健康发展的条件。视听新媒体是新生事物,亟须各方支持,为其快速健康发展创造有利条件。当前,对主流媒体开办新媒体的政策扶持力度不足。管理政策以准入资质的审批为重点,对于主流媒体只有在牌照发放方面的扶持政策,缺乏更多的相关扶持政策。除中央三台的新媒体业务获得较多的政策支持和资金投入外,地方各级广电机构尚缺乏实质性的政策支持,主要表现为:缺少资金投入、缺乏政策指导、缺少财税政策支持等。因此,必须加大扶持力度。一是加强政策支持。要争取各级党委、政府将视听新媒体建设摆在更加突出的位置,将其纳入文化产业和信息产业战略发展的重要内容,将视听新媒体作为新时期加强和创新社会管理的重要手段,提升到与传统媒体同等重要的地位,完善落实相应的财政、税收、融资、人才等优惠政策,在网络建设、宽带使用、业务应用等方面对视听新媒体发展给予实质性的政策倾斜,特别是要研究制定专门针对IP电视、网络广播电视、公共视听载体等视听新媒体领域的内容扶持政策,增强视听新媒体的核心竞争力。二是加大资金扶持。要积极争取各级党委、政府加大对视听新媒体发展的资金扶持力度,特别是加强对广电主流媒体开办视听新媒体业务及重要新闻视听网站、重要视听新媒体项目的资金扶持,着力培育一批具有省内外竞争力的视听新媒体骨干企业和节目品牌;在国家政策允许的范围内积极拓展多元融资渠道,吸引社会资本特别是国有资本进入视听新媒体发展领域,积极扶持具备条件的视听新媒体企业上市融资、做大做强。三是构建服务平台。要着眼于合作发展、应用共享,切实改变我省视听新媒体单打独斗、总体实力不强的局面;着力探索建立视听新媒体信息交流和业务研讨机制,推广应用成功做法和经验;要建立视听新媒体与影视制作机构协作机制,建立涵盖内容创意、产品制作、市场营销、技术研发等各环节的视听新媒体产业链,促进视听新媒体产业规模化发展;要依托行业协会,建立视听新媒体版权综合评估机制,搭建购买协作平台,有效规范版权节目采购使用;要积极推动视听新媒体节目纳入广播影视政府奖评选序列,引导创新节目形式,提高节目质量,坚持正确的发展方向。

(作者单位:浙江广播电视集团广告管理中心)

浙江当代文学原创
对文化产业发展的反差及贡献研究

郑晓林

文学原创是指由作家和文学工作者独立创作、具有独特创意和美学价值,并能够为文化产业发展提供内容支撑的文学作品。本文从文化产业角度,就浙江当代文学原创与当下迅速发展的文化产业态势形成反差的成因,及对文化产业发展的贡献作些探讨。

一、浙江当代文学原创与文化产业发展态势形成反差的表现

从文化产业角度来看,浙江当代文学原创与当下迅速发展的文化产业态势,尚有一定距离,形成比较明显的反差,具体表现为以下方面:

1. 原创能力不足,尤其是创新意识不强。一是品牌缺失。在动漫作品中,原创动漫(包括港台地区)的比例只有11%,而国内动漫企业为其他国家"来料加工"生产影视动画片超过50%以上。二是题材创新不够。文学出版选题虽然丰富,但名家选本、获奖作品选集、中外古典名著占相当大比重,新作特别是有分量的新作还不多,选题重复、雷同的现象严重。三是存在写作风格模仿的现象。新闻出版总署署长、国家版权局局长柳斌杰表示,目前国内90%的作品属于模仿和复制。浙江文学创作整体繁荣,但是缺少独特的声音,有代表性、有典型性的作品少,整体创作实力落后于陕西、江苏、上海等实力较雄厚的地区。

2. 当代文学原创与图书市场的繁荣发展不相称。2009年,浙江全省共有图书出版社14家,音像电子出版社7家,网络出版单位8家,报纸100种,期

刊218种。全省共出版图书7835种,总印数3.13亿册;报纸总印数31.4亿份;期刊总印数7164万册。与此相对照,浙江当代原创文学进入文学图书市场则表现为:一是创作数量不相称。2009年浙江当代原创文学作品长篇、中短篇小说和儿童文学作品不足400篇(部),在内容题材上,与文学读者的期望、与现实生活中的热点都有不小的距离。二是文学原创进入读者市场的通道极为狭小。浙江目前文学原创的专业期刊只有《江南》、《西湖》、《文学港》和《野草》4本,另外有《浙江作家》等10多家内部刊物,所有的文学期刊加起来,发行量不超过4万,在海量的图书市场份额中微乎其微,其文学影响力就可想而知。

3. 当代文学原创与数字网络的高速发展没有同步。市场调研表明,33%的用户、95%的手机上网用户,愿意利用碎片时间进行手机阅读。到2010年5月,中国手机用户已经达到惊人的7.8亿,通过手机阅读的用户数已经超过了1.55亿,手机出版的营业收入已经占数字出版全部营业收入的24.2%,位居收入的首位。浙江作家呈现出截然不同的两个现象:进入数字出版领域的传统作家寥寥无几,真正与数字出版单位签约的优秀作家不超过20人;而类型文学作家如南派三叔、流潋紫、沧月、陆琪等人,同时在传统图书出版与数字出版之间游刃有余,由此奠定了市场地位,形成了广泛的读者群。

4. 当代文学原创与影视动漫的良性互动不够有效。截止到2010年10月底,浙江持证影视机构442家,总注册资金20亿元。2010年浙江影视业电影产量27部、电视剧产量33部1132集,这其中属于浙江文学原创的是《风声》、《超强台风》、《十万人家》、《大西南剿匪记》,而这已经是影视产品"浙江创造"最为突出的一年的成绩了,虽然以往曾经有过《中国神火》、《中国商人》、《天下粮仓》、《日出东方》等一批本土作家原创的精品力作,但与浙江蓬勃发展的影视业对照,文学原创的贡献还是不成比例。在动漫业方面,2010年,杭州的动画片产量为35部27409分钟,宁波的动漫产量也已经超过16000分钟,而这一年的重要作品《秦时明月之诸子百家》、《郑和下西洋》等,都不是浙江作家的文学原创。浙江儿童文学创作在全国文坛是一支不可小觑的活跃力量,但是在浙江整个动漫业的发展中,除了中南卡通的《魔幻仙踪》是浙江作家文学原创外,其他动漫作品似乎不见浙江作家的身影。

5. 当代文学原创对文艺演出的热切期盼呼应不够。据不完全统计,浙江戏剧原创2009年13部,2010年18部,2011年30部,这其中当代题材原创的,如《藏书人家》、《秋瑾》、《红岩》、《溪口往事》、《第一次亲密的接触》只占少数,对传统戏曲的新编则占了较大的份额。浙江仅2009年送戏下乡就达1.9万场,还有更多的演艺团体,长年为基层群众演出,他们对于原创剧本的期待与日俱增。大型歌舞表演《宋城千古情》截至2009年累计演出过万场,观众超过2300万人次,但是,浙江作家在这样的作品中也未能有所作为。由此看来,浙江作家对于急剧而来的基层文化和市场文化需求,似乎没有做好积极应对的思想准备和创作积累。

二、浙江当代原创文学与文化发展态势形成反差的原因

深究浙江当代原创文学与当下迅速发展的文化态势形成强烈反差的原因,我们认为有以下几个方面:

1. 原创动力不足。作家原创能力不足,根源是原创动力不足。其一,作家能力不适应。随着现代生活出现的程式化倾向,原创作品本身就呈现减少的趋势,加之全球化时代带来价值观、审美观的多元化,一些简化了的故事、单调的情节已经显得越来越脱离现实,而显得不真实;千篇一律的表达方式正在为审美需求和精神需求提高的读者所摈弃,一些文学原创缺乏揭示时代思想症结的有效思考,而出现精神上的畏难和困惑。其二,文学原创最重要的是作家独特的发现和表达。但是原创有风险,一部好的文学原创,往往经过无数次探索甚至失败,才能在市场上取得成功,其成本相当高;市场成功后,又面临着跟风、雷同甚至抄袭的侵扰。另一方面,一部成功、好看的影视剧,观众群大,接受度高,题材雷同反而是最保险、最合算的做法,因此,影视剧、动漫脚本写作中就存在"浅"、"滥"、"抄"等现象。"浅",创意浅薄,方法手段单一,艺术含量不够,原创水平不高;"滥",盲目跟风,一哄而起,大量低水平重复投资,布局不合理,同质化现象严重;"抄",相互模仿,或者搬抄国外模式。

2. 能够将文学原创与文化产业进行结合的创意型人才匮乏。优秀的作家仍集中在传统领域,如小说、散文、诗歌、报告文学等,还有少量的从事戏剧、影视文学剧本创作。文学发展到今天,作家,尤其是小说家已经自觉地将叙事与故事的概念区分开,很多优秀作品由于故事性弱等因素,并不能直接转换成大众喜爱的故事性强的文化产业成果。在创作主观动因上,一部分作家仍然坚持以小说的艺术性为主要标准,个别作家甚至不愿意接触影视和网络,固执地认为传统的文学表达才是真正的文学,将作品在文学刊物刊登和出版社出版视作文学活动的终点;另外一部分作家有参与文化产业的愿望,但是对文化产业的规律、接受对象的思维方式和审美爱好都不甚了解,因而不能有效地传达文学意蕴,引发深层共鸣。应该看到,在小说创作的开始就同时考虑影视剧的创作,多少会牺牲一些文学性,如只注重故事性,不注意琢磨文学语言的叙述,轻视语言在文学原创中的独特创造力,这对于文学原创的健康发展会有一定的妨碍,但没有必要因噎废食。

3. 文学原创作品缺乏有效的市场推广和有力的权益保障。文化产业的发展首先需要复合型的文学经纪人,但目前的文学经纪人存在以下3个问题。一是缺乏独特的艺术眼光。我们曾向一家影视公司经纪人推荐一位嘉兴作家,未有答复,后来该作家的一部中篇小说影视版权成功交易超过100万,原来推荐的作品也立即相应大幅升值。经纪人如何慧眼识珠,披沙拣金,非常关键。二是缺乏对文化市场有效的研发和准确的判断。在美国,一部电影或者电视剧的制作,编剧团队要研究到几分钟设置一个冲突,十几分钟设置一个小高潮,最后人物矛盾如何总爆发。文学经纪人就要不断提供观众对故事演进的新期待、新要求,从而掌握影视市场的销售走向和趋势。经济学里的"微笑曲线"里,文学经纪人发挥着"研发—制造—销售"中前后两头的重要作用。三是在维护作家权益上有待于建立互信。面对纷繁复杂的文化产业市场,作家的知识结构和能力水平不能完全驾驭,文学经纪人必须通过自身的努力、长远的谋划和给予作家的实在好处,来得到作家的充分信任和通力合作,从而拥有超值的文化产业富矿。《百年孤独》作者马尔克斯的经纪人卡门·巴尔塞斯,在其巅峰时期,将马尔克斯、略萨、科塔萨尔、富恩特斯这些20世纪最卓越的拉美作家延揽旗下,把他们推向欧洲和北美,在世界范围内掀起拉美文学爆炸的奇观,这一成功的范例值得深思。

4. 文化产业公司决策者存在对文学原创重视不够、投入不足的问题。2003年,笔者看好浙江省一家刚起步的动漫公司,介绍著名的儿童文学作家冰波与之合作,对方决策者认为,动漫故事怎么讲,那是最简单的事情,没有必要花大力气,更没有必要加大投入。在一些影视公司,对文学原创不公正的事情时有发生,如随意改动剧本,不尊重编剧的原创;侵占文学原创的创意,甚至侵占编剧的署名权;长期拖欠,甚至赖掉作家应得的报酬等,已经极大地伤害了文学原创参与文化产业建设的积极性。

三、提高当代文学原创对文化产业发展贡献的对策建议

浙江省委十二届十次全会通过的《关于认真贯彻党的十七届六中全会精神大力推进文化强省建设的决定》,明确提出我省文化产业发展的总体目标,即到2015年,文化产业增加值力争比2010年翻一番,占全省GDP比重7%,文化产业有望成为我省国民经济重要支柱性产业。因此,乘势而上,努力提高当代文学原创对文化产业发展的贡献率,应该成为促进浙江文学大繁荣大发展的一个重要内容。

首先,要进一步增强作家的使命感,提高其创新能力,促使他们努力写出满足人民群众文化需求和审美要求的"好作品"。大众不会驻足于平淡无奇、寡淡无味的文字之前。未来真正受到欢迎的,将仍旧是具有精神力量的优秀作品,比如人性的力量、思想的力量、爱的力量;又比如民族的精神、时代的律动、人生的壮美,等等。即使是文化产业的商业行为,也应当担当起文化育人的责任。随着全球化时代的到来,各种文化交流带来价值观的碰撞,融入文化产业的文学创作更要走在思想的前沿,有所担当,从浙江改革开放的新生活中寻找最新资源,从人民群众新的精神需求中寻找灵感和题材,大力弘扬浙江优秀传统文化,学习借鉴国内外文化创新的有益成果,兼收并蓄、博采众长,增强文化产品的时代感和吸引力,促进浙江省文化产业的繁荣发展。

其次,要在保持文学纯粹性的同时,发挥文学原创在文化产业中的基础性作用,努力搭建文学原创能够翱翔的"好平台"。文学原创在现实生活中的作用无所不在,不仅小说、戏剧,就是诗歌、散文都可以转化成为影视、动漫、网络、手机阅读等新的艺术样式的具体内容,甚至还可以蕴藏于广告文案、创意策划之中,使文学真正走向社会,走向民众,为民众所认知、所接受,并融入市场、化身产业。此外,古典文化的推陈出新也具产业价值。中国

古典文学在文化创意人的创意制作下,与广告、动漫、影视等结合,使传统的中国古典文学在高科技的支持下,让人们领略到更高层次的艺术美,并为市场带来了高附加值产品,创造出更高的财富价值。

再次,要讲究文化产品的营销和运营策略,建立规范的文学经纪人制度,努力找准艺术生产与市场效益最佳结合的"好通道"。虽然文化产品消费的人越多,效益就越好,但要让所有人都满意的文化产品几乎找不到。所以一定要找准产品定位,明确目标对象,实现专业化和小众化的营销和运营策略。文化产业发展更多地依赖其自身建立起来的时尚文化和当代大众流行文化机制,依赖全球化的市场,依靠其明星制度、经纪人制度和它的全球营销方式,文学原创必须融入到这样一个营销和运营的机制中,才能独占鳌头。在当下中国,建立规范的文学经纪人制度非常迫切,而中国的文学经纪人目前最为缺乏的是职业眼光和职业诚信,如果这两个问题没有得到根本的改观,其他则无从谈起。

第四,要加强文学原创生产的组织化程度,形成政策保障、社会支持、民资参与的合力,作家协会有所作为,努力当好作家参与文化产业建设的"好后盾"。在政府层面上,要出台切实有效的鼓励新作品、新创意的政策,通过设立文化创意基金等措施,给予那些为文化产业发展起推动作用的优秀作家作品以物质鼓励和精神表彰;经济综合部门,特别是宏观经济规划部门,要引导社会资金加大对文化产业的投入和对文学原创的有力支持;出版管理部门要切实做好作家的维权工作,针对目前作家维权中的困难,通过行政执法的手段,调解版权纠纷问题,确保文学原创作家的积极性不受影响。作家协会承担着"团结、协调、服务"的职能,支持、帮助作家参与文化产业的建设更是责无旁贷,要根据文学创作自身发展的内在规律组织研讨,鼓励纯文学作家与网络作家、动漫脚本创作者进行交流,引导传统作家向新媒介尝试;同时,引导网络作家、动漫创作者借鉴纯文学创作,对精神价值和创新能力提出更高的要求,以适应瞬息万变的文化产业市场的要求。

第五,要积极培养文学原创的后备力量,让文化产业的持久发展有一个"好后劲"。当一个作家需要天赋,但复合型文学创意写作人才,是可以通过训练培养的。在文化产业和创意经济的大趋势下,与高校合作,建立一整套培养创意写作人才的教育制度和教学方法，发展文学创意写作学科，培养复合型、创造型写作人才，势在必行。欧美文化产业蓬勃发展，很重要的一点就得益于其创意写作的发达。在欧美大学中，普遍开设创意写作课程，他们以成功的小说、戏剧、电影剧本等为例，总结概括出一套写作模式来，然后指导新的创作，从而形成一个良性循环。而中国对此类研究恰恰是最为缺乏的，因此，文化产业的蓬勃发展，正在呼唤大学中文系培养新型复合型文学与创意写作人才，这类写作和传统理解的写作有很大区别，他们更多的是适应文化产业和创意经济的特性，努力形成创造财富的就业机会，并成为促进文学原创对文化产业做出更大贡献的职业人。

（作者单位：省作协党组）

加大实体经济投资　促进经济转型升级

沈素芹

一、充分认识加大实体经济投资的重要性和紧迫性

1. 从投资现实运行情况看，面对"外需减弱、消费热点缺乏"的发展格局，我们对投资尤其是实体经济（扣除房地产以外的项目投资，以下同）投资持续下行问题已经到了必须高度重视的时候。"十一五"时期我省固定资产投资年均增速为13.1%，低于全国12.6个百分点。实体经济投资增速回落幅度更大，从2003年40%下降到2010年的10.2%，其中制造业投资"十一五"时期年均仅增长12%，低于全国13个百分点。实体经济投资贡献率不断下降，"十一五"时期实体经济平均贡献率为66%，今年前3季度我省实体经济贡献率为47.7%，低于全国27个百分点。现阶段保持投资尤其是实体经济投资较快增长对我省经济平稳增长具有重大影响。明年拉动经济增长的"三大需求"中，出口下行压力较大，消费缺乏新的增长点支撑，投资尤其是实体经济投资成为我省保持经济平稳较快增长、加快转型升级最现实的选择、最直接的抓手。

2. 从与沿海省市的比较看，面对"标兵渐远、追兵渐近"的竞争压力，我省投资尤其是实体经济投资挤出第一方阵的严峻形势已经到了不得不抓的时候。我省投资总量在全国的位次连续下降，从2006年第4位下滑至目前第8位（2008年被河南、辽宁赶超，2009年被四川、河北赶超），已被挤出第一方阵。目前我省在经济总量、工业增长上与广东、山东、江苏等省份的差距逐渐拉大，与河南等后起省份差距越来越小，一个重要因素在于投资总量

尤其是实体经济投资被赶超。2004年浙江制造业投资额比河南多53%,但2008年被赶超,到2010年河南制造业投资额反超浙江59%;2004年浙江规模以上工业增加值比河南多1741亿元,而到2010年仅多495亿元。没有大规模、高质量的投入就没有大规模、高质量的产出。若不加大实体经济投资力度、优化投资结构,未来几年内我省GDP总量也有可能被挤出第一方阵。

3. 从转型升级的要求看,面对我省进入产业转换"爬坡过坎"阶段,迫切需要依靠投资结构的优化带动产业结构的升级,加大投资尤其是实体经济投资时不我待。我省工业投资偏低、技术改造投资偏低、新兴产业投资偏低,"十一五"时期装备制造业投资年均增长18.6%,而江苏高达34.1%,今年前3季度我省技术改造投资仅增长5.6%,低于全国9个百分点。投资结构调整不快直接导致我省产业结构转型升级较慢,如我省纺织业产值占工业总产值比重仍高达10.8%,10年仅下降2.4个百分点,依然是领头行业,而江苏、上海和广东的领军行业,均已成功转变为电子行业。一种观点认为,我省加大实体经济投资与转变经济发展方式的要求不尽一致。一般来说经济发展方式有两种类型,一种是基于资源投入的增长,另一种是基于效率提高的增长,经济发展方式转变的核心正是从资源投入型增长向效率提高型增长的转变。目前面临的突出问题是,我省实体经济投资下去了,但并未换来经济增长效率的提高。我省规模以上工业企业劳动生产率始终处于全国平均以下,2010年人均工业增加值仅为6.6万元,不仅低于广东(10.6)、江苏(9.0)、山东(10.3),甚至低于河北(7.6)、河南(6.8)。事实上,浙江投资尤其是实体经济投资增速减缓,恰恰是转型不到位、原有增长方式难以为继的反映。抓实体经济投资、优化投资结构的根本目的,就是要推动我省尽快走出产业转型换挡的阵痛期。

加大实体经济投资、优化投资结构是推动转型升级的重要手段。投资对经济增长既有需求拉动作用,又有供给推动作用。投资对结构调整既有技术改造层面对传统产业的存量优化作用,又有新兴产业层面的增量培育拉动作用。投资对扩大内需既有加大民生项目投入、积极培育投资消费增长点的作用,又有完善基础设施、改善农村消费环境的作用。把加大实体经济投资与设备更新改造、培育新兴产业、培育投资消费结合点紧密结合起来,本身就是转型升级的过程。国际金融危机后奥巴马政府提出"再工业化"战略,德国仰仗雄厚的制造业基础才使其在本次欧债危机中独善其身。因此,必须把加大实体经济投资、优化投资结构作为我省经济保持平稳较快增长、加快转型升级的关键之举,摆上重要位置。

二、加大实体经济投资面临的主要制约

浙江投资面临的最大挑战是企业离浙江化、资本离实体化。具体体现为"五大制约"。

(一)资源要素保障不足的制约

资源要素环境支撑不足是制约我省实体经济投资"落地"的最大瓶颈。集中体现为"三大压力":一是用地保障压力。浙江可用土地资源是江苏的1/3、广东的1/4,用地空间明显受限,投资项目严重受制于征地难、用地贵。全省工业用地平均出让价为每亩20.5万元,温州近年工业用地拍到上百万元一亩,许多企业不得不选择外迁。二是能源保障压力。集中体现为电力保障紧,原有的季节性、时段性、局部性缺电正在转变为全局性的较长时段电力紧张。预计明年全省用电最高负荷将达到5700万千瓦,电力供应缺口为900~1000万千瓦,在此大背景下,采取有序用电和错避峰措施在所难免,企业实体投资热情受到影响。三是环境支撑压力。我省环境容量相对较小,国家初步核给我省到2015年能源消耗总量为2.11亿吨,按此估算未来5年总量只增加4000多万吨。而仅镇海炼化二期、台州石化项目等拟新上重化工项目,新增用能量在2000万吨标准煤以上,几乎将用掉5年新增能耗总量指标。在节能减排指标倒逼下,浙江工业企业所受的环保压力相对更大。

(二)战略布局性投资缺乏的制约

根据国际发展经验,区域经济起飞阶段投资主导领域往往以大规模基础设施投资为主,而发展到成熟阶段,则以高端制造业、现代服务业投资为主。浙江战略布局性投资处于"投资断档"的尴尬局面,与沿海省市相比尚处在起步阶段。近年来沿海地区的上海、天津、广东、江苏等区域发展战略都上升为国家战略,战略性投资大量跟进。如天津滨海新区加快建设百万吨乙烯、千万吨炼油、空客A320飞机、国家自主研发的新一代运载火箭等大项目,直接推动天津GDP跨入万亿元行列。反观浙江,海洋经济示范区、舟山群岛新区以及义乌国际贸易综合配套改革试点三大国家战略正在破题,

迫切需要依托大平台推进大项目、大企业、大产业,加大战略性、集聚性投入。与中西部地区相比,我省投资增长热点不足,特别是在国家中西部振兴战略的推动下,我省部分企业加快向省外产业转移步伐,"资本离浙江化"现象凸显。目前浙商在省外投资规模超过3万亿元,相当于省内年投资总量的2倍。

(三)发展模式转型不足的制约

浙江改革开放初期凭借"加工制造+中小企业+技术模仿+人口红利"的发展模式,竞争优势明显,但随着外部环境的变化,浙江模式的实体经济在比较优势和吸引力方面明显弱化。体现在:一是用工等生产成本上升影响传统产业再投资。随着劳动力供求刘易斯拐点的逐渐到来,"人口红利"的空间越来越小,原有的劳动力价格比较优势逐步丧失,浙江低成本、低价格的传统基础优势一去不复返。全省规模以上小型工业企业平均利润在3%~5%左右,难以支撑20%左右的用工成本上升及10%左右的原材料成本上升。在成本趋高以及利润率偏低的情况下,浙江制造业向省外或非实体经济转移的冲动日趋加剧。二是创新能力不足影响技术改造投资。受技术创新能力制约,众多企业有资本但苦于没有好项目。三是金融创新不足影响产业资本发展。面向中小企业的金融创新不足,大量的民间资本游离在实体经济之外,面临民间资本转化难与中小企业融资难的"两难"矛盾。企业投资从传统制造业向房地产、股权等虚拟投资转移已成为近几年的趋势。房地产的阶段性暴利使新生代管理层潜心实业的热情显著下降,原有产业成为房地产融资来源的现象日益明显,部分区域面临产业空心化和经济虚拟化的双重挑战。

(四)投资环境洼地效应减弱的制约

人才环境方面,高端人才集聚和高端产业投资建设存在相互促进的"马太效应"。与广东、江苏等省比较,浙江缺乏人才和产业越聚越多的良性循环。211工程院校我省仅有1所,而山东有3所,广东4所,上海10所,江苏达11所。前6批国家"千人计划"中,我省仅93人,低于北京(406人)、上海(223人)、江苏(158人)。商务环境方面,与同为经济发达省市相比,我省商务成本水平偏高,主要囿制于用地、房价成本偏高,比如杭州、温州等地房价长期相当于苏州、广州的两倍,在5省市商务成本调查中,浙江比江苏高10%。

政策环境方面,安徽等周边省份在承接产业转移方面纷纷出台招商引资优惠政策,上海、广东、福建等都出台了总部经济扶持政策,服务业等方面支持力度较大,相当程度上带动了浙江企业外迁。民间投资准入门槛过高等问题也在一定程度上影响投资环境。

(五)企业投资意愿下降的制约

从全省1000家重点工业企业问卷调查看,企业投资意愿已连续3个季度回落,反映在新开工项目上,无论是项目个数还是完成投资额均出现减缓。除了国内外发展环境趋紧、要素制约常态化、近期企业效益指标持续回落等因素外,从微观主体意愿出发分析其原因,一方面是浙江民营经济为主、外贸依存度较高,企业对外部环境变化极为敏感,在多年来的宏观调控和货币政策周期性调整过程中,往往中小企业反应最快,浙江受影响最早;另一方面是企业家创新精神需要与时俱进,企业家原始创业动力源于摆脱贫穷的直接激励,小富即安、创新意识不强,素质性和体制性弱点开始明显制约浙江企业创业创新。

三、加大实体经济投资的基本思路与对策建议

(一)基本思路

一是投资目标上,要突出转型升级导向。要把加大实体经济投资、优化投资结构作为推动经济转型升级的关键之举。围绕我省海洋经济建设、新兴产业培育、服务业发展等重大战略部署,全面推进一批事关长远、技术含量高、经济支撑力强的重大投资项目。围绕扩大内需,加大农村公共服务均等化、欠发达地区扶持等民生项目投入,积极培育投资消费新的增长点。二是投资重点上,要突出实体经济主导。大力支持浙商创业创新,加大民间投资。加快推动转型升级的产业类投资、改善民生的社会类投资、能源交通等基础设施类投资,成为推动我省经济平稳较快增长的支撑力。三是投资载体上,要突出战略性平台。要把海洋经济示范区建设、省级产业集聚区等作为投资的制高点和主阵地,加大高质量、集聚式、引领式投入。四是投资领域上,要突出6个一批。优先支持一批浙商回归型投资项目、一批新兴产业项目、一批传统产业改造提升项目、一批现代服务业项目、一批公共服务民生项目、一批基础设施支撑保障项目。

(二)重点举措及建议

1. 抓产业投资：以支持浙商创业创新为重点加大产业投入。充分调动企业投资主体的积极性，依靠产业投资促进有效增长。做好3篇文章：一是做强工业投资。加大技术改造投资，加快推进技术改造"双千工程"、技术创新赶超工程；加大新兴产业投资，加大新能源、生物医药、环保产业等领域的项目投入；加大回归型项目投资，积极引进一批世界500强、央企、国内知名企业和浙商回归型投资项目；加大总部经济投资，抓紧制定总部经济激励政策。二是做大服务业投资。加大服务业重点企业培育、服务业集聚示范区建设投入，同时抓紧研究如何培育金融总部、服务外包、港口物流等新增长点并加大投入。三是做实农业投资。加大粮食生产功能区和现代农业园区"两区"建设投入，还要加快农田水利基础设施投资，加大设施农业、精准农业等领域的投入。

2. 抓战略投资：以海洋经济示范区、省级产业集聚区建设为平台加大战略性投入。"三大国家战略"破题重在项目推进，要以项目带平台建设、促产业转型。一是加快推进海洋经济示范区建设项目，要集中开工一批海洋经济重大基础设施项目、标杆性产业项目，加大对沿海及海洋新兴产业、港航物流、海洋清洁能源和海洋生态保护等六大领域的投入；二是加快推进舟山新区建设项目，启动保税港区、大宗商品交易中心两大平台建设，力争在海岛开发投资、海洋产业投资等新领域有所突破；三是加快推进产业集聚区建设项目，要着力体现"优、新、高、特"的要求，突出招引大产业、大项目、大企业，加大推进产业集聚区基础设施投资和产业项目投资。

3. 抓民生投资：以统筹城乡为重点加大民生投入。加强民生领域投入既是扩大投资，也是拉动消费，其本身就是扩大内需的过程。一是加大小城市培育和中心镇建设投入。全力推进中心镇"双百双千"工程、小城市培育试点三年行动计划，提升中心镇公共服务和公共设施水平，明年力争完成各类项目建设投入2000亿元，其中小城市投资1100亿元；要把新型城市化作为新的增长点，加快推进一批城市轨道交通、城镇快速路网、城乡供水一体化等基础设施项目建设。二是加大保障性住房投入。明年保障性住房新开工14.5万套，完成投资300亿元；加快农村住房改造建设，力争明年完成农村住房改造建设30万户、投资100亿元；继续抓好房地产调控各项政策措施的落实,促进房地产投资平稳运行。三是加大基本公共服务均等化投入。明年要重点加大农村医疗卫生服务体系建设投入,继续推进中等职业教育基础能力建设、中小学校舍安全工程,全面推进城市公交、供水等各类基础设施向农村延伸,加强基层文化设施和文化产业项目建设,确保完成十大工程建设年度任务、投资800亿元。四是加大对山区经济建设投入。重点是大力实施"美丽乡村"建设行动计划,加大对山区经济建设投入的政策支持。

4. 抓环境优化:以提升投资环境为切入点提振实体经济投资信心。要在软环境建设上下工夫,积极打造创业创新高地、商务环境洼地。一是加强用地、用电等要素优化配置,有保有压,建立优先保障优质企业、限制低效企业的资源配置导向机制;建立节约集约奖惩挂钩机制,下决心压掉落后产能,为新兴产业发展留出足够空间。二是加强企业转型升级服务。优化投融资服务,及早启动温州金融综合改革试验区试点,积极推动面向中小企业的小额贷款公司、村镇银行等改革试点扩面;切实减轻企业税费负担,进一步加大清理规范行政性收费力度;深入企业帮扶解困,协调解决生产经营中的各类困难和问题。三是加强项目推进服务。大力实施"十二五"重大项目建设计划,加快建设一批、开工一批、报批一批、推介一批,推进重大能源、基础设施项目建设;着力解决重点项目建设征迁难、落地难等问题;进一步削减审批项目,提高服务效能。

5. 抓责任落实:把加大投资尤其是实体经济投资作为保增长、促转型的重中之重。把投资尤其是实体经济投资作为主要经济指标之一纳入市县和省级部门考核。重点要落实两个责任:落实地方推进责任,把实体经济投资增速、实体经济投资贡献度等指标列入市县年度考核,适时组织、督查、推进并通报情况;落实部门推进责任,把工业投资、浙商回归投资、基础设施投资、保障性住房投资等重点领域增长目标,作为省级行业主管部门年度责任制考核的重要内容。建议研究制订实体经济投资提振行动计划,积极营造有利于加大实体经济投资的政策环境。采取更加有力的措施,创造性地破解各种发展难题,努力保持实体经济投资平稳较快增长,增强我省经济的发展后劲。

（作者单位:省发改委综合处）

坚持集群发展　提升产业水平

——对宁波市海曙区现代服务业集群发展的思考

毕东华

在全球化和知识经济的时代背景之下,对区域经济来讲,无论是自身发展的内在需求,还是产业升级和产业融合的驱使,均离不开现代服务业的有力支撑。作为宁波的中心城区,海曙区承担着长三角南翼中心城市主城区的功能,区域发展条件优势明显,以现代服务业为主导的服务业日益兴起。如何重新审视并优化现代服务业发展总体战略,提升集群化程度,率先在全市打造一批现代服务业集聚区,促进区域经济转型升级,是海曙区在"十二五"期间发展区域经济的重点。

一、服务业集群发展的理论基础及国内外经验启示

(一)理论基础

1. 产业集群理论

核心商贸商务区建设的基础是服务业的集聚,产业集群相关理论研究对于核心商贸商务区建设具有重要的理论指导意义。一是韦伯的集聚理论。经济学家韦伯在1909年出版的《工业区位论》一书中,创立了系统的现代产业区位理论。他认为,集聚可分为两个阶段,第一阶段是各个企业自身的简单规模扩张,从而引起产业集中化;第二阶段主要是靠大企业以完善的组织方式集中于某一地方,并引发更多的同类企业出现。韦伯从微观企业的区位选择角度,阐明了企业是否互相靠近取决于集聚的好处与成本的

对比。二是服务业集群的集聚经济理论。服务业在城市中心区域集聚,不仅会给城市带来正面效应,同时也会有负面效应。从产业集聚理论的角度来讲,集聚会产生集聚经济和集聚不经济。集聚经济包括外部经济,如人才资源经济、信息资源经济、产业关联效应等;包括交易成本减少、规模经济等。但同时由于空间过度集中所引起的额外成本费用或收益,效用损失,也会产生集聚不经济,如交通拥挤、生产要素成本上升、负外部性、安全风险增大、规模不经济等。

2. 集群区位选择理论

一是中心地理论。中心地理论是德国地理学家克里斯塔勒提出的,中心地理论认为,区域有中心,中心有等级。区域聚集的结果是结节中心,即中心地出现。服务是中心地的基本职能,在不同中心地,其重要性不同,高级中心地提供大量的、高级的商品和服务,而低级的中心地则只能提供少量的、低级的商品和服务。根据中心地理论来解释,海曙区打造现代服务业集聚区,是城市中最高级的中心地,它是由整个城市及其服务地区的最易到达的设施形成的集中区,因此它非常吸引专门零售、大型银行、先进服务及其他功能。二是地租理论。都市内各种经济活动的区位选择遵循的依据主要是按照距离摩擦最小化原则决定自己的区位选择。所谓距离摩擦是指为了克服空间距离需要支付的时间费用和货币费用。任何企业都有对区位优越性的追求,决定其与中心位置接近程度的是企业地租支付能力。实际上,地租和交通费都与空间摩擦相联系,两者合计的费用即距离费用最小点是所有经济活动追求的最佳区位点。

(二)国内外服务业集群发展的经验

1. 国际经验

从全球范围看,现代服务业在纽约、伦敦和东京等世界城市中表现出明显的集聚性;从区域范围来看,现代服务业大都市表现出明显的集聚性,其集聚度要高于规模较小的城市;从城市内部来看,现代服务业又主要集中于中心城区,或中央商务区(CBD),受区位条件的影响,现代服务业又高度集聚于城市的某一个或若干个点上,比如纽约、东京、悉尼等城市,或集聚于某一条或几条带状区域内。随着信息技术和经济全球化的发展,大城市现代服务业集聚形成发生了一定的变化,主要表现为如下趋势:一是几个全球性城市,如纽约、伦敦、东京的现代服务业集聚程度仍在加强,尤其是在控制、指挥、协调全球经济运营的高端服务业方面,如金融保险、国际贸易等;二是世界级经济功能城市,包括纽约、伦敦、巴黎、法兰克福、阿姆斯特丹、东京等,其集聚表现出明显的多中心、多极化态势,其中伦敦有27个CBD,纽约、巴黎、东京分别有22、23和42个;三是部分生产性服务业,主要是较低级的、后台办公型的生产者服务业,开始向外围地区或城市副中心转移,即中央商务区的外围化,最有代表性的是巴黎的拉德芳斯和伦敦的道克兰;四是生产者服务业主要集聚于城市的主要经济活动场所周围,比如证券交易所、商业中心以及大学和研究机构,其中具有战略性的行业位居中心,而非战略性行业则分布于外围地带。

2. 国内经验

近年来,国内一些城市都提出了建设服务业集群区的发展思路。上海首先提出了现代服务业集聚区的概念,规划了43个现代服务业集聚区,先期启动建设九大现代服务业集聚区;南京提出打造十大服务业集聚区;天津提出要打造49个服务业集聚区;无锡、杭州等地也在积极谋划服务业集聚区的规划布局。上海现代服务业集聚区的发展格局已经形成,其发展历程是国内城市服务业集聚发展的缩影。总的来看,上海现代服务业集聚区的发展大致经历了以下几个阶段:一是初步发展、雏形形成阶段。20世纪80年代改革开放初期,以外向型经济为特征的上海虹桥开发区建设是现代服务业集聚发展的源起,并逐步形成了环虹桥地区商务集聚区,1000多家外商投资企业和近千家外企办事处入驻,其中咨询、审计、律师、企业策划、广告等行业发展尤其快速,现代服务业集聚区的雏形初步显现。二是快速发展、加速集聚阶段。20世纪90年代开始,上海服务业加速发展,增加值占GDP的比重由1990年的32%上升到2002年的51%;就业人数比重也由1990年的29.6%增加到2002年的48.8%。其中,以金融、物流、信息等为代表的现代服务业更是呈现出蓬勃发展的势头,服务业集聚发展的趋势也日益明显,在黄浦、卢湾、静安、浦东、长宁、徐汇等区域都呈现出不同程度的集聚,涌现出虹桥、陆家嘴、南京西路等一批现代服务业集聚度较高的区域。三是稳固发展、功能提升阶段。跨入新世纪以来,上海服务业集聚进入了积极规划、着力品牌建设的发展期。一批现代服务业集聚区已经开始规划启动,并加大在规划、功能定位、政策指导等方面的引导扶持力度。通过集聚区建设，吸引集聚优势资源，培育上海具有国际竞争力的高端服务业，使其成为上海新世纪的城市名片、产业新高地和经济增长的新亮点。

（三）启示

从以上区位选择理论可以得知，影响服务业区位选择的因素主要有：潜在顾客的当前区位、所需多样劳动力的成本和可获取性。服务业向大城市及其中心区集聚的趋势，主要与以下几个因素有关：一是他们能够支付高额的地租，在区位空间竞争中具有较强的比较优势；二是都市中心区易于获得各种信息，同时也便于与同种或异种行业的交流，这有利于企业的经营和决策；三是追求集聚经济效益，在大都市集聚着各种类型的服务业和其他产业，这为服务业的发展提供了广阔的市场空间，同时，大城市在交通和通讯等基础设施以及房屋租用等方面具有诸多优势，这也是服务业高度集聚于大都市的一个重要因素；再则，大都市劳动者的素质较高，具有适应于各种类型服务业发展的优秀人才，这对服务业的布局同样是一个不容忽视的因素。

通过对国内外大都市商务中心区内服务业集群发展的横向比较，服务业集群的形成发展具有以下一些规律性的共同特点：第一，深厚的历史文化底蕴是服务业集群发展的内在诱因。从国内外服务业集群的形成来看，深厚的历史文化底蕴是其形成和发展的最为基础的特定因素。正是这样具有深厚历史文化底蕴的城市，才具有相当的知名度和独特的品牌效应，从而产生强烈的吸引力，促使企业自动地向这些城市区域集聚发展。宁波市海曙区作为历史文化名城核心区，同样具备了深厚的历史文化底蕴。第二，城市产业结构调整为服务业集群发展奠定了基础。服务业集群发展的内在增长动力来源于主导产业的发育和成长，而国际大都市经济结构的转型是主导产业崛起的前提基础。上述大都市服务业集群的发展也源于城市产业结构的演变。第三，专业人才的规模和质量是服务业集群持续发展的关键因素。服务业是高技术、高人力资本、高附加值的产业，人才在服务业集群发展中起着非常关键的作用。从大都市服务业集群的发展来看，大批高质量的专业人才集聚，向世界提供集约化的高水平商务服务是其发展的主要特征。第四，完善的外部环境是服务业集群发展的重要依托。完善的硬件环境,如便捷的交通网络、先进的现代通讯设施、优美和谐的人居环境等,都是影响服务业企业区位选择的重要因素。而制度软环境则更是决定集群持续发展的依托。有效的政策平台是现代服务业集群发展的重要因素,政府对商务中心区的规划指导和政策扶持,能积极引导服务业集群快速成长。

二、海曙区现代服务业集群发展的现实基础

(一)有利条件

海曙区作为宁波市的中心,是城市的核心区域,具有浓厚的商业文化和较强的产业集聚能力,这为海曙打造现代服务业集群创造了更为有利的条件。

1. 城市的核心区域

海曙区作为宁波市传统的中心,经济文化资源丰富,商贸商务基础雄厚,人流、物流、资金流、信息流汇集优势明显。经过多年发展,海曙产业发展的基础优势得到较好体现,产业集聚效应日渐形成,以中农信大厦、世贸中心、世纪广场等为代表的商务楼宇群已经集聚了一批商贸流通、现代物流、管理服务、信息咨询等服务业企业,产业活动越来越频繁,中心城区的辐射和集聚功能逐步增强。另外,海曙区内集聚了宁波最优越的教育、卫生、购物、娱乐等服务,提供了最有力的生活配套服务。同时,区域内便捷的交通组织网络和通畅的信息交流平台,形成了城区功能完善的体系。

2. 产业的集聚能力

随着"商贸兴区"战略的逐步深入,海曙以服务业为支撑的产业格局日益明显,服务业成为增长最快的产业部门,并逐渐占据主导地位。截至2010年年底,服务业全年实现增长值338.1亿元,同比增长10%,占全区GDP的比重达到84.5%。同时,由于海曙资源、人文禀赋等条件优越,对服务业的需求量大,并且优势进一步强化,以服务业为主体的产业结构形成了服务业"磁场",有着巨大的吸引力,"马太效应"较为明显。

3. 优质的发展载体

2010年年末,海曙区拥有各类楼宇经济载体125个,其中9层以上商务楼宇达98幢,商务面积达320余万㎡,占市中心区的比重超过一半,俨然成为全市楼宇经济发展的领头羊。同时,单体楼宇产出规模较快提升。石油大

厦、天宁大厦等2幢楼宇年营业收入突破百亿元大关,营业收入10亿元以上楼宇达到33幢,营业收入亿元以上楼宇达46幢,其中,营业收入亿元以上楼宇数量居全市首位。天宁大厦、建行大厦、中行大厦、中信银行大厦等11幢楼宇实现年税收亿元以上;华联写字楼、中农信写字楼、中宁大厦等33幢楼宇成长为年税收千万元以上楼宇。目前,海曙区为加快产业集聚、提升中心城区经济实力,正在着手打造一批商圈、功能性板块和特色街,以商圈、商业特色街以及新兴商务功能板块为体系的产业集群正在形成。

4. 深厚的商业文化底蕴

在历史演变的漫长进程中形成的特色各异的地区文化对人们的生活方式、生产方式产生潜移默化的影响。宁波人务实、明理、进取、包容、机敏的文化特质,使宁波从近代开始就成为著名的工商业商埠,"走遍天下,不如宁波江厦",反映了宁波古城繁荣的商业景象。历史文化和商业文化的深厚积淀为海曙商业发展提供了肥沃的土壤,而市民消费习性的"路径依赖"也为海曙打造核心商贸商务区创造了有利条件,如天一商圈大量的精品时装店、家电卖场、百货公司为消费者提供了不同档次的消费场所,购物、休闲、消费去海曙成为宁波消费者的主要选择。

(二)问题挑战

当前,海曙区的服务业正处在一个新的转型发展阶段,服务业发展起步早、质量高,基础资源完善,商贸文化浓厚,但发展瓶颈依然存在。海曙区现代服务业发展亟须破解的难题主要体现在以下几个方面:

1. 体制性因素影响经济的拓展和提升

一方面,区一级政府的行政管理权限及职能配置相对不完整,尚需进一步完善和理顺,尤其是随着经济社会的不断发展,行政区划的适时调整对于推动区域经济的健康快速发展作用凸显。另一方面,区内综合经济社会管理体制尚欠顺畅,现行经济考核机制尚欠科学,部分管理部门之间分工过细、职能交错、管理边缘不清,整体合力不强;经济发展环境有待于进一步提高,一定程度上还存在直接干预微观经济活动的越位现象和该管没管的缺位现象。

2. 功能性缺陷制约产业的深化和延伸

长期以来,海曙区作为宁波市传统的主城区,中心城区综合功能混杂,城市空间的安排相对局促,受行政区划范围内的用地规划结构限制,现代服务业的发展空间拓展受到一定制约。海曙区土地资源瓶颈制约越来越明显,严重限制了城市功能的拓展升级;交通组织网络、社会公建配套容量局限,制约了交易和沟通。随着宁波东部新城建设的不断提速,虽然可以增加整个城市的经济容量和发展空间,缓解中心区基础设施制约,完善城市功能分区和功能布局,但城市空间拓展转移出部分城市重要职能,尤其是城市行政职能,"府前经济"的影响将会削弱,区域内形成的集聚效应将同步减弱。同时,城区未来的经济发展都将依赖于商务楼宇和现代服务业,目前海曙与江东以及江北、鄞州都将楼宇经济作为经济发展重点,同质竞争逐步显现。

3. 现代服务业集群的形态和效益不明显

海曙区现代服务业自发居多,缺乏自主创新能力的特征较为明显,自主创新能力与产业规模不相协调较为突出,仍然处于模仿创新阶段,与周边城区相比仍不具备足够的综合比较优势,总体上缺乏服务业的核心产业和板块效应,目前相对集中的几个区块大多是自然形成,产业档次不高,整体效应不强,规划引领作用不明显。随着宁波三江口中央商贸区和东部行政商务中心的"双核"结构日渐显现,城区之间的竞争将不断加剧,我市4区之间在产业发展方面都不同程度地存在同质性,海曙区的区域优势没有得到充分发挥。

4. 地域分布及发展不平衡

由于客观原因和先天禀赋不同,海曙区现代服务业发展地域分布相对集中,东西部发展水平相差较大。城区东部凭借沿江、天一商圈优势,服务业相对集中,集聚势态明显。在所辖的8个街道中,无论从服务业单位数,还是从服务业增加值看,东西部服务业发展水平相差较大。东部沿江的鼓楼和江厦两个街道的服务业营业收入、增加值等合计经济指标已占海曙区服务业经济总量的一半以上;靠近西部和南部的白云、望春、西门和南门4个街道的服务业总量较小,其增加值总和还不到海曙区总量的1/6。

三、海曙区现代服务业集群发展的基本原则与功能定位

(一)基本原则

1. 市区联动,共同推进

宁波市"中提升"发展战略的实施,将对海曙区发展现代服务业集群产生重大影响。和义大道、鄞奉路、莲桥街、五金交地块等功能性区块的开发以及城南、城西两个商贸商务副中心的积极打造,为我区现代服务业要素的集群发展提供了前所未有的机遇。海曙区发展现代服务业集群必须积极争取市里支持,将现代服务业集群发展纳入到宁波市的服务业集聚区专项规划建设之中。

2. 统筹规划,合理布局

遵循中心城区的自然属性,按照整体功能定位统筹开发与整合,推进我区东、中、西片联动发展;注重与市、区城市规划和经济发展规划的衔接,对现代服务业发展的空间进行科学规划,明确现代服务业发展方向和重点,合理安排产业、区块和基础设施等空间布局,实现区域分工协作、优势错位、协同发展。

3. 整体推进,突出重点

打造现代服务业集群涉及面广、协调难度大、建设时序长,是一个系统工程和长期发展的过程,必须坚持因地制宜,因时制宜,有序推进。综合考虑近期与远期、局部与全局的关系,做到整体推进、统筹兼顾;抓住重点区域,点线面结合,做到分类指导,分步推进,重点突破。

4. 政府引导,多元参与

在政府确定总的发展规划的前提下,通过实施财政转移支付、加强基础设施建设等途径,优化各产业集群的发展环境,为各类投资商入驻我区创造条件。同时,要充分发挥市场的主导作用,建立多元化的投融资机制,充分调动各方面的积极性和创造性,参与海曙区现代服务业集群的开发和建设。

(二)功能定位

海曙区打造现代服务业集群的总体定位是:依托宁波建设长三角南翼经济中心和现代化国际港口城市的发展目标,打造宁波城市能级最高、城

市功能齐全、产业活动集聚的商贸商务业发展的核心区域，是未来宁波CBD的核心组成部分,富有特色的服务业高度发达的城市功能区。

具体来讲,包括以下几个方面的定位:

一是巩固商贸中心,打造城市商贸品牌。充分利用区位优势条件和产业集聚效应,通过商贸总量扩张、业态调整、品位和层次提升,构筑集强势商圈、特色商业街、社区商业中心于一体的多层次商贸业发展体系;突出打造量贩商业、精品商业和连锁商业,营造城市"购物天堂";集中打造高端品牌消费,力争形成长三角南翼城市中心和宁波市的高端消费新地标。

二是构建商务中心,提升产业发展能级。以宁波构筑CBD为契机,依托区域发展的比较优势和先发优势,加快推进城市功能完善,积极推动产业联动发展;以现代服务业发展为主攻方向,突出"中提升"功能区块建设,聚集支柱产业,全面提升现代服务业能级,营造城市服务业"洼地";以引大引强为目标,突出招商重点,积极引进与海曙区功能定位相适应、与高端产业相配套的区域性总部企业以及全国知名企业总部的研发、销售等职能型总部企业,积极培育本土企业做大做强,积极构建长三角南翼城市总部企业基地,进一步提升区域经济集聚辐射功能。

三是形成要素集散中心,提高聚集辐射功能。搭建中心城市资金、技术、管理、研发、信息、服务等要素集聚平台,以企业集团总部、虚拟要素市场、要素流通网络建设为主体,增强城市集散功能,提升城市的开放度和辐射力,营造长三角区域重要的要素集散中心。

四、推动海曙区现代服务业集群发展的对策建议

海曙区要突破发展瓶颈,在城区同质竞争和"竞合"博弈中胜出,实现现代服务业的跨越发展,就必须打造现代服务业集群,提高现代服务业集聚和辐射能力,具体来讲,应该从以下几方面入手:

(一)注重规划引领

加快现代服务业集群建设,必须发挥政府的规划谋划职能,坚持从宁波经济发展的实际出发,积极把握未来城市发展趋向,在深入研究的基础上,着眼未来,科学确定核心区的建设范围。重点是要积极引进国内外先进的规划理念, 做好核心区和重大功能性区块的控制性详规和修建性详规,

强化项目空间布局,强化产业发展支撑。积极引导企业高起点、高标准策划商务楼宇的开发建设,形成一批高档次的商务楼宇。同时,依托规划刚性,加强规划的有效实施,切实按照政府引导、市场化运作原则,有计划、有步骤、渐进式推进现代服务业集群的有序快速发展。

（二）注重载体培育

加快推进重大项目尤其是功能性板块建设,不仅可以扩大固定资产投资规模,发挥投资对经济增长的拉动作用,还可以为区域经济发展提供更为优质的载体和更为广阔的空间。一是要大力推进功能性板块建设。科学制定全区功能性板块建设中长期目标和编制详细的项目推进时间表;建立健全项目协调推进机制,建立上下联动工作机制,积极争取市级职能部门在重大项目建设过程中的支持。二是要积极发展专业特色化楼宇。要在特色化、专业化、品牌化上下工夫,引导同一行业、功能相近的企业在楼宇内聚集,培育专业特色楼宇,打造一批外贸大楼、会展服务大楼、物流货代大楼、总部大楼等,形成集聚效应。集中力量打造一批税收上亿元的规模楼宇,提升商务办公品牌效应和影响力。三是要不断提高楼宇科技化水平。形成区本级、街道、楼宇3个层面的数字化地图,区本级层面数字地图为母地图,涵盖区域范围内各种楼宇和功能性板块,而街道和楼宇层面作为子地图,则是对区本级地图的补充。区本级地图涵盖楼宇建筑数据、功能定位、物业概况、招商信息等内容,而街道层级的数字化地图则需要解决两方面问题,一是数据收集和录入,为区本级数字地图提供所需要的各种原始数据并随时更新;二是在沿用区本级数字地图的基础上,结合街道特色,打造街道本级楼宇分布图。各商务楼宇应根据自身特点,开发信息管理系统,录入楼宇数据和企业动态信息,为企业提供服务。

（三）注重机制创新

通过机制创新,建立内在的经济增长机制,促进现代服务业的快速合理集聚。一是要建立新型的招商机制,改变粗放型招商方式,要由形态招商向功能性招商转变,区对街道层面的考核,要逐步从量的考核向质的考核转变;二是建立信息共享互惠机制,建立和完善全区的招商信息网,做到优势互补、资源共享;三是树立区域发展理念,积极融入大宁波,尝试区间合作、市区合作;四是深化体制改革,进一步深化投资、财政、税收、金融、工商等领域的体制改革,为服务业发展创造公平、公正、公开的发展环境。

(四)注重人才支撑

加快服务专业化提升,促进服务品种和服务方式的创新。重点支持一批服务水平较高、管理理念较新、经营规模与业绩在行业中排名前列的现代服务业企业,打造全国知名品牌,对优秀服务品牌和重点服务企业,给予必要的政策扶持;实施服务业人才建设工程,加强旅游、物流、金融保险、信息服务、专业服务等高层次、高技能、通晓国际通行规则的紧缺人才以及服务业领军人物的培养和引进,建立健全人才评估体系和人才激励机制,通过有力措施吸引、留住、用好人才;积极发展职业培训和岗位技能培训,推进人才培训的国际交流合作,定期选派相关人员到服务业发达国家和地区学习培训,提高服务业相关人员的素质水平。

(作者单位:宁波市海曙区委)

高校人才培养与
浙江现代产业体系优化刍议

曹仁清

　　浙江省十一届人大四次会议通过的《浙江省国民经济和社会发展第十二个五年规划纲要》明确提出，"坚持把推进产业结构优化升级作为加快转变经济发展方式的重大任务，积极发展现代农业，加快推进工业现代化，大力发展现代服务业，培育发展战略性新兴产业，推进信息化和工业化深度融合，实施品牌大省和质量强省战略，打造具有浙江特色的现代产业体系。"这是改革开放30多年来我省首次将"打造现代产业体系"作为产业结构调整的明确目标，为我省今后产业结构优化升级指明了方向。

　　人才结构是产业结构不可或缺的重要组成部分，缺少了人才作为产业结构的构成因素，产业结构就会缺少创新性和效率性。在现代，科学技术的重大突破和创新催生了战略性新兴产业迅猛发展，加快了产业结构调整和升级换代。这就需要人才结构优先进行战略性调整并提供坚实的人才支撑。

一、人才培养与"人才强省"战略

　　改革开放以来，浙江经济和社会发展取得了骄人的成绩，人才在浙江经济的腾飞中起到了至关重要的作用。从高校人才培养的规模来看，2010年，全省共有普通高等学校80所（含筹建高职院校1所）；其中大学建制的高校12所、普通本科学院21所、普通高等专科学校3所、高职院校44所。2010年，浙江普通高校研究生、本科、专科招生比例为1:8.4:7.3；普通高考录取率为83.8%,比上年提高1.3个百分点,比2005年提高12.4个百分点;高等教育毛入学率为45%,比上年提高2个百分点,比2005年提高11个百分点。这些可喜的变化是我省高度重视人才培养,加强人才管理,实施人才强省战略的成果。

然而,我省经济发展和人才瓶颈的分析表明,我省的人才形势仍然相当严峻,存在着人才结构和布局不合理、人才短缺等现象,人才瓶颈成为我省经济和社会发展在资源层面上需要解决的一个根本性问题。

(一)浙江人才培养现状

据统计,我省2010年劳动力总数为3636.02万人,各市单位专业技术人员203.47万人。据调研,2008年大学及以上学历的经营管理人才在我省小企业中仅占27.2%,在大企业中也仅占34.5%。

根据中国统计年鉴数据,浙江在校大学生86.6496万人,江苏省为165.3427万人,广东省为133.4089万人,山东省为159.2974万人,与其他经济强省比较,浙江省人才资源低于区域可持续发展总能力排名前10位各省市的平均水平,见图1。

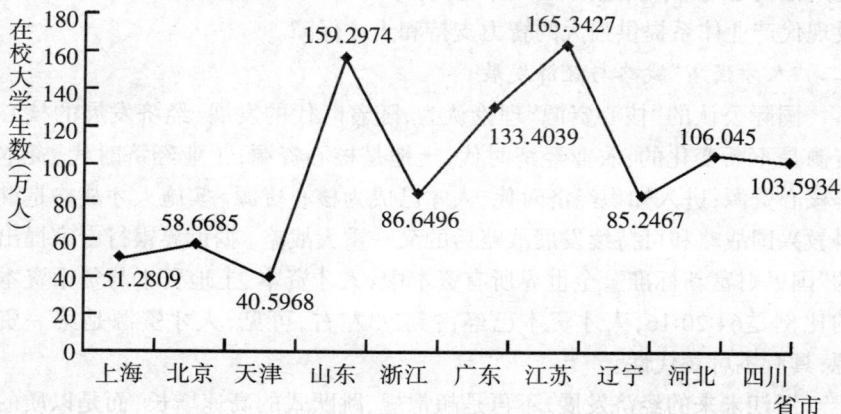

图1 浙江省人才资源状况

浙江人才系统上存在着人才结构和布局不合理的现象。一是高层次人才稀缺。我省各类人才中,学历层次总体水平低于全国平均水平。以2011年浙江省每万人口中在校学生数和构成数据分析,浙江大学生仅占全省人口数的12.38%;事业单位专业技术人员中,担任高级岗位职务的仅占12.30%。二是人才布局不合理。经济全球化的趋势需要有熟悉国际惯例的高级人才,但是目前,领导层面缺乏国际竞争环境的锻炼,亟须国际化的培训和提高;我省民营经济十分发达,能够适应浙江工业化和信息化需求的高新专业技术人才和研究人才却相当紧缺,特别是近年来,在一些主导产业中代表新兴生产力的信息产业的人才更是奇缺。三是人才培养能力薄弱。我省高等院校先天数量不足,造成了浙江经济发展所急需的人才后备军不足,人才来源受到了极大的限制。虽然近几年我省在高校招生规模上有了大幅提高,但高校人才培养和发挥作用之间存在滞后效应,短期内仍无法改变目前人才紧缺的被动局面。

　　人才资源是驱动浙江经济快速持续发展的原动力,应对导致"经济强省"和"人才强省"平衡失调的人才瓶颈现象,高等学校作为"培养和造就高素质的应用型创造性人才的摇篮"和"知识创新、推动科学技术成果向现实生产力转化的重要力量"具有不可推卸的历史使命,并应从人才强省的战略高度来加大人才培养的力度和措施,以更广阔的视野、更久远的设想和更辩证的思考,来慎重审视和研究我省高校人才培养战略,从而为我省建设现代产业体系提供强大的智力支持和人才保障。

(二)"人才强省"战略与经济发展

　　国际公认的"核心资源"理论认为,随着时代的发展,经济发展的核心资源是不断变化的:农业经济时代,土地是核心资源;工业经济时代,资本是核心资源;进入知识经济时代,人才已成为核心资源。实施人才战略是继科教兴国战略和可持续发展战略后的又一重大战略。据世界银行专家提出的"国民财富新标准",全世界所有资本中,人才资本、土地资本与货币资本的比例是64:20:16,人才资本已经占到2/3左右,可见,人才资源是第一资源,具有不可替代性。

　　浙江未来的经济发展,不再是超常规、跳跃式的高速增长,而是以质的提高为基础的既快速又可持续的发展;不再是工业化初期的粗放型发展,而是信息化带动工业化新阶段的集约型发展。产业结构和产品结构将全面升级换代,科技进步、技术创新在经济发展中成为举足轻重的因素。实施人才强省战略是建设现代产业体系的现实需要和解决途径。

基于《2011浙江统计年鉴》1978年至2010年浙江省生产总值GDP、本专科毕业生人数、研究生毕业生人数的有关数据,可以看出人才对浙江经济可持续发展的作用,见图2。

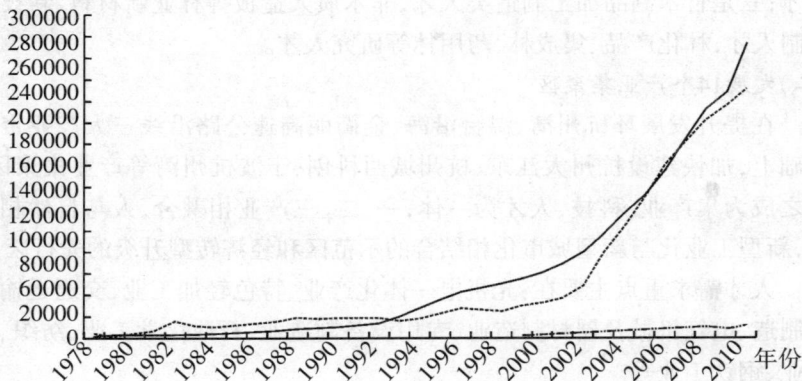

—— 全省生产总值(千万元)　----- 本专科毕业生人数　----- 研究生毕业生人数

图2　浙江省人才驱动模型相关数据

人力资源综合素质的培养是浙江经济发展的原动力。劳动者受教育程度不同,对于经济发展的推动力是不同的,而且表现为推动力与受教育程度的正相关关系。高校人才培养是"人才强省"战略的核心和当前工作的重点。优化高校人才培养结构是建设浙江现代产业体系的原动力。

二、浙江现代产业体系建设对人才的需求

构建现代产业体系,是提升产业国际竞争力、改变浙江长期形成的产业结构"低端路径依赖"的必由之路,结合浙江"十二五"规划,浙江现代产业体系构架主要集中于:

(一)发展"10+2"的现代农业

在提升培育蔬菜、茶叶、果品、畜牧、水产养殖等十大农业主导产业的基础上,力争建成500万亩粮食生产功能区和400万亩现代农业园区,促进农业生产规模化、标准化和生态化。

人才需求重点主要在:一是种子栽培人才、畜牧兽医人才、农业环保和节水灌溉技术人才、农业研发科技人才等;二是从事鱼类基因、种质资源、微生物研究和掌握生物学、环境生态学、鱼病害测报的水产养殖人才,海洋生物、海水综合利用、海洋药物、海洋能利用的海洋经济人才,水产品加工人才;三是竹木制品加工制造类人才,非木质人造板等林业新材料、新技术研制人才,林化产品、集成林、药用林等研究人才。

(二)发展14个产业集聚区

在提升发展环杭州湾、温台沿海、金衢丽高速公路沿线三大产业带的基础上,加快建设杭州大江东、杭州城西科创、宁波杭州湾等产业集聚区,使之成为集产业、科技、人才为一体,一、二、三产业相融合,人与自然相协调,新型工业化与新型城市化相结合的示范区和经济转型升级的先行区。

人才需求重点主要在:光机电一体化产业、特色轻加工业、交通运输设备制造、电气机械及器材制造业、专用设备制造业、石油化学工业、纺织、服装业、钢铁工业等。

(三)发展"11+1"的服务业重点行业

该行业主要包括现代商贸、金融服务、现代物流、信息服务、科技服务、商务服务、旅游、文化服务、房地产、社区服务以及服务外包等。

人才需求重点主要在:文化产业、现代物流业、金融保险业、房地产业、中介服务业等。

(四)以重大技术突破和重大发展需求为基础

重点培育发展生物、物联网、新能源等九大战略性新兴产业,培育新的经济增长点,抢占经济科技竞争制高点。

人才需求重点主要在:信息产业、现代生物与医药产业、新材料产业。

(五)降低能耗成为产业结构调整和转型升级的重点

浙江一方面通过推广节能减排技术和绿色低碳技术,实现高碳产业低碳化发展;另一方面积极发展战略性新兴产业,加快产业转型升级,发展现代服务业和文化创意产业,实现低碳产业规模化发展。

人才需求重点主要在:绿色低碳、环保产业。

(六)建设海洋经济强省

浙江将抓住"海洋经济发展示范区规划"上升为国家战略的机遇,构建

"一核、两翼、三圈、九区、多岛"的海洋经济发展新布局,打造"三位一体"港航物流服务体系等。今后浙江海域的港航业将囊括运输、储存、交易、金融和信息支撑等多种服务体系,力争成为影响国内外市场价格的集散地。

人才需求重点主要在:涉海相关产业。

三、浙江高校人才培养结构优化的对策

浙江省高等教育"十二五"发展规划指出,"十二五"期间是我省加快转变经济发展方式,推进经济转型升级的关键时期,也是促进教育科学和谐发展,全面加快教育现代化的重要时期。实现我省经济又好又快地发展,加快教育现代化建设,必须加快发展高等教育,大力提升高等教育办学水平。

专业是社会和高校连接的桥梁。高校需建立专业建设和结构调整与社会需求之间的良性互动机制。在高校设置适应现代产业需求的新学科专业,培养适应现代产业需求的人才,是保障浙江现代产业体系建设可持续性的重要战略措施。根据我省产业集群发展需要和高校分类发展趋势,着力建设一批基础条件好、办学水平高、在省内具有领先水平的优势特色专业,力争使有些专业水平达到国内乃至国际一流。大力建设一批与生物产业、新能源产业、高端装备制造业、节能环保产业、海洋新兴产业、新能源汽车、物联网产业、新材料产业以及核电关联产业等我省战略性新兴产业相关的急需紧缺专业。

(一)新兴专业的设置

高校专业设置应适应战略性新兴产业对人才的需求。这些专业包括纳米材料与技术、物联网工程、能源化学工程、光电子材料与器件、能源经济、传感网技术、水声工程、新媒体与信息网络、新能源材料与器件、新能源科学与工程、资源循环科学与工程、药物分析、生物制药、核安全工程、中药制药等,涉及工学、理学、文学、经济学等多个学科领域。

高校新增专业办学质量应接受高等教育评估机构的评估,及时了解新增毕业生的就业情况,如果新设专业不能适应社会发展的需求,可以通过各种途径调控其招生。

(二)传统专业的改造

在发挥传统学科专业师资力量强、办学经验丰富、教学资源充裕等优

势的同时,结合现代社会经济发展的新需求,提升、改造传统学科专业的力度,使传统专业焕发新的生机。对于少数不适应社会发展的专业,可以压缩、归并、淘汰或撤销。

(三)交叉专业的整合

　　强势特色学科与重点产业的匹配度还不够高,省内钢铁、装备制造、石化等主导产业所需的应用学科偏少。此外,高校应主动适应经济结构和发展方式的转变,积极发展高新技术类专业;同时以现有学科为依托,通过交叉、渗透和延伸,大力发展与经济建设和社会发展密切相关的新兴交叉学科专业。

　　要培养适应浙江省现代产业体系需求的人才,就必须构建符合这一需求的学科专业体系,其着力点在两个层次和三个重点方面。

　　两个层次:一是优化全省的学科专业布局结构。瞄准国际学科前沿,突出国家战略目标,从服务我省发展现代工业、现代农业、现代服务业,特别是从大力发展海洋经济,培育战略性新兴产业出发,继续加强重中之重学科、人文社科重点研究基地和重点学科建设,争取打造若干个国家重点一级学科和一批高水平学科创新平台。二是优化高校内部的学科专业布局结构。根据构建浙江省现代产业体系的需求,实行差异化发展战略,通过重点突破带动学科专业全面协调发展。

　　三个重点方面:一是立足实际,重点发展目标要求的学科专业,培养急需人才。十二五期间,重点加强新能源、物联网技术、电子信息、医药和现代服务业等现代产业急需的学科专业建设,形成学科专业竞争新优势,为构建浙江省现代产业体系培养急需人才。二是集中精力,建设一流学科,培养领军人才。到2020年,以一批综合竞争实力较强的特大型企业集团和具有品牌效应的优质产品为标志的现代产业体系基本形成。这一目标要求更多的一流人才、领军人才建设完成。高校要进一步优化高校学科层次结构,进一步集中人、财、物,增强强势特色学科服务经济建设的贴近度和融合度,将其建设成为国家重点学科,并以此为龙头,带动高水平大学建设,使其成为有一流的学术大师和学术带头人、有精锐的创新团队的重要发源地,为构建浙江省现代产业体系培养领军人才。三是转变发展方式,加强技能训练,培养高级专门人才。构建现代产业体系不仅需要优秀的科学家、工程师,还需要更多的掌握新技术的高素质劳动者,这给职业教育尤其是高等职业教育提出了新的要求。

建设浙江现代产业体系,需要大批具有创新性、开放性,能够融合、集聚现代知识与技能的人才,需要大批具有领先水平与竞争力的科技创新成果。高校要根据学校自身情况,探索建立自主办学、学术自由、民主管理的现代大学制度体系,使行政权力与学术权力协调运行,使人才成长与学术积累相得益彰,从而确保其持续健康地为区域经济社会发展服务。

(作者单位:浙江工业大学人事处)

破解土地要素制约 实现产业转型升级

——嘉兴市节约集约土地的调查和分析

陈新忠

土地是财富之母,改革开放以来,浙江经济的快速发展,离不开充足的工业用地供给。但浙江是一个土地资源贫乏的省份,人多地少的矛盾十分突出,人均只有0.54亩耕地。在实施最严格的土地管理制度的情势下,土地对浙江省经济尤其是工业后续发展能力的制约将是长期的。

要破解我省土地资源先天性不足的劣势,笔者认为,必须依靠产业转型升级,增加土地产出效率,增强土地资源的集约化来实现。嘉兴市在土地节约集约利用上做了很好的尝试,走出了一条在有限土地资源上,通过土地节约集约,产业腾笼换鸟实现产业转型升级的新路,具有典型和启发意义。

一、嘉兴市节约集约用地的主要做法

1. 以完善节约集约用地政策为支撑,为推进节约集约用地工作提供政策保障。2008年,国务院、浙江省政府相继下发关于节约集约用地的文件,嘉兴市高度重视,紧密结合嘉兴实际,迅速出台了《关于深化土地节约集约利用工作的若干意见》及两个配套文件《关于加强建设项目用地批后监管的意见》和《关于加强市本级闲置土地处置工作的意见》,2010年又出台了《关于切实加快转而未供土地供地工作的通知》。这些政策文件和实施意见的及时出台,有力地推动了全市节约集约用地工作的开展。

2. 以签订《节约集约用地目标责任书》为管理手段,落实各地节约集约用地目标责任。自2010年起,嘉兴市在以往签订耕地保护目标责任书的基础上,由市政府领导与各县(市、区)政府(经济开发区管委会、乍浦港区管委会)领导签订《嘉兴市2010年度节约集约用地目标责任书》,将节约集约用地主要核心指标纳入目标责任书进行考核,并对考核前2名在全市三级干部大会上予以表彰。

3. 以建立齐抓共管的工作格局为基础,确保节约集约用地工作深入开展。一是领导机构更加健全。市政府专门成立嘉兴市土地管理委员会,下设办公室,明确了各部门工作职责分工,为节约集约用地工作提供了组织保障。二是部门联审机制更趋完善。在供地环节实行项目联审制度,由国土、发改、经贸、环保、建设、规划等部门对项目准入进行联合会审。海宁市由市长亲自主持召开土地出让方案会审会议,从源头上把好项目准入关。三是联合督查配合更加默契。在市政府组织领导下,市国土资源局会同市有关部门,对各地土地利用管理工作情况进行实地督查,推动各地节约集约用地工作有效开展。四是考核环节配合更加密切。按照任务分工,每年年底市经贸、建设等部门及时提供有关任务完成情况,为节约集约用地目标责任制等方面的年终考核奠定了基础。

二、嘉兴市节约集约用地促进产业转型升级的示范企业

浙江芯能光伏科技有限公司利用自身土地资源,走产业转型升级、"退二优二"的发展之路。该公司前身是海宁富华皮件有限公司,位于海宁经济开发区,是专业生产皮具箱包的企业,由于产品档次低、附加值低,企业连年出现亏损,发展困难重重。2008年8月,海宁富华皮件有限公司在分析现状的基础上,决定走产业转产升级创业之路,利用原有土地成立浙江芯能光伏科技有限公司,开始新的创业。该公司响应国家产业转型升级的号召,总投资1.8亿元,在未新增土地的情况下,引进技术和人才、购买专利、引进国际先进的硅片生产设备,利用原有厂房加以改造,开发生产太阳能级单晶、多晶硅片,使原亏损企业变成了2010年完成销售收入3.3亿元、利税5500万元的当地龙头企业。从公司投入产出情况看,投资强度达732万元/亩、亩均产出1341万元、亩均利税223万元,企业得到重生。

浙江德亚重型机械股份有限公司通过收回低效闲置土地，走腾笼换鸟，盘活存量土地发展之路。德亚公司位于平湖经济开发区，是由嘉兴市一建机械制造有限公司和浙江德英建设机械制造有限公司共同组建的股份制企业，主要生产新型冲击式湿冻黏土破碎机、单段锤式破碎机等。而同属平湖经济开发区的诺华织造有限公司拥有23亩土地，却未能进行有效开发，土地利用效率低。2008年10月，平湖经济开发区经协商收回了诺华织造有限公司拥有的土地23亩，通过招拍挂手续，浙江德亚重型机械股份有限公司取得了该地块，新增投资4300万元，建造厂房20300平方米，添置机床、行车等设备15余台，实施技改项目，使该地块投资强度达到187万元/亩，建筑容积率达到1.32，土地资源得到充分利用，现企业已开始投产。

浙江昱辉阳光能源有限公司充分用好增量土地，走高投入、高产出的良性发展之路。该公司成立于2005年6月，位于嘉善县姚庄镇工业园区，公司成立初期注册资金160万美元，总投资为210万美元，占地面积为7.5亩。该公司经过17次增资后，现有注册资金3.2160亿美元，总投资7.1475亿美元，占地588.35亩，投资强度达121万美元/亩，现有建筑面积达32万平方米。浙江昱辉被誉为中国最具活力和发展潜力的太阳能企业之一，目前公司已成为世界第三的优质硅片生产商。浙江昱辉阳光能源有限公司2010年产值61.89亿元，亩均产出达到1052万元，利润达12.14亿元，亩均利润高达206万元。

浙江嘉福玻璃有限公司是福莱特光伏玻璃集团有限公司的子公司，公司成立于2007年8月15日，是专业生产太阳能超白压花玻璃的企业，目前已成为日本夏普、德国肖特、无锡尚德等国内外知名企业稳定的战略合作伙伴。该公司位于秀洲区洪合镇，占地面积142855.2平方米（约214亩），目前已建厂房面积150000平方米，建筑容积率1.05。嘉福公司在2007年至2010年期间累计投资10多亿人民币，实际投资强度为643万元/亩，远远高于合同约定的投资强度165万元/亩，相当于节约用地622亩。2010年该公司实现产值108486万元，亩均产值达到507万元，上缴税收6690万元，亩均税收达到31万元。

通过以上案例，我们可以看出典型示范企业的共同特点：一是土地利用率高。企业对开展节约集约用地意识较强，采取的措施灵活多样；企业不仅严格按照合同约定按时开工,而且做到提前竣工,企业容积率普遍在1.0以上,高于合同约定要求,土地利用率高。二是投入产出率高。积极追求技术进步和设备更新,投资强度表现突出,最高的为浙江昱辉阳光能源有限公司的121万美元/亩,平均投资强度为592万元/亩,远高于嘉兴市工业企业平均82万元/亩的投资强度。同时,亩均产出也同样精彩,最高的为浙江芯能光伏科技有限公司1341万元/亩,亩均产出为870万元,经济效益显著。三是带动作用明显。示范企业符合当地产业结构调整和转型升级的要求,大都已成为当地龙头企业或行业的小巨人,对当地工业经济辐射力强、带动作用大,有力地推动了当地企业的转型升级和发展方式的转变。

三、嘉兴市节约集约用地取得的成效

1. 节约集约用地意识大为提高。市、县两级领导对当前开展节约集约用地工作的重要性和紧迫性有了清醒认识,节约集约用地理念开始树立,有些地区已由"要我节约集约"向"我要节约集约"转变。

2. 节约集约用地已成为调控用地行为的重要手段。一是在招商选资中,投入产出率、节约集约用地指标已成为重要筛选标准;二是在推进"腾笼换鸟"、"退二进三"过程中,土地粗放低效利用、达不到节约集约用地要求的企业成为率先淘汰的对象。

3. 土地利用核心指标明显提升。一是消化转而未供土地明显加快。嘉兴市2009年共消化转而未供土地1.6万亩,2010年消化转而未供土地2.7万亩,远远超出浙江省下达的1万亩年度目标任务。2011年1至8月已消化转而未供土地15374亩,完成市政府下达年度指标任务20000亩的76.87%。二是盘活利用存量土地逐年提高。嘉兴市2006至2010年平均每年盘活供应存量用地达4000亩左右,存量建设用地比重由2006年约占供地总量的14%提高到2010年约占供地总量的18%,对于保障全市建设用地合理需求起到了重要作用。在盘活存量土地供应中,约有30%存量土地用于"退二进三"项目,另有70%存量土地用于"退低进高"项目。三是闲置土地处置成效显著。以近两年为例,2009年嘉兴市共处置闲置土地161宗,其中收取闲置费的有2宗,金额16.98万元;收回土地的有8宗,面积22.08公顷;2010年处置闲置土地172宗,其中收取闲置费的有34宗,金额共计2967.177万元;收回土地的有

50宗,面积共计126.97公顷。截至2011年9月20日,全市现状闲置土地处置率为83.27%,提前完成省下达的年度目标任务的80%。

四是建设用地批后监管有新突破。近年来嘉兴逐渐由"重审批"向"重监管"转变,2010年全市共收取各类批后监管违约金9892万元,其中收取出让金违约金7439万元,收取不按时开、竣工违约金2453万元。

五是地均GDP逐年提升。嘉兴市2010年年末亩均GDP达到15.9万元,较2006年年末的11.1万元提高了43.24%,土地产出率明显提升。

嘉兴市的做法,是浙江省着力破解土地要素制约,发展区域经济,实现产业转型升级中比较典型的例子,值得大力推广。一些仍然把农用地转换成工业用地来发展县域经济作为主体思路的领导应转变理念、大力借鉴嘉兴市节约集约土地,实现产业转型升级的成功经验。

(作者单位:省国贸集团财务部)

跳出产业看产业转型升级

——论社会发展过程中的价值评价尺度

陈华兴

调研小组对浙江产业转型升级中的问题进行调研,实地考察了杭州湾新城,嘉兴服务集聚区、科技园区,绍兴产业集聚区,宁波海曙区,诸暨大唐袜业、丹尼娅袜业等典型地区和企业,听取了部分地区和企业的介绍和工作汇报,走访了企业基层群众,了解意见情况。在调研中我们发现,与原来的开发区相比,浙江的产业集聚区在产业转型升级方面有明显的进步,主要表现在产业规划清晰,产业内容偏重第三产业、服务业,注重产业的科技内涵,倡导绿色环保、禁止污染严重的企业入区,等等,这是我省在调整产业结构、实现产业转型升级中的可喜进步,一些地方也已取得了实际的业绩和经验。但是,我们在调研过程中也发现,产业集聚区还存在着一些问题,诸如土地权益问题、征地的政策把握问题、汇集资金的合理途径问题、拆迁安置的政策问题等。纵观这些,笔者认为仅仅从产业发展本身的角度无法真正解决问题,而必须跳出产业,以社会发展进步的要求,用科学发展观的内在精神来梳理产业转型升级的思路。只有这样,才能在实践中有更加明确的工作方向,使实践的内容真正成为社会进步的内容。

从形态上看,社会发展是指社会整体的经济、政治、文化、社会等方面的整体演化和进步;从内涵上看,它是其内在的基本结构以及诸具体环境的不断趋向"合理性"的过程;从本质上看,(由于社会历史的主体是具体的、历史的人)社会发展的实质是人类及其生存方式(包括生产方式和生活

方式)的不断完善的过程,是不同历史时期的人们对其合理的理想形态的
追求过程。因此,社会发展不仅具有事实内涵,而且更具有价值内涵。社会
发展的价值内涵规定了现实的人们的价值要求和行为定向,它包括人的需
要、目的、理想。需要作为人的本性,是社会发展最基础的价值规定,需要和
需要的满足作为人的价值的基础内容,也是社会发展最基础的价值内容。
目的作为人的主观精神的客观指向,是社会发展最本质的价值规定。社会
发展的合目的性正是因为人的历史活动的合目的性,社会发展的种种近期
的或远期的规划、目标都是现实的人的目的性的自觉反映。理想作为人的
目的性的理念形态,是历史理性的凝聚和显现;理想作为社会发展的理性
目标,是其价值理性的体现。社会理想不仅是社会历史必然性的终极指向
的自觉形式,而且也是人类理性的终极回归。马克思笔下的"共产主义"正
是个体与类、类与自然矛盾的真正解决,是人对自身本质的真正占有。

　　社会发展的特殊性和其价值内涵昭示:评价社会发展及其成果不能仅
仅依据其事实的一面,更必须依据其价值的一面,并且只有在用真理尺度
的同时也用价值尺度去评价社会发展,才能真正把握社会发展的方向,不
断矫正社会历史过程中的种种偏颇曲折,"只有当物按人的方式同人发生
关系时,才能在实践上按人的方式同物发生关系。"那么,评价社会发展的
价值尺度有哪些方面呢?

(一)主体性尺度

　　主体的存在有诸多内容,有感性的、理性的、非理性的等内容,从存在
论的角度看,存在是全面的,人的感性、理性、非理性等内容的存在正是人
的全面性的内容,任何否定或贬抑某一部分的内容(如感性的)都有悖于人
的全面发展理论;从存在的本质角度看,人的理性是其本质的内容,理性不
仅使人能认识外在物的本性和规律性,而且能够返身认识自己、理解自己、
掌握自己,它控制、督审和引导着人的存在的其他方面的内容。我们不能抽
象地判定哪一种需要(如生理需要)是低级的,哪一种需要(如精神需要)是
高级的,而应该对之作具体分析。生理需要不一定低级,小说家笔下的美丽
的爱情故事的说明性需要一旦渗入较高的理性(社会理性)内容,也是非常
高级的;相反,精神需要也不一定高级,社会历史过程中的反面人物也有种
种精神需要,种种"理想",但由于其精神内容与社会历史理性相悖而成为

低级的、卑劣的需要。因此,依据主体性尺度,并非所有的需要都是值得满足的。那些符合社会历史发展理性的需要当然必须满足,但那些违背社会历史理性的、低级的、庸俗的,甚至下流的需要是不能满足的,是社会发展所要不断扬弃的。当前我省产业转型升级过程中产业层次不高,产品满足需要层次低下,低素质劳动力居多,主体趣味庸俗化等现象与人们对主体性低层次内容的放任是正相关的,放任甚至迎合人的低级的、无理性的、准动物式的需要往往会产生这样的后果。

（二）社会性尺度

一方面,人生活在既定的社会环境中,受社会发展的种种条件限制,是社会的产物;另一方面,人的活动不断构成着社会的现实内容,离开人、人的活动,就不可能有社会、社会发展。个体在与他人、社会的动态交往过程中不断使自己社会化、类化,从而取得现实社会成员的资格,成为社会的一员,社会也在这个过程中不断发展、完善。因此,社会发展以人的社会性内容为前提和依据,人的社会性要求就必然是衡量社会发展成功与否的价值尺度。由于社会的主体可以分为个人、集体、社会,所以社会性尺度也具有个体尺度、群体尺度、社会尺度和人类尺度。个体作为社会的一员,他通过自己的劳动、努力做到与他人平等,社会发展必须以此为价值目标,并时时以此来衡量自身的质与量;群体之为群体,正因为它具有一定的行为准则和价值定向,群体需要是否满足和满足程度是评价社会发展的直接的价值尺度;如果说群体是社会存在的具体形式的话,社会则具有一定程度的抽象性,社会中的人不一定发生实际上的相互关系,但他们都有共同的价值参照,它构成社会的普遍需要的内容,具体表现为国家或社会的方针、政策、法律、道德准则等。社会发展不可能忽视这种社会的普遍需要,是否满足这种社会普遍需要或满足程度本身就是社会发展的价值原则。我省产业转型升级过程中"分好蛋糕"已凸显为主要问题,社会不公平现象突出,基尼系数增高,一些地方已引起了劳动者的不满情绪和过激行为,因此,我们必须按照社会性尺度,正确处理好个人、集体、国家的关系,构建和谐劳动关系,努力消除各种严重的社会冲突和矛盾。

（三）文化尺度

人虽然处在不断社会化和类化的过程中,但这并不是说,人只能以一种"样式"生活或趋向一种"样式"的发展,相反,各群体、民族、国家间都存在着生存差异,造成这种差异的根源是文化的差异。不同的地理条件、不同的气候、不同的动植物生存条件以及不同的人种,其吃、穿、住、行等基本生活需求的样式也不同。每一群体的生存方式与其前辈群体的生存方式相关联,其前辈群体的习俗、生活方式、信仰等文化内涵通过教育传给下一代,在这种文化的代代相传中,构成了特定群体的特定文化内涵。因此,文化差异是客观的,其存在包含自然的必然性、规律性,任何借社会发展之名去"化掉"某一特定群体的文化内涵的做法都是有悖于自然和历史必然性的。社会发展的价值目标不是强求人类一齐化,而是以各群体的文化内涵为具体的价值要求,它必须保持文化的积极成分,剔除文化的消极内容。

尽管文化差异的存在是必然的,但这并不意味着文化保守主义的正确。文化是开放的,它不仅向同时代的其他群体开放,而且向历史开放。在这种开放中,各种类别的文化彼此学习、交流、吸收,从而使自己的文化更加合理,更加积极,更加有生命力。文化开放性的客观依据是:一,所有的人生理上都相似,都要吃、穿、住、行等;所有的社会都有相似的基本生活内涵,都有生产、分配、维持群体的秩序,处理生老病死、照顾妇孺老耄等问题,因此,正常的文化交流有利于各群体自身文化内容的丰富和完善;二,生产社会化的不断提高,使得人的社会化内涵不断丰富、外延不断扩大,这客观上要求文化开放,要求各群体正视自己的文化内涵,大胆摈弃自己文化中的消极内容,吸收其他群体文化的积极成分,从而使自己的文化存在更有合理性,更有利于自身的发展。我省在转型升级过程中由于过分强调经济效益,容易出现利益短视,人们往往注重引进与本地产业传统无关、产业衔接度不强的企业,而相对忽视具有悠久历史文化的传统产业,老字号日渐减少并濒临消亡,这些都必须用文化尺度进行矫正,使我省的产业发展在开放和传统、历史和现实中不断取得双赢。

(四)理念尺度

本文所说的理念并非是柏拉图笔下的抽象的、超历史的理念,而是指这种历史必然性的现实反映,它是历史理性与现实理性的统一,也是人类及其社会的最高价值理想,用是否符合社会历史的必然性来评价社会发展的成果一直是马克思主义所倡导的。历史必然性不是抽象的、超历史的,它只有成为现实中人们和社会的精神内涵才可能实现,因此,公平、正义、自由等理念必然成为评价社会发展的价值尺度。

1. 公平理念

人人生而平等,要求平等是人的自然权力。对社会中的个人的自然权力的肯定就是公平的基本内涵。当然,这种权力与人的自然和社会义务相统一。人要吃,就必须劳动;由于人的社会性,人必须承担一定的社会义务,人的自然权力是建立在尊重他人自然权力的基础上的,社会发展必须满足人的这种基本权力。当代中国,虽然经济发展了,物质增加了,但物质财富没有充分转移到履行着自然和社会义务的广大劳动者手里,从而使得其社会发展呈现出种种问题,因此,必须通过转型升级来纠正种种偏颇。

2. 正义理念

正义是一种合理的善,而这种"善"与人类的目的性相一致。人为什么要公平行事,正因为他人也是人,所以人必须像对待自己一样去对待他人,不管他人是老的、小的、女的,还是弱智的、残疾的;也不管他人是白种人,还是黑种人、黄种人。社会发展是人的社会发展,科学发展是以人为本的社会发展,因此,它必然以合理的善作为价值目标。

3. 自由理念

自由是人的最高价值,也是人类社会的最高价值,因此也是社会发展所要追求的最高价值目标。自由是人的本性,也是社会的本性,社会之所以是社会,就因为它有自为性内容,这种自为性正是人们不断摆脱其存在的盲目性而获得自由的动态内容。并且,自由也是社会历史发展的价值归宿,人类社会发展的一般过程正是从必然王国不断向自由王国过渡的过程。在调研中,某一地方的国资部门的领导说:"我们这里的土地利用率不高,可以卖上百万一亩的土地,被农民的宅基地占用,农民宅基地每人70平方米,太浪费了。"为什么土地卖掉了叫效益,给生于斯长于斯的农民住宿叫浪费?不要说这不是以人为本,连起码的人性之善也丢掉了。如此,何言公平?何言正义?何言人民的权利?类似的情况在实际工作中既比比皆是,还层出不穷,闹出了许多官场笑话。因此,我们一定要提升自己的科学发展观水平,并真正在精神上加以贯彻落实。

总之,用以人为本的科学发展观统领社会发展,就必须用社会发展的价值尺度去衡量我省产业转型升级中的现实活动。本文所揭示的评价社会发展的价值尺度蕴含着一种新的发展价值观,这种新的发展观正是科学发展观所要求的,即把社会发展看成是人类能力的积累,而不仅仅是物质成果的积累;看成是人类整体需要的满足,而不仅仅是即时的、局部的自我要求的满足;看成是人类精神的不断升华、自由不断获得的过程,而不仅仅是物质利益的满足。它与科学发展观在内容上是同构的、在本质上是统一的,因而它也应该成为当前产业转型升级过程中的评价尺度。

(作者单位:省社科院政治学研究所)

大力发展杭州空港经济
推动区域产业优化升级

魏建根

空港经济,也称临空经济,就是依托大型枢纽机场的综合优势,发展具有航空指向性的产业集群,从而对机场周边地区的产业产生直接、间接的经济影响,促使资本、信息、技术、人力等生产要素在机场周边集聚的一种新型经济形态,是一种具有现代服务性特征与新经济时代特征的新型产业。空港经济最早可追溯到爱尔兰香农机场于1959年成立香农国际航空港自由贸易区,以此带动周边区域经济和社会的迅猛发展。随着全球经济的发展和航空业的进步,围绕着大型国际枢纽机场的空港经济蓬勃发展起来,如日本关西国际机场、荷兰阿姆斯特丹史希斯浦尔机场、中国香港新机场、首都国际机场、深圳宝安机场等等。建设一流的杭州萧山国际机场和杭州空港新城,大力发展具有国际竞争力的杭州空港经济,推动周边区域产业结构的优化升级,进而促进浙江省经济和社会的高速发展,是深入实施"八八战略"和"创业富民、创新强省"总战略的重要一环。

一、发展杭州空港经济的现实条件和优势

1. 航空市场的快速发展和杭州机场实力的不断提升为杭州空港经济的发展打下了坚实基础。随着我国进入大众航空时代和"民航强国"战略的实施,航空市场的发展获得前所未有的机遇。2008年以来,尽管全球航空市场几乎都受到金融危机的影响,但中国民航仍呈现出惊人的增长态势,根据波音公司预测,2001—2020年间,中国航空运输总量每年将增长9.3%,而

同期世界平均年增长率仅为4.7%。预计到2020年,中国民航运输业的旅客运输量将实现7亿人次,机场数量将达到270个。此外,国家已陆续出台政策逐步开放1000米以下的低空空域,未来将实现空域管理和飞行管制方面的联合办公,空域国家属性的确立将会部分缓解飞行流量控制导致的机场空域限制问题。

作为中国经济发展活力最强的长三角地区,航空市场的发展也极为迅猛。高成长、大容量的区域航空运输市场,给上海浦东、上海虹桥、南京禄口和杭州萧山等四大国际机场带来广阔的发展前景。依托浙江省经济社会的全面快速发展,杭州萧山国际机场运输生产快速增长,航线网络日趋完善,已成为国内10强、华东地区第三大机场,跻身世界机场100强(2010年旅客吞吐量国际排名第81位,货邮吞吐量国际排名第68位),进入世界繁忙机场行列,为浙江省经济社会发展构筑了通向世界的"空中桥梁",成为浙江开放型经济发展和国际化水平提升的重要平台。

杭州机场将进一步完善国内航线网络,重点开辟国际航线,实施中远程、短程国内国际干支线结合的航线拓展计划。按照《长三角地区区域规划》以及《民航强国的战略构想》的要求,杭州机场的战略定位已确定为:长三角南翼区域性枢纽机场,国际化航空货运和快件集散中心。通过全面提高机场规划、建设、管理,力争到2015年进入全球60强,成为"国内领先、国际知名"的大型现代化机场。

表1 2005—2010年杭州机场运输生产量

年份	旅客吞吐量（万人次）	增长率（%）	货邮吞吐量（万吨）	增长率（%）	起降架次（万架次）	增长率（%）
2005	809	27.60	16.59	29.41	7.93	18.30
2006	992	22.62	18.55	11.81	10.08	27.20
2007	1173	18.25	19.57	5.50	11.47	13.80
2008	1267	8.01	21.07	7.66	11.86	3.40
2009	1494	17.92	22.63	7.40	13.41	13.11
2010	1706	14.19	28.34	25.23	14.63	9.10

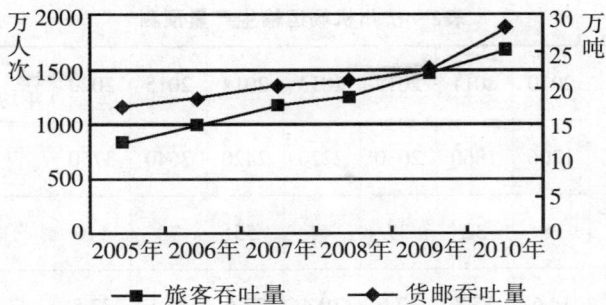

图1 杭州机场运输生产量趋势图

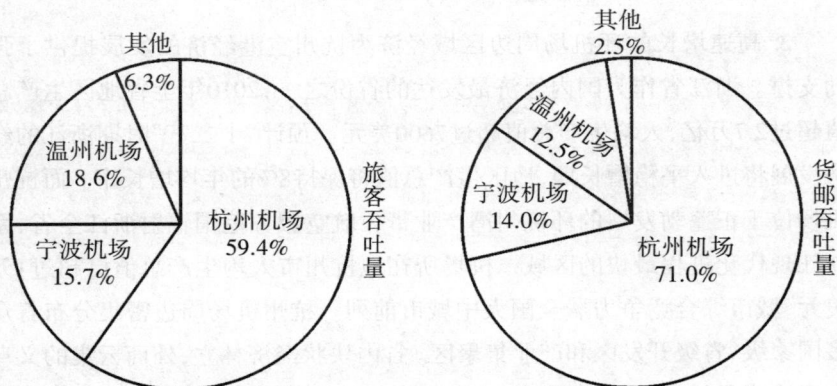

图2 2010年全省机场旅客吞吐量、货邮吞吐量占比

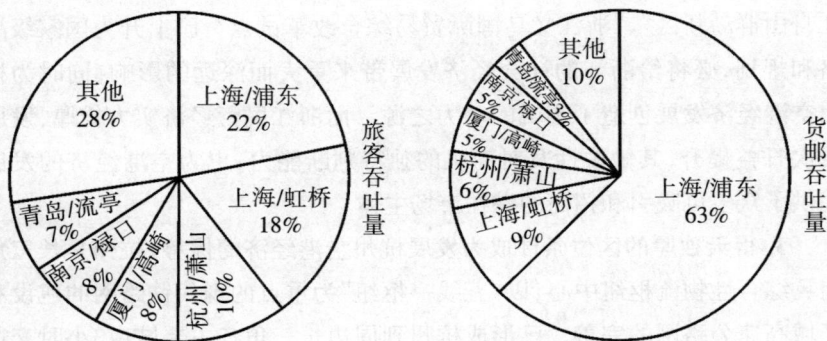

图3 2010年华东地区机场旅客吞吐量、货邮吞吐量占比

表2　杭州机场运输生产量预测

年份	2010	2011	2012	2013	2014	2015	2020	"十二五"年均增长率(%)
旅客吞吐量（万人次）	1706	1860	2030	2220	2420	2640	3750	9
货邮吞吐量（万吨）	28	32	37	44	55	70	110	20
起降架次（万架次）	14.6	15.8	17.6	19.4	23.6	26.1	37.8	12

2. 高速增长的环机场周边区域经济为杭州空港经济的发展提供了强劲支撑。浙江省作为国内经济最发达的省份之一,2010年全省地区生产总值超过2.7万亿,人均生产总值超过7600美元。预计"十二五"时期浙江的经济发展将进入平稳增长期,地区生产总值将保持8%的年均增长率。而杭州机场位于正蓬勃发展的环杭州湾产业带,航空服务范围辐射浙江全省,系浙江现代化进程最快的区域,机场所在地杭州市人均生产总值已超过1万美元,城市综合竞争力居全国大中城市前列。杭州机场周边密集分布着众多国家级、省级开发区和产业集聚区。省内块状经济林立,外商云集的义乌中国小商品城、绍兴中国轻纺城等专业市场,每天均有大批货物通过杭州机场运往世界各地。国务院已正式批复的"浙江海洋经济发展示范区"、"浙江舟山群岛新区"、"浙江义乌国际贸易综合改革试点"已上升为国家级战略和规划,必将给浙江的社会经济发展带来重大而深远的影响,同时为杭州空港经济发展创造了不竭的动力之源。而浙江民营经济实力雄厚,发展层次日益提升,其敏锐性及对商机的独特判断能力,也为空港经济的发展提供了众多可吸引和招商的潜在市场主体。

3. 得天独厚的区位条件成为发展杭州空港经济的优势。杭州是长三角南翼综合性物流枢纽中心,以"五线一枢纽"为重点的现代铁路网的建设和区域高速公路网的完善,已形成杭州到周边长三角各主要城市3小时交通圈。机场周边区域也将逐步形成由地铁、高速公路、城市快速路和主干路组成的地面交通网络。机场及其周边区域具备优越的交通条件、强有力的物流支撑网络和广阔的辐射腹地，兼具区域性中心城市和发达的产业依托，是空港经济发展的理想之地。

二、发展杭州空港经济的基本产业布局和优化

杭州空港经济的战略定位应该是：区域性枢纽机场；国际化航空货运和快件集散中心；国际化、生态化、现代化的空港新城；杭州都市经济圈发展战略纽带；浙江省临空产业发展集聚区；长三角南翼的空港经济中心。杭州空港经济应按照"场—城—圈"的基本发展思路进行科学合理的产业布局和优化。

杭州空港经济以杭州机场为核心区，主要包括萧山国际机场、紧邻空港和交通走廊沿线的地区以及机场西面的临江地带，重点发展航空运输、航空物流、临空制造、空港服务等核心产业功能，成为带动整个区域经济发展的增长极，是杭州空港经济发展的核心区域；集聚区，指机场半小时交通圈范围内具备空港经济发展条件的区块，重点依托各城市CBD、大型开发区、旅游度假区、农业功能区等，引导高端商务、会议会展、休闲旅游、高科技产业、现代农业等临空型产业聚集发展，形成空港经济相对集聚发展的区域，是机场周边与空港联系紧密、临空产业发展相对密集的圈层；辐射区，指集聚区范围以外，距杭州机场一个半小时车程以内，与机场具有便捷的交通联系，处于机场强辐射范围内的省内大型开发区、专业市场、休闲旅游区或相关经济体内具有临空经济产业特征的功能区块，在临空产业发展方面需要与核心区、集聚区进行统筹协调的广泛区域，作为杭州空港经济圈发展的重要依托与功能延伸。

杭州空港经济发展的重点是建设核心区，培育保税物流服务体系，打造服务全省、辐射长三角的航空保税物流中心。充分利用在空港新城建设我省第一个空港型的保税物流中心（B型）的历史机遇，使杭州空港经济拥有一个起飞的崭新政策平台，成为杭州空港经济的核心优势；抓住联邦快递（Fedex）中国区转运中心和顺丰速运转运基地在杭州萧山国际机场落户的有利态势，打造华东地区的航空快递中心；大力发展电子通讯产品、应急医药产品、汽车关键零部件等航空物流运输，与周边主要开发区和物流节点形成联动，支撑区域特色产业发展。

为完善空港服务功能,支撑主导产业发展,提升空港辐射带动能力,应积极培育航空培训及科技服务、休闲旅游业、临空配套服务业等特色产业,使其成为杭州空港经济重要的产业门类;全面带动整个杭州空港经济圈的产业转型升级,特别是引导区域特色优势制造业向高端化发展,拓展具有较高技术含量和发展潜力的产业新领域,形成产业新优势,提升杭州先进制造业的产业能级。

三、发展杭州空港经济的挑战与对策

大力发展杭州空港经济对杭州市、浙江省及周边区域提升经济发展水平、实现跨越式发展、推进产业结构优化升级等方面的重要性已毋庸置疑,也成为地方政府战略规划和建设的共识。但是,受区域背景、自身发展阶段及现有体制机制的限制,在推进和发展杭州空港经济的过程中不可避免地面临各种挑战,需要我们积极地面对和解决。

1. 周边机场林立,航空市场竞争激烈。杭州萧山国际机场除面临上海虹桥、浦东两个国家级枢纽机场的强力竞争以外,周边南京、无锡、宁波、义乌等中小型机场也对杭州机场的客、货流形成袭夺效应。对此,应坚持杭州机场的战略定位,充分发挥国内首家合资机场的管理优势,做强航空主业,重点发展非航业务;在立足自身的前提下积极研究错位发展,谋划与周边机场"在竞争中求合作,在合作中求共赢";同时应尽早组建浙江省机场集团公司,有效整合省内航空资源,根据各机场的特点和市场需求,统筹布局、规划和建设,分享机场管理经验,充分发挥浙江机场的集团优势。

2. 区域内地面交通运输网络发达,对航空运输市场产生分流作用。沪杭、沪宁、杭甬等城际轨道,杭州湾跨海大桥,以及即将建成的嘉绍跨海大桥等区域交通的陆续建成投运,为长三角地区客货运输提供便捷的同时,也增强了上海空港经济的先发优势。从另一面看,发达便利的地面交通运输也有利于航空旅客向大型枢纽机场聚集,为此,我们可以参照香港、上海等机场的先进做法,尽快在杭州机场规划建设大型综合交通枢纽中心,将高速铁路、轻轨、地铁、城铁、巴士、出租车等集合到交通中心,再通过捷运系统与机场候机楼相接驳,形成集多种运输方式于一体的"零距离"换乘,实现"无缝衔接",真正实现"空地合作",形成共存互补的市场关系。

3. 空港经济发展基础薄弱、发育迟缓。目前杭州机场仍以餐饮、零售等传统服务业为主,增值服务比重不高,周边区域现有产业发展与杭州空港关联度较小,对发展杭州空港经济缺乏整体协同。有鉴于此,应明确以建设"机场的城市"为目标,全方位地完成从造"场"到造"城"的转变。现代化的城市需要现代化的服务业,突出开放、物流、商务、服务四大功能,同时应积极争取国家和省市的政策扶持,注重"城市功能"与"产业功能"的有机结合,鼓励周边各开发区与空港经济区进行合作开发建设。

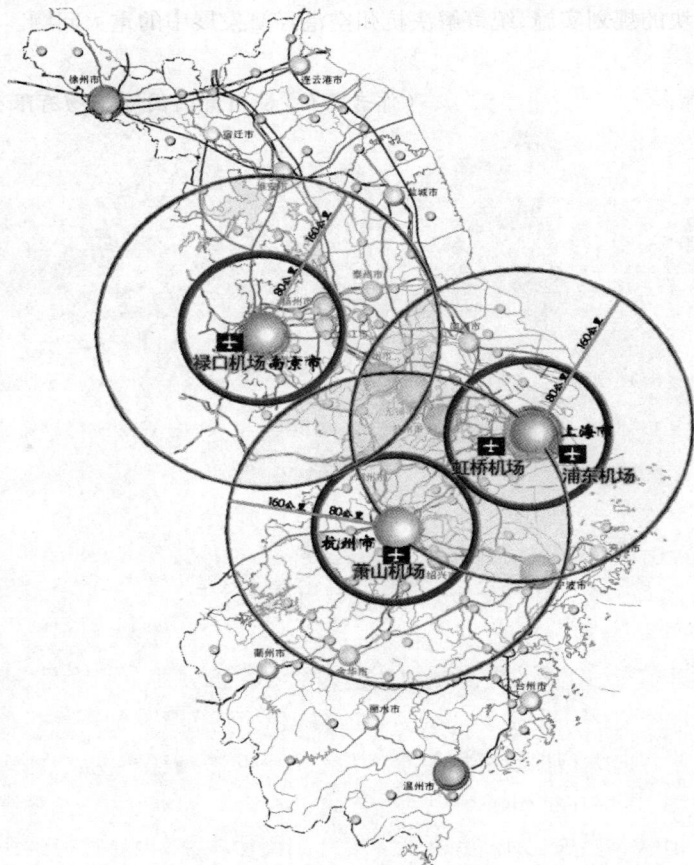

图4 长三角主要机场辐射圈

4. 发展空港经济须加强省、市、区的统一协调,完善规划、建设和管理机制。杭州空港经济的建设和发展,需要巨额的资金和大量的土地投入,需要周边区域的统一规划布局和公用配套设施的建设,因此必然涉及杭州萧山国际机场、各级地方政府以及周边开发区管委会等各类规划之间的相互衔接。为避免"各自为政、重复建设、资源浪费、效率低下"的窘境,可以成立一个由省政府牵头,机场、杭州市、萧山区和周边开发区等政府部门参加的综合协调委员会,统一制定杭州空港经济发展规划和重点项目,部署相应功能区块的规划实施,统筹解决杭州空港经济发展中的重大问题。

（作者单位:杭州萧山国际机场有限公司）

以建设国际电子商务中心为战略抓手
加快浙江经济转型升级

朱卫江

电子商务是依托现代信息技术进行的新型商务活动。曾经在人们眼中"虚无缥缈"的电子商务,如今已深刻影响和改变了人们的生产、生活方式。今后一个时期,我省应紧紧抓住新一代信息技术产业发展的有利时机,充分发挥产业基础和企业优势,努力打造国际电子商务中心,既培育形成新的经济增长点,又更好地推动传统产业和专业市场转型升级。

一、发展电子商务对于推动经济转型升级具有战略意义

1996年,IBM公司率先提出了电子商务的概念——在业务上电子商务是指实现整个贸易活动的电子化,交易各方以电子交易方式进行各种形式的商业交易。此后,电子商务的概念不断发展、不断进步,如今电子商务已被认为是未来25年内世界经济发展的一个重要推动力,其产生的作用与影响甚至要超过200年以前的工业革命。

1. 电子商务孕育了巨大的新市场。据摩根士丹利预测,2011年全球电子商务网上零售额将达到6800亿美元,较2010年增长18.9%;未来10年,超过1/3的全球国际贸易将以电子商务的形式来完成。我国网民数量全球第一,网上交易市场规模也将持续扩大。预计到2015年,我国电子商务交易额将达18万亿元,相当于2010年的3.75倍,其中网上零售额将达3万亿,是2010年的6倍,占社会消费品零售总额的10%。

2. 电子商务拓展了产业升级的新路径。电子商务有利于加快推动传统

制造业特别是民营中小企业由"产品"向"服务"的转变,以较低的成本和便捷的方式进入国内外市场。调查显示,21.76%的中小企业在阿里巴巴B2B平台上获得了平均238倍的交易额回报,59.35%的中小企业获得了平均171倍的交易额回报,大大高于传统营销方式带来的投入回报比。电子商务带动了通信、IT、物流、金融和会展等相关行业的发展。以物流快递业为例,2010年淘宝网每日发出快递包裹超过500万个,约占全国快递包裹数量的60%,为物流快递业带来收入122亿元。此外,电子商务还可以促进传统专业市场向现代流通业态转型升级。

3. 电子商务助推了生态环境建设。电子商务提高了商业交易的速度和单位资源的投入产出比,有助于减少能源消耗、温室气体排放和一般废弃物排放。据测算,我国网络零售能耗较等值传统商务可以减少102万吨标准煤,相当于每百元销售额减少了能耗0.41公斤标准煤。以淘宝网零售量居前的四大类商品服装、鞋、手机、笔记本电脑为例,2009年通过淘宝网进行的电子商务交易额,与等值传统商务交易额相比,相当于减少了97.55万吨标准煤,减少了约212.3~261.3万吨的二氧化碳排放量。

4. 电子商务改善了百姓生活。电子商务显著降低了个人创业的门槛,创造了海量就业和创业机会。2009年,仅中小企业通过开展电子商务促成的新增就业数就超过130万个;每增加1%的中小企业使用电子商务,将带来4万个新增就业机会。网络零售业的发展也创造了大量就业机会,据测算,通过淘宝网实现直接就业的人数为182.3万人,带动了超过500万的间接就业。电子商务的广泛开展还可以降低居民外出购物或者其他消费的出行次数以及时间,从而间接带来城市治堵、环境保护等方面的收益。

二、浙江建设国际电子商务中心的有利条件

总体上看,浙江电子商务起步早、发展快、水平高,业已成为电子商务大省,在产业规模、实际应用、行业网站构建、衍生产业发展等方面,均走在全国前列。

1. 产业规模和创新全国领先。浙江发展电子商务基础扎实、氛围浓厚,杭州市、金华市分别被授予"中国电子商务之都"和"中国电子商务创业示范城市"称号。在B2B(企业间电子商务平台)、C2C(第三方零售平台)、B2C

（企业自建零售平台）等领域均涌现出一大批专业化电子商务企业，经营规模和竞争力领先全国。其中，阿里巴巴现有注册会员数5600多万个，业务辐射190多个国家和地区，已成为全球最大的B2B电子商务平台。淘宝网现有经营网商500多万个，用户总数达3.7亿人，2010年交易额超4000亿元，已成为全球最大的网络零售平台。团购、竞拍、秒杀等新型业态不断涌现，并成为国内最流行的电子商务模式。

2. 电子商务应用不断深入。电子商务应用从商品交易扩展到公共事业、电子政务等领域。目前，我省已有从事网络游戏运营和相关增值服务的企业49家，一批数字图书馆、数字博物馆和数字艺术馆相继建成，省内主流传统媒体基本实现数字化服务。大型骨干企业、中小企业和电子商务网站多线并举，企业网上销售率和网上采购率保持持续增长势头。据统计，我省60%以上的工商企业开始涉足电子商务领域，企业间电子商务交易额达7000多亿元，约占全国的16%。全省企业总销售额中平均21.17%的销售额是经电子商务产生的；企业总采购额中平均有26.12%的销售额是经电子商务产生的。

3. 电子商务行业网站加快发展。在全国行业电子商务信息服务网站前3000家中，浙江以600余家占21%，位居全国第一，形成了独具特色的"行业网站集群"，也成为国内行业电子商务信息服务网站的最大聚集地。浙江行业网站主要集聚在杭州（占61.1%）、宁波（占20.4%）、金华（占12.9%）三地区；行业分布主要在化工、纺织皮革、包装印刷、机械、服装服饰、医药健康、环保纸业、家居、工艺饰品等领域，这些产业的行业网站数量均占全国的20%以上。

4. 电子商务衍生产业不断兴起。目前，以"支付宝"为代表的第三方支付平台有效解决了网络信用和支付安全问题，2010年使用商家超过46万家，已成为全球最大的第三方网上支付平台。云计算、物联网和自然语言等新兴技术不断出现，正在逐步解决存储空间、计算能力和数据服务等瓶颈问题。物流领域已形成六大物流走廊、四大物流聚集中心和五条省际物流通道，特别是快递业的迅速兴起，为网络零售快速发展提供了物流支撑。电子认证日趋广泛，支撑体系不断建立，全省累计发放各类电子证书60多万张，为电子商务的发展夯实了基础。

但是,我省电子商务发展也存在明显的短板和瓶颈,主要表现在:一是电子商务关联各产业领域,关系生活方方面面,但我们缺少集中的领导和部门的联动,推进工作和政策的系统性还不够,特别是与电子商务相适应的政策和法规体系亟待健全;二是电子商务发展,核心技术、网络安全等需要企业去提升,而信息基础设施和诚信建设等方面离不开政府、金融部门的参与,如何实现地方政府、龙头企业等各方联动尚未破题;三是如何更好地发挥电子商务优势,特别是龙头企业对我省传统产业和专业市场转型的作用,空间仍十分广阔;四是物流配送和中高端人才等方面的供给跟不上电子商务发展需要,特别是电子商务配送中心及仓储用地落实困难,部分浙商经营的快递企业总部外迁;五是北京、上海、广东、四川、重庆等省(市)纷纷把电子商务作为战略性产业,加大财政、税收、用地等方面的支持力度,我省电子商务的全国领先地位面临严峻考验。

三、浙江建设国际电子商务中心、引领经济转型升级的对策建议

电子商务发展不仅是新兴产业的培育问题,还是与国民经济和社会生活密切相关的系统工程。这就需要我们以新理念、新思路、新办法来推进浙江国际电子商务中心建设,加快信息在传统经济中的渗透,促进经济结构转型,提升浙江经济运行的质量和效率。

1. 提升电子商务发展的战略定位,把国际电子商务中心建设作为经济转型升级的重要战略抓手。近年来,省里提出并实施知识产权战略、品牌战略和标准化战略以推进经济转型升级,取得了积极成效。而电子商务对制造业改造升级、资源节约利用、商务模式创新和现代服务业发展将产生重大的引领、渗透和推动,其作用绝不亚于知识产权、品牌和标准。建议由省委、省政府领导牵头,围绕建设"国际电子商务中心"的目标,深入调查研究,梳理发展脉络,进一步形成发展电子商务、促进转型升级的战略框架,并适时作出部署;建立省电子商务发展的领导和协调小组,整合各部门力量,解决电子商务发展中出现的新情况、新问题,进一步形成支持和鼓励电子商务发展的合力;建立开放式虚拟研究平台,整合我省政策研究部门、实际工作部门、企业、高等院校和科研院所研究力量,提高我省新模式、新经济的研究水平,加快我省国际电子商务中心和新商业文明发展进程。

2. 明确电子商务发展方向,加快推进国际电子商务中心建设。关键要在三个领先上下工夫:一是电子商务服务业全球领先。力争在5年内把电子商务服务业打造成千亿级战略性新兴产业,加快建设全球领先的电子商务服务业集群,拥有全球最大的综合性电子商务服务平台,使B2B、C2C和第三方支付平台全球领先优势进一步巩固,国际市场辐射力不断增强。二是电子商务应用全国领先,达到中等发达国家水平。全省中小企业基本普及电子商务,一批龙头骨干工商企业建成自主电子商务平台,并实现电子商务供应链管理;农村电子商务应用快速推进,政府电子商务采购比重逐步提高,文化传媒、新闻出版、金融、旅游、教育、卫生等其他领域电子商务应用基本普及。三是电子商务支撑服务和发展环境全国领先。将信息化基础服务纳入"普遍服务"和"基本公共服务",快速推进云计算和移动商务等技术创新,建设覆盖全省的城市物流配送网络,积极推广在线支付、移动终端支付等新型支付工具,加快形成适应电子商务快速发展的数据、物流、支付等基础服务体系和信息化、人才培养、政策体系等发展环境。

3. 完善政策法规和标准体系,推动电子商务持续快速健康发展。全面落实国家及有关部委关于发展电子商务的有关政策,学习借鉴北京、上海、广东、江苏等地经验,研究和完善促进电子商务发展的配套政策措施;研究相应的税收政策,允许从事电子商务交易服务等高技术服务的企业享受现行高新技术企业同等优惠的财税政策,支持基于云计算的电子商务基础设施建设和运营;设立专门的电子商务产业资金,加强政府对核心技术攻关、重点示范工程建设、电子商务技术和商业模式创新、公共信息平台的引导性投入,为广大小企业和新创立企业利用网络平台创造条件;鼓励电子商务服务企业积极参与电子商务国际标准、贸易规则的制定和修订,从外汇、税收、资本等方面推动电子商务服务平台企业走出国门进行投资、并购,参与国际竞争与合作。加快电子商务核心业务标准体系建设,研究制定电子商务服务登记、网站标志、信息发布与备案、信用信息等业务开展方面的核心技术标准和规范。

4. 探索电子商务与产业、市场、企业的融合创新机制,更好地发挥其他引领和带动转型升级作用。在以网络化、全球化、知识化为主要特征的信息社会,传统产业、传统企业电子商务化已是必由之路。要大力推动企业电子商务应用普及与深化相结合,促使骨干企业和中小企业普遍依托电子商务开展物品采购、市场销售,降低经营成本、加速资金周转、提高管理水平,增强实体企业的市场适应能力;切实发挥制造业和电子商务平台的共同优势,推动浙江产品依托知名电子商务平台进行网上销售,推进网上市场网站品牌以及产品品牌建设,进一步提高我省专业网站和优势产品的知晓率和美誉度,提升销售终端影响力和产品附加值;推动全省块状经济向产业集群转型升级,示范区企业普遍应用电子商务,促进网络化生产经营方式基本形成,企业间业务协同能力明显加强。目前,大多数专业市场尝试投入资金,自行构建电子商务平台,但很难整合电子商务中的信息流、人流、物流和资金流等多种专业资源。专业市场必须充分利用自身的信息和商户资源,与电子商务公司开展合作搭上"便捷"的"直通车",继而逐步成为一个"专业市场+电子商务+物流配送"的新型市场模式。

(作者单位:省委政研室产业发展处)

以科技产业园为主要载体
培育壮大战略性新兴产业

周建新

战略性新兴产业是对我国产业现状进行客观分析和对世界产业发展趋势进行跟踪而提出的未来产业发展新导向,是站在产业发展的制高点对未来产业转型升级的总设计、总谋划。哪个地区启动早、成长好、发展快,哪个地区就会在未来发展中赢得主动,赢得新一轮发展的优势,奠定可持续发展的坚实基础。战略性新兴产业对浙江产业转型升级的重要性不言而喻,已经成为政府引导和推动产业转型升级的重要抓手和工作重点。因此,深入思考战略性新兴产业的自身特征并在此基础上研究其成长路径和发展规律,是引导战略性新兴产业有序、健康、持续发展的题中之意。

一、战略性新兴产业与传统特色产业的发展路径比较

战略性新兴产业是以重大技术突破和重大发展需求为基础,对经济社会全局和长远发展具有重大引领带动作用,是一种知识技术密集、物质资源消耗少、环境影响小、成长潜力大、综合效益好的产业。从战略性新兴产业的概念理解,其与传统产业发展的主要区别在:

(一)进入门槛不同

战略性新兴产业具有知识密集、技术密集的特征,是高端产业,是高端要素共同作用下的发展体,这就意味着战略性新兴产业不仅要求产业进入者有很高的素质,而且也要求产业发展地具有较高水准的技术承载力和人才支持力。传统特色产业因其对技术支持的需求相对较少,在绝大部分乡

镇工业园区均可发展;而战略性新兴产业更具有城市经济的特征,更需要技术、人才的支撑,在起始阶段,更需要依托大中城市高端资源并在其周围发展。

(二)创业对象不同

战略性新兴产业的发展源自最新的科技成果,主要对科技成果进行转化和产业化,要求创业者具有很高的专业技术水准,一般是在某行业拥有工作经历并获得专业知识和经验后为获得更大的人生价值投身创业,如国家实施的"千人计划"及各地方政府推行的"精英引领计划",正是吸引高端人才的高端创业;而传统特色产业则是在产品短缺时期由于所产生的市场空间而引发的创业,生产的大多是劳动密集型产品,如袜业、小家电业、羊毛衫业,对创业者素质及技术的要求相对较低。

(三)所需资源差异

战略性新兴产业本身的发展有利于我省在资源利用、节能降耗等方面的技术突破和大幅提升,同时,这些产业具有资源消耗低、环境影响小的特点,其发展更多的倚重技术创新和高素质人才,对土地、能源的需求较少且产出水平高,符合科学发展、可持续发展的要求;而传统特色产业原有的资源、能源消耗方式应根据微笑曲线原理,加快转变、改造和提升。

(四)发展环境不同

战略性新兴产业对产业环境具有很高的要求,专业性的科研院所、针对性的人才培养、专业化的风险投资等等,都是产业发展必须配套提供支撑的。除此之外,地方政府的战略眼光以及优惠政策也是创业者投资的重要考量,财政实力强、政策力度大、服务水平高、配套协作好的地区将成为战略性新兴产业发展的先行区和集聚区。因此,战略性新兴产业与传统产业对发展环境具有本质的差别。

正因为战略性新兴产业的高技术含量、高研发投入、高智力支撑、高产业关联的特点,其成长环境和发展路径大大不同于传统产业。

二、国内外发展高科技产业的经验借鉴

国内外建立科技产业园发展高科技技术产业已有许多成功经验。美国"128"高速公路高科技产业带的形成、硅谷的发展、印度班加罗尔软件产业

的崛起、我国台湾地区新竹科技产业园的成功,为我们提供了战略性新兴产业发展的基本规律。

(一)美国硅谷的经验

美国无论是"128"高速公路高科技产业带的先期形成,还是旧金山地区硅谷的崛起,一个十分重要的原因是具有雄厚科研实力的高校及具有创业精神的创业者。麻省理工学院、哈佛大学的周围形成了"128",而斯坦福大学培育了硅谷。因此,高端的技术源、活跃的创业者是高科技产业产生和形成的基础。

(二)印度班加罗尔的经验

印度首先进行了国家和地方政府的规划引导,即软件产业的中长期规划及发展空间平台的规划,设立全印度第一个软件科技园,出台聚焦软件产业的优惠政策;大力发展与产业发展需求相配套的科研机构及人才培养基地(班加罗尔周围拥有10所综合性大学和70家技术学院,每年输送1.8万名专业技术人员);实施开放合作战略,班加罗尔由于语言的优势,其软件产业与美国的合作独具优势,也是产业发展的重要因素。经过10年左右的发展,如今班加罗尔地区已发展成为印度软件之都,成为全球第五大信息科技中心。

(三)我国台湾地区的经验

1976年新竹科技园的筹建,标志着台湾以高科技产业进行产业结构战略性调整的实质启动。台湾地区的经验,一是吸引美国硅谷创业人才和科技精英回台发展,使台湾保持了与世界高科技产业同步的发展。海外人才回台创业是新竹人才的重要来源,并为台湾地区集成电路和半导体制造业的腾飞奠定了人才和技术基础。高校和科研机构的配套为产业的持续发展提供了智力和人才保障。新竹区内有台湾清华大学、台湾交通大学、工业技术研究院和"国科会"精密仪器发展中心等重点高校和科研机构;外部近邻中央大学、中山科学研究院、中正理工学院和"交通部"电信研究所等。二是台湾当局的政策支持是新竹科技产业园迅速发展的重要保障。台湾当局通过科技奖项和科技基金支持研发等激励措施,鼓励企业在研发方面大量投入,促使新竹成为全球创新最为集中的科技园区之一。

通过以上对部分国家和地区发展高科技产业的经验分析,可以得到一些共性的成因：一是政府的产业规划、科技产业园平台建设是基础；二是培育和引进高科技创业团队是根本；三是科研机构和人才培养是支撑；四是政府政策是动力；五是持续地开放合作是活力。

三、以科技产业园为主要载体，培育发展浙江战略性新兴产业的对策建议

浙江省对培育发展战略性新兴产业，作出了全面的工作部署，并已在省城规划中启动了两个省级的战略性新兴产业发展大平台——青山湖科技城和未来科技城。

基于对发展战略性新兴产业的基本认识，把科技产业园作为发展战略性新兴产业的重要平台并不断丰富平台体系的内涵是可以有所成效的。基本的对策有以下4个方面。

（一）加快科技产业园载体建设，培育战略性新兴产业技术源

战略性新兴产业高智力密集的特征需要对产业技术源进行孵化和孕育。除了大城市和省会城市集聚了科研院所、高等院校等高端资源外，一般的地级市此类资源相对缺乏。因此，首先需要建立科技产业园（科技城）吸引和集聚高端要素，孵化产业技术源。具体做法：一是吸引国内外的科研机构和高校的产业研究院落户。与国内外知名高校开展大合作，引入研发源、技术源、成果源。二是大力吸引国外留学人员回国创业，实施前沿产业追赶。通过大力实施"千人计划"和"精英引领计划"，吸引海外高层次人才来浙创业发展，带来新成果，孕育新产业。三是鼓励本土民营企业发展战略性新兴产业。按照"企业家+科学家"的模式，支持民营企业与高科技产业的结合，走出一条"民营资本联姻高科技成果"的产业发展新路。

（二）建立科技产业园配套服务体系，促进技术源转化为产业源

技术源转化为产业源需要孕育产业的土壤和环境，要建设产业源形成的有利环境和服务体系。一是要引进和建立高科技产业的融资平台。设立风险投资和创业投资，建立科技银行；同时，培养一批既熟悉产业，又精通金融的风险投资管理专家，在创业方案策划、融资方式确定、中小企业管理等各方面为创业者提供全方位咨询和服务，切实发挥风险投资的功能和作用。二是拥有一批稳定合作的高校，为产业发展提供持续的人才支撑和智力支持。地方高校应根据科技产业园的产业发展目标和定位，优化和调整

专业设置,积极为产业园培养和输送专门人才。三是加大政府对科技产业园的政策支持。在科技产业园的基础设施建设、孵化器建设、小企业初创、科技成果转化等方面给予支持,不断增强科技产业园承载科技成果产业化的功能。

(三)遵循产业集群发展的基本规律,培育战略性新兴产业集群

战略性新兴产业属制造业范畴,具有产业集群化发展的一般规律。科技产业园在培育和发展战略性新兴产业过程中需牢固树立产业集群的发展理念并指导产业发展。科技产业园应着力培育和发展战略性新兴产业集群:一是要在产业源形成的基础上,延伸上下游,拉长产业链,促进科技型中小企业间的专业化分工协作,形成相互间的产业联系和配套关系,使各自的产品达到最专业、最精细、最具竞争优势。二是要发展公共配套服务。如产业创新服务平台、财务法律顾问、风险投资公司、行业协会、职业培训机构等。三是要加强产业联系,加强企业间的互动。充分发挥行业协会的功能作用,组织企业间开展经常性的交流和沟通,加快信息传递,促进相互竞争,激发创新动力。产业集群优势一旦形成,不仅是产业园的优势,更是地区的长期竞争优势。

(四)加快形成全省科技产业园平台框架体系,发挥产业转型升级带动力

一是加快在全省确立几个有一定影响的示范性科技产业园,发挥示范引领作用。如浙江青山湖科技城、浙江未来科技城、嘉兴科技城等,从规划理念、资源集聚、开放合作等方面发挥先导和带动作用。二是在全省各地规划一批科技产业园。在示范带动的基础上,根据各地的发展条件和资源基础确定一批科技产业园,或从现已设立的全省14个产业集聚区中规划专门的科技产业园,以增强产业的承载力。三是建立科技产业园评价指标体系。为坚持科技产业园的建设目标和方向,把入园科研机构数量、高校相关专业研究院设立数、孵化器面积、年研发投入、科研成果转化数量和产业化水平、政府支持政策等作为引导科技园发展的主要内涵,重点考察科技产业园的创新资源集聚能力和创新创业活力。

由于科技资源的配置和流动受到地理、历史等因素的影响,战略性新兴产业的培育在时间上将是一个较长的过程,不能急于求成,应循序渐进;在空间上将更多地体现城市经济的形态,大城市优先、中等城市其次的布局也将呈现,因此,对大部分县域城市来说,如何发展战略性新兴产业也将是一个新课题。加强与北京(如中关村)、上海(如浦东张江高科技园区)等先发的科技产业园开展密切合作,通过"借梯登高、借船出海"也是路径之一。

（作者单位:嘉兴职业技术学院党委）

加快传统产业转型升级
促进经济发展方式转变

朱天福

浙江产业结构以传统轻工业为主,并且块状经济特色鲜明。传统产业创造增加值、吸纳就业、增加税收等方面在浙江经济中均占有重要份额。浙江经济发展取得今天的成就,传统产业功不可没。中央与省委省政府明确指出,以科学发展为主题,加快转变经济发展方式为主线,全省上下落实科学发展观,围绕主题与主线,狠抓产业集聚区建设,狠抓战略性新兴产业培育,狠抓经济转型升级,在推进大平台、大产业、大项目、大企业建设中做到"行动快、措施实"。笔者认为,在这一过程中,各地需要结合实际,重视传统产业的转型升级,以促进我省经济发展方式的转变。

一、传统产业转型升级的现实紧迫性

我省传统产业主要集中在纺织、服装、鞋类等生活必需品领域。在短缺经济的卖方市场下,需求大于供给,生活必需品销售旺盛;但在过度竞争的买方经济条件下,由于生活必需品的价格弹性较低,通过扩大规模提高产量,由于过分竞争导致价格降低,扩大规模提高产量并不能带来收入的同步增长。

我省传统产业多数为劳动密集型企业。由于我省近年来的劳动力成本上升,社会保障制度逐步完善,在经济全球化背景下,我省的传统产业依托低劳动力的成本优势逐步丧失,近年来传统制造业利润日渐微薄。

我省的传统产业出口外向度高,但缺乏品牌影响力。以诸暨大唐袜业为例,年产袜子约130亿双,其中外销占70%,内销占30%。但多数企业为国外做贴牌产品,赚取的仅是加工费。产品贴上国外品牌标签出口国外后,价格倍增,丰厚的品牌利润被国外经销商所赚。所以,产品虽然产能大,但附加值并不高。

传统产业依然是我省经济不可或缺的重要组成部分。我省的传统产业与块状经济已经形成特色与规模。我省是市场大省,众多的专业市场都是依托块状传统产业兴旺起来的,现在形成了产业与市场相互促进的规模效应。传统产业吸纳了我省大量的就业,如果放弃传统产业,等于放弃改革开放多年积累的基础,将会带来大量的失业。

传统产业面对低成本扩张难以为继、过度竞争利润日渐微薄的困境,只有通过转型升级、提高产品附加值谋取新发展。我省要转变经济发展方式,必需实现传统产业转型升级。

二、传统产业转型升级的优劣势分析

传统产业转型升级面临机遇,但也面临一些困难。分析我省传统产业转型升级,具有以下优势:

首先,我省传统产业具有与发达国家错位发展的优势。改革开放30多年来,我国接受了发达国家的产业转移。目前纺织、服装、鞋类等生活必需品,发达国家特别是美国、德国、英国、日本、法国等国家较少生产,但这些产品又是居民生活中不可缺少的,存在着稳定的市场需求,这就给传统产业留下了发展和提升空间。

其次,我省传统产业具有小集群的优势。我省传统产业伴随块状经济而发展,具有一定的产业集聚效应,这就有可能使集群内的大企业或龙头企业有较好的兼并、重组、协作、资源整合的基础与空间,利于大企业脱颖而出,做大做强;集群内的龙头骨干企业核心竞争力的提升,会带动集群核心竞争力的提升, 比如诸暨大唐的丹吉娅责任有限公司通过品牌化发展,除了为国外做贴牌产品外,还加强研发与营销投入,创建自己的品牌,拓展国内市场空间,加强与周边企业的合作,带动周边700多家生产袜子的小企业共同发展。

第三, 我省传统产业中部分优势企业具备了实施品牌化战略的条件。我省具有自营出口权的中小型传统企业众多,其中部分优势企业拥有多年为国外品牌企业制造出口产品的经验和自身规模、实力优势,已经具备了实施自主品牌战略,推进公司转型升级的条件,特别是一些企业自身已经认识到了品牌的附加值远高于产品本身,在品牌战略方面做了一些成功的探索。

第四,世界经济的持续萧条,为我省传统优势产业走向国际化提供了机遇。当发达国家经济萧条时,最有利于低价收购国外品牌企业。通过收购国外品牌企业,利用国外品牌企业的品牌、设备、销售渠道走向国际市场,提高国际市场的产品占有率。

我省"十二五"规划提出:"加快改造提升传统优势产业,促进块状经济向现代产业集群转变,形成若干个优势支柱产业……深化品牌大省和质量强省建设,积极推进企业技术创新、管理创新、市场创新和商业模式创新,不断增强产业核心竞争力。""十二五"规划的实施,标志着我省传统优势产业将迎来转型升级的良好机遇。

当然,传统产业实施转型升级也面临不少困难。一是观念的不统一,很多人特别是一些地方领导认为传统产业技术含量低,不值得重视,在政策与要素保障方面享受的优惠较少。二是传统产业转型升级需要企业家的战略眼光与勇气。因为传统产业中绝大多数都是民营企业,民营企业在发展势头好时都不愿意转型,一些企业家甚至认为,"我有钱赚,为什么要转型?"但当面临市场波动、经济不景气、资金困难时,想转却又无能力转。三是传统产业转型升级,会面临较高的投入与风险。因为企业要转型升级,必须要增加科技投入、实施技术改造、重构公司治理结构、创建科研与品牌建设队伍、建设营销渠道、加强人才培养、强化内部管理,而所有这些,都需要大量的资金投入,必然会带来风险。

然而,传统产业的转型升级面临的机遇与困难相比,机遇大于困难,同时传统产业也只有走转型发展道路才能得到可持续发展,否则只能是原地踏步,赚辛苦的加工费,甚至等待市场的淘汰。

三、传统产业转型升级成功经验借鉴

嘉兴森创时装有限公司(下称森创公司)成功转型的案例将给我们提供启示。森创公司是一家成立于1992年的服装制造企业。公司自2007年起用几年时间实现了从单一做出口产品到做内销、做品牌的转型发展。

　　2006年以前,公司专心致志地制造贴牌产品。虽然有利可图,但赚的是小头。产品经客商贴牌后身价倍增,让公司认识到品牌的附加值远高于产品本身。2007年起,公司凭借制造出口产品积累的人才、设备、技术、资金和管理上的优势,开始实施自主品牌战略,把公司发展的重心转移到品牌建设上来,通过品牌建设,推进公司转型升级。

　　森创公司在品牌建设中实施7项举措:一是建设品牌服务平台。调整公司结构,成立品牌建设服务机构。公司投资设立了专业从事品牌建设的浙江森创服装有限公司,同时又注册成立了森创纺织品公司、森创文化传媒公司、浙江双面服装有限公司、深圳赏目服装设计有限公司等为品牌建设服务的配套公司,注册资本总额1.8亿元;公司还投入4.8亿元扩建生产经营用房、技术中心大楼、物流仓储大楼,信息化管理系统,重点纺织品检测实验室等硬件设施。二是强化法律保护。公司申请注册"森创"、"SCFASHION"、"HERCYNA"等10多个商标,其中"SCFASHION"注册商标已被认定为省名牌商标;公司同时还申请商标国际注册,为品牌走向世界服务,并先期在香港、法国、意大利等国家和地区设立品牌推广、营销公司,为品牌挺进世界市场建立桥头堡。三是重视人才的引进与培养。聘请知名大学教授为品牌研发设计顾问,聘请国家级服装设计大师担任研发设计团队的专职艺术总监;加大内部人才培养,近几年投资300多万元分期、分批、分层次进行团队培训。四是紧跟市场信息。在深圳注册服装设计公司,收集最新服装流行信息,建立品牌研发、设计,推广第二团队。五是加强国际合作。公司与意大利多家著名服装研究、设计机构建立长期、紧密的合作关系,随时掌握世界服装设计新潮流、新理念,借脑发展;同时有计划地安排设计师、板师到世界各国看市场、采风、找设计灵感,为创新设计积累素材。六是强化内部管理。全面实施"卓越绩效评价准则"管理模式,将卓越绩效管理和评价渗透到公司生产经营的各个环节,与每位员工的晋升挂钩,形成了员工全员参与、上下联动的卓越绩效管理评价氛围。七是积极做好品牌推广。每年参加北京国际时装周活动,借助北京国际时装周的平台举办品牌发布会,宣传、推广公司品牌,引起业界的高度关注。在北京、上海、长春、沈阳、深圳、杭州等一线城市的一流商场开设品牌直销店,将品牌商品推向市场。

　　通过几年的品牌发展战略,2010年, 森创时装有限公司拥有品牌直销店25家,销售额约1亿。公司品牌团队积极实施品牌市场扩张计划,有计划地开设地区销售公司,开放加盟商和地区托管商,加快销售网络建设。公司的销售目标是:2011年开设品牌直销店50家,销售额2亿;到2015年,拥有品牌直销店、加盟店250家,销售额10亿。

品牌建设还提高了森创公司贴牌产品的含金量。品牌团队研发的成果做成贴牌产品时,直接提高了产品的身价。以前公司做贴牌产品时,按客商提供的样衣做产品,产品价格客商说了算。现在,客商用森创公司研发的面料与款式做产品,公司取得了产品定价的发言权。近几年来,选用公司研发的成果做产品的客商达到30%。

森创时装有限公司转型升级的启示:

一是品牌的力量在科技。森创时装有限公司在品牌建设中,始终将品牌建设与科学技术结合在一起。品牌团队把科技研发、技术攻关放在品牌建设的首位。公司建立起由100多人组成的技术研发、攻关团队。技术中心不断推出的高端、独创、精致、时尚、新颖的服装设计,满足品牌服装消费需求,有效提升了产品附加值。公司以科技创品牌、以品牌占市场,以科技和品牌的力量把产品推向世界,以自主拥有的知识产权去占领世界市场。

二是做品牌是做事业。贴牌生产,做的是产品,出卖的是劳动力,赚的是血汗钱。做品牌,提升了产品的科技含量,生产的产品成为品质领先、消费者追捧的名牌商品。一个企业只有实施品牌战略,将品牌当事业做,才能打造出百年品牌。

四、传统产业转型升级的对策与建议

一是统一思想,提高对传统产业转型升级的认识。用马克思主义哲学分析,发展是自身的,是有规律的。一个区域的经济发展,必须在正视本地实际情况的基础上去创新。目前,各地都出台发展战略性新兴产业规划,这当然是一个方向,但在抓经济建设中,切不可忽视本地传统产业的作用。如果战略性新兴产业是新的经济增长点,是增量,那么传统产业就是已有的基础,是存量。在发展中,不能只抓增量,要力求盘活存量。只有在活存量基础上抓增量,才能促进经济稳步增长。

二是出台政策,引导传统优势企业转型发展。我省为培育战略性新兴

产业出台了一些很好的政策措施，但笔者认为，也应当出台相关政策，引导传统优势企业的转型发展。毕竟目前我省传统产业在经济总量、税收、吸纳就业方面占重要份额，如果没有传统产业的转型升级，我省很难实现经济发展方式的转变。我省的块状经济中，有不少企业具有较好的基础和广阔的发展前景，政府应当在要素保障、品牌导向等方面加以扶持，引导传统优势龙头企业走品牌发展道路，做大做强，鼓励集群内企业重组，让优势龙头企业带领集群内关联企业共同发展。特别是在实施品牌发展战略中，政府可以设立品牌建设基金，为实施品牌战略的企业提供一定量的引导资金，以降低企业品牌发展风险。

三是创新金融，努力改善传统企业融资环境。我省的传统产业绝大多数是民营企业，制约民营企业发展的一个重要因素是融资困难。金融机构受贷款成本、风险评估等影响，多偏好于向国有大企业投放资金。而另一方面，我省民间资金又较为充裕，各地高利贷普遍，民营企业融资成本较高。我省大量的民间资金为发展民间金融提供了较好的基础。建议扩大小额贷款公司试点规模，可以考虑各县市区各设立10家左右的小额贷款公司，并允许其吸纳资本金3倍以内的储蓄存款，试点基础上还可以考虑在各地设立地方银行。这样一方面可以使贷款公司自身的风险在可控范围内，另一方面还可以打击高利贷现象，为民营企业创造更为宽松的融资环境，促进我省传统民营经济的发展。

四是加强培训，为传统产业转型发展提供智力支持。传统产业转型升级，人才支撑非常重要。建议企业搭建各类人才培养的平台。财政对企业的人才培养投入可能会引致国外的质疑，为避免质疑，可以发挥知名高校、社会中介力量，搭建若干个人才培养基地，加大对各类人才的培养力度。政府对企业人才培养的经费支持可以列入高校教育经费预算，这样的投入所起的作用可能更为直接有效。当然企业人才培养，需要企业家的战略眼光，需要企业投入资金，政府投入的资金只是作为一种扶持导向。企业人才培养中，除了大学专家学者授课外，要请国内外知名企业老总、国内外转型升级成功的企业家传授经验，使成功转型企业的经验得以推广和共享。

（作者单位：省统计局办公室）

政府行政方式：
转变经济发展方式之关键因素

储厚冰

　　转变经济发展方式最早是在党的十七大报告中提出的，如再往前溯及，"九五"规划就已经提出了转变经济增长方式的任务。虽然全党全社会已经深刻认识到转变经济发展方式是一项刻不容缓的战略任务，各级党委政府也已采取措施纵深推进，但粗放型的经济增长方式，产业结构的不合理，高投入、高消耗、高污染、低效益的传统经济发展模式等并没有得到根本转变。这些问题的存在及未决的一个重要原因在于市场经济体制下的政府行政方式并未完全适应经济发展方式的转变，以致政府职能作用与经济发展方式转变的要求相左。因此，笔者认为，现有的政府行政方式存在的缺陷，已经成为制约经济社会全面发展的瓶颈。改进或创新政府行政方式是政府推动经济发展方式转变的关键，势在必行。

　　本文主要通过分析政府行政方式对经济发展方式转变的影响及原有行政方式的弊端，探索市场经济条件下政府行政的最佳方式。

一、关于政府行政方式的界定

　　什么是政府行政方式？理论界未曾提出权威的定义。辞海中对"方式"的解释是"某种活动采用的方法和活动的形式"。依此理解，政府行政方式亦即政府活动的方法和形式。由于政府活动受其职能法定性的限制，政府行政方式可以定义为政府实施行政职能的方法和手段，亦可称为行政活动方式、行政行为方式。

为什么要提出政府行政方式这一概念？因为我们一直强调的是政府职能，特别是在当下经济转型和社会转型时期，政府职能的转变变得十分必要并已经成为共识，而且党的十六大报告对我国政府的经济调节、市场监管、社会管理和公共服务职能的界分已经相对明晰。但是，尽管在职能上有了细分，我们仍然可以发现在推动经济发展方式转变上，政府职能履行的效果并非像预期的那么有效，如产业结构调整的乏力、复杂社会矛盾的频发等，这其中的因素都可以归结为我们政府职能履行得不够好，而不够好的一个重要原因就在于我们没有选择更好的行政方式。

从前述定义来看，行政方式与行政职能存在必然的逻辑联系，但二者也有区别。行政职能解决的是政府该做什么事的问题，而行政方式解决的是政府该怎么去做的问题；行政职能具有确定性，而行政方式具有裁量性。在履行同一项职能时若采取不同的行政方式，必然会产生不同的行政效果。因此，在审视政府职能和行政方式哪个更重要时，我们不能人为地将二者割裂来看，而认识到满足政府职能需求的科学合理的行政方式才是关键。

二、政府行政方式对经济发展方式转变产生影响的原因

政府行政方式对经济发展以至经济发展方式转变产生影响，是由政府与社会的关系所决定的。

(一)政府职能服务经济发展的需要

政府本源于社会，如卢梭所说"政府是社会契约的集合"，政府对社会负有不可推卸的责任和义务。政府在拥有社会赋予的权力的同时，需要通过自己的行为去满足社会的存在与发展，协调处理与社会的各种关系，而政府行政活动的一项重要内容就是要适应和满足经济发展的要求。

(二)耦合政府职能和经济发展的需要

经济发展的内容包含了经济结构、社会结构的进步，人口素质、生活质量的提高和生活方式的改变。适应经济发展的要求，政府要担当经济调节、市场监管、社会管理和公共服务的职能，然而实施这些职能需要采取具体手段和方式，这些手段和方式就组合成了政府的行政方式。在政府职能和经济发展之间，政府行政方式起到了"传感器"的作用。

（三）经济发展方式转变目标趋同的需要

按照马克思主义政治经济学观点,经济发展方式是生产力和生产关系的有机结合,与上层建筑领域的政府管理关系紧密相连。离开生产关系的生产力、离开上层建筑的经济基础都是不存在的。因此,转变经济发展方式必然需要调整好政府与市场、政府与企业的关系,通过政府实施一系列的行政活动来引导、保障和支持市场、企业合理配置资源,优化产业结构、经济结构,从而将市场主体自身的利益驱动自觉与发展方式转变的目标要求趋于同向。

基于政府与市场、企业的关系,受经济制度和政府模式的制约,行政方式对市场和企业的作用力、影响力会有所偏重。如经济制度理论上有计划经济和市场经济的划分,政府模式上有保护型政府、干预型政府和引导型政府,全能政府、有限政府,透明政府、合作型政府之分。在不同的制度和模式下,政府行政的方法和手段也因此有所侧重。如我们在推动经济发展方式转变方面制定国民经济和社会发展规划,属于政策指导性手段;也有行政指令性手段,如温州市政府为了帮助中小企业度过债务危机,针对银行擅自抽贷、停贷、延贷行为导致企业资金链、贷款担保链断裂,引发连锁反应发生严重事件的,将在银行业支持地方发展业绩考核和地方政府支持银行方面予以必要惩罚的措施;还有法律规制性手段,如浙江省人大已经制定的水污染防治条例和将要制定的循环经济促进条例等。因为手段的性质不同,其效力和执行力也会大不相同。如规划等指导性政策并不是法律,正如规划所讲的引导市场主体行为,只有导向性作用,并不具有法律上的强制力。而行政指令如果缺乏法律依据,则会因其合法性的缺失而失去意义。最有效力的行政方式就是通过法律规制。当然,也并非所有的政策都需要法律规制,如加快发展服务业、鼓励发展高新技术等,就可以通过政策指导进行调整;需要法律规制的,主要是需要强制约束和规范并赋予法律责任的一类。

三、传统行政方式不适应经济发展的主要方面

众所周知,我国的经济改革采用的是一种渐进的"摸着石头过河"的方式。在这种渐进式改革模式下,政府依靠充分的公共权力和公共资源,发挥

行政方式的灵活性、主导性,无疑极大地推动了我国经济社会的飞速发展。渐进式改革的成功形成了政府行政方式的路径依赖,但传统行政方式明显是以"权力"为中心的运作方式,其运作的随意性和无序性较大,极容易破坏经济社会发展的内在规律,不符合科学发展的要求。立足于政府基本职能的有效实施,探索和创新符合新时期经济社会发展要求的行政方式,首先,我们必须检讨市场经济体制下传统行政方式的不适应性,简单归纳起来,以往传统行政方式的不适应性主要体现在以下几个方面。

(一)观念守旧,法律手段缺失

计划经济体制下主导经济的冲动和惯性仍然左右着政府管理市场的理念、手段和方式。一是表现在对市场调控的制度规则载体上,习惯以政策管理而不是用法律调整,或者是突破法律创设新的政策;二是在制度规则设计上注重下层实践和创新、突破,忽视顶层设计;三是即使上面有了法律和政策,在贯彻落实上习惯于按领导指示和文件、会议部署执行,在地方立法和法律执行上缺少自觉性。据湖南省统计,该省2010年省本级一年制定的规范性文件有705件;全省规范性文件清理涉及的文件有39860件;而2010年组织清理现行有效的地方性法规和省政府规章却只有188件和170件。文件数量远远大于立法的数量。国家工商行政管理总局局长周伯华在2009年的全国工商行政管理工作会议上提到:"总局发布服务经济发展文件数量之多,为历年之最;各地出台支持发展的政策文件多达5211件,为历年之最。"然而,根据立法法的规定,省级政府和中央部门有权通过制定行政规章的途径来设计某项制度措施,相关部门之所以热衷于制定文件,主要是由于长期以来形成的依靠文件政策作为管理手段的习惯性做法,笔者姑且将其称为政策式行政。在这种政策式行政环境下,也就出现了我们熟知的政策比法律管用,政策大于法律,政策多门以及"上有政策、下有对策"等观念和弊端。从政府到社会,形成了大家对法律的漠视态度,把法律当做花瓶和摆设。在我们党校培训班的一次现场教学课中,就有一位镇领导亲口说到,很多法律和政策在基层不好操作,走法律程序事情就办不成,所以对农民违章建房只有动用行政手段,先拆了再说。在这种政策式行政氛围下,带来的是明显的社会道德(根本上是法律环境、法律文化的破坏造成的,因为法律是最底限的道德,没有了法律的遵守,也就没有了最基本的道德)的缺失和法律执行力的不足。政府也好,企业也好,只要认为对自己不利,大家都想方设法去规避法律甚至去"闯红灯"。我们可以注意到,自50年代初期,我们国家就开始制定和实施国民经济和社会发展规划("一五"至"十五"称计划,"十一五"开始改成规划),包括一些配套的能源规划、环境规划,以及政府或者部门出台的配套性文件等等。这些计划和规划,应当说在经济发展领域居于重要地位,但实践中并没有很好地实施。如"九五"规划提出了转变经济增长方式,我省也早在2007年就提出转型升级,但实际上我们并没有达到预期效果。这其中的原因在于我们在行政方式上偏重文件和规划的运用,但文件和规划的缺陷是对市场主体不具有法律上的强制力。

(二)职能异化,行政与市场边界不清

政府与企业的关系不是"交警与司机的关系",而是情同"手足关系"、"父子关系"。一是政府在市场上博取利益,直接介入市场,参与市场竞争。由于政府行政的基础不在市场,其行政方式没有真正体现市场经济原则,政府还是存有经营市场、主导市场的思维模式,如很多地方成立土地储备公司和建设指挥部等,直接参与土地一级开发,博取市场利益。二是政府利益作怪,与企业利益捆绑在一起。在这种思想的指导下,政府与企业成了好朋友,或是被企业绑架。以"猫论"作挡箭牌,一味追求经济指标,以牺牲环境、牺牲资源换取一时的经济繁荣;袒护企业在偷漏税、环境污染、安全生产等方面的违法违规行为,睁一只眼闭一只眼甚至助纣为虐。政府对其应该承担的对市场进行监管的职责不积极履行甚至不履行。三是权力寻租,重管制轻服务。行政审批、行政许可、行政处罚等管制手段是政府部门比较看重的权力,因为这些权力可以给部门或个人带来利益。在加入世贸前后,我们国家先后颁布了《行政处罚法》、《行政许可法》,并先后多次组织开展了行政处罚、行政审批、行政许可、行政收费的清理,行政管制手段大为减少。应当说,在立法当中把审批许可作为主要的行政管理手段已不是主流,但有的地方和部门通过文件设定条件,扩大自己的处罚权、许可权或者违法设定行政强制措施和收费项目,为部门乱收费、乱摊派、乱罚款确定依据的现象还没有完全遏止。

(三)封闭行政,政府透明度不高

我们现行的行政系统既具有高度的稳定性(有利于上下协调),同时也具有封闭运行的特征,政府行政活动与社会之间缺少公众的参与、沟通与合作。一是我们很多制度措施,包括决策制定和执行是通过内部文件和会议的形式,在行政系统内动员、部署、运作,与社会、市场之间的沟通并不充分。二是政府管理市场主要依靠监管手段,较少培养社会自治组织(如行业协会、社会团体等)并与自治组织合作向市场提供公共产品和服务。三是政府不愿意主动公开有关决策、执法等信息,包括政府掌握的数据资源以及与政府行政活动本身有关的信息。虽然《信息公开条例》打开了政府与社会互动的窗口,但政府主动公开信息的积极性并不高。如在我省去年组织的规范性文件清理中发现,能查到的730件规范性文件,在省政府网站上公开的只有近200件。据北京大学公众参与研究与支持中心发布的《中国行政透明度观察报告(2010—2011年度)》调查显示,我省行政透明度在30个省级行政单位中排名倒数第三。当然,其中的主要原因是缺乏信息公开配套制度建设,但至少说明我们对信息公开的重视程度和信息公开力度有待于提高。

四、有效推动经济发展方式转变的政府行政方式创新路径

现代行政学认为,行政无论就其观念体制还是行为模式来说都不是一成不变的,而是受到来自社会、历史、文化、政治等方面因素的影响,行政必须不断发展以适应变化了的环境。随着社会主义市场经济体制的逐步建立和完善,政府与社会的关系,特别是政府与市场的关系,必然将随之调整和变化,这就决定了政府职能特别是行政方式同样需要调整变化。

为了适应不断发展变化的市场经济环境和社会环境,政府行政方式的改进和创新,首先必须在观念上进行更新,按照"十二五"规划提出的建设"法治政府"和"服务型政府"的要求,树立有限政府理念、法治政府理念和服务政府理念。其次要处理好几个关系,宏观上是政府与市场的关系,微观上是政府与企业和社会的关系。在与市场的关系处理上,要顺应市场、依靠市场,以法律手段、经济手段替代行政指令手段,依法规范市场和监管市场,在法律框架范围内建立财政、货币、价格等调控机制;在与企业、社会的关系处理上,以行政审批、行政许可等手段为主转向以行政指导、行政合同、行政奖励等手段为主,从企业、社会以政府为中心转向政府为企业、社会提供公共产品和服务(包括信息服务、综合协调服务、咨询服务等),从政府管理社会转向注重政府与社会的沟通合作。

适应经济发展方式转变的行政方式应着力实现以下4个转变。

(一)由管制型行政向服务行政转变

一是要减少审批、许可等事先管制手段,改为事后监管。削减规范性文件设定的不必要的行政审批规定。地方立法中,除关系国家安全、公共安全、公共利益和有限自然资源开发利用等需要做出限制的以外,应少设定行政许可等行政管理手段,改为事后监管。对于国务院行政法规设定的有关经济事务的行政许可,如根据我省经济和社会发展情况,能够通过市场充分调节、社会自我调节等方式解决的,根据行政许可法第二十一条的规定,省政府可以报请国务院批准,在本省区域内停止实施有关行政许可。二是积极运用行政规划、行政指导、行政协调、行政给付(如技改补贴等)、行政奖励等手段引领市场方向,推动企业的资源配置行为与转变经济发展方式的要求相吻合。三是培植社会自治组织、行业组织,发挥社会组织在市场主体间的自律功能和行业服务功能。四是加强市场统计和调研,关注市场运行趋势和不利因素并研究解决措施。五是积极提供市场不能提供的公共产品,解决市场不能解决的问题,搭建公共服务平台,向社会公布政府掌握的数据和市场信息资源。

(二)由封闭型行政向公开行政转变

一是充分利用网络资源公开行政制度和工作流程以及行政审批、行政许可、行政处罚结果等信息,特别是政府采购、公共资源招投标等信息,推动公务人员的廉洁自律,避免违规操作,提高社会、企业对政府的信任度。二是公开政府决策、决定的具体环节,提高政府工作的透明度;同时,鼓励企业积极参与政策的制定,决策前充分听取企业主意见,提高政策的可接受性和实效。三是探索建立企业的信息公开制度,协调政府、企业、社会之间的信息对称性,促使企业行为接受政府监督、社会监督。

(三)由指令型行政向法治行政转变

充分运用法律手段、经济手段(如政府可采用的金融、价格、税收等经济政策,其实也包含在法律既定范围内,即广义上的法律手段)规范和调整市场规则。一是以法规和规章替代规范性文件,将有关政策制度和措施赋予法律效力(从法律渊源上来讲,规范性文件的效力等级最低),如扶持政策、土地政策等,由对内管控为主变为对外宣示的法律管控,避免规范性文件的随意性和与上位法的不一致性;二是宏观战略规划制定后,要及时制定、调整顺应规划导向的法律、规章,强化规划调控要求的法律依据性;三是加强市场监管,制止企业的不合法行为,需要特别关注的是个别地方出于地方保护而疏于监管的不作为,如包庇企业的环境污染、资源浪费、偷税漏税、造假制假等行为。

(作者单位:省法制办秘书行政处)

从区域块状经济到现代产业集群

——以乐清市科技创新引领转型升级为例的研究

卢文辉

改革开放以来,块状经济已成为支撑浙江省区域经济发展的重要产业组织形态。在新的历史发展阶段,加快块状经济向现代产业集群转型升级,对于培育区域和产业的国际竞争力,转变经济发展方式,提高中小企业创新发展水平,走新型工业化的道路,推进经济转型升级具有重要的现实意义。作为浙江省块状经济向现代产业集群转型升级示范区试点之一,乐清以科技创新引领转型升级的积极探索值得研究。

一、现状和问题

(一)发展现状

乐清地处浙江省东南沿海,全市陆地面积1223km²,海域面积270km²,人口121万人。作为温州模式的重要发祥地之一,乐清率先进行市场取向改革,大力发展民营经济,走出了一条以民营经济为主要特色的发展路子。

近年来,乐清坚持以科学发展观为指导,以科技创新引领转型升级,以政策为引导,以发挥区域科技资源和人才资源优势为依托,以高新技术产业化为工作重点,着力打造区域科技创新体系和服务网络,有效地促进了地方科技资源的整合,有力地推进了地方科技成果的转化,形成了富有特色的产业,明显提升了企业的自主创新能力,为当地经济社会持续、快速发展提供了强有力的科技支撑。

经过30多年的快速发展,乐清区域经济主要呈现出集群化、规模化、科技化、品牌化、国际化的态势。"十一五"期间,乐清市全面落实科学发展观,深入实施科教兴市战略,科技综合实力显著提升,科技人才队伍不断壮大,科技经费投入持续增加,科技创新平台扎实推进,创新主体能力逐步提高,高新技术产业蓬勃发展,基本形成了智能电器、电子信息、机电一体化等高新技术产业群,并初步形成了节能环保、新能源、新材料、先进装备制造等新兴产业,为高新技术产业的进一步发展创造了条件。

(二)面临的问题

一是发展方式亟待转变。长期以来,乐清经济增长主要依靠资源投入与投资拉动,以技术推动发展的科技型企业严重偏少,以外延扩大再生产为主要特征的粗放型经济增长模式已成为当地经济和社会可持续发展的主要制约因素。

二是自主创新能力不足。从总体上看当地民营企业科技创新的主体意识不够强。众多企业生产的仍是传统低档产品,处于价值链的低端,"乐清创造"产品较少,企业自主创新能力不强;全市规模以上企业设有技术研发机构的仅占6.43%,大部分企业仍然习惯于被动模仿或者依赖外部技术力量解决自身的技术需求;重规模、轻科技的现象仍较为普遍。

三是科技经费投入不足。2010年全市研究与试验发展(R&D)经费仅占生产总值的1.16%,远低于全省平均水平;企业科技创新投入还远远达不到应有的水平,投入的不足严重影响了技术水平和产品档次的提升。

四是科技和管理人才匮乏。本土技术人才很少,大中型企业的技术骨干基本依靠外来人才。由于区域条件、人文环境等的影响,引进和留住外来人才都较困难;另一方面,由于周边区域也都越来越重视集聚科技资源,特别是对高层次科技人才的争夺,使当地吸引优秀人才的难度进一步加大。研发人员、高级管理人员、高级技工等三类人才的缺乏已经成为企业发展的主要问题。

五是科技公共服务体系不够完善。全市现有产业科技服务平台仅限省级孵化器、省级低压电器技术创新服务平台等,没有高校院所,中介服务机构较少,企业创新缺乏有力的技术依托;同时技术市场发育还不够完善,以技术产权为核心的技术市场交易体系尚未成熟,科技型中小企业风险投融资机制尚在谋划探索阶段。

六是新兴产业发展相对滞后。节能环保、新能源、新材料和先进装备制造等产业刚起步，新一代信息技术等领域涉及不多，发育迟缓、发展滞后。

二、主要对策

培育新兴产业集群，需要企业与政府双方的努力。从政府的角度来看，应该立足乐清实际，发挥比较优势，认清产业发展的规律，把握集群发展趋势，顺应市场客观要求，自觉利用和借助科技、市场和企业的力量，推动、促进现代产业集群的形成和发展。

（一）发挥比较优势，寻求新兴产业集群发展的突破口

选择和培育适合各地发展的龙头企业、龙头产品作为产业集群发展的基础，作为优先发展和重点发展的主导产业。综合考虑和分析下列因素：一是国际间、地区间产业升级转移趋向；二是中外资本的流向；三是国际市场，尤其是美国市场的动向；四是当地的比较优势，包括产业基础、自然资源禀赋和物产优势、区位和交通条件、人力资源和人才资本、基础设施配套条件、政府的政策和服务环境等等。在此基础上，寻求当地比较优势与国内外市场需求、中外资本流动、国际国内产业转移的最佳结合点，寻求发展支柱产业、主导产业的主攻方向和发展产业集群的切入点和突破口。

（二）培植龙头企业，创造产业优势，形成集群效应

培育一个龙头企业，引进一个龙头项目，抓住一个龙头产品，就能吸引一批企业集结，发展一个产业集群，兴起一方主导产业。龙头企业的诞生：一是内部生成。选择区域内有一定生产规模，管理水平较高，信誉良好，经营者综合素质较高的企业，特别是那些生产最终产品、产业关联度高、产业链条长的企业，加以特别的扶持和倾斜，促其尽快做强做精，成为产业集群的核心。二是对外引进。引进一批国内外知名企业前来落户，它们的投资规模大，产品档次高，产业链条长，配套需求多，支撑和带动能力强，能很快吸引一批零部件企业在周边聚集，收到以大引小的集群效果。

（三）培育市场环境，创造产业集群成长的经济生态

一是开辟专业市场。遵循"产业推动市场，市场带动产业"的发展规律，强化专业市场与产业集群的配套。通过市场建设加快产业的集中，同时为

产业发展提供稳定的市场空间。二是打造区域品牌。通过"政府搭台,企业唱戏"的形式,举办各种博览会和商贸会,不断扩大对外影响力,提高市场知名度,创建区域产业品牌。三是提供优质服务。政府要创造更适应产业集群和中小企业成长的"经济生态",通过优惠的政策、优良的条件和优质的服务,树立亲商、安商、富商的良好氛围,确立"有所为,有所不为"的服务理念。

（四）把握产业集群发展趋势,因势利导,顺势而为

一是推进产业链的形成。产业集群的发展方向始终是产业链纵向与横向的拓展,推动产业不断向两头双向延伸,形成整合优势,提高整体效率和竞争力。二是推进企业生态化。产业集群以专业化分工和社会化协作为基础,集群内的企业既要独立生存,又要围绕某个产业紧密结合,功能互补,通过龙头企业与专业化配套企业的有机协作保持企业生态的相对平衡。三是推进经营全球化。经营全球化是产业集群规模化、品牌化发展到一定程度的必然结果,同时也是产业集群不断拓展生存和发展空间的重要途径。经营全球化有利于吸引国内外各种生产要素流入产业集群,进行全球范围的资源配置,拓展国际市场。

三、具体措施

按照落实科学发展观的要求,贯彻"自主创新、重点跨越、支撑发展、引领未来"的方针,以建设创新型城市为目标,以提高自主创新能力为主线,以营造科技进步环境为重点,着力完善以企业为主体的科技创新体系,为当地经济转型升级和社会和谐发展提供有力的科技支撑。

（一）实施产业科技提升工程

围绕当地主导优势产业,重点实施"科技提升百千万计划",促进企业提高创新能力,推动企业真正成为技术创新的主体,加快产业结构调整优化,全面提升产业的技术竞争力。一是进一步增强企业的创新意识。利用各种媒体,加大对科技创新和科普知识的宣传;通过编发政策指南,组织开展大型科技宣传活动,办好当地"科技视线"、《科技信息》、科技信息网等媒体,继续营造科技创新氛围,提高企业和全社会的创新意识和公众科学素养。二是培育百家高新技术企业。以国家智能电器特色产业基地为依托,抓

住国际新兴产业调整的重大机遇,积极引进和培育战略性新兴产业,实施"百家高新技术企业培育工程",形成高新技术产业集群,努力提高高新技术产业比重。三是促进企业开发千项新产品。大力发展智能电器、新能源、新材料、电子信息、先进装备制造等高新技术产业和新兴产业,超前谋划、突出重点、内联外引,培育当地产业发展新引擎;积极支持企业高新产品研发和产业化,"十二五"期间要努力实现"千项新产品开发计划"。四是引导开发万项专利技术。继续抓好省级知识产权示范市建设,争创国家知识产权强县(市);完善和落实专利奖励政策措施,鼓励原始创新,支持专利技术产业化。"十二五"期间,加强"百家专利示范企业建设",每年培育各级专利示范企业25家以上,专利示范企业累计达到200家以上,争取新增专利授权量达到15000件。

(二)实施创新体系健全工程

加快完善以企业为主体的开放型区域技术创新体系,进一步发挥企业及其科技人员的创新积极性,为提高自主创新能力提供更加有力的支撑。一是加大科技政策引导力度。认真贯彻落实国家、省市有关促进自主创新、科技帮扶的政策措施,尤其是落实企业技术开发费、高新技术企业税收优惠政策,充分发挥政策效应和科技项目经费的扶持作用,引导企业加大研究开发投入;加大力度引导企业创建高新技术企业,提高高新技术产业的比重;引导企业加强技术引进,积极吸收、消化和再创新,提升产品档次。二是加强企业研发机构建设。继续实施"百家企业研发机构建设工程",争取在"十二五"期间规模以上企业设立研发机构数达到10%以上;扶持培育一批以企业为主体、以市场需求为研发导向、产学研相结合的科技型企业研发机构,重点抓好高新技术研发中心建设,大力引导培育创建国家级企业技术中心、博士后工作站、企业研究院和产业技术创新战略联盟,形成较为完善的企业技术创新体系;鼓励企业在上海、北京等地以至发达国家设立科技转化平台,吸引大院名校在乐清设立合作研发机构;积极完善技术市场,发展科技中介,拓宽成果转化渠道。三是注重产业共性技术研发。努力构建以企业为主体、产学研合作联动为核心的技术研发新体制;针对当地产业共性技术、关键技术,制定和实施技术研发专项计划,组织企业采取院校合作、企业联合、创新联盟等形式瞄准行业高端产品开展研发攻关;大力推进高等院校和多家企业联合共建开放共享的技术平台,提升技术平台集聚创新资源和研发创新产品的能力。四是加强科技创新载体建设。组建孵化器专家顾问团,建立成功企业与孵化企业创业辅导机制,加强科技中介机构的作用,引进大院名校共建载体,加大孵化种子资金扶持力度,在"十二五"期间把乐清科技孵化创业中心打造成国家级孵化器,同时投资建设第二个百亩孵化器——科技创新园,努力打造科技企业孵化体系;规划建设高新技术产业园区,为高新技术产业发展提供空间。五是依托"省低压电器技术创新服务平台"、"省低压电器智能技术重点实验室"和"省派乐清工业电气块状经济专家服务组",充分借力高校资源,为企业的发展提供优良的科技创新服务。

(三)实施人才队伍建设工程

　　完善科技人才创新创业的各项制度,健全培养、引进人才的体制,建立更加有效的人才激励机制, 为建设创新型城市奠定雄厚的人才智力基础。一是完善人才引进机制。打破传统人才管理模式和用人观,淡化人才归属性,树立"不求所有,但求所用"的开放式人才观;建立"柔性"用人机制和人才租赁机制,开辟引进特殊人才的"绿色通道",建立分类专家库、在线科技人才库,搭建企业人才双向交流平台,千方百计培育和引进支柱产业、关键领域的技术带头人和复合型管理人才,共创双赢。二是完善人才激励机制。在继续实施"科技进步奖"、"科技人员突出贡献奖"的基础上,认真开展"优秀创新团队奖"评选工作,从不同层面给创新型科技人才以更多的鼓励,更大限度地调动科技人才的创新积极性;强化人才环境建设,提高人才的工作和生活质量,为科技创新人才提供更好的创业创新环境。三是强化人才培养基地建设。着力把科技研发、服务机构和科技孵化创业中心等科技创新平台打造成人才孵化器,将项目技术孵化和人才孵化相结合,以项目孵化引领人才成长, 把科技创新平台打造成为乐清产业人才聚集的高地、打造成实用型人才的孵化基地。四是加强分层次人才培养。推进校企合作、建立产学研合作培养创新人才机制;通过共建科技创新平台、共同实施重大项目、开展交流合作等方式,多层次培养创新人才;加快推进企业院士工作站、博士后工作站、工程中心、技术中心建设,引进高层次人才为企业研发、项目对接、技术转移和培养本土人才服务。

（四）实施创新环境优化工程

　　进一步完善企业科技创新的政策措施和扶持方式，营造公平竞争、高效运作的发展环境，为企业的创新和竞争力的延续创造条件。一是加强知识产权保护。强化知识产权法律法规宣传，普及知识产权知识，进一步提高企业和社会公众尊重和保护知识产权的意识；深入开展知识产权业务培训，积极开展主导产业的知识产权发展战略研究，逐步探索建立产业专利预警机制。二是优化科技服务体系。充分发挥科技企业孵化器、科技创新服务平台、科技咨询机构、专利代理和群众科技组织等科技服务机构的作用，努力实现组织网络化、功能社会化、服务产业化，为企业实施自主创新提供各类服务；探索建立创业投资服务机构，加强科技与金融的结合，打通科技成果与资本结合的通道，促进科技成果产业化。三是做好防震减灾工作。依靠科技提高防震减灾能力；切实做好重大建设项目的抗震设防管理和监督工作，全面落实重大建设工程和可能发生严重次生灾害建设工程地震安全性评价，确保重大建设项目的抗震设防能力，避免和减轻地震可能造成的损失。四是提高公民的科学素质；加强科普和人文教育，开展各类形式的科普活动，提高全民的科学素质。以提高创新意识和实践能力为重点，依托各类科普示范基地，以科技图片展、科技讲座、专家咨询等主要形式，组织开展科技下乡活动，使学科学、用科学成为全社会的价值取向，形成创造愿望得到尊重、创造成果得到肯定、崇尚科学反对愚昧的良好风尚。

（作者单位：浙江广播电视大学）

西湖区发展文化创意产业的探讨

马杭军

在知识经济背景下发展起来的文化创意产业,由于其高知识性、高附加值性、高辐射性、低碳性的特点,正逐渐成为社会经济体系的重要组成部分,被许多国家公认为是21世纪全球最具有商业价值和文化内涵的朝阳产业,并受到政治家的高度重视、企业家的大量投资、学者的持续关注,呈现出前所未有的发展前景。

一、国内外文化创意产业的发展现状

英国是世界上第一个提出创意产业概念并运用公共政策推动其发展的国家。工业革命以来的几百年时间里,英国一直是"世界工厂",但到上世纪80年代逐渐失去了世界第一制造业大国的地位。1997年,为振兴英国经济、调整产业结构、解决就业问题,英国首相布莱尔提议成立了创意产业特别工作小组并亲自担任主席,负责对英国的创意产业提出发展战略。1998年,英国政府出台了《英国创意产业路径文件》,首次提出创意产业的概念:"源自个人创意、技巧及才华,通过知识产权的开发和运用,具有创造财富和就业潜力的行业",并将广告、建筑、艺术和文物交易、手工艺品、工业设计、时装设计、电影和录像、娱乐软件、音乐、表演艺术、出版、电脑软件及电脑游戏、广播电视等13个行业确定为创意产业。国际著名文化经济学家约翰·霍金斯在《创意经济》一书中提出,把创意产业界定为其产品都在知识产权法保护范围内的经济部门,他认为知识产权有四大类:专利、版权、商标和设计,而且知识产权法的每一形式都有庞大的工业与之相对应,加在一起"这四种工业就组成了创造性产业和创造性经济"。他还在书中指出，全世界创意经济每天创造220亿美元，并以5%的速度递增。综观欧美发达国家的发展历程，经济国际化程度越高，其文化创意产业所占比重也就越高。

文创产业在国内也快速发展，根据国家统计局发布的报告，2010年我国文化及相关产业法人单位增加值达到11052亿元，占GDP比重的2.75%。2004—2008年间，文化产业法人单位增加值年均增长23.3%，高于同期现价GDP年均增速近5%；2008—2010年间，文化产业法人单位增加值年均增长24.2%，继续较大幅高于同期GDP现价年均增速。北京、上海、广州等主要城市都明确提出把文创产业作为未来发展的重点产业，作为推动新一轮经济发展和建设先进文化的重要举措。杭州市在2007年市委十届二次全会提出打造"全国文化创意产业中心"，把扶持、培育文创产业作为推进"和谐创业"工作的重要内容，2010年5月由国务院正式批准实施的《长江三角洲地区区域规划》，将"杭州建设全国文化创意中心"的表述列为杭州城市发展功能定位的重要内容之一，升格为国家级战略目标。为了促进文创产业的快速发展，杭州市出台了《关于打造全国文化创意产业中心的若干意见》等一系列的产业扶持政策，加快重点文创项目和配套设施的建设。据统计，2010年杭州市文创产业增加值突破700亿元，文创产业增加值占全市GDP的比重达11.8%，同比增长16.2%。

二、西湖区发展文化创意产业的优势

西湖区文创产业是杭州市文创产业的重要组成部分，经过几年的精心培育和科学发展，目前已有杭州数字娱乐园、西溪创意产业园、之江文化创意园三大市级创意园，以及文新467创意联盟、天亿家居文化创意产业园、黄龙体育文化创意产业园三大区级创意园。2010年文创产业GDP增加值达128.91亿元，占地区生产总值比重为27.06%，培育了顺网科技、华策影视、宋城旅游3家文创类上市公司，并成功申报全国第一个以艺术创意为特色的国家级大学科技园——中国美术学院国家大学科技（创意）园。文创产业成为调整产业结构、推进产业转型升级的主要抓手，成为西湖区的支柱产业、"美丽产业"。

(一)得天独厚的环境优势

一是具有高品质的自然环境。西湖区因"淡妆浓抹总相宜"的西湖而闻名,拥宋高宗赵构"西溪且留下"的西溪国家湿地公园而传世,总面积312平方公里,总人口近100万人。西湖养眼、西泠养心、西溪养肾、西山养肺"四养同区",人气、财气、秀气、灵气"四气兼备",钱塘江、京杭大运河、西湖、西溪"四水共导",西湖区独特的区位优势和资源禀赋为文创产业发展提供了良好的生态环境。二是具有高效的政务环境。大力倡导"大气、包容、谦和、争先"的西湖人文精神和"拼命干、不放弃、特别能、争一流、负责任"的西湖创业精神,推行阳光权力运行机制建设,完善重大决策公众参与制度,切实增强执行意识、效率意识和形象意识,不断提高工作效率和工作质量。三是具有务实的商务环境。牢固树立"服务是第一投资环境"的理念,切实把服务窗口前移、触角延伸,着力构筑区、镇街和园区3级文创商务服务体系,打造"一站式"企业服务中心,为企业入驻、注册、工商、税收、就餐、就医等提供全方位服务。

(二)特色鲜明的园区产业

数字娱乐产业园2010年实现产值8.95亿元,聚集了科技型企业150多家,主营内容涵盖数字娱乐软件开发、网络游戏开发、娱乐网站经营、衍生产品开发、手机内容提供等产业链上的各个环节,形成数字娱乐产业生态圈。西溪创意产业园汇聚"国内电视剧第一股"华策影视、"国内最大纪录片库制作公司"长城影视、"省内最大电影发行公司"省电影公司、"省内影视产业龙头"浙江影视集团、"精品电视剧制作商"南广影视、"国内电影制作标杆企业"金球影业等10家总部企业,2010年入园企业实现影视产业总产值3.75亿元,电视剧产量高达800集,占杭州市出品总量的70%以上。2011年《五星红旗迎风飘扬》、《东方》两部建党90周年献礼大片分别在央视一套播出,获得了国家领导和社会各界的广泛关注与充分肯定。之江文化创意园目前共引进企业170多家,主要为动漫游戏、现代设计、艺术品、新媒体4个产业类型企业,行业企业间形成了一定的上下游关系,构建了园区企业第一产业梯队的"生态链"框架。

(三)高端运作的平台建设

一是加大园区硬件投入。近年来,西湖区累计投入5亿多元用于各类文化创意产业园区的市政设施、服务配套设施等。数字娱乐产业园不断推进"一点多园"战略,成功拓展了"数娱分园"、"计量分园"、"龙都分园"等六大分园区,目前园区总面积已达8万多平方米。西溪创意产业园全面完成园区会议中心、餐厅、展览厅、放映厅等配套设施建设,建成以剧本创作、影视拍摄、电影发行、院线放映为主要特色的文化产业布局。之江文化创意园完成一期建设项目,完善青年旅社、专线巴士、公共自行车租赁等商务配套系统,打造园区5分钟基础商务配套圈,还改建了550平方米的艺术展览中心及1000平方米的影视专业标准摄影棚。二是加强平台资质提升。数字娱乐产业园作为国家数字娱乐产业示范基地和国家级科技企业孵化器,与浙江工业大学合作成立了"区域数字娱乐技术共享服务平台",为企业提供技术研发服务和设备共享。西溪创意产业园先后被授予"北京电影学院教育创作实践基地"、"浙江省影视创作拍摄示范基地"等。之江文化创意园先后成功申报省级重点服务业集聚区、国家动画产业基地拓展区等平台。三是加深国际交流合作。数字娱乐产业园成功引进"ASIAGRAPH(亚洲艺术科学协会)中国办事处",形成在亚太地区发展文化创意产业的优势。西溪创意产业园发挥入驻名人约翰·霍金斯所建工作室的资源优势,成功筹办纽约广告节——全球品牌创意论坛。之江文化创意园与德国艺术与科学研究院签订协议创办欧洲(电影)艺术馆——欧洲四零艺术空间,并与台湾电电工会、亚太文创会等相关机构保持密切联系。

(四)倾力打造的人才高地

一是大力引进名人名家。近年来,西湖区引进潘公凯、杨澜、余华、刘恒、邹静之、麦家、赖声川、朱德庸、蔡志忠、吴山明、程蔚东、崔巍、约翰·霍金斯、皮托夫、高满堂、刘星、杜维明、朱海、何见平、王伟忠、郭守正、刘纪纲、方振华等"国内顶尖、国际一流"的大师名家以及国际创意界知名人物,并出台了名人个性化、特色化、亲情化"三化"服务措施。二是不断壮大领军队伍。积极鼓励支持文化创意产业人才入选西湖区"515"新世纪人才工程进行培养,积极培育上市公司和大企业大集团,开创文创产业领军人物集群格局。三是大力培育后备人才。依托浙江大学、中国美院等著名院校的优势,不断优化数字娱乐孵化器平台,2010年,孵化器新增在孵企业3家,毕业企业5家;截至目前,孵化器共有孵化企业87家,其中毕业26家,在孵61家,有6家在孵企业进入雏鹰计划。

三、对西湖区发展文化创意产业的思考

党的十七届六中全会站在经济社会发展全局的高度，对推动文化产业成为国民经济支柱产业这一重大战略任务作出了全面部署。在当前形势下，大力发展文创产业，积极推进文化创新，优化调整产业结构，促进可持续发展具有特别的重要意义。西湖区作为一个人文与科技、社会与自然非常和谐的"美丽城区"，积极贯彻落实全会精神和科学发展观，围绕"创业富民、创新强省"总战略，在认真学习国内外成功经验的基础上，进一步做大做强文创产业，并逐步将其打造成西湖区的"第一产业"和"最美丽产业"。

(一)制定完善的文创发展规划

西湖区要进一步完善文创产业"十二五"规划，积极打造"5核5带5链"产业空间布局，即：以杭州数字娱乐产业园为核带动文三路电子商务产业集聚带发展，形成信息流、资金流和物流一体化的电子商务产业链；以之江文化创意园为核带动转塘特色街区及周边艺术村落产业集聚带发展，形成艺术品创作、展示、交易、投资为一体的艺术品产业链；以西溪创意产业园为核带动环西溪影视文化产业带，形成集剧本创作、影视拍摄、制作发行、院线放映为一体的影视产业链；以文新467创意联盟为核带动环浙大紫金港校区设计产业集聚带发展，形成包括产品提升改进、设计研发、交易在内的设计产业链；以天亿家居文化创意产业园为核带动古墩路创意家居产业集聚带发展，形成集设计研发、设计师培养集聚、实物销售为一体的创意家居产业链。力争使文创产业成为"助推器、主引擎、主抓手、驱动力"。

(二)实施持久的扶持激励政策

在文创产业发展中要注重发挥政府引导作用，积极制定产业发展政策。在政策支持方面，要在落实市委、市政府各项文创产业财政扶持政策的基础上，区财政每年再安排一定的扶持资金，并且制定出台《西湖区促进文化创意产业发展政策扶持意见》、《关于加快现代服务业强区建设的财政扶持意见》、《西湖区特殊贡献企业和较大发展潜力企业财政扶持议事规程》、

《加快发展中国美术学院大学科技(创意)园的财政扶持若干意见》等一系列扶持政策。在企业融资渠道构建方面,发行规模1.44亿元的小企业集合信托基金"三潭印月",为数字娱乐等文创企业搭建融资服务平台;携手知名浙商企业共同发起总额为1亿元的"西湖星巢天使基金",进一步加大对大学生创新创业的扶持;鼓励辖区泛城科技公司,联合多家风投成立2亿元的泛城文创产业孵化基金,服务网络游戏、网页游戏、3G业务、动漫等相关产业。

(三)构建全面的服务型新平台

一是构建信息交流平台。建立和完善区级文创网站,定期开展文创企业家联谊活动,交流文创信息,研究和分析文创产业发展形势与现状,广泛开展项目合作、业务合作、资金合作。二是构建版权保护平台。要与市版权保护管理中心深度合作,为属地文创企业在版权登记、交易、维权等方面提供保障。三是构建上市培育平台。积极开展文创产业特别是八大重点行业广泛的摸底调研工作,确定一批具有成长性的优秀企业为上市培育对象,并在"确立商业模式、完善公司治理结构、引进风险投资、部门协调"等方面给予全力支持,力争"十二五"期间西湖区文创上市公司达5家以上。

(四)强化多元的产业发展后劲

一是要坚持优势利用。结合西湖区生态优势、资源优势、人才优势、区位优势,实施大项目带动战略,积极探索高端型、总部型、专业型、独具西湖特色的文化创意产业发展之路,引领文化创意产业发展。二是要坚持资源整合。引导高校、科研院所、企业、创意者个人和中介组织发挥各自优势,整合西湖区与其他行政区的优势互补资源,调动各方力量,以市场化为导向,以利益为手段,整合产业链各环节资源,增强产业集聚能力。三是要坚持集群发展。把握文化创意产业的集群经济规律,把集群建设作为推动产业发展的主要抓手,积极探索不同行业的集群化发展模式,充分发挥文化创意产业园区在产业配套、资源共享、学习交流等方面的机制和作用,提高产业集聚效应。四是要坚持三力合一。充分发挥"政府主导力、企业主体力、市场配置力"三力合一的作用,加强各相关部门之间的沟通与合作,建立多管齐下、广泛参与的长效工作机制,加快形成多方联动共同推动产业发展的良好局面。五是要坚持品牌引领。增强品牌意识,加强品牌投入,提高园区品牌、行业品牌、企业品牌的规划、策划、营销、推广能力,提高产业整体品牌的知名度和美誉度;要整合各类资源,积极推出一台西溪原生态实景演出舞台剧,组织承办一系列"西溪名家讲堂"活动,制作完成50集《西溪湿地》大型纪录片等等,打造一批既有社会效益又有经济效益的文化创意产业精品,积极探索一条具有开创性的品牌发展之路。

（作者单位:杭州市西湖区委）

对浙江地勘行业转型升级的战略思考

徐 刚

近几年来,为适应发展阶段变化的内在要求和率先实现现代化的现实需要,浙江省在全国率先推出了以经济转型升级为主要内容的"创业富民、创新强省"战略。由此,浙江省的地质工作也按照浙江省委省政府有关"转型升级"的要求,对原有的地勘行业结构进行适应性调整,增强发展活力,并利用这个契机,使地质工作真正成为浙江省工业化、城镇化过程中不可或缺的资源保障和经济社会发展的强有力的技术支撑。

据统计,2010年浙江省地勘局实现总收入52.8万元, 比2005年增加了30.05万元,增长率76%;生产增加值11.36亿元,比2005年增加了5.02亿元,增长率80%;实现利润2.57亿元,比2005年增加了1.57亿元,增长率157%;国有资产达15.56亿元,比2005年增加了7.25亿元,增长率87%。其中,地质勘查业生产增加值由2008年的7701万元增加到2010年的1.35亿元, 年均递增32.5%;地质工作利润由2005年的1571万元增加到2010年的6432万元,年均递增32.57%,增速位于各大行业之首。短短三五年时间,地勘行业转型升级已收到了明显成效。

一、浙江地勘行业转型升级的动因

与此形成反差,地勘行业长期以来相对独立,封闭运行,实施属地化管理的时间并不长,而且地勘单位经济实力很弱,就业压力大,离退休职工多,面临的生存压力很大。特别是在2006年之前,浙江省的地质工作跟不上浙江省经济发展的总体节拍,浙江省地勘队伍基础差、底子薄、发展后劲不足、管理体制不顺等状况并没能从根本上得到改变。

(一)事业体制与企业化经营之间的矛盾

"戴着事业的帽子,走企业的路子,"这是多年来地勘单位的现实状态。地勘单位这些年一直是这么走过来的,但这种模式一直存在很大的争议。这种争议主要源自于在具体的经营管理工作中事业体制与企业化经营之间存在的诸多矛盾。这种矛盾体现在投资、分配、劳动关系等诸多方面,对地勘单位的直接影响就是事业体制对地勘单位经营管理活动的各种制约。随着事业单位改革的推进和市场形势的变化,这一内在矛盾越来越突出:一方面事业单位的性质进一步明确,并且随着各项配套制度的出台,资产、人事、岗位、分配等越来越规范;另一方面由于经济形势特别是金融危机导致市场形势的变化,地勘单位的市场生存面临新的考验,需要通过深化内部改革,创新经营机制,探索新的经济增长点,不断提高企业化经营水平。

一方面要不断统一规范,一方面要不断创新搞活,这就对地勘单位行业转型升级及内部管理提出了新的要求。

(二)地勘行业发展的内在需求

从新中国成立初期到上世纪80年代,地勘事业发展的主要内容就是地质找矿,地质工作都围绕找矿开展。浙江省先后发现了一批大中型非金属矿,为国家建设提供了重要的矿产资源保障,并形成了一支具有优良传统的地质工作队伍。

从上世纪80年代后期到"十一五"前期,一方面由于国家对地质队伍经费投入相对不足,地质工作任务严重不足,地质队伍的生存与发展举步维艰;另一方面经济建设和社会发展对地质工作形成多元化需求,为地质工作拓展新的服务领域,实现多元化经营创造了条件。但同时浙江地勘经济呈现出以下几个显著特点。

一是作为地勘队伍立身之本的地质勘查业名存实亡。上世纪90年代以来,浙江地质勘查资金投入严重不足,基本上没有安排关系全省的重大基础地质调查和研究项目,导致地质找矿工作进展缓慢,地质找矿一直难以突破。全省用于地质科研的经费很少,难以对成矿远景区划等进行进一步的总结性研究工作,导致大部分基础地质研究工作与认识仍停留在十几年前甚至二十几年前的水平;对成矿系列和成矿规律的研究和认识也严重滞后,对地质找矿理论特别是深部找矿理论更是缺乏研究和创新,多年来一直未能对浙江省矿产资源的形势和找矿前景达成共识,对找大矿、找好矿更是缺乏信心和决心;又因为对公益性、基础性地质工作和矿产勘查前期投入不足,客观上影响了社会资金投入,无法建立多渠道的、长效的勘查投入机制。

二是地勘经济过分依赖工勘、施工领域。在浙江地勘队伍中工勘施工业的从业人员占在岗人员的2/3以上,工勘施工业的经济总量占全局的60%以上。但由于体制、机制及历史包袱等原因,地勘队伍在工勘施工业这个充分竞争的领域并不占优势,加上缺乏相应的管理经验和管理人才,因此蕴藏着许多质量、安全、财务等方面的经营风险。近年来由于宏观调控政策的影响,工勘施工业正面临着更大的挑战和风险:价格竞争日益激烈、成本上涨压力不断加大、资金财务成本不断上升、行业壁垒渐趋森严,使得工勘施工业仍处于在激烈的市场竞争中苦苦求生存的状态,并且这种局面可能在今后相当长的时间内难以改变。加之最近几年,其他省份地勘队伍通过自身改革,经济发展水平不断提高,浙江省地勘队伍在工勘施工业方面的先发优势正在逐渐丧失。

三是改革稳步推进,对队伍结构提出了更高的要求。近20年来,浙江地勘队伍为了弥补经费缺口,维持生存,原来从事地质工作的技术人员大部分改行从事工勘、施工等其他行业,造成地质找矿人员短缺、人才断层、青黄不接的局面,特别是能独当一面承担地质找矿工作的技术骨干、地学科研带头人更是寥寥无几。浙江地勘局在职职工虽有5000多人,但目前真正能从事地质勘查业工作的专业人员不到三四百人。目前,浙江地勘队伍事业单位定编、定员,职工身份认定等问题正在逐步得到解决,全省的地勘队伍基本被明确定位为从事公益服务的事业单位,编制数量除了能基本满足已有人员进入事业编制以外,队伍大规模扩编的可能性也不复存在。要保质保量地完成国家赋予地勘队伍的职责,需要尽快从功能定位、行业布局、结构优化、资源配置等角度考虑,对队伍进行必要的整合;解决地勘队伍服务功能重叠、内部恶性竞争、没有形成主导行业或特色行业等等问题,形成全局一盘棋、优势互补、资源共享、统筹兼顾、整体高效的局面,发挥地勘队伍各自的优势和特色,形成核心竞争力。

（三）地勘事业及地勘队伍未来发展的方向

进入新世纪之后,我国经济社会持续快速发展,对矿产资源需求持续增长,主要矿产资源对外依存度逐年攀升,全球矿产资源价格急剧上升,国家经济安全面临新的挑战。立足国内,实现找矿新突破,努力提高保障能力成为地质工作面临的迫切而突出的问题;同时,通过多年的探索,矿业权制度逐步建立,矿业权市场初步形成,为地质找矿事业的市场化发展创造了条件,地质找矿改革发展面临新的机遇。

从外部形势看。早在2001年11月,温家宝总理在一次有关新时期地质工作的任务指示时明确提出"两个更加"。随后,温家宝总理进一步指出,地质工作要成为"三个基础",即资源基础、环境基础和工程建设基础。2006年,国务院出台了《关于加强地质工作的决定》,地质工作引起了各级政府的重视。2009年以来,李克强副总理在国土资源部调研及其他重要会议上,连续3次发表重要讲话,强调要切实增强矿产资源自主保障能力,加大地质勘查工作力度,立足国内开发利用资源,减少对外依存程度,为现代化建设提供有力保障。国土资源部、国家发改委、财政部等有关部委都从政策、体制、科技、资金等方面给予了地质工作前所未有的保障和支持。2010年6月,国土资源部部长徐绍史在第五届全国地质队长座谈会上寄语:"开展新时期的地质找矿工作,不仅要有全球的视野、市场的视野,还要有发展的视野。"2011年10月, 国务院常务会议讨论通过了《找矿突破战略行动纲要（2011—2020）》,《纲要》明确了今后一个时期我国地质矿产勘查工作的目标任务。在当前形势下,进一步加强地质勘查工作,提高我省矿产资源自主保障能力,对促进我省经济社会发展具有重要意义。

从浙江省地质构造看。浙江地处西环太平洋成矿带,在国家确定的19个重要成矿区带中,"钦杭成矿带"、"武夷山成矿带"经过我省,且覆盖地域面积占浙江总地域面积的一半以上。"十一五"期间,随着地质工作者在"江山—绍兴拼合带"、"丽水余姚断裂带" 等重点成矿区带连续发现和探明一批重要的矿产资源, 国内众多地质专家认为要重新审视浙江资源潜力,分析推断浙江特殊的地质构造具备优越的成矿条件,具有广阔的找矿前景和攻深找盲的后发优势,地质找矿主业大有用武之地。

从浙江地勘单位实际看。随着近年来一批重要矿产地的发现,一些单位通过转让矿业权获得了可观的收入,让地勘队伍也惊喜发现,从事地质勘查业尽管有风险,但却可以获得比从事其他行业更加丰厚的回报。同时,城市化建设和经济社会发展步伐的加快,特别是大量基础设施和重大工程建设的开工,这些都需要地质勘查工作为其提供技术支撑。加之环境生态问题日益突出,加强地质灾害防治和地质环境保护,也已成为地质部门一项重要而又紧迫的任务。此外,国土整治、新农村建设等也对基础地质资料提出了许多新的要求。因此,适应市场需求,发挥自身优势,实现转型升级,成为浙江地勘事业和地勘队伍发展的方向。

二、浙江地勘行业转型升级的特点

行业升级,主要是指行业结构的改善和行业素质与效率的提高。行业结构的改善表现为行业的协调发展和结构的提升;行业素质与效率的提高表现为生产要素的优化组合、技术水平和管理水平以及产品质量的提高。

各行业在转变经济发展方式进程中的地位和处境并不相同,而浙江地勘针对现有的不同行业,适应市场需求,发挥自身优势,分别采取强化、巩固、弱化及退出,即"好字优先,进一步强化地质勘查业的主导行业地位,努力推动主导行业大发展;稳中求进,巩固和提升施工工勘测绘支柱行业,切实提高支柱行业的经济效益;有保有压,稳步推进,实现其他行业健康发展"等不同的方式,逐步实现相关行业由劳动密集型、粗放型、规模型向技术知识密集型、集约型和效益型的转变,从而初步实现浙江省地勘行业的整体转型升级形成核心竞争力,促进地勘经济的持续、稳定、健康发展。

2010年两会期间,国家发改委正式发函,把浙江省确定为转变经济发展方式综合试点省,而且是全国唯一的省份。转变经济发展方式必然对浙江地勘经济发展带来巨大影响。新形势下,如何既能够保持队伍的稳定,又能加快地勘经济的发展,不但关系到地勘队伍在浙江经济发展中的地位,也事关一万多名浙江地勘职工的前途命运。因此,浙江地勘队伍行业转型升级的步伐,已非仅限于在一个单位内部进行变革那么简单,而是立足接轨全省经济,通过全面策划对地勘行业进行全面统筹的变革。

综上所述,从浙江地勘全局角度来说,目前地勘行业转型升级的主方向和中心工作在于地质找矿,这既是历史机遇,也是职责所在。总体来看,

20多年工勘施工业的发展解决了地勘单位职工就业和温饱问题,而且要真正完成积累,形成市场发展的核心竞争优势,必须要加强地质找矿工作,同时要处理好主导行业与支柱行业的矛盾统一关系。

三、正确认识地勘队伍的主体地位,积极推进行业转型升级

2009年12月,在国土资源部召开的地质找矿改革发展大讨论视频会议上,汪民副部长指出,地勘单位是地质找矿改革发展的主体,其活力决定着地质找矿工作的成败。笔者认为,地勘单位的主体性不仅仅在于地质找矿,而且包括整个地质工作的范畴,其主体性的具体内涵值得深入探讨。

(一)地勘队伍主体性的具体内涵

一是改革发展的主体。我国地质工作通过60年的发展,形成了一支拥有40多万人的从业队伍。这支队伍是地质工作改革发展的主体。

二是工作主体。无论是商业性,还是公益性地质工作领域,地勘队伍始终是地质工作的主力军,承担完成了大部分具体的地质工作任务。特别是在商业性地质工作领域,地勘队伍直接广泛地服务于经济建设和社会生活的方方面面,发挥了所谓"野战军"所不可替代的作用,并且随着"大地质"观念的日益深入,地质工作领域日益拓展,地位日益突出。

三是市场主体。国务院办公厅《关于印发地质勘查队伍管理体制改革方案的通知》明确指出,地质勘查单位主要从事资源勘查、开发和工程勘查工作,同时积极开展多种经营和服务创收,逐步成为自主经营、自负盈亏、自我约束、自我发展的经济实体。地勘单位改革不是简单的企业化,而是要由计划经济体制下地质工作的基本单元走向与社会主义市场经济体制相适应的地质工作体系中的市场主体。

(二)增强主体意识,积极推进行业转型升级

强化主体地位关键是要排除干扰,树立信心,进一步重视和加强地质工作,在不断拓展服务领域,强化服务功能的同时,把握目前地质工作的主题,努力在地质找矿和矿权运作方面取得新突破,确保我省地勘经济呈现出主导行业经济效益快速提高,支柱行业经济质量明显提升,其他行业发展稳中有升的格局。

1.确立地质立局、地质立队的理念,全力发展地质勘查主导行业。进一

步强化地质勘查业作为全局行业格局中心的地位，推动主导行业大发展，为浙江省的经济社会发展提供有效的资源保障和地质技术支撑。具体思路和做法是：

一是大力发展地质找矿工作，实现地质找矿工作新突破。一要加强基础地质调查与研究，推进重点成矿区带基础地质调查和综合研究，查明资源潜力和勘探开发前景。二要加快重点成矿区带的矿产远景调查，寻找新的找矿靶区，加强勘查开发页岩气等非常规油气资源。三要加快实施以企业为主体的矿产与综合利用示范工程，发展矿产领域循环经济。四要实施找矿突破战略行动，要充分发挥市场机制作用，建立多元化投资平台。就我省目前实际情况看：一要加大找矿投入。在政策方面，要更积极地争取省政府加大全省矿产勘查省级财政投入，积极申请中央财政（含中央地勘基金）项目，启动省级地质基金；在自身方面，可通过合作、股份制等形式，多渠道筹集资金，实现地质找矿"有重点、有梯级、可持续"的发展。二是确保重点项目人员、技术力量、资金、设备到位，实现"北钦杭"、"北武夷"、"江绍拼合带"、"丽水余姚断裂带"等重点成矿区带的地质找矿突破。三是发挥地质资料的潜在优势，加强地质资料的二次开发力度，争取以最经济和最便捷的办法实现找矿突破。四是认真研究矿业权的经营模式，提高矿业权的运作效果，努力将优质探矿权转化为采矿权，探索探采一体化的路子，按照"谁投资、谁受益"的原则，探索风险勘探投资新路子。五是继续实施"走出去"战略，寻求更大的发展空间。

二是加强基础性地质调查研究，为战略性、商业性矿产勘查工作提供依据。加强基础地质和在找矿理论研究，研发和推广矿产勘查新技术、新方法。运用"3S"等新技术加快计算机填图，加快区域地质调查的步伐；充分运用高、尖、精的各类物化探技术方法，加快重要成矿区带1/5万的物化探扫面工作和隐伏矿床勘查；同时，加深古老变质岩基底含矿岩系、中生代火山地质问题以及含矿侵入岩类成因类型和岩浆成矿作用研究，开展与相邻省份重要成矿类型和成矿背景的对比研究，为地质找矿提供理论依据。

三是拓宽服务领域，增强地质工作为社会经济提供全方位服务的功能。充分利用自身的人才与技术优势，广泛开展地质灾害防治、矿山生态环境治理、农业地质调查、城市地质调查、地质遗迹调查评价等，为"生态文明"、"平安浙江"和生态省建设提供地质服务和技术保障;积极发挥技术优势,在地热资源勘查与开发利用工作中再立新功,为应对气候变化,发展低碳经济,推进生态文明建设贡献力量。

2. 做优做强工程勘察业,稳步发展施工业,切实提高支柱行业的经济效益。工勘施工业一直是浙江地勘局名扬全国的一面旗帜,保持这个支柱行业健康发展,提升市场竞争力,提高经济效益,是这次行业转型升级的重要着力点。在这一领域,可以采取的办法是:

以结构知识密集型、高效益和高附加值的特色行业为目标,提升工勘业的传统地质优势,扩大市场占有率,继续走在全国工勘业前列。要注重资质管理与升级,加强技术创新和优质服务,建立一支技术精湛、设备精良、管理优异、服务优质的工勘专业队伍,提高核心竞争力;要继续实施"走出去、沉下去"战略,密切关注行业动态,捕捉业务信息,加强经营力度,积极参与国家、省重点工程建设,努力开拓海洋、节能降耗工勘市场新领域,抢占先机,提高效益。

对施工业强调品牌战略,树立稳健经营、适度规模、强化管理、规避风险、注重效益的理念,实现健康发展。与以往片面地追求规模和产值不同,这次转型升级,一是要求有选择地参与符合行业政策、项目资金到位、经济效益较好的项目,强化项目管理,有效控制成本,努力提高利润率;二是要求加强对宏观经济、区域经济和行业政策等方面的研究,争取在拓展新领域、跨入新地域方面取得突破;三是要求发挥地勘队伍的特色和优势,注意研究新方法、新工艺,在高、精、尖上做文章,提高市场的核心竞争力;四是要求加快改革步伐,切实理顺事企关系,推进施工企业产权多元化改革,增强内在活力;五是要求严格推行项目预审制,从经营源头上控制经营风险,并加强对分包队伍的监管,避免出现"中标之日,亏损之时"的现象;六是立足自主经营,下大决心减少直至彻底消除挂靠项目;七是加强项目质量、安全管理,全面推行标准化管理和规范化运作,促进施工业健康可持续发展。

3. 有保有压,实现其他已有行业的健康发展。对于与地勘行业没有关联的其他已有行业,强调必须具有比较优势,要结合实际,扬长避短,有进有退。对自身的条件进行充分的分析,对自身优势明显的领域,要努力做强做大;对自身优势不明显或者没有优势的领域,要慎之又慎,甚至果断退出。

比如对位于地质找矿业下游的非金属矿产深加工、超细粉加工行业，就要求进一步扩大规模，并加大科技投入，提高技术工艺水平，增强产品营销能力。同时，继续稳步推进珠宝业发展，争创一流品牌。对于没有比较优势的房地产行业，则要求深入分析市场走势，对在建的房地产项目，要通过加强项目管理、加快开发进度、统筹资金营运、推进产品营销等途径，加快实现并提高经济效益，最大限度地降低经营风险；对于没有希望的房地产项目，积极寻找合作伙伴或接盘者，从而有序退出。

四、结论

近几年，浙江地勘行业提出行业转型升级战略以来，已取得实实在在的成果。其中最大的亮点是地质勘查业发展迅速，短短几年时间，不仅成了主导行业，而且成为地勘行业最优质的经济增长点。探明了浙江淳安超大型钪银多金属矿等一批大中型金属矿和非金属矿，并且受到了省、部领导的批示、表扬，极大地提振了广大地质人在浙江找大矿、找好矿的决心和信心。目前，浙江地勘局拥有矿业权200多个，矿业权流转获得可观收益，探采一体化迈出实质性步伐。省属浙江省第一地质大队与上市企业（浙江巨化）合作组建了"浙江全顺实业有限公司"，促进了资本技术的有效结合；注册成立了浙江地质矿业投资有限公司，涉足发展矿业经济。在工勘市场定位上注重与高端市场、与大项目的承接，确保了工勘业在全国同行业中的领军地位。

以上所述是浙江地勘队伍面对市场浪潮，积极参与转型升级，主动接受历史大潮检验的结果。在21世纪的很长一个时期内，变革发展趋势不容置疑，行业转型升级必将迅速发展，各级地勘队伍也必须根据自己的实际情况，通过确立地质立局、地质立队的理念，合理定位主导行业、支柱行业及其他行业的发展方向，在参与全省转变经济发展方式的进程中发挥地勘队伍应有的效能，一方面提高自身在全省经济发展格局中的地位；另一方面能够领导一万多名地勘职工加快发展奔小康，从而加速实现建设和谐地勘、富民强局的宏伟目标，使地勘队伍傲然屹立于世界民族之林。

（作者单位：省第一地质大队）

第三部分

小城市建设中的
集聚效应与产业升级互动

——浙江六小城市建设调研报告

赵英军

　　我国及我省在未来相当长一段时间面临的重要课题是：实现新型工业化和城市化，促进城乡统筹发展和一体化以推动经济增长方式转变。改革开放后，浙江省依靠民营经济、块状经济和专业市场走出了一条富有特色的经济成长之路。但正如我国经济增长方式需要进行转型以继续保持经济平稳增长一样，浙江经济面临的转型需求更为迫切。如何综合考虑多个层面，并在经济、社会、政府管理等方面得到发展，需要我们创新思路，寻找新的途径。浙江省出台的《进一步加快中心镇发展和改革的若干意见》和《关于开展小城市培育试点的通知》，提出了推进小城市建设战略，可谓切中要害。通过推进小城市建设，可综合推进多项工作，实现经济增长方式转变。

　　为此，我们调研组对桐乡市崇福镇、秀洲区王江泾镇、嘉善县姚庄镇、临海市杜桥镇、玉环县楚门镇和温岭市泽国镇6个小城市培育试点镇开展了为期一周的专题调研。通过实地考察、听取意见、研读资料并进行对比分析，我们就小城市建设与产业转型、经济增长方式转变的关系进行了思考并提出了一些想法和建议，现汇报如下。

一、六镇小城市培育的基本情况

　　此次调研的6个小城市培育试点镇，产业发展、基础设施建设、城市功能构造、城市管理等方面都具有较好基础。成为试点对象后,6小城市各方面的工作已有序展开,并取得了初步成效,为后续建设工作顺利进行开了一个好头。

（一）确定各自的功能建设目标和培育方向

成为试点单位后,六镇都根据自身特点确定了各自的功能定位及其建设目标,具体见表1。从表中我们可以看到,各试点镇试图表现出自己的产业发展特色和城市建设功能方面的特色。

表1 六镇的功能定位、建成区面积和人口

试点小城市名称	功能定位（目标）	建成区面积（km²）	建成区人口（万人）
桐乡市崇福	中国皮草之都 江南运河文化名城	10.0	10.0
嘉兴王江泾	中国织造名镇 江南湿地新城 浙北商贸重镇	9.0	4.8
嘉兴姚庄	城乡统筹全国样板 产业协调临沪新城 宜居宜业幸福小城	9.0	6.0
台州杜桥	中国眼镜名城 台州湾北部工贸新城 临海经济社会副中心	15.2	13.0
台州楚门	家居产业名都 滨海活力名城 人文生态名镇	11.0	8.2
台州泽国	工贸发达的活力城市 水乡特色的生态城市	13.9	13.5

（二）已经形成初步的支撑城市建设的产业基础

与同类镇相比,6个试点镇的经济实力较为雄厚,工业产值、财政收入在所在区县所占比重较大（见表2）,尤其是作为支撑的主导产业,不仅在省内甚至在国内都具有很大的影响力。如崇福镇的皮草、姚庄镇的光伏产品、杜桥镇的眼镜、楚门的水暖阀门都是国内最大的相关产品生产基地。

（三）规划中注重体现宜居宜业的综合城市建设思想

六镇列入试点后最重要的变化是建设思路转向了"培育城市"。城市所具有的主要特征是其综合性和集约性,这就需要对各方面因素进行综合考量。从此次调研来看,当地政府和所在县区政府都从如何定位、具体发展路径以及需解决的问题等方面形成了较为明确的建设思路,并就建设一座城市的多个方面,如城区规划、产业培育、文化彰显、环境保护、城乡统筹、职能调整等,制定了各自的规划,并对产业和空间建设之外的服务、生态、文化、人居等进行了多方位的思考,如姚庄镇提出建设"幸福小城"、楚门镇建设"人文生态名城"、泽国镇建设"水乡特色的生态城市"等都体现了这方面的理念和思考。

表2 六镇在所在县区的地位和支撑产业

试点镇名称	2010工业生产总值(亿元)	占所在县(区)比重(%)	财政收入(亿元)(括弧为3年建设目标)	占所在县(区)比重(%)	人均纯收入(元)	支撑产业
嘉兴崇福	50.7[1]	12.4	7.6(11.9)	14.3	14360	皮草 装备 制造 纺织
嘉兴王江泾	84.7[2]	32.9	4.45(8.5)	18.1	10446	纺织 家具 制造 商贸 旅游
嘉兴姚庄	131.1	20.0	3.95(8.0)	10.0	10000	光伏能源 精密机械
台州杜桥	151.7	23.0	4.86(10.0)	12.1	12347	眼镜 机械 医化
台州楚门	147.0	23.2	7.20(9.9)	18.0	14000	水暖阀门 家具
台州泽国	127.7	17.1	6.57(12.8)	11.5	16000	鞋业服装 电机空压机 机床五金

1. 系国民生产总值
2. 2011年1—8月工业总产值

(四)有目的地提升资源利用的集约化水平,探索产业转型途径

城市化最重要的作用之一是能通过集聚效应提升资源的利用水平。从调研情况看,各试点镇都从规划方面试图体现这一特点。通过居住区域集中、产业园区化等盘活大量土地,建立公用设施和行政审批、执法、公共服务中心等,提升了城市的综合管理和集约水平;对如何进行产业转型、培育产业集群、实现增长方式转换,都提出了一些初步的设想和规划。

（五）政府倾斜政策推动的特征明显

在城市形成的动力机制上，主要依靠政府推动主动设计。因为列入省级试点，所以各地方政府都对这些小城市的建设极为重视，从调研来看，六镇小城市在培育过程中都体现了政府主动推动和主导建设过程的特征。如各试点镇本级政府和上级地方政府都对这些试点镇给予了多重倾斜政策，优先配置一些非常稀缺的资源（如建设用地指标）。

二、目前存在的主要问题

小城市建设作为我国城市化的重要组成部分，还有许多问题需要解决。本次调研我们将关注点集中于小城市建设与经济方式转变和产业升级方面。6个试点镇反映出的问题如下。

（一）功能定位特色有待进一步明晰

我国城市化过程中，一直存在"千城一面"的问题。因此，培育城市特色和个性魅力在城市建设中非常重要。对于小城市来说，形成特色、彰显个性更为可行。这种特色首先应该体现在功能定位方面。此次调研的六镇，在产业方面都已形成特色，并在功能定位中得到了体现，如中国皮草之都、中国眼镜名城、家居产业名都等，但在如何培育城市特色方面，还存在定位不太清晰、特色彰显不足的问题，如工贸新城、生态城市等的说法就较为普通，个性不明显。

（二）尚处于粗放式扩张阶段，城市集聚效应有待提高

城市化推进的意义在于通过对要素和资源的集聚提高资源配置效率和水平，推动经济增加方式转变。但从调研来看，试点镇粗放扩张的特征较为明显，各地方政府主要关注的还是城市外延的扩张，如何从城市集聚中获得内涵的增加还没有形成明确思路。当然，这与这些小城市集聚率相对偏低有一定关系，有研究表明，此次试点的27个城镇，其人口集聚率、工业产值、财政收入等都相对偏低，而且据测算，建成区面积、人口集聚率等对人均GDP的提升作用并不大，这就表明集聚效应尚未形成。

（三）对城市整体功能如何构建的考虑不足

城市功能完善是城市建设的重要内容，自然也应成为建设初期重点考虑的内容。但是，城市培育必须与产业升级、产业布局规划联系起来，才能

为城市化进行打下良好的基础,即所谓"以工业化带动城市化,以城市化推动工业化"。从调研情况看,有些地方存在着"重城市功能项目建设、轻产业升级和布局规划"的倾向,对如何将城市培育和产业升级有机结合并相互推动未进行深入的思考。城市建设中,所在地产业区建设如何形成产业集聚效应事关所在城市未来发展的前景,如果仍然是中小企业遍地开花、形不成显著的集聚效应,产业升级跟不上,就违背了城市化的本意。《关于开展小城市培育试点的通知》确定的目标是:到2015年,小城市培育试点中心镇的工业功能区的工业增加值占全镇工业增加值的80%以上。因此,特色工业园区和工业功能区的规划不可能偏废。

(四)与周围城市有机联系的程度低

从国内外发展经验看,城市多以"群"居。正是依靠城市间的互联互动,推动了各区域以及全国的经济发展。小城市—中等城市—大城市如果形成一个有机联系的整体,城市的集群效应就能得到发挥,资源也会因此得到更为有效的利用。从调研情况看,目前的小城市建设中,对如何与周围城市建设互动考虑并不多;从建设思路看,基本上是各自为战,尤其是如何建立产业联系方面,基本未被考虑在内,小城市如何实现现有产业与大城市分散产业的对接方面也基本被忽视。这种分散化成长的格局,会对新建城市的辐射功能造成一定的影响,也会对今后城市群内的相互连接机制的建立形成障碍。

(五)产业集群与小城市建设的相互推动中动力机制设计思路欠清晰

块状经济是浙江30年来经济发展中的重要特色之一,加快发展现代产业集群,提升产业结构和技术水平,推动产业转型,拓展价值链是目前浙江经济社会发展面临的重要任务。作为城市化重要组成部分的小城市培育和建设理应服务于这一任务,并通过产业转型促进城市化进程。这是一种城市化良性发展的动力机制,通过块状经济吸引劳动力、资本、技术等要素向所在城镇集聚,城市化因此有了产业基础,同时城市化也获得了资金支持。一般情况下,产业集群发展好的地方,城镇化程度也相对较高。但如何通过城市化来推动产业升级则需要相应的政策引导和鼓励,恰恰在这一点上各地方没有给出一个明确的回答并进行系统思考。

从6个试点镇来看,3年行动计划指标的三次产业构成中,第二次产业所占比重在60%左右，这就意味着二次产业仍在这些地方占据重要地位；从国外发展经验来看，城市化过程也是三次产业结构进行较大调整的过程，突出表现在第三次产业比重的不断提高。尽管六镇也都有大力发展第三产业的计划，但总体水平仍然不高，这样的产业结构并不利于人口的集聚。

（六）资源约束问题突出

小城市建设中需要的资源投入中，资本、土地、人才等要素尤为迫切。调研的6个试点镇对资金和土地表达了强烈的需求愿望，几种要素的需求缺口都比较大。小城市建设中，项目众多，需要投入巨额资金，但由于对地方政府融资的限制，这些试点镇的项目融资都面临很大压力；空间扩展对土地的需求大，但土地指标十分紧缺，难以满足这些城市大规模的用地需求；高端人才集聚困难，由于受到各种条件的制约，小城市在吸引高层次人才和专业人才方面存在重重障碍。

三、加快小城市培育建设、推动产业升级的对策与建议

小城市培育建设，涉及层面众多，其中最重要的一项内容，当属如何有助于产业转型和升级。面对这一重任，我们该如何做呢？总体指导思想须以科学发展观为指导，遵循现代城市发展和产业发展规律，因地制宜，双向推进。具体建议如下。

（一）准确定位，体现特色

此次试点的27个小城市的培育建设，是我省推行城乡统筹发展、推进城市化进程、推动产业转型升级的重要战略部署。所以，如何从更高起点上对试点城市进行功能定位，并将这种定位体现于城市规划与建设之中是推进这一战略首先要考虑的问题。功能定位决定着一个城市后续的发展方向，对一个城市未来的发展影响深远。定位准确，发展的方向就明确；反之，则会对后续发展形成障碍。从一般意义上讲，产业基础、自然条件、资源禀赋、文化底蕴、比较优势等要素都可能成为决定定位的因素；定位的表达的一般要求彰显特色、简洁具体，定位要体现于规划之中，并指引城市各功能区的建设和设计。对小城市来说，面面俱到不可取，但一定要有前瞻性和特色，要建出品位。由于包括六镇在内的大部分小城市都在一

些大城市周围,因此,国外卫星城的建设经验可以为定位的基本出发点提供参考。

(二)提高城市建设规划的前瞻性,科学设置工业园区引导产业集聚

小城市建设中,对城市各功能区进行科学规划至关重要。为了有助于产业发展和功能协调,要加快特色工业园区和工业功能区的整合,处理好新建城区与工业园区的结合。工业园区建设事关产业结构调整和产业集群发展,所以如何与城区建设布局相互协调是小城市建设的重要内容。将城市功能与工业功能有机结合起来,优化工业功能区布局,一方面要支持已建立优势的产业通过工业园区建设得到升级,另一方面,也要打开思路进行跨区域的整合提升;可以通过"一区多园"的模式,吸引其他高水平企业入园或合作建设产业园,通过规划形成统一招商引资、协同开发建设、经济利益共享的区域产业一体化。

(三)坚持产业集聚和城市化相结合,提升集聚效应

从资源利用角度看,集聚效应是城市化产生的重要结果之一。因此,从中心镇成长为小市的过程也就是集聚效应提升的过程。这方面,日本的发展经验值得借鉴。1962年日本推出产业新都市建设的50年计划,引导产业向条件成熟的中小城市集聚,实现"双化互动",获得以园区集聚产业、以产业聚拢人口、以人口繁荣城市的良性发展;到1998年,日本全国工业总产值中,86%产自九大工业地域。据不完全统计,截至目前,日本共有各类工业园区4591个,园区中制造业占83%。具体说来,小城市的集聚效应可以在人口集聚、产业集聚、资源集聚以及管理职能集聚等方面来体现。

1. 产业集聚

这是城市化的基础。在城市化建设中,要通过工业园区或者产业区的建设,将原来分散、小型的企业集中起来,实现对基础设施的共享,提高资源利用效率,同时有目的地引导产业转移。

2. 人口集聚

产业集聚将会吸引人口集聚。同时,城市的发展也要创造低成本、优质化的生活服务,来吸引更多的人集聚到市镇区域,形成基础设施使用和人口集聚的良性循环。

3. 资源集聚

城市化过程一方面是外延扩张的过程,另一方面也是通过集聚,提高资源使用效率的过程。通过淘汰落后产能,改善城市合理布局,可以优化腾出的土地资源,优化城市布局;通过市政基础设施、环保基础设施、教育医疗设施、文化体育设施和商贸综合设施建设,达到资源集聚使用的目的。

(四)产业升级与城市化有机结合

所调研的六镇及其他21个小城市试点镇,都有一批以一定产业为基础的区域块状经济作为支撑。这仍然是这些市镇今后经济发展、吸纳就业、提供税源等的重要基础。在利用这些产业基础促进城市化的同时,城市化过程也为产业转型升级提供了机遇。

经过多年发展,具有特色的块状经济已经发展到一定规模,小城市建设中,这种经济形态也必然面临转型和升级。可选择的道路有如下几种:一是通过扩大企业规模,利用规模经济效应来改变原有经济区域中企业规模过小、竞争力不强的问题,有条件的地区还可以有目的地培育龙头企业,发挥其带头作用;二是通过产业园区在空间上的集聚来提升外部规模效应,即通过创造配套、协作、紧密的产业链优势,共同分享技术创新、公共服务平台以及市场网络等优势;三是对现有产业进行升级、转型,淘汰落后产业,有条件的地区还可以向生物医药、信息光电、新材料、新装备、新能源等新兴、高技术产业转型;四是大力发展第三产业。随着城市建设的进行,从镇变城为第三产业的发展提供了基础和平台,第三产业在经济总量中比重的提升也是城市化水平的重要标志。因此,物流、商务休闲、商贸服务、房地产、旅游等都可以成为小城市产业发展的选择。

(五)优化城市间的空间架构,通过产业转移和分工协作建立城市纽带

小城市建设从空间结构来看,主要是在大中城市和乡村之间建立起连接的结点。因此,在小城市建设中,必须以此功能来进行建设。这样,一方面优化了城市在空间上的结构,另一方面也为产业培植创造了条件。产业转型升级中,必然出现产业转移。就一般情形来看,小城市或者卫星城市会成为城市产业的扩散地,也可以积极接受城市商贸业的服务延伸;另一方面,小城市也可以成为零部件的生产基地,与大城市形成基于产业内合作的分工协作关系。

（六）建立基于经济规律的公共管理体系，培育内生发展机制

虽然目前的小城市建设是在政府主导下进行的，但在推进中政府须遵循经济规律，建立基于经济规律的公共管理体系，为产业发展创造良好的条件。只有培育出推动城市发展和产业发展互动的内在机制，我们才能培育出一座"活"的城市和优势产业。

（作者单位：浙江工商大学）

义乌市佛堂镇小城市建设的
经验和启示

陈 中

一、佛堂镇的经济社会发展现状

佛堂镇地处浙江省义乌南部，位于义乌—金华两个城市主轴的中心，区域面积134.1 km²，建成区面积12 km²，辖106村，常住人口12万，工业园区面积超过7 km²，拥有1000余家企业和5000多家经商户；2010年实现生产总值58亿元，财政收入4.82亿元，城镇居民可支配收入29500元，农民人均纯收入16717元。

作为全国25个"经济发达镇行政管理体制改革试点"和浙江省27个"小城市培育试点"镇之一，佛堂镇在强镇扩权的基础上，充分利用自主权，实现经济快速发展，社会管理水平明显提高。通过对佛堂镇小城市建设的实践进行分析，从中得出一定的启示，从而为经济发达镇小城市建设提供合理建议。

二、佛堂镇小城市建设的主要进展

(一)制定合理的功能定位和明确的行动目标

佛堂镇力求抓住"义乌试点"机遇，通过加快改革创新，增强集聚辐射功能，以提升在义南区的经济发展地位；凭借其具有的文化底蕴和区位优势，力图打造国家级历史文化名镇、文化工艺品生产基地和义乌国际商贸城副中心。紧紧围绕科学发展的主题，佛堂镇加快城市转型，力图把佛堂建设成为宜居宜业、宜商宜游、活力四射的现代化小城市。

(二)深化扩权改革,完善体制机制

佛堂镇把"强镇扩权"作为主抓手,不断提升政府管理职能和服务水平。实行"一个窗口对外、一站式登记受理、一条龙内部运作"的运行模式和按需合理下放其他行政权限政策,以保证扩权工作便民高效和规范运作。为优化机构设置,佛堂镇完善了用人制度,提高了管理效率。体制机制方面,佛堂镇建立了较为完善的财政体制,并积极推进办学体制、户籍制度和融资机制等改革,加快形成与小城市发展相适应的体制机制。

(三)促进各项事业协调发展

佛堂镇坚持新型城市化的理念,注重经济、社会、文化等事业协调发展。在坚持以人为本,统筹兼顾的原则下,按照可持续发展的战略思想,走出了城乡一体化发展的道路。

一是注重产业发展和特色产业培育。围绕转型升级,佛堂镇以工业集聚区建设为抓手,着力打造先进制造业基地,建设佛堂工业功能区企业研发创新基地和产业共性技术服务平台。通过改革创新,提升了优势产业地位,形成具有较强市场竞争力的主导产业。结合自身具有的深厚历史文化资源,佛堂镇形成以文化产业为特色的先进制造业基地,并力图依托古镇文化发展旅游休闲业,以带动相关服务业的发展,促进现代商贸的形成。为实施龙头企业培育工程,在充分利用资本空间,拓宽发展空间的前提下,佛堂镇积极推动骨干企业上市。

二是加快三农建设,促进城乡统筹。佛堂镇强化了政府统筹城乡发展的主体作用,加强资源要素向农村配置,加大对农村的扶持力度。在"以城带乡,以工促农"的原则下,促使基础设施和公共服务向农村延伸和覆盖,推进城乡一体化发展。为优化村庄布局,以中心村为核心,开展村庄整治和迁村并点工程;在坚持从实际出发的前提下,完善了农村各项基础设施,改善了农民生活条件。为实现集约、节约用地,佛堂镇加大对农村土地的整治力度,加快了土地流转步伐和农村宅基地置换工程。农村经济方面,不仅完善了农业发展政策,还倡导发展农业主导产业和特色农业,大力培育农业龙头企业,创建农业品牌。

三是加强民生保障,优化人居环境。为提升社会保障水平,佛堂镇增加

了就业岗位,加大了社保覆盖面,加强了社会救助体系建设。为提高医疗服务水平,完善公共卫生服务,佛堂镇拟改建义乌市第二人民医院和新建镇中心卫生院,形成具有一定辐射能力的医疗服务中心。另外,积极落实各项公共卫生免费服务项目,建立了公共卫生事件应急响应预案。在继续实施义务教育的同时,佛堂镇倡导大力实施优质学前教育,提升高中段教学质量,加快发展职业教育。通过实施美化绿化工程,加强生态修复和景观树种培植,同时,加大绿化、垃圾处理、污水净化等环保投入,营造了优雅舒适的生活环境。

四是完善基础设施,提升城市功能。便利的交通关乎城市经济和社会的发展,为此,佛堂镇强化重点交通工程建设,力图构建"四纵四横一环"的便捷交通网络;同时,加大城乡交通统筹建设力度,实现行政村公路联网。另一方面,通过实施水电气保障工程,提高管网覆盖率,完善输变电系统。

五是加快政府转型,提高服务水平。佛堂镇通过在原有的基础上,重点强化面向基层和群众的公共服务职能,进一步优化机构组织设置,行政审批服务水平得到完善,城市综合执法水平有所提升,机构、人事改革进一步深化。

三、佛堂镇小城市建设的经验启示

(一)重视规划的引领作用

规划是城市建设的开始,小城市建设规划要有发展意识、管理意识和环境意识。因此,规划不仅要在面上做到全覆盖,在质上也应得到保证。佛堂镇小城市建设涉及社会发展的各个方面,无论是在体制机制、城市功能、基础设施配套,还是在民生保障、三农建设、经济发展等方面都做了详细规划。

(二)实际操作中注重理论与实践相结合

小城市建设中应注重加强以理论指导实践,用实践验证理论。表现在以下4个方面:

1. 强权扩镇是关键。下放给经济强镇一定的权限,打破镇政府在行政管理方面的束缚,有效发挥镇政府管理服务职能,激发经济社会发展活力,加快镇向小城市转变。

2. 经济发展是动力。以产业发展为支撑,加快发展经济,实现一、二、三产业协调带动,为小城市发展提供动力源泉。

3. 城乡统筹是重点。坚持"以商强农、以城带乡"的原则,促进城乡一体化发展;不断加大支农惠农力度、政府发展政策向农村倾斜,逐渐缩小城乡差距,实现共同发展。

4. 组织领导是保障。确保服务型有为政府的正确领导和政策取向,在以市场为导向的同时,对乡镇进行小城市建设。

四、相关政策建议

通过对本案例的分析,本文认为"镇级市"模式是现阶段我国小城市建设和发展较为适用的发展模式。"镇级市"的提出,符合新型城市化发展的要求。小城市建设的模式并不唯一,如"副县级镇"模式,但"镇级市"模式是未来小城市发展的趋势。由此,本文提出以下几点建议。

（一）推进"强镇扩权"向"扩权强镇"转变

"强镇扩权"目的在于解除束缚经济社会发展的桎梏,激发强镇社会发展的活力,使经济社会发展潜力得到很好发挥;而"扩权强镇"则是为了强化经济强镇的综合实力和城市功能,为小城市培育提供一定的基础条件。在破除乡镇权责不一致的弊端之后,对经济强镇再次扩权,可以促进强镇经济社会的进一步发展,有效推动小城市建设的进程。

（二）充分发挥区域优势,创造优越环境

小城市建设应注意突出特色培育,应以地方区位优势和地域特色为重点进行开发。对处于都市圈和城市群辐射范围内的乡镇来说,应主动抓住这一优势,充分利用该地区经济社会发展带来的外部经济效应;对具有人文优势的乡镇,应大力发展旅游经济,繁荣第三产业;对环境、生态发展良好的乡镇,应以生态城市建设为发展目标等。根据区域优势和特色建设小城市,避免"千篇一律"的城市格局。

（三）以新型城市化和"镇级市"标准建设和发展小城市

小城市建设应坚持新型城市化,走城市可持续发展的道路,防止过度开发。应在充分考虑资源环境承载能力的前提下发展小城市,坚决反对以牺牲环境为代价的小城市建设。此外,小城市建设应注意"量"和"质"的权衡,要注重城市品位的提升。

(四)加强乡镇之间的联系与互动

小城市建设将是城市化进程的趋势,因此,在小城市建设过程中应加大各乡镇之间的联动作用,如产业发展合作、小城市建设经验交流等。未来小城市的定位并非是孤立的,而是各小城市以及小城市与大中城市之间紧密联系、互促共进的。以佛堂镇为例,将镇区扩建、完善公共基础设施等作为小城市建设的主要任务是毋庸置疑的,但是,加强与周边乡镇的合作与联系也是不容忽视的重要环节。

(五)倡导"全民参与"

小城市建设不应由政府独揽进行,也不应只由企业、市场带动,而应该由全民参与。政府掌控方向,市场提供动力,而全民则献计献策。建成后的小城市是要服务人民的,而全民想要有的服务会在参与中一一提出。所以,允许全民参与小城市建设,可以更好地完善城市功能,将强镇真正地建设成为宜居宜业的小城市。

(作者单位:浙江省人才市场)

关于小城市培育进程中
加强文化建设的若干思考

刘　颖

自从2010年省委、省政府作出关于开展小城市培育试点工作的战略决策以来,一些中心镇、特大镇在推进新型城市化、建设社会主义新农村,促进城乡一体化发展中发挥了重要作用。但是,我们也应清醒地看到,在这一进程中,忽视文化建设,甚至破坏文化资源的问题在许多地方仍不同程度地存在,城市文化建设相对滞后、城市文化个性特征不明的现象普遍,这对于中心镇向小城市的转型发展十分不利。本文试图从分析文化建设对城市化进程的意义以及当前小城市培育过程中存在的忽视文化建设的现状入手,提出在小城市培育进程中推进文化建设的相关对策,供有关方面参考。

一、文化建设在城市化进程中的意义

近年来,随着城市化进程的加快,我国城市整体发展水平有了大幅提高,城市规模不断扩大,经济实力逐渐增强,现代化水平日益提高。与此同时,由于文化在城市发展中所起的作用日益凸显,城市化发展战略不能走"先经济、后文化"的弯路正逐渐成为舆论的强音。不少城市正在用科学发展观的眼光重新审视文化建设的现实意义,将发展城市文化放到促进城市发展的基础地位,努力实现经济、社会、文化的协调发展。特别是党的十七届六中全会更是明确将文化建设摆到了关系国计民生的重要地位,确立了建设社会主义文化强国的战略目标,提出了新形势下推进文化改革发展的指导思想、重要方针、目标任务、政策举措,强调了文化在当代中国已越来越成为民族凝聚力和创造力的重要源泉、越来越成为综合国力竞争的重要因素、越来越成为经济社会发展的重要支撑,丰富精神文化生活越来越成为我国人民的热切愿望。

1. 当代社会的一个重要特征,就是文化已越来越成为经济发展的精神动力和智力支撑,当代经济竞争实际上就是一种国民精神和文化软实力的竞争。城市文化建设是城市经济发展的重要推动力,它可以满足城市社会成员的精神需求, 但更主要的是它可以培育城市发展的新的经济增长点。从经济价值角度来看, 城市文化是推动城市经济可持续发展的重要力量。智力因素是21世纪世界经济竞争获取优势的最基本的保证,当我们的经济发展到更少地依赖于制造业而更多地依赖于知识的时候,城市文化的经济价值也日益凸现。因此,当今一些西方发达国家更加注重通过文化产业、借助文化产品,输出其价值观念和生活方式。近年来,美国一直控制着世界主要的电视和广播节目制作,每年向国外发行的电视节目总量达3万小时,并占有世界2/3的电影市场总票房。我们要在激烈的国际竞争中赢得主动,扭转文化贸易逆差,维护国家文化安全,就必须增强我国文化的整体实力和国际影响力。

2. 当代社会的另一个重要特征,就是文化产业已经成为国民经济的支柱产业,我们必须要从产业结构调整的高度重新认识文化建设的意义。文化产业将成为国民经济支柱性产业,可以从"十一五"期间的一系列数据中得到印证。"十一五"期间,演艺业、动漫业、文化旅游、文化娱乐、网络文化等文化产业蓬勃发展,全国文化产业年均增长速度在15%以上,比同期国内生产总值增速高6个百分点。2005—2010年,全国文化产业增加值年平均增长速度超过23%,2010年全国文化产业的增加值突破了1.1万亿元, 占国内生产总值的2.78%, 一些省市文化产业增加值占地区生产总值的比重超过5%。从杭州的情况来看, 以演艺业为例,2010年杭州演出场馆年演出4340场次,观众152万人次,收入2059万元,68家民营文化团体年演出收入超过5.5亿元,其中宋城艺术总团约为2.5亿元,金海岸文化发展股份有限公司约为1.5亿元,杭州印象西湖文化发展有限公司约为1亿元,都逐步成为杭州文化旅游的领头羊。按照平均增速估算,2016年我国文化产业的增加值占国内生产总值的比重将达到5%, 可以在全国范围内实现文化产业成为国民经济支柱性产业的目标。因此我们必须从产业结构调整的高度去重新认识文化建设的意义。

3. "四位一体"的提出，意味着文化建设在推进科学发展实践中的独特作用。随着科学发展观等一系列重大战略思想的提出，中国特色社会主义事业的总体布局已由经济建设、政治建设、文化建设"三位一体"扩展为包括社会建设在内的"四位一体"任务。四大任务的目标要求也更加明确，由富强、民主、文明3个方面扩展为富强、民主、文明、和谐4个方面。在这一总体布局中，社会主义经济建设、政治建设、文化建设和社会建设是有机统一的。建设中国特色社会主义，必须高度重视文化建设，特别是通过加强社会主义核心价值体系建设，形成全民族奋发向上的精神力量和团结和睦的精神纽带，这是不断满足人民群众日益增长的精神文化需求的需要，也是全面实施党和国家发展战略的需要。

二、当前在小城市培育中普遍存在着对文化建设的忽视

现阶段在小城市培育进程中对文化建设的忽视和滞后主要表现在以下几个方面：

1. 城市规划求新、求大、求洋。一些小城市热衷于对西方城市或发达城市外在样态的模仿，一张设计图纸到处用，放弃了对自己城市特色与个性的追求，从而导致城市面貌的趋同，城市风格的点睛之笔在日新月异的城市改造和新区发展中被湮没。有些小城市更是简单地将文化遗产视为摇钱树，只看到它的经济利益，违背了文化发展规律，使其原有的文化特色日渐消失。甚至一些城市建设者一味追求"政绩工程"，忽视城市文化内涵的培植与塑造，导致一些小城市在对旧城镇的大面积改造和新城区建设中，片面追求城市的功利性和时尚性，削弱了文化个性，使城市的文化形象表现不明显。因此，促进小城市文化建设，必须改变城市规划"缺乏特色"的弊病，这已成为小城市培育进程中文化建设的当务之急。

2. 历史街区被成片改造、原住民被搬迁，兴建"假古董"。小城市的历史街区一般都是城市中历史记忆保持最完整、最丰富的地区。不少小城市在城市化进程中缺乏科学规划，采取了对历史街区的成片改造，兴建所谓的"仿古街"等假古董，许多设计既无历史文化内涵，也无建筑创作意境可言，

导致历史街区的民族传统、地方特色逐渐丧失。而且,由于历史街区通常都是房地产开发商高价争夺的黄金地段,一些小城市为了追求经济效益,不合理地要求"资金就地平衡",因而采取了在历史街区内兴建现代高层建筑,使文化遗产及其环境遭到破坏。同时,一些小城市为了满足高速、快捷的城市交通需要,采取拓宽传统街巷,在旧城建设穿城式交通干道和立体交叉道路系统,使"曲径变通途",严重破坏了城镇的空间形态及街巷肌理。此外,不少小城市为了美化城市形象和吸引游客,在旧城改造中都采取了搬迁原住民的手段,殊不知,一座城市的历史建筑是人类文化的重要载体,是民族历史的缩影,而原住民各具风格的生活习俗更是城市的魅力所在,没有了原住民的街区,等于割裂了文化的传承,最终将沦为庸俗的商业社区。

3. 文化的公益性缺乏、公共文化服务体系不健全。以公共图书馆为例,2010年年底全国共有公共图书馆2860个,而2010年县级及县级以上行政区有3223个,这意味着至少还有363个县及县以上的行政区还没有图书馆。究其原因,可概括为以下几个方面:经费投入不足,基层文化活动乏力;人才缺乏,文化竞争力不够强;体制不顺、机制不活,文化创新乏力;基础设施和设备比较滞后,文化信息共享资源相对乏力;投融资体系不够完善;公共文化建设缺乏法律体系的有力支持。

4. 文化产业意识不强,发展状况相对处于较低水平。与中国的大城市类似,很多小城市在文化产业发展上面临的主要问题是过分地强调文化产品的宣教功能,还没有清醒地认识到只有产业化才能使文化具有传播性。就文化产品本身而言,由于我们以前将其赋予了过多的宣教功能,削弱了文化产品本身与生俱来的或者是应该具有的娱乐功能,而使其本身的商品性随之而被极大削弱,导致文化产业结构失衡,市场主体不成熟,人才缺乏,投入不足,这可以说是目前文化产业面临的最大问题。以影视动画产业为例,美国迪斯尼公司制作《恐龙》时成本为2亿美元,制作《花木兰》花了近10年时间,《指环王》三部曲也是磨金8年,更是动用全球范围200家影视制作公司600多名一流数字特技师。以上事实表明,我们还不具备与国外先进的文化产业集团进行横向竞争的实力。但是我们有很多城市,包括民间的管理者,从骨子里还是觉得中国有5000年的文明史,有世界上最多的历史文化古迹,有着光辉灿烂的文明成果,这种文化优越感慢慢变成了一种历史包袱,极其沉重。我们对文化的专业理解只停留在学术层面,没有将其转化为生产力的理念,也没有从这个角度去思考过。

三、加快文化建设,培育特色小城市的若干对策

(一)大力加强文物古迹保护工作,建设"风情小城"

1. 严格保护文物古迹

一是要强化整体保护,增强规划性。小城市的建设发展,有赖于城市规划主体对其进行合理的整体规划,历史古迹保护工作作为城市建设的重要内容之一,对其进行全面而精细的规划十分重要。政府在城市建设前必须进行整体规划,确保各个功能区自身功能得以充分发挥而又不影响其他区域功能的正常发挥,严格遵循城市建设"五线管理"(红黄绿紫蓝)中的紫线管理(历史保护区管理)原则,对文物古迹保护要划出特定的保护范围,避免在其周围进行违章建设而破坏文物古迹,特别要注重对古迹实体及周边环境的原真性保护。同时,在规划实施中要推行委员会制度和"法定图则"的办法,尽量减少规划修编的随意性,确保总体规划的有效实施。

二是要注重保存文物历史信息,增强真实性。对文物古迹的保护应遵循保存历史的信息的原则。用信息的观点看,文物古迹包含的大量历史信息可以不断地被研究、被解释,今人可以利用,后人也可以利用,而且随着科学的发展和人类认识水平的提高,后人对这些信息的认知肯定比我们更深刻、更丰富。只要原物存在,就可以不断地有所发现;原物不存在了,对信息的认识也就终止了。人们可以复制一个文物,但所保留的信息只能是已经认识的那一部分,再不可能有新的发现了。这就是文物不可再生的道理。著名学者梁思成曾说:"文物古迹保护是延年益寿,绝不可返老还童",这一理念必须深深植入城市管理者心中。

三是要保护文物环境,增强风貌完整性。目前对小城市历史文化遗产价值的损害,大部分反映在对文物环境的破坏上。《文物法》规定要在文物的保护范围之外再划定一个"建设控制地带",通过城市规划对这个地带的建设加以控制,包括新的建筑功能、建筑高度、体量、形式、色彩等。只有保存了历史的环境,人们才能够更好地理解文物建筑在当时的功能、作用、设

计意图和艺术成就,才能更好地体现它的历史、科学和艺术价值。因此,对各级重点文物保护单位要注意科学地展示和合理地利用。当前,不提倡恢复重建那些已不存在的文物遗迹,重建的不是文物,可以叫景区,但不具有文物价值。当然,为了丰富旅游内容,有选择地恢复一些知名度高、在群众心中仍保留着亲切记忆的古建筑也是无可厚非的,但当前主要的精力和财力还是应放在抢救和整修上,要强调"保护为主,抢救第一"。

2. 严格保护格局

文物古迹的保护不应仅仅是对建筑或历史遗存本身的保护,而应树立起"整体保护"的意识,即对文物古迹的整体格局的保护,注重保持文物古迹、历史街区、道路、水系和历史环境风貌的完整性。因此,各小城市在对文物古迹进行保护的过程中,可通过设立历史文化保护区来保护文物古迹及周边的格局和历史风貌。关于历史文化保护区的条件,第一,有真实的历史遗存物,反映历史风貌的建筑、街道等是历史原物,不是仿古假造的。整个街区内会有一些后代改动的建筑存在,但应只占一小部分且风格上基本统一。第二,有完整的历史风貌,能够反映城市历史上的典型特色。第三,有一定的规模,视野所及风貌基本一致,能够造成一种环境,使人从中感受到历史的气氛。其保护原则有3条:一是保护历史的真实性,尽可能多地保护真实的历史遗存,对历史建筑积极维护整修,不要因其破旧就认为没有使用价值而拆毁;二是保护风貌的完整性,要保存整体的环境风貌,不但包括建筑物,还包括道路、街巷、古树、小桥、院墙、河溪、驳岸等构成环境风貌的各个因素;三是维护生活的延续性,这里的居民要继续生产和生活,要维持原有的社会功能,促进经济的繁荣。

3. 慎迁原住民

对小城市的历史文化街区或村落进行保护与整治,要特别关注方法和政策问题。不少小城市的历史文化街区本来有很好的基础条件,只是由于整治实施的方法不当,丢掉了文化遗产的真实性,丧失了其所承载的文化价值。住建部曾有文件指出,历史文化街区与文物保护单位在保护方法上是不同的:首先,历史文化街区要保留原住民继续居住和生活在这里;其次,历史文化街区要积极改善基础设施,提高居民生活质量。我们认为,历史文化街区是文化遗产的类型之一,也是小城市特色文化的综合体现。对它的保护既要符合文化遗产保护的共性原则,保护其历史遗存的真实性和完整性,更要突出它是活态遗产的特点。长期居住的原住民,用他们的行为活动体现和传承着历史文化,所以,历史文化街区保护不能只保护其有形的物质环境而忽视了无形的人文环境,必须要有原住民继续生活在这里,以完成文化的传承。否则,原住民的离开,对于保护物质环境可能是有益的,但同时也丢掉了人文环境的承载主体,造成文化传承的断裂。

(二)大力发展公益性文化事业,构建公共文化服务体系

公益性文化事业是社会主义文化建设的重要组成部分。在小城市培育进程中,发展公益性文化事业要坚持把社会效益放在首位,坚持把为全社会提供更多更好的公共文化服务作为重要目标,坚持以政府为主导,增加投入,增强活力,改善服务。

1. 加大资金投入力度,提升文化软实力

首先,要按照各个小城市的经济社会发展水平,保证公益性文化事业单位及人员的基本运行经费,提高基层文化工作者的积极性、主动性和创造性,这是做好文化工作的基础;其次,要保证把文化事业宣传经费全额用于文化事业的发展上;再次,要逐步加大财政资金对公益性文化事业的投入力度,其增幅要保证略高于同期财政收入的增长幅度,并落到实处。

2. 加强文化基础设施建设,完善公共文化服务体系

实践证明,基础设施兴,则文化事业兴。要结合实际,规划和建设一批既有民族特色、地域风格,又具有时代特征、为大众认可的文化设施,如科技馆、体育场馆、文化广场、全民健身园地、社区文化活动园、青少年活动中心等,并真正发挥好它们作为先进文化的传播阵地和发展天地的现实功能。

3. 健全文化人才机制,加强人才队伍建设

各小城市要建立起开放的文化人才培养、引进、选拔和激励机制,培养和引进当前迫切需要的人才,并使人尽其才,才尽其用,要造就成批的优秀文化人才。

4. 抓好基层文化建设,保障低收入群体的基本文化权益

各小城市要加大力度,改善公共文化基础设施条件,使文化设施、服务网络和文化产品基本满足居民就近便捷享受文化服务的需求,基本解决群众看书难、看戏难、看电影难、收听收看广播电视难的问题。体育场馆、科技

馆等公共文化设施免费或以一定的优惠向残疾人、老年人等群体开放;艺术院团、影剧院定期面向低收入居民开展低价演出或放映活动。

(三)大力推进文化产业发展

发展文化产业是社会主义市场经济条件下满足人民群众多样化精神文化需求的重要途径。各小城市必须坚持社会主义先进文化的前进方向,坚持把社会效益放在首位、社会效益和经济效益相统一的原则,为推动科学发展提供重要支撑。

1. 构建产业体系,延伸产业链

要重视推进文化产业结构调整,发展壮大出版发行、影视制作、印刷、广告、演艺、娱乐、会展等文化产业,加快发展文化创意、数字出版、动漫游戏等新兴文化产业;发掘小城市文化资源,发展特色文化产业,建设特色文化小城市;规划建设各具特色的文化创业创意园区,支持中小文化企业发展;推动文化产业与旅游、体育、信息、物流、建筑等产业融合发展,增加相关产业文化含量,延伸文化产业链,提高附加值。

2. 增强自主创新能力,加强技术攻关

要发挥文化和科技相互促进的作用,深入实施科技带动战略,增强自主创新能力;健全以企业为主体、市场为导向、产学研相结合的文化技术创新体系,培育一批特色鲜明、创新能力强的文化科技企业,支持产学研战略联盟和公共服务平台建设。

3. 扩大文化市场,创新消费模式

各小城市要积极拓展大众文化消费市场,开发特色文化消费,扩大文化服务消费,提供个性化、分众化的文化产品和服务,培育新的文化消费增长点;重视提高基层文化消费水平,引导文化企业投资兴建更多适合群众需求的文化消费场所,鼓励出版适应群众购买能力的图书报刊,鼓励在商业演出和电影放映中安排一定数量的低价场次或门票;积极发展文化旅游,促进非物质文化遗产保护传承与旅游相结合,发挥旅游对文化消费的促进作用。

(作者单位:杭州西湖风景名胜区管委会)

借鉴国外经验　推进浙江小城市建设

——国内外小城市建设路径的比较研究

马洪涛

自2000年浙江省政府培育"中心镇"工程启动以来,中心镇的发展已经达到相当规模,成为浙江省区域和城乡发展的一大特色和优势,在推动浙江经济社会发展中功不可没。2010年中央一号文件强调要把加快推进城镇化作为统筹城乡发展,解决新时期"三农"问题的新的战略举措,并强调要努力形成城镇化与新农村建设协调发展、良性互动的体制机制。在此背景下,浙江省委省政府提出的把"中心镇"培育成为现代小城市的战略决策具有鲜明的前瞻性,成为浙江省实施以新型城市化为主导,加快推进城乡一体化新战略的一个关键性举措。作为推进新型城市化的重要途径,将集聚能力较强、经济实力较强、基础设施较好、人口数量较大、具有城市雏形的"中心镇"培育成小型城市,建设具有浙江特色并赋予新型城市化理念的小城市是民生所需,更是科学发展之必然。

一、浙江省小城市建设的现状及问题

近年来,浙江省在探索小城市建设中从培育"中心镇"到培育"小城市",出台了一系列扶持政策,资金、土地、人才等要素保障有力。小城市培育试点力度大、起点高、举措多、开局好,省、市、县对小城市培育工程的政策扶持落实到位,全省上下合力推进小城市培育的格局基本形成,为完善小城市规划、提升小城市功能、发展小城市经济、集聚小城市人口、提高小城市管理水平无疑发挥出了重要作用。实践证明,在培育小城市建设中,强大的产业支撑是基础,科学的规划体系是关键,高效的公共服务是保障,生态的宜居宜业是目标。但在调研中发现,融资不活、土地太紧、人才难进是各地小城市培育中的共性问题,反映较为强烈,理应引起相关职能部门的重视和督办。此外,以下3个方面的问题也必须引起我们高度关注。

(一)建筑风格上的雷同

建筑是一个城市的符号、特征和经典,是当地传统文化底蕴的积累和延伸。而不少地区在小城市培育中规划体系不科学、小城市特色不鲜明、小城市品质不突出,缺乏当地小城市特色,存在"百城一面、千镇雷同"现象;弱化了本镇原有人文特色,尤其是民居区,变成了清一色小洋房型的"别墅村";商务大楼、公寓住宅、行政服务中心等建筑工地千篇一律地修筑围墙,植树种花,竖立雕塑,点缀小品,添油加醋地增添各种"景观"于其间。

(二)文化历史上的忽略

历史是一个城市的灵魂,而文化是其精髓。嘉兴的崇福、台州的泽国、楚门,他们或吉祥如意或威武强大的名字背后都有着一段特殊的历史渊源和动人的故事。在城市建设中,若能把这段历史续上,把这些故事讲好了,讲新了,不仅对提高其知名度、美誉度有很大作用,更对其未来的城市品位、招商引资、观光旅游起到不可估量的作用。遗憾的是,这些镇的现任领导们竟很少能准确地说出它的故事,明白它的渊源,更未能在城市规划中体现当地的文化历史脉络。

(三)功能定位上的浮夸

许多镇的小城市功能定位均已碰"天花板",动辄"新城"、"名镇"、"之都",可培育能量却还在"地板"上,令人担忧。一是功能定位与当地土地盘活效能脱节。在走访的6个试点镇中,均存有土地指标缺口,部分县(市、区)土地支持承诺还开着白条。二是与当地城镇形态不相称。部分镇的规划体系追求"高、大、全","洋味"十足,与当地自然形态融合不够,定位于"水乡特色新城"的水质污染严重;定位于"工贸发达新市"的产业集群度和支撑力软弱。三是与当地资金保障能力和运行机制不匹配。规划中的小城市发展规模与当地财力明显脱节,过度依赖后3年的经济指标增幅,"小马拉大车"现象突出。四是与当地行政机制运行效能不相符。表现为管理权限下放不到位,在省下放给县级政府的433项经济社会管理权限中,能到小城市培育试点镇的不足100项,有的试点镇尚处于扩权事项目录梳理中,并未开始实施。

二、国外小城市建设经验借鉴

培育小城市的视野仅限于省内、国内是不够的,日、韩等亚洲国家以及美、英等欧美国家的小城镇模式务实管用,尽管国情不同、社情各异,但其民生为重的小城市培育目标、完善的规划体系和高水平的管理质效是人类的共同追求,许多经验值得我们思考和借鉴。

(一)基础设施先行

美国的城镇建设非常重视道路、垃圾和污水处理等基础设施建设,注重为城镇提供可持续发展的社会经济环境。小城镇不但拥有与大城市一样的基础设施和社会服务设施,而且还有大片的森林、绿地和更为接近自然的、令人感到舒适的环境。无论是城市、城镇还是农村、独立居民点,基础设施都十分完善。对外联系道路和内部联系居民点的道路直通居民门前,电力线、给、排水管线都通至每户,即使远离城市的村镇及散布在森林中的独立住宅都是水电齐全。在基础设施建设上,城乡基本没有差别,乡村甚至拥有比城市更好的自然环境条件,这也是吸引更多城市人口迁移郊区的主要原因。日本的城市也同样如此。嘉兴的友好城市——日本静冈县的富士市,人口只有10万,但非常重视基础设施投入,每年市议会研究的第一个议案便是关于基础设施的投入,虽然远离大都市,但是水、电、煤气、道路交通样样齐全方便。令人印象深刻的是,城市随处可见寺院、神社、庭园等日本人日常生活中最重要的场所,路旁则是一家家经营清水烧、京扇子、京果子等传统特产的老铺,时常会令人想到中国唐诗宋词里的景象。这得益于政府对基础设施和公共服务的完善,居民则纷纷用心把自己的家装修得既古色古香,又迎合现代化生活。

(二)环境规划为重

在美国,环境规划是城镇建设的重要内容。各类城市均十分重视环境保护和建设,在规划上对城市的公园、绿地建设有着严格的要求,"凡规划确定的绿地,不论土地权属,一律不得改变用途。"城市建设过程中十分注重对地形、地貌及植被的保护。不仅局限在种花种草、植树造林等园林绿化,更注重城镇景观环境的设计,建筑物的外观、道路的线形、沿途景观以及路标等既是构成城市整体景观的要素,也是环境设计的重要内容。美国洛克威尔市是嘉兴市的66个国际友好交流城市之一,紧靠纽约大都市,拥有5万左右人口,但它有比较大的社区,社区里有一个中心,中心内有商业、教堂、文化剧场、公共活动场所,具有非常完备的功能。所以,虽然小镇离纽约很近,但镇里的人很少到纽约去。又如位于美国和加拿大交界处的尼亚加拉大瀑布边上一个叫哈密尔顿的小镇,人口10万,它的城市建设就突出了它的环境规划,依赖大瀑布的旅游优势,努力营造环境上的亮点,逐步发展成为大瀑布周围最受追捧的旅游城市,全镇布满了围绕观光旅游业精心设置的商店、饮食店和宾馆,让人一到那就不由得想多停留几天。环境规划的魅力可见一斑。

(三)人文培育为本

城市化说到底是人的市民化,而不是土地的城市化。培育小城市建设必须与培育市民人文精神并行,并非简单的"农民转市民、乡镇变城市、产业趋集群",理应注重人文精神的培育和乡镇科学的普及。韩国在小城镇建设中注重对农民进行人文精神培育和科普实践,其成功经验值得我们借鉴。韩国新村运动的重要内容就是"精神启蒙"更新意识,启发和唤醒农民自身"勤劳、自助、合作"精神,激发农民的主动性和创造性,改善生活环境,提高农民生活水平。韩国江陵市是与嘉兴市在新农村建设和公务员交流领域开展交流合作较为深入的国际友好城市之一。江陵市沙川面(镇)农业科技中心,主要推广绿色农产品和高品质大米;发展高尖农业;培训农民,提高农民生活质量。目前,中心主要致力于开展城市市民体验农村生活活动,通过发展观光农业,让城市市民体验农村生活、购买农产品,拓宽农民的致富渠道,提高农民收入。

(四)生活品质为要

小城市建设在宏观上当然应满足新型城市化要求;微观上则需满足人们的生活和精神需求。英国普利茅斯市是与嘉兴市在教育领域合作较为成功的国际友好城市之一,该市在城市建设中较为注重市民生活品质的提升。整个城市的生态环境如诗如画、人与自然和谐共融。所到之处,乡村绿地、平原丘陵、田野牧地、错落有致的农房别墅,真正让人感觉到城乡一体和优美的田园城市风貌。城寓于乡,乡寓于城。市议会每年安排财政资金5亿多英镑,一半以上用于教育,无论是城市还是农村都一样享受免费教育,而且优质教育资源比较丰富,分布比较均衡,从未出现过因公立私立学校性质不同、教育质量明显有差距而造成的中小学生择校的问题。

三、推进浙江省小城市建设的对策与措施

(一)准确定位,注重特色

根据当代国际城市化发展的规律趋势和中国特色城市化发展要求,结合浙江经济社会发展阶段性特点,培育小城市应定位于体现城市与农村联姻发展、绿色城镇与美丽乡村相得益彰的城乡一体化田园城市。

在准确定位的前提下,根据本地经济、文化、产业发展特点注重扬长避短和个性培育,推进各具特色的城市发展。有的镇可以专业化发展为主,如旅游资源丰富的镇,可以像尼亚加拉瀑布边上的小镇哈密尔顿一样,建设成为旅游镇,注重服务配套功能的完善,比如嘉兴的王江泾依托千亩涟水荡,台州的楚门依托滨海资源,完全可以探索这样的模式;有的可以像美国巴士陶一样,以某项专业市场化发展为主,注重市场服务配套功能的完善,比如嘉兴的崇福以其业已发达的皮草业、台州的杜桥按其现有的"眼镜名城"的知名度,均可走这样的路子。如此,才能真正实现无论走到哪里,都能看到不同面貌和特色的城镇,消除"百城一面、千镇雷同"的现象。

(二)尊重规律,科学规划

培育小城市不能随意而为,需要尊重规律、编制详规。要克服和解决传统工业化和传统城市化产生的"水泥城市"、"摊大饼式扩张"、"城乡二元结构"等顽疾和弊病。一是建设规划要较好地与当地环境形态、经济建设相融合,单体建筑要注重单体设计与整体景观协调,与地形、地貌及植被保护自然而巧妙地融合在一起,通过对小城市改造规划和设计的调控,实现建筑设计在统一中寻求特色,在突出特色中满足规划的统一要求。二是在小城镇的改造中,既要注重环境建设,更要注重对旧建筑物的保护和维修。不仅保留传统的外观,也要注意保留传统的室内装饰。大自然的生态和历史文化遗存是不可再生的,不能动辄"改造"。三是要顾及配套。培育小城市进程

中,必须充分考虑工业化对城市化的支撑,考虑工业化对城市化的要求和配套。建立连接小城市与城郊、中等城市的快捷通道,促进经济与城市建设互动发展,确保工业化水平同小城市化进程互相配套。

(三)强力培育,扎实推进

　　培育小城市建设中,当地政府不仅是启动者、培育者和指导者,更是推进者。推进要快,做到模式新、举措多、督查实。一是推进力度上要顺势而为。结合当地的财力和工作基础,量力而行。融资上要注重投资的多元化,培育小城市建设资金由省、县地方政府以及开发商共同承担。政府主要负责投资建设道路、城镇的供水厂、污水处理厂、垃圾处理厂,资金来源稳定。必要时,地方政府可通过发行债券来筹措资金。开发商负责筹措城镇内部社区内的交通、水电、通讯等生活配套设施的建设资金,资金可来自银行贷款。二是推进方式上要务实管用。要科学界定管理权限,创新传统的委托、交办式下放权限方式,确保经济社会管理权限真正下放到位,权力下放、超收分成、规费全留、干部高配。完善市县两级金融、建设、规划、环保、交通等部门专业人才赴培育点挂职等政策,执行、服务、监管等职责重心下移,联动、协调推进。三是推进机制上要统筹协调。培育小城市是"创业富民、创新强市"之举,是民生工程。要举全民之力、集全民之智、为全民谋福、得全民支持、使全民受益;要建立包括灵活多样的动员机制、网络健全的协调机制、同培共育的管理机制、扎实有效的监督机制、多元投入的保障机制等统筹协调的合力推进机制。

(作者单位:嘉兴市政府外事办)

深化行政执法体制改革
促进浙江小城市培育

钱天国

　　"十一五"以来,浙江省从统筹城乡发展、建设社会主义新农村、走新型城市化道路出发,部署实施了"中心镇培育工程",涌现出了一批初具小城市形态的特大镇。在此基础上,2010年12月又选择了27个中心镇开展小城市培育试点。小城市培育试点镇要实现由"镇"向"城"的跨越,不仅需要人口集聚、城市建设、经济发展的支撑,也需要包括行政执法体制在内的管理体制的创新。为此,必须深化改革,加快建立完善与小城市发展相适应的行政执法体制。

一、原有乡镇行政执法体制的基本情况和弊端

　　行政执法是具有行政执法主体资格的部门或者组织,在执法依据赋予的职权范围内,直接针对行政管理相对人实施的影响其权利义务的具体行政行为。小城市脱胎于中心镇,创新小城市行政执法体制应从改革原有乡镇行政执法体制入手。

(一)乡镇政府的行政执法职能与依据

　　按照我国宪法和地方组织法,乡镇是一级政府,具有行政执法主体资格,但其法定职权"天生不足",直接的执法依据只有十来部法律和行政法规。即使加上地方性法规,乡镇政府的执法依据也很少,根据2010年桐乡市法制办编写的《乡镇行政执法教程》,共梳理出46部法律法规,涉及109项乡镇行政执法权,这与县级以上政府及其部门浩繁的执法依据相比简直是九

牛一毛。特别是行政处罚法、行政许可法等出台实施后,乡镇政府的行政执法职能进一步弱化,行政执法权的主体基本上是县级以上政府及其职能部门。

（二）乡镇行政执法的实现形式

在行政执法体制改革前,乡镇一级的行政执法主要通过3种形式来进行:一是以乡镇政府名义执法。乡镇政府直接依据法律法规并以自己的名义行使行政执法权,但这种形式的行政执法在乡镇一级是很少的。二是委托乡镇执法。县级以上相关部门依法委托乡镇机构实施行政执法,这种委托执法仍以部门的名义进行,责任也由部门承担,虽然在一定范围内赋予了乡镇层面行政执法权,但在乡镇不增机构、不增编制、不增人员、不增加财政负担的情况下,很难过多地接受上级部门委托执法。三是派出机构执法。县级以上相关部门在乡镇设立派出机构行使行政执法权。一类是有法律依据的,如乡镇公安派出所、工商所以派出机关的名义开展行政执法,乡镇政府实际上并没有行使行政执法权。还有一类虽无直接法律依据,但一些执法部门经政府批准后,在乡镇设立诸如"分局"形式的分支机构或者派驻执法队伍,以部门的名义行使行政执法权。由于受人员、编制、装备、经费等诸多限制,这种部门分支机构的设立并不能满足乡镇行政执法的实际需要, 而且在一定程度上削弱或切割了乡镇政府本来就很有限的管理职权,容易造成上级部门与乡镇政府之间的不协调;原来在部门与部门之间存在的权力交叉、执法打架问题不仅没有解决,反而通过分支机构向乡镇延伸。

（三）原有乡镇行政执法体制的弊端

原有乡镇执法体制的弊端可概括为4个"不适应":一是不适应推进依法行政、建设法治政府的需要。依法行政的重点和难点在基层。乡镇政府是我国行政体系中最基层的一级, 处于依法管理经济和社会事务的第一线,与人民群众的接触最频繁、联系最直接。但在现行法律框架下,乡镇政府承担着与其法定职能不相称的管理功能,加之上级政府考核甚至"一票否决"的压力,因而对一些无权管辖的事务不得不管,造成越权执法和违法执法,严重影响依法行政在乡镇一级的落实。二是不能适应加强社会管理、建设服务型政府的需要。随着浙江经济社会的快速发展、流动人口的急剧增加,一些中心镇形成了"小政府大社会"的格局,在市容环境卫生、城乡规划、交通秩序、市政公用、园林绿化、环境保护、公共安全等方面,面临日趋繁重的管理任务,处于"管理责任大、执法权力小,看得见的管不着"的窘境,严重制约了政府管理职能特别是社会管理和公共服务职能的行使。三是不能适应执法重心下移、提高执法效能的需要。县级以上执法部门林立,却不一定管得到、管得好乡镇;乡镇政府面对面广量大的管理事项,却苦于缺乏管理职权,造成了"上面千根线、下面一根针"的困境。当出现环境污染、安全生产事故、食品卫生等问题时,乡镇往往需要上报上级部门查处,严重影响了行政管理效率。四是不能适应统筹城乡发展、促进城乡一体化的需要。一方面乡镇政府行政执法出现缺位,一方面上级行政执法部门与乡镇政府存在"两张皮",这都加剧了城乡二元结构的体制性约束,不利于形成"以城带乡、以乡促城、城乡互补、协调发展"的新格局。

二、浙江行政执法体制的改革探索与存在的问题

长期以来,我国行政执法体制是按行政管理事务的性质、分部门各自行使执法权来构建的,但由于部门设置过多、同一件事情会涉及多个部门管理,加上部门利益、执法人员素质等因素,逐渐暴露出多头执法、职责交叉、执法扰民等问题,这在行政处罚上反映尤甚。伴随着改革进程的不断推进,按照法律规定和中央部署,浙江省对现行的以部门为主的行政执法体制进行了改革探索,这种改革主要针对部门执法存在的问题、在县级以上层面和城市管理领域围绕行政执法的组织方式展开的。同时,为了解决原有乡镇行政执法体制的弊端,探索建立权责一致的乡镇管理体制,近年来改革已经开始向乡镇特别是中心镇拓展。

(一)相对集中行政处罚权的改革实践

相对集中行政处罚权是指将有关行政执法部门的行政处罚权集中起来,交由一个部门行使,有关部门不再行使被集中后的行政处罚权。其法律依据是1996年我国颁布的行政处罚法,该法第16条规定:"国务院或者经国务院授权的省、自治区、直辖市人民政府可以决定一个行政机关行使有关行政机关的行政处罚权,但限制人身自由的行政处罚只能由公安机关行使。"按照国务院部署,从1997年开始,全国79个城市和3个直辖市在城市管理领域开展了相对集中行政处罚权试点;2002年,国务院授权所有省、自治区、直辖市可以决定在本行政区域内城市管理领域以及认为需要的其他行政管理领域开展相对集中行政处罚权工作。

浙江省从2001年开始这项工作,2008年出台并于2009年起实施《浙江省城市管理相对集中行政处罚权条例》。目前已有66个市、县(市、区)在城市管理领域实行了相对集中行政处罚权改革,组建城市管理行政执法机构(一般称城市管理行政执法局)和执法队伍,统一行使市容环境卫生、城市规划、城市绿化、市政管理、环境保护、工商行政、公安交通管理等方面法律、法规、规章规定的全部或部分行政处罚权。由于处罚权相对集中,不仅可以基本解决重复处罚问题,而且使得处罚与政策制定、行政许可、日常行政管理等相对分离,有利于权力的制衡和约束。近年来,根据当地实际和工作需要,开展相对集中行政处罚权工作的市县又在一些乡镇设立执法大队、中队,以城市管理行政执法局的名义在乡镇实施行政执法,使得相对集中行政处罚权向乡镇延伸,为解决部门与乡镇的不合拍问题、有效推进乡镇行政执法工作发挥了重要作用。

(二)浙江综合行政执法试点情况

2003年和2004年,根据国家有关部署,浙江省政府先后批准在衢州市和义乌市开展综合行政执法试点。主要涉及3项内容:一是成立市综合行政执法局,主要负责城市管理领域的综合执法,执法范围基本与相对集中行政处罚权相当,并向有关乡镇延伸;二是归并一些部门所属的多支执法队伍或由下属事业单位行使的执法职能,一个部门内组建一支综合执法队伍,统一行使本部门所有的行政执法权(划归市综合行政执法局的职能除外);三是逐步在文化市场、资源环境、农业、交通运输等管理领域,探索、合并、组建跨行业、跨部门的综合行政执法队伍。

2009年,浙江省政府批准义乌市深化综合执法改革试点,义乌市综合行政执法局在全市范围内行使包括城市规划、水务渔业、农业、卫生、市政绿化、工商行政等10个部门的全部或部分行政处罚权和与之相关的监督检查权。2010年1月起,又在义乌市佛堂镇开展了"大综合执法"试点,设立镇综合行政执法办公室,与市综合行政执法局佛堂执法大队合署办公,在全镇范围内以市综合行政执法局的名义统一行使被划转的涉及国土、农业、交通、卫生等19个部门的2163项行政处罚权和与之相关的监督检查权。

　　从这几年两市试点情况看,综合行政执法有助于解决"执法机构林立、执法队伍臃肿、执法效率低下"问题,特别是义乌市深入开展的"大综合执法"改革效果更好,有力地增强了城市与乡镇的行政管理能力,同步提升了执法效能与群众权益保障水平。

（三）目前行政执法体制改革中存在的问题

　　总的来看,行政执法体制改革已经在浙江城乡取得了积极进展,但也存在一些问题,需要依靠深化改革来解决。在相对集中行政处罚权工作上,有两个方面值得完善:一是行政处罚权集中不够彻底,被划转部分处罚权的一些执法部门仍保留部分处罚权,致使多头执法、职责交叉或者互相推诿现象难以完全避免。比如,公安部门只把人行道部分的侵占城市道路行为的行政处罚权划转到城市管理行政执法机构,人行道以外的仍归公安部门。二是开展领域有限,尽管国务院对城市管理领域以外的其他行政管理领域开展相对集中行政处罚权工作有授权,《浙江省城市管理相对集中行政处罚权条例》也有规定,但由于各种原因,这几年该项工作基本上停滞于城市管理领域,影响了行政执法整体功能的发挥。

　　在综合行政执法试点上,有3个方面值得完善。一是存在着把相对集中行政处罚权与综合行政执法等同起来的误区,综合行政执法机构主要还是集中履行城市管理领域的行政执法职能,其他方面涉及甚少;二是执法权综合不够,综合行政执法机构主要行使行政处罚职能,而与之密切相关的行政检查、行政监督、行政强制（不包括限制人身自由）等职能尚需进一步综合起来;三是在实施一个部门、一支综合执法队伍工作方面做得比较好,而在合并组建跨行业、跨部门的综合行政执法队伍方面做得很不够,目前仅在文化市场等少数领域实施了相对彻底的综合执法。另外,无论是相对集中行政处罚权还是综合行政执法试点,从浙江省来看,都需要从城市向乡镇进一步延伸和拓展。

三、完善小城市培育试点镇行政执法体制的思路

　　建立完善浙江小城市培育试点镇的行政执法体制,应当顺应城乡统筹发展、大中小城市协调发展的需要,立足我国行政执法权高度集中于县级以上并以部门为主行使的实际,从解决乡镇一级执法职能缺位、增强试点

镇服务管理功能入手,依法推进和深化行政执法体制改革。目前,浙江省27个小城市培育试点镇中,已有17个镇所在的县(市、区)开展了相对集中行政处罚权工作,佛堂镇所在的义乌市开展了综合行政执法试点工作,尚有9个镇所在的县(市)没有开展相对集中行政处罚权工作或综合行政执法试点工作。根据试点镇的实际情况,结合近年来的改革经验,笔者梳理了建立完善小城市培育试点镇行政执法体制的基本思路。

1. 抓紧改革

相对集中行政处罚权和行政综合执法是在法律框架内有效推进行政执法体制改革的现实选择。建议还没有开展相对集中行政处罚权工作或综合行政执法试点工作的9个县(市)抓紧启动行政执法体制改革并向小城市培育试点镇同步延伸,由县(市)城市管理行政执法局或综合行政执法局设立驻镇执法大队,在试点镇范围内统一行使执法权。鉴于综合行政执法既涉及部门执法权的归并,也涉及部门机构设置的调整,其外延和内涵都超过相对集中行政处罚权,是相对集中行政处罚权的深化和升级,代表了行政执法体制改革的方向,建议没有启动改革的地方,如果条件具备,宜一步到位开展综合行政执法试点工作,以减少改革成本、提高执法效能。

2. 深化集中

已经开展相对集中行政处罚权工作的17个县(市、区),建议进一步深化这项工作。一是延伸。相对集中行政处罚权还没有延伸到小城市培育试点镇的,要通过县(市、区)城市管理行政执法机构设立驻镇执法队伍的形式,尽快将相关行政执法延伸到试点镇。二是扩权。根据需要和可能,将一些仍由城市管理领域相关部门行使、没有被集中的行政处罚等执法权,以及城市管理领域以外其他部门的行政处罚等执法权,进一步划转到县(市、区)城市管理行政执法机构,并同步延伸到驻试点镇的执法队伍中,以更好地满足试点镇的执法需要,发挥行政执法的工作合力和综合效能。

3. 扩大综合

一方面,把相对集中行政处罚权工作与综合行政执法试点结合起来,统一部署、统筹考虑,已经或准备开展相对集中行政处罚权工作的县(市、区)可以通过"深化集中"逐步向综合行政执法发展。另一方面,已经开展以及准备开展综合行政执法试点工作的县(市),可以做"扩大综合"的文章,并向试点镇同步延伸：一是从单一的行政处罚权进一步扩大到行政检查权、行政监督权、行政强制权（不包括限制人身自由）等执法权；二是从城市管理领域逐步扩大到所有适合实行综合执法的领域，特别是适应小城市培育需要的规划建设、经济调节、市场监管、社会管理、公共服务等领域；三是对不适合归并到综合执法机构统一行使的部门执法职能，通过加强本部门尤其是跨部门、跨行业的综合执法队伍建设，在一定范围和程度上实现综合执法。

今后，随着中央及地方政府"大部制"改革的逐步推进，在跨行业、跨部门综合执法的基础上，进一步把适合集中行使的行政执法权全部集中起来，归由市县政府唯一的综合执法部门统一行使，并向包括小城市培育试点镇在内的所有乡镇同步延伸，同时撤销原来的城市管理行政执法机构、综合行政执法机构以及一个部门或者跨部门的综合执法队伍，在全市、全县范围内彻底实现综合执法，真正建立覆盖城乡、权责一致的行政执法体制。

（作者单位：省政府办公厅）

浙江省小城市建设中的人口聚集和管理

黄宝坤

　　城市化是指一个国家或社会中,城市人口增加,城市规模扩大,农村人口向城市流动以及农村中城市特质增加。它包含两层意思,一是一个社会的人口向城市不断集中的过程;二是城市生活方式逐渐成为社会主流生活方式的过程。

　　小城市建设是我国走城市化道路的战略步骤,是符合我国国情的必然选择。我省近几年一直重点在抓的中心镇建设向小城市培育的转变,是我省经济社会发展阶段中,加快产业转型升级,推动发展方式转变的必然要求;是新型城市化发展过程中,由人口集聚向产业集聚的重大举措;也是加快社会主义新农村建设,促进城乡一体化发展的重要载体。人口聚集在小城市建设中占有核心地位。无论是中心镇建设还是小城市建设的指标中都有人口的规模指标。如我省小城市培育试点的指标中,要求人口规模达到户籍人口6万以上或常住人口10万以上,建成区户籍人口聚集率60%以上等。几千年来,中国社会有一点始终没有发生根本变化,那就是农民,所以一直到改革开放初期,我们还是把10亿人口、8亿农民作为中国的基本国情。据第6次全国人口普查,我省人口规模已突破5400万人,普查登记的常住人口为5442.69万人,10年增加了765.71万人。其中,我省城市人口比重已经达到61.6%。根据国际经验,一个国家城市化水平占30%~70%的时候是该国城市化水平发展最迅速的时期,而我国包括我省正处于这个时期。

　　我省在城市化建设中也存在着许多问题,城市化与产业结构不协调,以城市化为特征的第三产业发展还比较慢，初步统计，2010年我省第三产业占生产总值的比重为43.1%，两者相差18.5个百分点。一方面，我省"十一五"时期城市化进程加速，人口集聚规模扩大；另一方面，人口集聚缺乏产业基础，大量省外人口迁入，集中于劳动密集型的加工制造业，产业结构调整较慢。同时，城市化建设过程中如何有效地依法管理，包括人口管理在内的社会管理工作如何开展也都面临许多新问题。因此，笔者就我省小城市建设中的人口聚集和管理问题做一肤浅的探讨。

一、关于如何真正有效地加快小城市人口的聚集

一是推进小城市建设与统筹城乡发展相结合，以总量规模承载人口。推进小城市培育发展是统筹城乡发展的有效路径，是实现城乡统筹发展的最好平台。从我省近几年城乡统筹发展进程看，城乡统筹发展水平明显提升。2009年，全省城乡统筹发展水平综合评价得分为76.88分，比2008年提高了4.01分，比评价起始年2005年（《浙江省统筹城乡发展、推进城乡一体化纲要》全面实施年）的61.87分提高了15.01分，2006年上升到65.88分，按照初步统筹（45分以下）、基本统筹（45~65分）、整体协调（65~85分）、全面融合（85分以上）4个阶段的划分，省城乡统筹发展从基本统筹阶段进入了整体协调阶段，整体协调已历经5年的发展，但离全面融合阶段还相差较大距离，存在一些突出的矛盾和问题，如区域间城乡统筹发展水平差距较大，有12个县仍处在基本统筹阶段，有36个（近60%）县（市）评价得分低于全省评价得分。城乡居民生活和社会保障领域增速较慢，由于我省城镇职工、城镇居民社会保障起步较早、制度健全，保障水平和统筹层次起点较高；而农村居民的保障起步相对较晚，人口多、起点低，医疗保险实行的是农村合作医疗，近年来两者之间的差距虽有所缩小，但由于基数差异大，城乡之间差距仍然较大。从2005年到2009年，统筹城乡居民生活和社会保障领域的目标实现度，从58.88%提高到69.78%，提升了10.9个百分点，升幅低于统筹城乡发展的其他3个领域。加快小城市转型发展，培育小城市发展，将有利于基础设施、公共服务、现代文明向农村延伸、覆盖和辐射，促进城乡一体化发展。同时，包括小城市在内的区域经济发展也面临一些亟待解决的问题，如环境资源容量的瓶颈、固定资产投资不足、经济增长速度不尽如人意等等。这

些发展中的问题必须通过加快发展来解决,以适当的经济规模来承载一定的人口规模。

二是推进小城市建设与工业化相结合,以产业结构吸纳人口。推进小城市建设是工业化进程中的必然选择,两者是相伴相生的。美国在19世纪末20世纪初进行了第二次产业革命,在大约40年的时间内,美国由一个农业大国转变为工业大国,与此同时,伴随着以农村人口向城市迁移为代表的大规模城镇化浪潮。因此,工业化是人口集聚的基础。2010年,我省确定的27个小城市培育的试点镇,平均每个镇财政总收入8.46亿元,企业实缴税金总额5.6亿元,说明工业化程度相对较高;而在非试点的地方,其工业化水平要远远落后于这些地方。因此,在未来小城市培育过程中,既要有人口集聚,更要有产业集聚,以工业化和城市化互促互动,还要以转型升级推动工业化发展,加快制造业结构调整,提高现代工业化水平,从而实现人口集聚与人才集聚的结合。

三是推进小城市建设与产业升级相结合,以持续发展巩固人口。促进企业转型升级、调整产业结构是科学发展的重中之重。20世纪20年代的美国,工业化、城市化大潮发展迅猛,大量农民工涌入城市,使城市住房日趋紧张。再加上20年代末30年代初的世界经济大萧条,美国政府不得不开始介入住房问题,制定了促进住房建设、解决中低收入阶层住房问题、促进融资流通的一系列政策,其中1937年提出了公共住房计划,1965年提出房租援助计划,1974年提出住房和社会发展法案。伴随着经济发展和城市化进程,美国政府对低收入阶层住房问题宏观调控的推进持续了半个世纪之久。第三产业的快速发展,有效地提升了国民经济产业结构,实现投资与消费对经济发展的协同拉动。

20世纪70年代,日本经济发展状况与当前长三角区域城市十分相似。日本曾长期追求高速增长,导致环境的破坏和公害的泛滥,以致在70年代末出现了震惊世界的"四大公害"案件。当时包括政策当局以及企业在内的整个日本,都产生一个共识,这个共识就是"资源无限供给的时代已经结束":今后的发展必须要转变增长模式,即从过去的数量增长向质量增长转变。通过减、节、转,压缩成本,消除冗余;提倡节约,推行能源节约措施;调整产业结构和产品结构,改变企业投资方向,减少用于量的扩大投资,扩大用于技术改造和技术更新的投资。与此同时,当年的日本通过大力增加研究开发投入,完成了由技术引进、技术改良阶段向自主技术开发转变,推动了日本经济结构在短时间内迅速升级,实现了经济增长方式由粗放型向集约型的转变。GDP结构中第二产业比重由1970年的43.1%下降到1985年的35.1%,而服务业比重由50.9%上升到61.8%;就业结构中第二产业比重由34.0%下降到33.1%,服务业比重由46.6%提高到57.3%。20世纪90年代的中国台湾、韩国也有类似日本70年代的状况。

目前,我省经济发展阶段特征具有很大的相似性。人均生产总值7500美元左右,产业结构亟待调整,人口大规模流动,近2000万外省人口流入,本省虽也有大量人口流到省外、国外,但净流入1182.4万人在浙江常住,如我们调研过的温岭泽国镇、嘉善县的姚庄镇、玉环县的楚门镇等,其外来人口都相当于或超过本地人口,义乌的外来人口是本地户籍人口的两倍。因此,城市扩容十分迫切。只有人口的集聚,而没有产业的集聚,不可避免地会产生"城市病"。在推进城市化进程中,特别要借鉴和吸取东亚国家的经验和教训,优化城乡空间布局,缓解大中城市发展压力,实现大中小城市协调发展,特别是要坚持错位发展、集约发展的原则,主动承接大中城市产业转移,按照城市经济的特点,大力发展现代物流、商务、金融等生产性服务业,因地制宜地大力发展高新技术产业和战略性新兴产业。按照我省"十二五"确定的主题、主线和目标,加快产业集聚,促进人口集中,巩固城市人口基数,尤其要吸引较高素质的人口留下来,以促进经济社会更好地持续发展。

四是推进小城市建设与提高农村居民收入相结合,以良好的条件涵养人口。虽然近年来我省农村居民收入水平不断提高,并连续26年居全国各省区首位,2010年农村居民人均纯收入达11303元,2008年以来城乡居民收入差距总体上呈逐步缩小趋势,但城乡居民收入比仍为2.42(以农村居民人均纯收入为1)。实际上,没有一定的条件作为基础,进城农民的生活是没有保障的,甚至连一般的农民都不如。加快培育一批经济繁荣、社会进步、功能完备、生态文明、宜居宜业、社会和谐的小城市,大力推进小城市社区建设,积极推进住房制度改革和住房保障体系建设,促进农村人口向小城市集中;创新户籍管理制度,加快出台低门槛落户、享受与当地城镇居民同等待遇的农民进城激励政策,加快推进农民市民化,使一部分农民转为城市居民、转移农村富余劳动力也是提高农村居民收入水平的途径之一。

另一方面,近几年农村居民内部收入差距呈扩大趋势,从2007年的0.3535逐步上升到2008年的0.3614、2009年的0.3634、2010年的0.3650。从农村贫富的"两极"看,2010年,收入最高的20%家庭人均纯收入24661元,最低的20%家庭人均纯收入3391元,贫富"两极"的收入之比为7.27:1,比2009年的7.19:1又有所扩大。尽管在各项政策的扶持下,低收入户的增收速度明显加快,2010年收入最低的20%家庭收入增长速度为13.5%,高于全省平均增速0.6个百分点,但仍低于收入最高的20%家庭14.8%的增收速度,收入向高收入群体集中的现象明显。2010年,收入最高的20%家庭所占全部收入的份额达到39.1%,而收入最低的20%家庭所占全部收入的份额仅占6.3%。进一步分析可以发现,2010年浙江20%最高收入户的收入43%来自工资性收入,45%来自于家庭经营性收入,7%来自财产性收入,5%来自转移性收入;但对20%最低收入户来说,相应的比例分别是59%、28%、3%、10%。很明显,最高收入户收入主要来自于家庭经营性收入,最低收入户收入主要来自于工资性收入。要从根本上提高农村居民收入、缩小城乡居民收入差距,培育小城市发展是主要途径之一。要大力发展小城市经济,着力推进特色产业集群发展,因地制宜地发展旅游、商贸、文化娱乐等面向民生的服务业,吸纳当地的农村劳动力,促进农村居民工资性收入的增长。同时,大力发展城郊农业、设施农业、旅游观光农业,提升现代农业发展水平;结合当地产业、资源优势等帮助低收入农户积极发展有特色、可持续的产业项目,鼓励农户自主创业,大力发展二、三产业,着力提高低收入农户的家庭经营性收入。一般来讲,城市生活的成本要远远高于农村,因此,只有让农民富裕起来,使农民有条件选择是否进城,同时创造较低成本、较高品质的小城市生活条件,小城市建设乃至城市化的实现才有可能。

二、关于小城市建设中的人口管理

一是推进户籍制度改革。现行的二元户籍制度曾为经济发展、城市化建设做出了积极的贡献。但随着社会的发展,其弊端也日益显现,不仅表现为两种群体之间身份的不平等,而且还表现为不同户籍之间的其他权利和非货币性待遇的差别。这些差别在城市农民工身上体现得尤为突出,严重阻碍了经济社会的发展,影响了城市化建设的进程。现行户籍制度最主要的纠结在于户籍所依附的利益。目前大致有12个部门仍按农业户口和非农业户口来实行不同的政策,涉及计划生育、学区就读、兵役安置、土地管理、社会保障等方面。这些制度已严重滞后于社会发展需要,造成人户分离、数据失真、管理落后等问题。要加快户籍制度的改革步伐;要依法制定出台《户籍法》,从法律层面消除依附在户籍上的各种政策,消除户籍歧视;要建立以实有人口管理为主的户籍管理制度,实行居住地管理,并辅之以临时居住居民制度相配套,完善管理措施,以从源头上为农民进城消除法律上的障碍。

二是寓服务于管理之中。政府要成为服务型政府,为人民服务,这应当成为当前普遍的共识。各级政府应为进城农民提供与城市居民同等条件的公共服务。政府要在思想观念和工作理念上有彻底的转变,对进城农民一视同仁,要在文化教育、就业指导、社会保障、医疗卫生等各方面提供服务,逐渐消除事实上存在的不平等。由于历史的原因,农民进城需要一定的适应过程,社会管理和服务也会遇到一些新情况,公务人员要针对小城市建设中出现的人员成分多元化的实际情况,积极探索工作新手段、新方法,按照社会管理创新的要求,提升服务和管理水平,以推进小城市建设的健康发展。

三是要营造良好的生活环境和人文环境。人口聚集不仅是小城市建设的需要,也是农民进城谋生就业改善生活的需要。同时,农民是"用脚投票"的群体,哪里善待他们,他们就走到哪里,就创业到哪里,就扎根到哪里。这些年某些发达地区由民工潮到民工荒的变化足以说明这种规律。因此,除政府以外,原城市人和先到的城市人要充分体现包容的思想观念,善待新人,创造良好的人文环境。义乌为什么发展变化得那么快?因为义乌一向有个传统,即"客人是条龙,不来要受穷",因为包容,因为欢迎,所以客人来了,生意来了,财富也来了。要加强对进城人员的教育引导,提高他们的素质,提升他们的文明意识和科学素养;要加快城市建设,完善公共配套设施,加强环境投入与保护,以良好的生活环境吸引人。

　　总之,加快小城市人口聚集是小城市建设发展的重要内容,是一项系统工程,是民本理念的具体体现,是让浙江人民群众共享改革发展成果的一大举措。小城市建设也是拓展发展空间和推动城乡区域协调发展的必由之路,需要我们改革创新,积极探索,走出一条具有浙江特色的城乡一体化发展的新路子。

(作者单位:省公安厅经济犯罪侦查总队)

促进县域金融改革和创新
改善小城市试点融资环境

殷志军

根据国际经验,人均GDP迈入7000美元关口后,城市化步伐将明显加快。为顺应这一历史发展趋势,我省在1500多个乡镇中选择了27个基础条件较好的乡镇开展小城市建设试点工作。这些试点镇按照省政府统一部署和要求,开拓创新,各项工作稳步推进。小城市建设涉及城市规划、项目编制、平台建设、体制机制改革、财政政策配套等诸多事项,其中资金要素的支撑是关键。在当前趋紧的宏观经济形势和金融监管政策下,融资难问题是各试点镇面临的十分突出的问题。下面分析崇福镇、姚庄镇、王江泾镇、杜桥镇、楚门镇、泽国镇等6个试点镇的典型调研数据,结合县域金融供求特性,探索加大县域金融改革和创新力度、拓宽小城市建设融资渠道的具体途径。

一、小城市试点中资金需求的特点

为进一步加快城市化和城乡一体化发展,加快发展城市经济、提升城市功能、美化城市环境,加快推进人口集中、产业集聚、功能集成和要素集约,各试点镇都根据各自实际明确了发展特色和功能定位,制定了小城市培育试点三年(2011—2013年)行动计划,并以项目建设作为推动各项试点工作的统领。通过任务分解,落实年度计划和项目责任人、责任部门,建立专门的跟踪督查机制,全力推进项目建设进程。这无疑将在短期内产生大量的资金需求,其主要特点表现在以下3个方面。

(一)资金需求总量大

据统计,3年内27个试点小城市将完成建设项目2678个,投资总额达3197亿元(见表1),平均每年投资额超过1000亿元。其中,需完成住房改造建设投资750亿元,建设住宅面积2600万 km²,建立与小城市发展相适应的住房体系, 为人口向城镇转移提供条件;完成工业生产和技术改造投入1100亿元,推进块状经济向产业集群提升;完成三产投资400亿元,加快建设商贸集聚区、提升专业市场、开发特色旅游区(景点)、大力发展生产性服务业;完成城市交通、水电气保障工程、现代通信工程、绿化亮化洁化工程等市政设施投入450亿元, 形成高效便捷的市政设施网络;完成事业投入200亿元,提升就业保障水平、扩大教育规模、提高医疗服务水平,推进基本公共服务均等化,完成森林和水源区保护、河道整治、垃圾污水处理等环境保护投入100亿元,等等。

表1 全省27个试点小城市三年计划建设项目及投资情况表

	总计	工业经济类	商业住宅类	基础设施类	社会事业类	生态环境类	公共服务和体制创新类
项目数(个)	2678	594	523	706	399	282	174
投资额(亿元)	3197	1118	1158	504	203	114	100

从我们所调研的6个试点镇的情况看, 大量的资金需求在短期内对金融要素的服务保障能力提出严峻挑战。截至2011年8月底,6个试点镇完成投资84.3亿元(见表2),完成了投资任务的13.07%,而时间已走过22.22%,未能按时完成项目进度计划。资金短缺是各试点镇普遍反映的制约小城市建设和经济发展的主要瓶颈之一。

(二)资金需求结构不平衡

从建设项目的性质看,有的出资主体是政府,有的出资主体是企业,还有的项目需要向社会募集资金。列入小城市试点后,试点镇的各种资金需求都有大幅提升。以2010年为基期比较年,27个试点镇的投资总额在2011年至2013年的环比增长比率分别为59.19%、22%、6.31%(见表3),其中,政府性投资额环比分别增长95.83%、22.98%、3.81%, 企业投资额环比分别增长43.52%、20.04%、5.11%，社会投资额环比分别增长84.62%、29.17%、16.13%，呈现资金需求结构不平衡和增长率逐年递减的特点。从各种资金渠道筹资能力的影响因素看，也表现出较大差异，如政府性投资能力主要取决于政府财政实力、政府融资平台的大小、政府与金融机构的沟通能力；企业的投资能力主要取决于企业信用、企业规模、企业与银行的关系；社会融资能力主要取决于老百姓的富裕程度和投资理念、民间融资规模、民间信用和资本市场的活跃程度。这就决定了解决资金缺口需要渠道多样化、机制多样化。

表2　6个试点小城市三年计划项目建设情况表

	项目数（个）	所需资金（亿元）	已投资金（亿元）
姚庄镇	150	122.7	16.8
崇福镇	90	104.9	6.9
王江泾镇	140	86.0	18.5
杜桥镇	73	149.7	4.2
楚门镇	152	76.0	18.7
泽国镇	82	106.9	19.2
合　计	687	645.2	84.3

备注：数据资料截至2011年8月底。

表3　27个试点小城市资金需求结构分布情况表（亿元）

	2010 年 （基期比较年）	2011 年	2012 年	2013 年	合计
投资总额	571	909	1109	1179	3197
（1）政府性投资	120	235	289	300	824
（2）企业投资	386	554	665	699	1918
（3）社会投资	65	120	155	180	455

（三）当前宏观经济形势下资金需求更难满足

　　稳健的货币政策实质上是银根抽紧，导致银行业金融机构的贷款门槛提高,导致中小企业、县域企业的资金紧缩,在银行业融资占绝对主体地位的情形下,县域企业融资难可想而知。随着地方政府融资平台清理工作的推进,原银行借款到期还款后只进不出,使政府融资难问题雪上加霜。如姚庄镇的三大政府融资平台,信誉良好,无违规行为,但在清理整顿中受到明显影响,融资受阻。

二、县域金融供给的主要特性

县域金融是我国金融体系的基本组成部分,金融机构大多集中在县城,少部分在中心乡镇也设有经营网点或办事窗口。因县域经济与城市经济运行在许多方面存在显著差异,如县域以农业为主,而农业的资金运用具有长期性、波动性和分散性,形成农业经营的灾害风险和系统性风险大、经营成本高、资金回收慢等问题,与此相适应,县域金融存在诸多特点。

(一)缺乏竞争主体和竞争机制

县域金融经过50多年的发展,已基本形成商业性、政策性、合作性金融机构的组织架构,即形成以农信社为主体、国有银行、国有保险公司和农业发展银行共同发展的格局。近年来,一些股份制商业银行陆续在比较发达的县(市)设立分支机构,小额贷款公司、村镇银行、资金互助社等新型金融组织加快发展,金融供给有所改善,但与农村金融需求相比,还有很大缺口,市场主体之间还未形成有效的竞争机制,金融抑制严重,融资难问题普遍存在。

(二)银行业为主,非银行业十分缺乏

从社会融资结构看,间接融资在农村占绝对主体地位,直接融资发展非常落后,证券、期货、信托等非银行分支机构很少在县域范围内设立。发行股票、各类债券、信托计划、私募股权投资项目等在农村已有突破,但总体还处在发展的初级阶段,不能提供多样化的金融产品和金融业务,满足不了农村经济发展对金融业的多层次需求。

(三)非正规金融是重要补充

农村经济发展对资金的大量需求和正规金融的供给不足,给民间金融组织的迅速增长留下了很大空间,形成了农村金融的"二元结构"。农村民间金融借贷手续简便,与农村资金的需求主体之间亲和力较强,加上诸如担保抵押借贷、民间票据贴现、各种协会和互助会等便利的多种多样的民间信用和融资方式,使其在小城市建设中发挥着不可或缺的重要作用。

(四)农村资金逆向流动

县域内长期存在着金融服务体系配置失衡的现象。一方面,随着农村改革深化、新农村建设的稳步推进,中小企业和个体工商户数量增多且十分活跃,农村经济运行中的资金需求大幅提高;另一方面,大型银行的运作日益商业化,基层经营机构大量压缩,贷款权限上收,使相当部分县级以下机构成为单纯吸收存款的机构,使本来就缺乏资金的农村社会资金被抽走倒流投入城市。定位于"只吸收存款不发放贷款"的邮政储蓄,以其邮政代办点遍布乡镇和办理邮政汇款的优势,将农村出售农副产品的资金和外出打工人员汇回的资金,最大限度地吸收并逐级上划转存人民银行,其资金大部分投向城市及国家重点工程建设。大量农村资金流出严重制约了农业技术的开发运用、农村产业结构的调整和农村经济的发展,使得数量众多的农村企业不得不依靠民间借贷。

三、改善小城市试点融资环境的政策建议

县域金融的上述特点,使得小城市试点中融资难问题十分突出,但解决该问题不能指望一蹴而就,而应立足现实,加大金融体制改革和创新力度,逐步构建一个为"三农"服务的需求导向型的农村金融供给体系。

(一)推进信用建设

完善信用体系建设工作机制,加大征信知识宣传,提高普通百姓、个体工商户和中小企业的信用意识,为小城市试点建设营造良好的信用环境;针对试点镇中小企业居多的特点,要特别重视企业非财务信息的收集和整合,汇集企业工商注册信息、法院执行信息、缴税信息、电费信息、水费信息、环保相关认证、房产信息等,以降低中小企业评估中的信息搜寻成本;进一步完善中小企业信用档案库,探索适合中小企业特点的信用评级模式和评级方法;深入开展"信用户、信用村、信用乡镇"创建活动,深化农村信用工程,积极推进规范化的农户电子信用档案建设和适合当地农户特点的信用评价体系建设;培育诚实守信的社会信用文化,建立失信惩戒机制,形成"守信光荣、失信受惩"的社会氛围,促进地方金融生态环境改善。

（二）大力发展中小金融机构和组织

现有商业银行因依赖于"硬信息"的交易型融资经营模式而导致中小企业融资困局的形成与存续，要大力发展以关系型经营模式为主的中小银行；对于规模较大的商业银行，要鼓励设立专门的小企业专营机构，并通过体制机制转换，优化在县域范围尤其是小城市和中心镇的网点布局，给县以下营业机构一定的农业贷款权，增加支持农业和农村经济发展的贷款份额；在深化农村信用社改革的进程中，完善适合农信社发展和更利于满足农民资金需求的多级法人机制；吸引股权投资基金在试点镇所在县落户，扩大村镇银行、小额贷款公司试点。

（三）鼓励金融创新

对于农民的土地使用权和房屋住宅权，可采取发证确权等方式，促使农民手中的资源转化为金融部门认可的、可流转的信用手段；鼓励保险公司开发农业和农村小额保险及产品质量险，引导保险公司以债权等方式投资农村基础设施项目，提高保险业参与新型农村合作医疗的水平，发展适合农民需求的健康保险和意外伤害保险，发展小额贷款保证保险；进一步扶持服务于中小企业特别是微型企业的金融机构快速发展，鼓励其进行经营模式创新、产品创新、信贷技术创新；积极发展面向农户的小额信贷业务，增加扶贫贴息贷款投放规模；发展关系型贷款，积极探索开发纯信用产品；稳步发展中小企业集合债券、集合信托和短期融资券、供应链金融，等等。

（四）规范引导民间融资

加快金融立法，尽快建立民间金融发展的风险防范预警系统和相应的法规制度，以法律的形式将现存的、法律不允许的地下借贷行为合法化和正规化；拓宽农村金融市场的竞争主体，刺激竞争，缓解农村金融抑制，并加大对非法集资等行为的处罚力度；制定有利于民间金融健康发展的政策，不仅使民间金融机构规范运作，而且要适应其借贷过程中的完全信息、交易成本低而灵活方便的特性，实现民间金融经营制度和金融监管制度的"双创新"。

（五）加大政策的支持力度和落实力度

将政府的直接投资主要用于加强农业基础设施建设和开展农业科技

以及流通、信息服务等公共产品方面,帮助农民分散自然风险和市场风险,降低农业生产成本;发挥政策性农业保险和政策性住房保险的作用,保证农民遇到大灾时生活的稳定;对符合产业政策的重点项目给予一定的优惠条件或提供一定的政策性贷款。建立政府扶持、多方参与、市场运作的农村信贷担保机制,引导更多信贷资金投向农村。鼓励金融机构对符合一定条件的中小企业贷款和涉农贷款进行重组和减免,其涉农贷款和中小企业贷款实行税前全额拨备损失准备金政策,对农户小额贷款、农业担保和农业保险实施优惠政策,鼓励金融机构加大对"三农"的信贷支持力度。支持各地建立中小企业贷款风险补偿基金,对银行业金融机构的中小企业贷款按增量给予适度的风险补偿。

(作者单位:省金融办地方金融处)

不断加强社会管理创新
全面推进小城市社区建设

周星耀

　　小城市是以农业和非农业人口聚集为主要特征的居民点,是以人为主体,以空间与环境利用为基础,以聚集经济效益为特点,以人类社会进步为目的的一个集约人口、集约经济、集约科学文化的空间地域系统;而社区是承载小城市各项功能的基本单元,在小城市建设过程中有着举足轻重的地位。但目前,小城市群众对社区的概念模糊、意识淡薄,小城市社区的功能不完善、作用不明显等现象比较突出,一定程度上遏制了小城市建设的步伐。通过在党校的学习思考,结合自身工作实践,笔者就如何加强社会管理创新,推进小城市社区建设这一问题谈几点浅见。

一、小城市社区建设呈现三大特点

　　小城市社区地域上连接城市社区与农村社区,居民意识形态靠近于城市居民,知识层面高于农民,经济水平好于农村,是介于农与非农之间的结合体。因此,它呈现以下特点。

(一)居民结构的复杂性

　　小城市社区居民绝大部分都根据不同原因由周边各村迁居而来,有的是弃农经商、有的是半边户、有的半商半农、有的只是就近居于集镇的村民,有城市户籍,也有农村户籍。他们与原居住村都存在各方面的联系,在人际关系和利益上形成不同群体,而居民间的交往又使群体的特性具有隐蔽性。同样,村改居社区是在小城市建设过程中产生的,由于失地,居民有经商的,也有务农的;有举家迁出但与原村委会有密切联系的,也有外地迁入只在社区居住或户籍空挂的。同时,省、市两级确定建设的小城市,一般都有一定的产业优势和特色,集聚大量外来人口就业。以台州玉环的楚门镇为例,该镇拥有中国阀门王国、家具新都等5块国字号品牌,本地籍人口5万, 吸引外来就业人员多达7万, 这些外来人员主要散布于中心镇各个社区。因此,小城市社区居民结构较城市、农村社区复杂。

(二)社区事务的多样性

由于小城市社区由村改居形成,决定了居民是城乡混居,有以务农为主的、有靠摊点小本经营为业的,有靠一人维持家庭的、也有分阶段外出打工的。在村改居社区中,还有户籍与居住都不在本社区的社区祖籍户,在涉及出让土地补偿等问题上,按以前协议与社区经济相联系。因此,居民之间的差距较大,社区事务相对繁复,呈现多样化状态。

(三)文化底蕴与诉求的差异性

一方面,由于居民出生于农村、脱颖于农民,生活习俗、人际交往更接近于农民,意识形态和思维方式更接近于农民;另一方面,由于居民经济条件、生活环境、劳动方式优于农村居民,羡慕城市中、上等生活水平居民的人居环境,所以在生活目标的追求上,在社区公共服务的取向上都会选择较高标准,因此,产生了文化底蕴与诉求的差异。

二、当前小城市社区建设过程中存在的5个不足

近年来,全省各地认真贯彻落实中央和省委、省政府关于加强小城市的有关文件精神,扎实推进小城市社区建设的各项工作,取得了明显成效,在保持经济社会协调发展、扩大基层民主自治、推动新农村建设与发展、维护社会和谐稳定、提高村镇居民生活水平等方面发挥了重要作用,但也还存在一些困难和问题。主要体现在以下几个方面。

(一)社区职责不明确

社区组织的职能本来是很清楚的,归纳起来就是3个方面,即协助政府进行行政管理、组织居民开展民主自治、管理社区公共事务和公益事业。但由于小城市社区人员结构较城市社区复杂,游离原有管理体制的"社会人"大量增加,相关管理职能转移到小城市社区和社会中介组织,使得社区承

担了大量的计划生育、优抚救济、社会救助、劳动保障以及城市管理等政府部门的职能,行政化倾向越来越严重。根据调研掌握的情况,社区承担了50多个部门交办的110多项工作任务,使得社区的行政功能越来越强化,而民主自治的功能相对弱化。

(二)社区工作的责权利不对等

各职能部门在向小城市社区交办工作任务的同时,没有按照责权利对等的原则赋予社区相应的权利。少数部门在社区分配工作任务,但未给经费;有的虽然给了经费,但数额很小,不能保证任务的完成;有的工作社区是不能承担的,比如行政执法类的,社区不具备行政执法资格,也不是行政执法主体,没有行政执法的权力,加上小城市人员素质较低、守法意识相对城市社区淡薄,导致小城市社区工作的难度不断增加。

(三)社区关系不顺

一方面,基层政府及其派出机构与小城市社区组织的关系不顺。基层政府及其派出机构对社区组织的工作应该是指导、服务,社区组织对基层政府及其派出机构的工作应该是协助和监督。但目前的实际情况是,社区组织已经变成了基层政府及其派出机构的"腿",有些地方的基层政府及其派出机构把本应该由自己完成的工作通过签订责任状、实行一票否决、组织考核验收等形式转嫁给了社区。另一方面,小城市社区组织之间的关系不顺。当前比较突出的是新建小区的物业管理部门、业主委员会和社区党组织、居委会四者之间的关系有待进一步理顺。这些对于小城市社区居民来说是新生事物,但随着时间的推移,小城市居民的相关需求会被逐步唤醒,如不及时理顺这四者的关系,将阻碍小城市社区建设的推进,甚至对小城市社会稳定产生影响。

(四)社区体制改革不到位

当前,还有不少市、县没有按照中央和省委、省政府的文件要求进行小城市社区管理体制改革,没有科学合理地调整划分社区,还是原来村委会和居委会的工作模式,不过是换个章子、挂个牌子而已;特别是一些靠近小城市的农村社区,基本保留着原行政村的体制和工作运行方式,有的是"两块牌子、一套班子",有的是"两块牌子、两套班子",社区工作的内容不断增加,但社区工作应有的体制机制没有建立。

（五）社区公共服务不完善

社区公共服务不完善主要反映在劳动就业缺乏引导方面。小城市社区作为农村富余劳力外流的第一站，村改居、社区由于失地原因，无职无业居民较多，易于闲而生事，急需加强劳动就业服务。社区保障有待延伸，如老年人社会管理服务工作、未成年人教育帮扶、社区中农业人口的社会救助等问题不同程度地表现出来。此外，社区卫生服务亟待落实。在加快构建新型农村合作医疗的形势下，弱势群体的公共卫生服务如何规划、怎样实施，社区文体、教育设施及活动场地建设与社区精神文明建设需求不相适应等诸多问题显现，同时社区服务也处在无平台、无网络、无秩序的"三无"状态。

三、小城市社区建设措施

小城市社区建设应当坚持改革创新和以人为本，实现四个转变、强化四大功能。

（一）实现四个转变

1. 改革和创新人口户籍管理机制，实现由"农民"向"市民"转变。推进小城市建设的关键在于人口的集聚效应，这也是小城市社区建设的根本。当前，最有市民化和极具市民意识的群体，有高效毕业的农民子女、在小城市工作生活的农民新生代、外来迁移进入小城市的创业农民、嫁娶迁居城市的农民等群体，还有长期在本地工作的外来人员及其子女，他们需要在市民化进程中，处理好"离农"的相关事务而进入市民行列。因此，必须改革和创新人口户籍管理机制，破除城乡二元户籍结构，使所有城镇的居住者，人人都有小城市市民身份，打通城乡户籍出门在外流通渠道。同时，配套跟进相关市民化保障措施，着力推进教育、医疗、住房、社会保障等体制改革，实现劳动报酬、子女就业、公共卫生、养老保险以及社会保障方面与城市居民享有同等待遇，实现真正意义上的"市民化"。

2. 改革和创新小城市社区事务管理模式，实现以"条条"管理为主向以"块块"管理为主的转变。当前，小城市建设处于起步阶段，"市、街、居"体制初步建立，应当把工作重点放到理顺条块关系上，改变过去那种以"条条"为主的社会事务管理模式，本着"放权让利，重心下移"的原则，把掌握在各

"条条"部门手中的与社区建设密切相关的职能及对应的执法权、监督权和财权下放到街居,由各"块块"实行属地化管理,使小城市社区组织对地区性、社会性、群众性的工作负起全面责任,从而形成"条块结合,以块为主"的新型管理模式。

3. 改革和创新小城市社区组织管理与运行机制,实现由行政化向民主化的转变。长期以来,中心镇、街道组织的行政化色彩浓厚,其工作内容是被动地执行上级指派的行政任务,工作人员主要由上级委派。这种行政化的管理和运行机制,使中心镇组织成了政府向社区延伸的"脚",居民成了街居组织完成行政任务的简单工作对象,街居组织与居民之间存在很多"隔阂",法律上设定的"自治"实际上难以实现。从行政化的街居体制向民主化的社区体制转变,要把传统的街居组织由现在的政府的"脚",变成社区居民的"头",从而变革其管理和运行机制,使之具有更多的民主性和自治性,从而把社区内的各类单位和成员组织起来,形成广大社会成员共同参与的社会生活共同体。这也是我国城市基层社会主义民主政治发展的客观要求和重要导向,更是小城市社区建设的核心。

4. 改革和创新小城市社会整合体制,实现由农村社区向城市社区的转变。计划经济时期,我国乡镇的社会整合体制主要是"村落体制",村集体对个人及其家属发挥着多方面的保障和约束功能,政府对镇村居民的行为控制,主要不是通过基层社区组织,而是通过一个个的行政村、自然村来实现。随着社会主义市场经济体制的逐步建立和完善,特别是就业结构和人口结构的变迁,行政村、自然村的概念越来越模糊,特别是一些小城市,如台州温岭的泽国、杜桥,原有镇中心的几个行政村已经互相交叉,许多"村民"已经游离原来行政村的范畴,"村民、居民"已经逐步向"社会人"转变,从而客观上需要社区组织发挥越来越多的社会整合功能,把基层社区建设成为实现社会整合的主要基地。

(二)强化四大功能

1. 强化小城市社区文明促进功能。党的十七届六中全会吹响了建设社会主义文化强国的新号角,文化不仅是强国之路,也是小城市社区之魂。小城市的发展,必须坚持以先进文化引领经济社会发展的理念,做好"人"的城市化文章,注重文化底蕴的挖掘、地方文化的弘扬与特色文化的营造。特别是革除原有乡村陋习,移风易俗,推行文明乡风,应当成为小城市社区建设的重要内容。应该引导群众摒弃陋习,在小城市社区中普遍形成健康、文明、向上的新风尚;要加快对小城市社区居民的素质教育培训,提高小城市社区居民的思想道德观念、价值追求和生产生活能力,实现从乡村意识到城市意识的跨越,达到人的城市化;弘扬地方优秀文化,小城市的发展要注重提升城市品质,挖掘和重塑地域文化特色,更要注重延续当地的文化历史年轮,增强居民对小城市社区的归属感和认同感。

2. 强化小城市社区服务群众功能。应该大力发展小城市社区民生工程,重点解决好社区居民关心的就业、上学、看病、社保等热点、难点问题,切实增强社区服务功能,努力让广大群众共享小城市发展成果。就业方面,应努力做好农村劳动力培训和转移工作,扩大就业渠道;教育方面,应该新建和改造一批学校,整合教学资源,提升教学质量,特别是在师资人才方面,要建立科学的人才流通机制,缩小小城市与城市之间教育资源差距,实现教育均等化;在医疗方面,应该积极发展基本医疗制度,大力推进村级卫生院建设,做好农村公共卫生工作,着力解决农村地区看病难问题;社保方面,应该积极推进农村社会保障制度建设,切实解决小城市社区居民的后顾之忧。同时,要大力推进小城市综合服务平台建设,如台州临海杜桥小城市建设过程中推行的"五大中心",即将行政审批、综合执法、就业保障、土地储备、社会公共管理等五大服务职能整合在一起,不断提高服务群众的能力和水平,是一个很好的平台和载体。

3. 强化小城市社区居民自治功能。社区居民自治组织和群众组织依照各自章程开展工作。社区居委会负责办理社区居民的政策法律宣传、自助互助服务、便民利民服务、民间纠纷调解、精神文明创建、文体活动组织、扶贫帮困等公共事务和公益事业;负责协调管理社区内民间组织、志愿者组织、业主委员会、物业管理机构和其他社区组织;建立健全社区成员代表会议制度、重大事项听证制度、居务公开制度、民主评议制度,建立人大代表和政协委员定期接待社区居民制度,拓宽反映居民意见和利益诉求的渠道。

4. 强化小城市社区维护稳定功能。小城市开展平安社区创建活动,增强人民群众的安全感;加强社区警务室建设,实现一社区一警或多警,社区民警可依法兼任社区居委会副书记或副主任;加强社区治安巡逻队、治保组织建设;建立社区居委会对矛盾纠纷的调解机制,拓宽社情民意收集、反馈渠道;对流动人口实行与户籍人口同宣传、同服务、同管理的政策;依托社区警务室加强消防安全工作,强化禁毒宣传教育和毒品预防教育阵地建设,提高居民防毒拒毒能力;健全突发公共事件、自然灾害应急机制,促进社会预警、社会动员、快速反应、应急处置的整体联动,维护社区安全稳定。

（作者单位:台州市公安局）

城乡一体化背景下
浙江加快中心镇建设与培育的思考

杨 勇

改革开放以来,我省以中心城镇快速发展为标志的农村城镇化和以乡镇企业异军突起为标志的农村工业化,极大地推动了浙江的城乡一体化进程。尤其是"十一五"以来,为了进一步加快推进浙江城市化进程,让城乡居民共享城市文明成果,省委、省政府审时度势,坚持把中心镇的建设与培育作为统筹城乡发展、建设社会主义新农村、走新型城市化道路的重要环节来抓。经过多年的培育和发展,中心镇的城镇规模不断扩大、集聚辐射能力不断提高、承载功能日益完善,对城市化的拉动作用日益增强,有一批中心镇初具小城市雏形,已进入了转型升级的关键时期。

一、中心镇建设与培育的成效

我省自2006年启动中心镇培育工程以来,通过加强规划编制、加大扶持力度、注重产业培育、强化设施建设、深化体制改革等途径,使我省中心镇发展取得显著成效,呈现出规划体系基本形成、培育政策力度加大、特色产业集群发展、城镇功能完善、发展活力日益彰显等发展特点,综合实力进一步凸现。

(一)规划布局形成新体系

中心镇培育工程充分发挥规划的先导和引领作用,把合理布局、科学功能定位、不断拓展发展空间作为培育中心镇的首要环节来抓。一是完成了省级中心镇的布局规划。颁布了《浙江省中心镇发展规划(2007—2020

年)》,把区位优、经济强、潜力大,能有效辐射和带动周边城乡发展的200个镇规划为省级中心镇。二是调整完善了中心镇总体规划。根据中心镇的经济发展潜力、环境资源承载力、吸纳集聚人口的能力,调整完善了《中心镇城镇总体规划》。2006年以来,有43个中心镇按照建设小城市的理念,明确中心镇的功能定位。三是深化细化了中心镇专项规划。2006年以来,有1/3以上的中心镇根据经济社会不断发展、人口不断增长的实际,按照集聚辐射、共建共享的要求,编制了功能区分区规划、社会事业发展规划、基础设施建设规划和环境保护规划等各类专项规划。为做大做强中心镇,2006年以来有30个中心镇调整了行政区划,扩大中心镇发展空间。

(二)政策扶持实现新突破

近年来,为了进一步做大做强中心镇,省、市、县3级政府相继出台了各项扶持政策,充分发挥政策的导向作用。一是省政府出台加快中心镇培育的政策。2007年,省政府专门为中心镇出台了四大扶持政策和六大改革举措;从2008年起设立了每年500万元的专项扶持资金,引导各地加大扶持力度。二是设区市政府出台激励政策。宁波市自2009年开始,选择余姚市泗门镇、慈溪市观海卫镇、奉化市溪口镇、宁海县西店镇、象山县石浦镇、鄞州区集士港镇、江北区镇开展卫星城市试点;温州市出台强镇扩权改革意见,开展了市级强镇试点,出台了"四个支持"、"四个平台"和"四个配套"的扶持政策,内容涉及土地、财政、项目、行政责权和机构设置;绍兴市从扩权强镇、基础设施建设和社会事业发展等方面出发先后出台了《关于积极培育中心镇的若干意见》等一系列文件,全方位推进中心镇发展改革和小城市培育试点。全省7个设区市建立了中心镇年度考核机制;6个设区市建立了中心镇专项扶持资金,最高的舟山市为每年2000万元;6个设区市建立了中心镇主要领导高配制度,已高配61名中心镇主要领导,较好地促进了中心镇的培育发展。三是县级政府出台扶持政策。141个省级中心镇分布在79个县(市)区,其中已有54个县(市)区专门为中心镇的建设和培育量身订制了提高规费返还和财政分成比例、扩大管理权限、搭建融资平台、强化产业扶持、加大投入力度等含金量较高的政策。有22个县(市、区)建立了中心镇专项扶持资金,最高的鄞州区为每年2400万元,有力推进中心镇发展;上虞市加大中心镇建设的资金扶持力度,5年安排1亿资金,以奖代补,支持中心镇发展。

(三)产业培育实现新发展

培育壮大中心镇的特色产业,做大做强产业发展平台,是切实增强中心镇实力的核心内容。一是集聚发展能力进一步增强。围绕做强做大特色产业,积极扩容中心镇工业功能区、加快配套设施建设,推动产业向工业功能区集中。据初步统计,有6个国家级、23个省级经济开发区落户中心镇,有8个工业功能区进行了升格或扩容。二是创新发展能力进一步提高。围绕做精做专特色产业,搭建特色产业共性技术平台,加大技术创新力度。一些中心镇的产业平台已成为省级区域科技创新中心,湖州织里镇等10个中心镇,建立了省级中小企业共性技术服务中心。三是第三产业加快发展。充分利用区位和人文资源优势,大力发展第三产业,一批省级现代物流重点企业落户中心镇,一批AAAA级旅游景区在中心镇建成,并且有90%左右的中心镇发展了房地产业。

(四)体制改革实现新探索

充分发挥改革的强大动力,坚持把体制机制创新作为破解制约中心镇发展的突破口来抓,大胆探索,全面激发中心镇发展活力。一是大力推进扩权强镇和行政执法体制改革。为切实增强中心镇公共服务和社会管理的能力,绍兴和嘉兴按照"能放则放、权责一致、提高效能"的原则,率先开展了扩权强镇改革。绍兴、温岭等22个县(市、区)实质性启动了扩权强镇改革,通过委托、授权、机构延伸等方式,扩大中心镇的经济社会管理权限。义乌市在佛堂镇开展综合行政执法体制改革试点,组建市综合行政执法局佛堂大队,在镇行政区域内集中行使其他部门的行政处罚、行政强制、监督检查等职能。二是大胆探索破解要素制约的改革。为提高中心镇的融资能力,31个县(市、区)在54个中心镇批准成立了政府性投资公司,搭建了融资平台。积极探索土地使用制度改革,嘉兴市在中心镇全面开展"宅基地换住房"的改革试点,义乌市苏溪镇开展了生产和生活用房相分离的改革试点、工业用地分阶段、分年限出让改革试点。三是积极推进财政体制改革。为增强中心镇自我发展的能力,半数以上的中心镇建立了一级财政体制,33个县(市、区)提高了中心镇规费分成比例,如温岭市对中心镇的城市建设维护税、基础设施建设配套费"市得部分全额返还"、土地出让金净收益90%返还。

（五）功能作用实现新提升

充分发挥城镇功能的集聚作用，坚持把完善城镇功能，提高中心镇对产业、人口的承载能力，作为培育发展中心镇的有效载体来抓。一是基础设施加快完善，上接城市、下连农村的基础设施基本形成。中心镇连高速、国道、城际的道路基本建成，标准化公路通行政村率达90%以上，有62个中心镇建成了通村公交网；2009年中心镇的农村安全饮用水覆盖率达94%；垃圾收集处理率达90%；有110多个中心镇已建有污水收集、处理管网。二是社会事业快速发展，教育、医疗、文化等服务水平不断提升。80%以上的中心镇是省级教育强镇，镇镇拥有中心卫生院和综合性敬老院，2/3以上的中心镇建有文体中心。三是服务功能不断增强，服务领域不断拓展。全省40%以上的中心镇建有二星以上的星级宾馆，其中四星级以上超过10个；75%以上的中心镇建有标准化连锁超市；33个中心镇建成了辐射周边乡镇的综合服务平台。目前，全省约有1/4的中心镇已初具小城市雏形。

二、当前中心镇建设与培育面临的机遇和挑战

随着我省进入增长方式加快转变、经济体制加快转轨、社会结构加快转型的新阶段，中心镇发展面临着新的机遇和挑战。

（一）中央和省委对中心城镇建设新的精神要求

党的十七届三中全会《中共中央关于推进农村发展若干重大问题的决定》中明确指出："依法赋予经济发展快、人口吸纳能力强的小城镇相应行政管理权限，促进大中小城市和小城镇协调发展。"今年中央1号文件明确提出，加快落实放宽中小城市、小城镇特别是县城和中心镇落户条件的政策；促进特色产业、优势项目向县城和重点镇集聚；完善加快小城镇发展的财税、投融资配套政策；推动经济发展快、人口吸纳能力强的镇行政管理体制改革。赵洪祝书记在省委十二届五次全会上提出，要推进扩权强镇，鼓励县级将一部分社会管理和公共服务方面的管理权限下放给中心镇，进一步加大中心镇发展活力。在2009年年底召开的全省经济工作会议上又明确提出，大力实施中心镇培育工程，提高中心镇规划管理和基本公共服务能力水平，鼓励支持有条件的中心镇加快发展成为小城市。2010年的省政府第5次全体会议明确提出，把加快中心镇发展培育小城市作为加快经济发展方式转变的重要着力点和突破口,要求重点围绕加快人口集聚、产业集约发展,提高生活水平质量和公共服务水平,突破体制机制障碍,加快研究制定加快发展中心镇和培育小城市的政策意见。

(二)中心镇发展进入新阶段的自身要求

到2009年年底,占全省建制镇数量不到1/5的中心镇,其总人口、建成区人口、农村经济总收入、财政总收入,分别占全省建制镇总量的35.2%、47.4%、39.0%和39.6%。中心镇年均农村经济总收入和财政总收入均是其他建制镇平均水平的3倍,平均建成区人口是其他建制镇的4倍。因此,随着中心镇培育工程的深入实施,中心镇发展进入了新的阶段,也进入了转型升级的关键时期。从中心镇发展进入新阶段对自身的要求来看,有以下6个层面的转型转向,即:从注重城镇建设规模扩张转向更加注重城镇功能完善;从注重服务经济发展转向更加注重公共服务的提升;从粗放式发展转向更加注重集约发展;从注重人口数量的集聚转向更加注重人民生活质量的提高;从注重单个镇自身的完善和发展转向更加注重集聚辐射范围内的联动发展;从注重行政手段推动转向主要依靠市场经济的办法激发发展活力。

(三)中心镇发展过程中矛盾问题的化解要求

在中心镇建设和发展的进程中也遇到了不少的矛盾、问题和挑战。主要集中体现在4个方面。一是管理体制矛盾。具体体现为管理权限缺失、条块关系不顺、机构编制和设置不合理。虽然近年来不断推进强镇扩权,但由于长期以来行政执法权都在县级,中心镇缺少相应的行政执法权、有效的行政管理手段和一定的审批管理权。环境污染、安全生产、城镇建设、土地管理等方面"看得见管不了,管得了看不见"的问题较为突出。而中心镇的人员机构编制和设置不合理,不仅使人员机构编制仍等同一般的乡镇,而且对内设机构和人员定位缺乏自主调配权,难以适应提供公共服务和社会管理的要求。二是建设资金矛盾。目前,全省还有1/3的中心镇至今尚未建立一级财政体制,在已建立一级财政体制的中心镇中,税费返还比例低,多为吃饭财政,远远不能适应中心镇建设发展的需要。如苍南县龙港镇9.47亿元预算内财政收入,分成仅3000万元。地方性政府融资是基层发展资金的重要来源,但是乡镇由于融资平台少、融资资质低、投融资渠道不畅,导致镇级融资能力很弱、建设资金明显不足。从绍兴市的情况来分析,社会融资投入还不到政府性投入的1/3。三是要素保障矛盾。尤其是土地要素的制约更加突出,由于我省中心镇的平均农保率高达90%,导致用地指标十分紧张,不少中心镇实际建设用地早已超出了计划用地指标,处于无地可用的尴尬境地。由于体制机制原因,目前农村的宅基地置换仍旧比较困难,大量农村土地难以集约利用。四是发展平台矛盾。虽然全省大多数中心镇都形成了"一镇一品"的特色产业,但是特色产业共性技术平台建设明显滞后,而且只有39个中心镇建有经济开发区(园区),产业发展平台亟须扶持。

三、加快推进中心镇建设与培育的总体思路和对策建议

总体思路:以促进中心镇转型升级为目标,坚持把培育发展中心镇作为推进新型城市化和城乡一体化的重要着力点,通过完善优化规划体系,加大投入力度,加快体制机制创新,促进人口集聚和产业集约,提高公共服务能力和水平,提高人民群众生活质量和水平,充分发挥中心镇在统筹城乡发展中的战略节点作用。

(一)提升中心镇建设和培育的总体目标

1. 中心镇培育目标

力争到2015年,把中心镇培育成为产业特色鲜明、生态环境优良、社会事业发达、功能设施完善的区域中心。建议推出"百镇提升计划",即:力争用3年左右时间,使100个中心镇的建成区户籍人口集聚率达到45%以上,工业功能区增加值占全镇工业增加值70%以上,第三产业增加值占GDP比重35%以上,年财政总收入4亿元以上。

2. 小城市培育目标

坚持"全省统筹、因地制宜、分层分类"的原则,积极开展小城市培育试点。主要目标有3项:一是提升城市综合实力。建成区面积8km²以上,城市功能布局合理,基础设施基本达到城市标准,年财政总收入10亿元以上,人民生活富裕。二是提升集聚集约水平。建成区户籍人口6万人或常住人口10万人以上,建成区户籍人口集聚率60%以上;承包土地流转率50%以上;规模以上工业企业集聚率80%以上,工业功能区工业增加值占全镇工业增加值80%以上;二、三产业从业人员比重90%以上。三是提升服务管理水平。科技

教育、文化体育和医疗卫生等设施完备,商业网点、金融机构齐全,社会保障体系完善,基本公共服务达到同类县城水平;赋予小城市与县级政府基本相同的经济社会管理权限,形成高效运转的城市管理机制。

(二)明确中心镇建设和培育的任务方向

1. 完善中心镇规划体系

完善中心镇规划体系,把中心镇培育成为统筹城乡发展的战略节点。加快修编中心镇总体规划、土地利用总体规划,调整优化中心村布局规划和建设规划,编制完善控制性规划;按照人口集中、产业集聚、资源集约、功能集成的要求,因地制宜地调整行政区划,拓展发展空间;衔接"十二五"发展规划,结合各镇功能定位,加快编制产业发展、基础设施、公共服务、资源环境等专项规划;加强和改进规划实施管理,建立中心镇辐射范围内规划共编、工程共建、功能共享的体制机制,促进城乡资源合理流动、高效配置。

2. 实施"千亿产业集聚提升"工程

实施"千亿产业集聚提升"工程,把中心镇培育成为产业集聚集约发展的重要平台。按照"宜工则工、宜农则农、宜商则商"的原则,做大做强特色产业,科学合理开发利用低丘缓坡、滩涂、农村建设用地等资源,支持中心镇设立产业集聚发展的功能区;加快产业共性技术创新,提升企业自主创新能力,引导镇域产业转型升级;支持中心镇加快商贸综合体和商业网点建设,着力改造提升专业市场,积极开发人文旅游资源,发展特色旅游业,加快现代服务业发展;加快农村土地承包经营权流转,大力发展设施农业、规模农业和精品农业,提升中心镇产业集聚集约发展水平。今后3年完成1000亿元左右的产业投资。

3. 实施"千亿公共设施建设"工程

实施"千亿公共设施建设"工程,把中心镇培育成为基本公共服务均等化的重要载体。围绕加快推进城乡基本公共服务均等化目标,大力发展社会事业,加大教育、卫生、文体、养老等设施投入和建设力度,促进教育事业公平发展、卫生资源均衡配置;加快上接县城、下联中心村的综合服务平台建设,提升公共服务水平;大力推进城乡道路交通、水电气、污水垃圾处理、广播电视通讯网络等工程建设,全面增强中心镇的综合承载能力和公共服务水平。今后3年完成1000亿元左右的公共设施投资。

(三)加大中心镇建设和培育的体制机制改革力度

　　我们当前的中心镇建设与发展是在城乡一体化进程加速和经济与社会双转型并存的大背景下进行的,所面临的矛盾集中、问题众多。因此,只有积极解放思想、勇于改革创新,尤其是从体制机制上大胆探索,才能走出一条符合国情、省情的中心镇发展的成功之路。

1. 深化强镇扩权改革

　　坚持依法放权、高效便民、分类指导、权责一致的原则,积极推进中心镇扩权改革。赋予小城市培育试点镇相应的县级经济管理权限;赋予中心镇相应的经济类项目核准、备案权,着重赋予工程规划许可、市政设施、市容交通、社会治安、就业社保、户籍管理等方面的社会管理权。鼓励将非行政许可事项由县级有关部门直接交办给中心镇行使,行政许可事项由县级有关部门依据法律、法规、规章的规定,通过委托方式由中心镇直接行使。支持开展城市管理相对集中行政处罚权改革试点,实施综合执法。理顺垂直部门和派驻机构的审批管理制度,各类审批事项集中办理。

2. 深化行政管理体制改革

　　创新机构编制管理,允许中心镇根据人口规模、经济总量和管理任务等情况,在额定编制总数内统筹安排机构设置和人员配备,积极探索综合执法和行政审批、土地储备等服务平台建设。配优配强中心镇党政领导班子,党政主要领导原则上实行职级高配。创新垂直部门和派驻机构管理体制,建立事权接受上级主管部门指导,财政以属地管理为主,干部任免书面征求当地党委意见和赋予当地党委人事动议权的双重管理制度。

3. 深化财政和投融资体制改革

　　按照分税制财政体制的总体要求,建立和完善有利于中心镇发展的财政体制。要合理划分县(市、区)与中心镇的事权,按照财力与事权相匹配的原则,进一步理顺县(市、区)与中心镇的财力分配关系,实现财力适度向中心镇倾斜,促进中心镇经济社会发展。建立和完善规费优惠激励机制,鼓励市、县(市、区)将中心镇土地出让金净收益留成部分返还用于中心镇建设。在中心镇征收的城镇基础设施配套费,全额留镇使用;其他规费除按规定上缴中央和省以外,原则上留给中心镇,支持中心镇做大做强。各级政府应建立支持中心镇基础设施、重大产业和公益事业的投入机制,支持中心镇符合条件的重点建设项目发行企业债券,上级部门要加大专项资金整合力度,重点扶持中心镇的建设与发展。支持中心镇深化投融资体制改革,降低准入门槛,鼓励民间资本参与,形成多元化的投融资格局。

4. 深化土地集约利用体制改革

优先支持中心镇实施农村土地综合整治工作,中心镇土地综合整治产生的结余指标全部留镇使用。安排一定的土地启动指标,支持中心镇实施城乡建设用地增减挂钩的土地置换改革。对中心镇城镇建设用地指标给予倾斜支持,各地在年度城镇建设用地切块指标中给予专门安排。支持中心镇开展"旧房、旧村、旧厂"改造,优化土地资源配置结构,提高土地利用效率。对符合规划并已办理确权登记手续的经营性集体建设用地,鼓励开展土地使用权流转试点,探索试行集体建设用地流转模式和相关机制。允许农村集体经济组织使用中心镇土地利用总体规划确定的建设用地兴办企业,或与其他单位、个人以土地使用权入股、联营等形式共同举办企业,并按法律规定办理用地手续。探索经营性集体建设用地使用权流转收益分配和税收调整体系。

5. 深化户籍管理制度改革

在中心镇大胆探索实施城乡一元制户籍制度。全面建立按居住地登记的户籍管理制度,在中心镇有合法住所、稳定职业或生活来源,居住时间在一年以上的农村居民,可根据本人意愿,申报登记为城镇户口,在尚未享受城镇居民社会保障待遇前,可继续保留享受宅基地、土地承包权以及原集体经济组织成员的权益。

6. 深化就业和社会保障制度改革

完善城乡统一的就业制度,将准备转移就业的农村劳动者统一纳入城镇居民就业政策和服务范围。加快建设城乡一体的就业公共服务平台,完善劳动力就业服务网络。建立就业培训和创业指导免费培训制度,完善促进创业带动就业的政策措施,建立创业项目资源库和孵化基地,鼓励劳动者自主创业。完善社会保障体系,探索建立城乡统筹、制度和政策相互衔接的社会保险、社会救助、社会福利制度。

7. 推进农村金融制度创新

加快发展多元化的新型农村金融组织,鼓励金融机构在中心镇设立分支机构,支持具备条件的中心镇设立村镇银行和小额贷款公司。积极推进农村金融产品创新,推广小额信用、联户担保等信贷产品,支持中心镇开展农村住房产权、土地承包经营权抵押融资。支持中心镇的各类金融机构加入支付清算系统,大力推广银行卡、银行本票等非现金支付工具的应用,增强金融服务功能和电子化水平。积极稳妥地推进农村资金互助社和农民专业合作社开展信用合作试点,探索建立政府主导、社会参与、市场运作的农村信贷担保机制。支持有条件的中心镇设立政府创业投资引导基金。

8. 创新社会管理体制

按照城市管理的要求,着力打破传统的乡村管理方式,加快创新中心镇社区管理机制。加快构建以社区党组织为核心、社区居委会和社区服务站为两翼的社区管理组织架构,形成基本公共服务、居民互助服务、市场低偿服务相结合的社区服务体系。强化社区服务功能,加快建立劳动就业、社会保险、社会救助、社会福利、卫生计生、文化体育、法律援助、社会治安等社区服务管理新机制。大力培育发展社区各类民间组织、中介组织和经济合作组织,积极探索市场化的社区服务机制。

（作者单位：宁波团市委）

农村土地流转若干问题思考

顾金法

长期以来,农村土地一直被视为农民最基本的生活保障,农村土地制度与政策也成为稳定农村社会的重要基础。但随着我国工业化、城镇化进程的快速推进,以家庭联产承包责任制为基础的农村土地制度和相关政策,特别是农村土地流转制度,既滞后于工业化、城镇化的进程,也与农业现代化的要求不相适应。我省作为经济发达的省份,土地流转从较早的农民的自发行为,走到政府引导、推动,并逐步走向市场化的过程使我们从中积累了许多经验,也较早地发现制度、机制等方面存在的困难和问题。因此,对农村土地流转问题进行探讨,既有实践意义,又有理论价值。

一、农村土地流转的特点

从我省的实践来看,农村土地流转呈现出以下特点。

(一)流转规模扩大,速度加快

据统计,2010年全省新增农村土地流转面积74万亩,累计流转总面积达到707.5万亩,占家庭承包土地总面积的36.1%,比2009年的32.4%提高了3.7%。从对衢江区的调研来看,截至2011年11月底,全区新增土地流转面积10231亩,累计流转总面积达到80531亩,占耕地面积24.88万亩的33.37%。对两组数据对比分析可知,虽然各地存在不平衡,但流转规模已达到1/3以上,且流转率呈加快的趋势。

(二)流转模式呈多样化

衢江区流转的80531亩土地中:按流转方式分类,转包39155亩,占

48.62%；出租36874亩，占45.79%；其他形式4502亩，占5.59%。按流入方分类，流转入农户46445亩，占57.67%；流转入农民专业合作社26827亩，占33.31%；流入其他经济主体7259亩，占9.02%。流转的范围已从莲花镇等田区乡镇向山区乡镇扩展，但规模经营程度有待提升。

（三）流转期限仍以短期为主

衢江区流转的农村土地中，合同期在1年以下的面积为20772亩，占25.79%；1～5年的面积为44982亩，占55.86%；5～10年的面积为8697亩，占10.80%；10～20年的面积为2960亩，占3.68%；20年以上的面积为3120亩，占3.87%。短期流转主要以种植粮食作物为主，但随着高效特色农业的发展，在新增流转土地中，较长期、长期合同快速增加已成趋势。

（四）流转过程趋向市场化

在流转价格上，主要依据粮食价格的变化情况和流入方经营效益的状况确定，采取固定价格与浮动价格相结合的定价方式。衢江区田区土地的流转价格，已从前几年的每亩450元/年左右，提高到今年每亩500元/年，预计明年将增加到700元/年，租金增幅在50%以上，价格趋于合理。有些由村集体与承包户签订合同，以每亩365斤粳谷当年的市场价作为流转价格。土地流转服务体系建设加快，据统计，全省新增规范化农民专业合作社等服务组织1383家，累计达5679家；已有80个县（市、区）、1160个乡镇建立土地流转服务中心，12397个村建立土地流转服务组织或确定信息员，分别占应建数的94.1%、80.1%和41.3%；建立农村土地承包经营纠纷仲裁机构，聘任仲裁员912名，2010年受理仲裁案件380件，其中裁决258件、调解122件。

二、影响农村土地流转的主要因素

我省的农村土地流转虽然在全国处于领先地位，但总体是在现行的法律、制度、政策的框架内进行的，而现行的法律、制度和政策还存在着不完善的地方，难以适应工业化、城镇化和农业现代化同步推进的要求。

（一）法律因素

由于过多地考虑了土地承载的政治功能和农村社会保障功能，忽视了市场经济条件下土地作为生产要素的作用，导致立法理念和指导思想的滞后。法律关于农村土地农民集体所有的规定，易造成实际生活中所有权主体和其代表机构确认不清、界限过于模糊的现象。集体所有制要求赋予每个成员平等的土地权利,但实际上个体的农民又不具有土地所有权,这种矛盾导致了土地产权主体缺失,与产权的排他性原则不符。法律规定土地承包经营权依签订承包合同获得而不是通过政府分配取得,致使承包经营权很难有明晰的产权内涵,具有不确定性,缺乏排他性,稳定性差。法律规定流转权利是承包经营权中的重要权利,但同时又附加了许多限制性的规定,如采取转让方式流转的应当经发包方同意,易造成流转的局限性和流转行为产生无效的结果,致使承包经营权自主流转性差。当前指导规范农村土地流转涉及多部法律,致使相关内容和程序不够具体明确,实际执行中缺乏可操作性,同时由于典出多门,相互之间存在矛盾或不周延,如土地承包经营法规定承包经营权依合同取得,具有债权的属性;物权法规定承包经营权为用益物权,属于物权的范畴;担保法则规定承包经营权不能用于抵押。债权与物权是两个不同的法律范畴,承包经营权作为用益物权不能用于抵押,又与物权的法律属性不符。

(二)制度机制因素

衢江区流转的农村土地中,合同期在5年以下的面积占83.65%,流转入农户的占57.67%,以及其他地方出现的季节性流转等情况,除了受地域、经济发展水平等因素影响外,与承包经营期限过短有很大关系。一般而言,流转的期限与流转的收益是正相关关系。在交易成本不变的情况下,流转期限短,承包方取得的收益相对要低得多,流入方也会因期限过短影响投资的心理预期和投入产出的收益预期,减弱受让的动力。土地的不可移动性和承包经营造成的土地细碎化等特点,以及土地流转运行程序复杂,所涉及的产权个体较多,利益分配困难,要求培育健全规范的市场机制。目前全省在政府的主导下虽然已广泛建立了乡镇土地服务中心,且在现阶段的土地流转中发挥了重要的作用,但土地流转信息发布的渠道不畅通,土地供需双方不能实现有效对接,市场化程度低,真正意义上的中介服务组织体系尚未形成。在流转价格机制上,由于市场化的信息发布、地价评估、价格形成机制尚未建立,地方政府和集体经济组织往往替代了中介服务组织的功能,且在流转中又有自身利益的考虑,承包方的积极性难免受影响。受制于承包经营权被排斥在抵押范围之外,土地收益不稳定的现实,以及过严的信贷管理机制,除农户小额信用贷款、林权抵押外,土地流转难以得到金融机构的支持,从对衢江区、开化县、余杭区的调研来看,承包经营权、宅基地使用权等的转让、抵押难以突破。

(三)农村社会保障因素

据统计,2010年全省60周岁以上的农村居民已百分之百领到政府提供的不低于60元的基础养老金,1029万农村居民参加城乡居民社会养老保险,领取养老金人数已达497万人;新型农村合作医疗人均筹资237元,医疗住院补偿率41.6%。截至2011年11月,衢江区城乡居民社会养老保险累计参保人数19.68万人,参保率93.33%,人均养老金从66.70元/月提高到78.40元/月;被征地农民累计参保11243人,参保率94.81%,领取人数为4282人,人均236元/月;新型农村合作医疗参保人数270661人,参保率95%,人均筹资额285元/年,医疗待遇补偿率为65%,统筹范围内住院补偿率为61%,门诊综合补偿率为31%。应该说,全省农村社会保障制度建设取得进展,成绩巨大,但与城市相对完善的社会保障制度相比,保障程度低,更谈不上城镇居民享有的失业保险、生育保险、住房公积金等。土地承载的社保功能是农民不愿放弃承包经营权的主要原因,即使一部分农民在经商务工收入有了提高,在未出现一种替代性的模式可以解决在没有土地的情况下也有可赖以生存的出路之前,宁可选择土地抛荒也不愿土地流转。

三、完善农村土地流转制度的建议

基于当前农村土地流转的现状、特点和问题分析,对现行土地流转制度及相关政策的改革创新显得十分迫切。

(一)完善立法,为土地流转创制法制环境

树立以"土地利用"为中心、市场配置土地资源的立法理念,使土地流转立法符合"工业化、城镇化、农业现代化"同步推进的要求。制定专门的《农村土地流转法》,规范土地流转及其程序、形式,明确土地流转管理监督部门的地位和职责,避免典出多门、无可适从的矛盾,确保农村承包经营制度的长期稳定,保障农民权益和土地流转的健康、有序。进一步强化所有权主体人格与明确所有权边界,赋予村民委员会、村民小组等相关权利,使其成为集体土地所有权的实际代表。明确农民对承包地和宅基地等拥有长久的使用权,可自愿、平等、有偿转让。"长久使用权"是指除了重大自然灾害和不可预测、不可抗拒的因素,农民应拥有宅基地和承包地的永久使用权。明确承包经营权、宅基地等的物权属性,完善处分权,赋予转让、抵押、入股、拍卖、租赁、赠予、继承等权利,落实"十二五"规划提出的"现有农村土地承包关系保持稳定并长久不变"的要求。

(二)创新农村土地流转的制度机制

　　改革和完善农村土地产权制度和土地管理制度,建立城乡、农村一体的土地交易市场,以及交易制度、登记制度、信息发布制度和流转市场运行机制、流转风险防范机制、流转双方激励和约束机制、流转纠纷的调解仲裁机制,完善农村土地流转机制。建立专业的价格评估组织和土地价格信息定期发布机制,加强对土地价格评估过程与结果的监督,以及土地价格调控,完善农村土地价格体系。建立、完善土地流转市场中介服务体系,培育专业化、现代化、社会化的土地流转中介服务组织。基于理性经济人的假设,农民才能实现自身利益最大化,尊重农民自主选择承包经营土地、宅基地等流转形式的权利。建立土地流转扶持资金,对于全部转出土地的农户给予一定补助,扶持其进城务工创业。对通过土地流转规模化经营的,从资金、税收政策、技术指导等方面给予支持。建立专项基金,整合财政支农资金,形成完善的财政支农资金稳定增长机制。适应农村土地流转特点,开办承包经营权、宅基地等抵押贷款、融资担保,满足土地流转双方合理资金需求。改革户籍管理制度,放宽落户条件,取消农业户口与非农业户口的限制,逐步实现城乡一体的居民户籍登记。

(三)弱化和消除土地社会保障功能

　　在全国范围内建立中央政府和地方政府相配合、覆盖全部农村地区的社会保障体制。地方政府应根据当地实际情况,进一步建立和完善符合自身区域经济与社会发展条件的社会保障制度。注重完善农村养老保险制度,坚持实施新型农村合作医疗制度,积极推进农村最低生活保障制度,采取中央和地方相结合,多渠道、多层次、多方式筹措社保资金,不断提高农村社会保障水平。将农民就业纳入社会保障体系,加强对农民的职业技能培训,提高农民素质,为农村劳动力的转移创造条件。对进城经商务工的农民,制定统一的非歧视性的劳动就业制度,并保障经商务工的农民及其子女与城镇居民享有同等的教育、就业等方面的权利。在基本社会保险体系建立后,还应把所有农村居民纳入住房保障体系。进一步探索"土地换社保"等的具体方法与政策,解除土地流转的后顾之忧。农村土地转变为城镇建设性用地,在市场化出让的收入中,应有一定比例上交社保基金。

（作者单位：省监狱管理局）

关于进一步夯实城乡结合区域一体化
建设的思考与对策

郭民华

　　城乡一体化是一项庞大而复杂的社会工程,涉及城乡发展规划、产业发展、基础设施建设、公共服务和社会事业、劳动力就业与社会保障、城乡社会管理等方方面面。相对于城市来说,要以科学发展观为指导,以加快转变经济发展方式和城市发展方式为主线,以新型城市化为主导,以网络化大都市建设为抓手,以改革创新为动力,有力推动城乡结合区域的加快发展、协调发展,整体提升城市的经济社会发展水平、文明程度和富裕程度,促进城乡协调发展、共同繁荣。

一、城乡一体化建设带来的明显优势

(一)高起点定位,科学统筹城乡规划一体化建设

　　城乡规划一体化是城乡一体化建设的基本前提,城乡结合区域作为城市的一部分,在编制规划时已被列入城市的有机整体之中,因此,需要统筹考虑土地利用总体规划、城乡建设规划,在统一制定土地利用总体规划的基础上,明确分区功能定位,构建功能完善、产业互补、布局合理的城乡统一规划体系。但在实际操作中,因为这些区域在经济、基础设施、人口素质等方面的弱势相对较大,如没有科学的前瞻性的规划和大量集中的资金投入,在短期内这些区域是无法为城市中心提供有效辅助的,相反还会造成城市发展的瓶颈和包袱。如西湖区上泗地区,滞缓的上泗地区经济与全市和西湖区相比,发展速度明显滞后。从1996年到2005年的近10年,不考虑物

价因素,上泗地区生产总值约增长了1倍,同期西湖区生产总值增长了2.7倍,全市生产总值增长了2.2倍。上泗地区生产总值占全市和西湖区的比重因此逐年下降,从1996的1.08%降至2005年的0.62%,与留下、蒋村等其他乡镇的差距逐年拉大。2007年10月,西湖区认真落实科学发展观、统筹城乡发展重要举措,实施了建区以来规模最大的一次镇级(包括乡镇和街道)行政区划调整。至2010年,仅转塘街道的经济总量就有了较大幅度的提升,财政总收入从2007年合并后两镇三地的24660万元上升至2010年的109488.98万元,一举突破10亿元大关,比合并前增长了4倍还多。这一实例,有力地说明了城乡一体化建设的显著成效。

首先是完善好城市建设规划。城市从"一主三副六组团"到"四大圈层"的城市规划拉开了现代大都市发展的空间框架,"城市东扩、旅游西进、沿江开发、跨江发展"的发展战略将西湖的精致与钱塘江的大气和谐地融为一体,使城市从"淡妆浓抹总相宜"的西湖时代跨入了"吞山挟海势雄豪"的钱塘江时代,为城市构建多重产业共同发展提供了良好空间依托。在此期间,转塘街道78 km²的4个规划《城市之江度假区单元控制性详细规划》、《城市转塘镇区单元控制性详细规划》、《城市西湖区浮山单元(XH21)控制性详细规划》和《城市龙坞(镇)地区控制性详细规划》都已完成编制和修订工作。4个规划的确定和实施进一步加快了当地的城市化进程,对第三产业和现代工业的发展也具有推动作用,尤其是通过对原转塘地区的城市化建设,大大加快了龙坞地区的产业升级。特别是经过近两年"三年大变样"工程建设,街道总体布局已初具规模,城市路网框架已基本形成。但今后在注重项目建设连续性的同时,更要做到拆迁与建设并重,完善城市框架与改善民生并重,进一步完善城市建设规划,将街道与周围乡村的居民点作为一个整体,统一编制城乡发展、土地利用、城市人口、基础设施、生态环境等专项规划,建设生态宜居型街道。

其次是抓好中心小集镇建设规划。中心小集镇作为城乡结合区域的重要组成部分,它的建设发展关系到该区域是否能顺利纳入发挥承城接乡的作用。为此,在规划时综合考虑各中心小集镇的区位、资源、人口及经济发展水平和潜力等因素,从实际出发,因地制宜,分类施策,科学规划集镇布局,以特色产业或龙头企业为依托,建成工业型、农业型、商贸型、旅游型、资源开发型等各具特色的城郊小集镇,加快培育城乡一体的产业支撑体系。比如,西湖区转塘街道外桐坞村的"风情小镇",大清村的野外拓展、龙门坎村的白龙潭景区和金莲寺、上城埭村的茶村、回龙社区的泗乡农耕文化、何家村的影视文化,根据各个村社的不同特质要求和发展优势,合理分区,形成特色鲜明、结构互补的区域产业分工。

(二)强化支撑,科学统筹产业园区化建设

目前,城市把园区经济作为城市经济发展的支撑点和实现城乡一体化建设的着力点,全力推进科技园区建设,并以此为依托,全面加强招商引资和项目建设工作,全球500强企业也纷纷在杭投资,取得了不菲的效益。现已有4个国家级开发区,1个出口加工区,经国务院批准设立,享受国家规定的各项优惠政策。如以信息微电子、生物医药、新材料、光电一体化、计算机及应用五大高新技术产业为主的城市高新技术产业开发区,以休闲娱乐、旅游、房地产为支柱产业的城市之江国家旅游度假区,以纺织服装、电子机械、建筑材料、日用化工等为支柱产业的萧山经济技术开发区和浙江城市出口加工区。同时,还有以文化创意为主导的"10+X"型的文化创意园40多个。此外,还有南阳、桐庐、千岛湖、富春江、临安等6个发挥辐射效应的省级经济开发区。特别是这些在城乡结合区域的园区,对当地的城市化建设起到极大的带动作用。如西湖区转塘街道作为之江国家旅游度假区的核心组成部分,区域内有之江文化创意园、转塘科技经济园区、石龙山工业园和龙坞工业园,该区对街道的整个产业结构进行了比较明确的定位和划分,仅2008年,之江和转塘科技经济园区对转塘街道的财政贡献就已达到11276.26万元和3568.76万元,占该街道当年财政总收入的22.37%。产业园区在城乡一体化建设中的作用由此可见一斑。特别是2010年刚刚开园的外桐坞"风情小镇"的建设和中国美术学院国家大学创意园艺术交流基地在该街道外桐乡坞村的落户,实则就是依托中国美院、之江文化创意园的人才和平台辐射力,进一步落实城市化、加快社会主义新农村、统筹城乡经济社会发展的重要手段和加快产业结构转型升级、为提升农民生产经营方式搭建重要平台的有力见证。通过这些有规划的园区建设和项目落户,提升经济集聚和辐射功能。园区也真正成为了产业升级的高地、城市发展的新区,进一步加快了城乡结合区域发展步伐,提高了城市的产业吸纳和人口承载能力,为加快城乡一体化步伐奠定了扎实的基础。

(三)抓住重点,科学统筹农业产业化建设

农业产业化经营是实现农业、农村经济发展和实现农业现代化的有效途径,也是加快城乡一体化发展的必要条件。近几年来,城市有效确立起了经营农村理念,以村庄整治、农居优化、土地整理为切入点,努力培育农业龙头企业,通过多种措施加强土地节约集约利用,加快农业产业化工作取得显著成效。如西湖区转塘街道作为拥有"西湖龙井"这个特色农产品的街道,共计有茶园面积10554亩。近年来,该街道在光明寺水库附近、长埭村龙尾巴水库下游、桐坞和外桐坞3个重点集中区域开展了标准化西湖龙井茶科技示范园区建设,涌现了城市龙井茶叶集团有限公司、城市山地茶叶有限公司、城市三和萃茶叶科技有限公司等以"基地+公司+茶农"为模式的龙头企业,"御"牌西湖龙井被认定为"中国驰名商标"、"龙坞"牌西湖龙井被评为市农展会金奖产品,在龙头企业的引领下,有效解决了农户小而散经营与大市场的连接问题。政府还专门出台《关于发展精品农业的奖励政策》,积极提供政策、资金扶持,为打响精品农业品牌提供保障,为农产品的产业化发展提供引导。同时,该街道以生态农业为依托,以"西湖龙井茶开茶节"为契机,强化宣传,以茶促旅,深入实施《转塘街道旅游发展五年规划》,较好地推进了农业资源综合开发,形成"农业+景区旅游"、"农业+文化休闲"、"农业+创意产业"等各具特色的乡村产业,不仅每年吸引游客均超50万人次,实现营业收入超过5000万元,游客量和收入还以每年15%~20%的速度递增。仅2010年国庆期间,接待游客(不含宋城景区)量就达4.63万人次、实现营业收入360.44万元。在项目实施及"联乡结村"的带动下,农业生产基础条件进一步改善,有效提升了农业生产和设施标准化水平,全面推进了农业的高端和产业化发展,为都市农业精品区的打造奠定了坚实的基础。

(四)筑牢基础,科学统筹城乡基础设施建设

针对农村的道路、水电、通信等基础设施落后的现状,城市大力实施"交通西进"、"东网加密"、"乡村通达"、农村公路联网、"黄金水道"、运河延伸等工程,实施城乡"公交一体化",积极打造以"一绕、二线、三连、四大接口"为主要内容的市域立体交通,形成全市"一小时半交通圈",在地域上加

快推进城市一体化建设。如近年来,西湖区转塘街道安排近400万元资金对杭渣坞水库、龙尾巴水库等危险山塘水库进行了加固除险;投入897万元资金,实施了叶埠桥、大清等2个撤村建居环境整治工程;累计投入资金1219万元,积极实施"下地入管"工程,实施长埭、外桐坞、上城埭、沈家弄等6个截污纳管项目,积极完善与市政管网的直接连通、电力上改下、雨污水分流、通信网路弱电等综合管网配套等等。2007年,在上泗地区启动了自来水并网工程民生实事项目,经过3年建设,市、区两级共投入资金约4亿元,致力于解决上泗地区的供水低压和用水困难问题。

与此同时,城市还在城乡结合区域实施了征地农转非人员"低标准缴费、低标准享受"的养老保险政策,建立了新型农村合作医疗制度。特别是2007年年底,按照"城乡统筹、全民共享、一视同仁、分类享受"的总体思路,出台了《城市基本医疗保障办法》和《城市基本养老保障办法》,实现了大城市八城区五县市医保一卡通,建立了"城乡统筹、全民共享"的社会保障体系。

二、建设发展中的问题

通过几年来的努力,城市化建设取得了长足进步,建设发展规划实现了全覆盖,郊县及落后行政村社的基础设施建设不断完善,人居环境和生产生活条件有所提高,城乡统筹进程加快。但总体来说,城乡二元格局没有从根本被打破,缩小城乡差距进度不够快。究其原因,关键是原老城区与萧山、余杭城区交接区域及八城区与周围五县市相交区域的城乡统筹还未达到相对的一体化。这些城乡结合区域犹如城市瓶颈一般,紧紧卡住了城市奔流不息的信息、人才和发展洪流,牵制住了城市一体化建设的步伐。通过分析,主要有以下几方面因素。

(一)规划实施的统一性和前瞻性不够

规划是发展之基,在现阶段城乡结合区域的规划主要以辅助中心城区发展为主,缺乏自我完善和发展的前瞻性,导致在建设发展过程中,需要对该区域总体规划不断地进行修改和完善;而在发展的各阶段,规划又各有侧重,与最初设计不能保持统一。以之江为例,该地区自建立国家级旅游度假区以来,已对整体规划作出了多次调整,但至目前还没有正式定稿。许多村庄及区域的局部发展规划就在等待和变化后的不融合中被迫停滞或延后实施。随着人口的自然增长和结婚分户等家庭结构的变化,违法建筑大量滋生,给该地区下一步的发展带来了更多的困扰和阻碍。

（二）村庄规划的协调性和融合性不强

村庄规划作为规划的最小单位,其设计、制定的科学与否,直接关系到整个区域规划实施的效果。但在城乡结合区域,作为个体的村社往往有迫切的发展需求,都希望能在城乡一体化建设中尝到"头口水",以不够成熟或较低水平的认识大干快上,从而出现规划体系未完全配套和有效衔接的情况,甚至与现实需求有较大脱节。这不仅造成了资源的极大浪费,也容易错失发展良机。如个别村社缺乏对业态的科学布局,同时为追求个体利益最大化,在建设标高与产业选择上做出与规划和产业导向相对立的决策。

（三）城乡结合区域群众思想认识不到位

思想认识是客观事物在人们头脑中的认知反映,是"思"与"想"的结合。随着大规模城乡一体化建设的推进,征地拆迁工作全面铺开,在城乡结合区域,群众的首要认识就是土地资源更为宝贵,他们的房屋更具有价值,如何在这场谈判中占有更多优势成为他们最为关心的问题,一场没有硝烟的拉锯战悄然登场。期间,该区域的部分干部拥有建设工作者和价值拥有者的双重身份,也苦苦徘徊和奔波于利益与工作的夹缝之间,不利于调动方方面面的积极性,造成推进的总体动力不足。

（四）城乡结合区域建设发展资金不足

资本是经济及城市发展的第一推动力,城乡一体化发展的结果在很大程度上也取决于资本的投入数量和质量。就城乡结合区域而言,当前的难点就在于如何为一体化建设筹集大量资金。在上泗地区,建设发展资金除政府投入外,主要依靠土地出让、房产开发及社区10%留用地项目的税收拉动。如突出的城乡结合区域公共交通不发达,黄鱼车、残疾车屡禁不止的问题,就是因为过高的公交运营成本和资金投入的不足,造成这些区域群众的出行难,形成了对黄鱼车、残疾车市场的需求。若没有项目带动和开发建设,短时间内是难以解决上述问题的,特别是在当前形势下,要实现从无到有、从有到优,仅靠财政投入补助是难以从根本上解决问题的。

(五)城乡结合区域基础设施建设标准不高

随着城市经济社会的快速发展,政府对城市建设投入不断加大,全市基础设施建设也得到了长足的发展,城市功能不断完善,但城市整体事业的发展对城乡结合部的基础设施建设也提出了更高、更新的要求。恰恰在这些城乡结合区域,以道路为主的包括水、电、气、通讯等在内的各项基础设施建设无法快速得到建设和完善,各类分项基础设施联合施工及各方面对这些区域的建设未给予相应的高度重视,从设计标准到建设施工,与城区项目相比标准等级和质量要求明显不高,分步建设进程缓慢,严重阻碍了这一区域的项目建设开发利用。如2011年5月在"今日早报"整版刊出的《2000米长的转塘鸡山路建成4年,仅维修费就花了不下200万》即是很好的写照。然而这并非偶然现象,类似的基础设施情况在城乡结合区域不在少数,最为普遍和显而易见的就是人行道铺设质量。群众戏称:"不要以为叫街道了就进城了,光脚穿皮鞋,有路没边。"

(六)城乡结合区域建设管理体制不健全

管理体制的健全与否作为区别城乡的重要标志之一,直接影响城乡一体化建设效果。目前主要存在以下几种情况:一是建设投入资金过于分散。在城乡结合区域,虽然基础设施建设的资金来源渠道多种多样,但各项目申报的资金有限,成效也不一。二是农转居公寓建设管理过于落后。较差的农转居公寓建设质量管理和过慢的回迁安置速度,不仅消耗了大量的政府财力(庞大的征迁过渡费用支出),也给社会稳定带来了沉重的负担。同时,在已回迁的农转居公寓物业管理问题上未能找到有效的解决方法,容易产生若干年后的又一个城中村问题。三是缺乏科学合理的长效管理机制。许多已建基础设施处于疏于管理的状态,缺乏日常维护。如随意的超载行驶导致大量已建道路等基础设施被破坏,造成二次建设和资金的重复投入。

(七)城乡结合区域农业生产力水平不高

在农作物种植生产过程中,更多地追求数量的增长,不注重质量的提高,更忽视了品牌效应,盲目效仿和低水平发展,且多以零散种植为主,规模效应和集约效应较低;与此同时,农产品加工大多停留在初级生产、加工上,精深加工很少,产品单一,科技含量低,附加值不高,竞争力较弱,如在西湖龙井茶的种植和茶村农家乐就存在这种情况。

三、解决问题的对策

城乡结合区域是连接城区与郊县、农村的重要纽带,标志着一个城市的现代化水平,决定着城市的发展节奏。在这场城市的变革中,城市既要解决深层次的思想认识问题,又要从制度层面考虑建立城乡一体化的长效推进机制;既要考虑基础设施建设推进问题,又要考虑经济社会发展转型升级的问题。

(一)强化宣传保障,树立城市发展主动意识

要进一步强化宣传,激发城乡结合区域群众参与的主体意识,变"要我建"为"我要建",为城乡一体化的推进提供持久的动力;同时,充分发挥政府在协调城乡发展和建立相关制度方面的作用,进一步把对城镇失业人员在就业培训、子女教育、妇幼保健、社会保障等方面的优惠政策落实到城乡结合区域的富余劳动力身上,消除后顾之忧,促使其向二、三产业转移就业。

(二)强化科学规划,扎实推进城乡一体化建设

要进一步围绕"完善、优化、超前、衔接"的要求,充分结合城乡结合区域发展实际,注重超前性、全面性和科学性的统一,通盘考虑,科学制定城乡一体化建设规划,尽早实现地区规划的科学编制与实施。

(三)强化资金投入,重视重点项目的带动效果

要按照"握紧拳头保重点,集中财力办大事"的原则,加大对城乡结合区域的资金和政策扶持,特别是基础设施建设的保障,建一个成一个,带动一片。各相关职能部门在这些区域推进美丽乡村、道路河道整治、背街小巷改善、截污纳管改造、管网对接等工作时,要主动协调沟通,形成工作合力,发挥综合乘数效应;在规划、设计、实施时要统筹兼顾,尽量避免重复建设、分散建设。

(四)强化创新机制,积极拓宽直接融资方式

在项目融资上,可以遵循市场规律,借鉴房产项目建设中采用的BOT、TOT、PPP、PFI、ABS等投融资方式;在产业投资上,建立资金项目评估制度,可采取政策性基金扶持方式中的创业投资基金、贷款风险补偿基金等,保证资金使用效率的提高;同时,充分发挥财政政策导向和财政资金的引导

作用,综合运用"三个一点"的办法解决,即上级补助一点、地方筹集一点、农民一事一议解决一点,引导、吸引民间资金对该区域的投入。

(五)强化建管并举,着力提升城市共同功能

要进一步完善城乡结合区域基础设施的长效管理机制,建立事权与责任相统一,责权利相结合的分级负责制,加快城市管理向边缘地区的延伸。要落实管理人员和经费,明确管理主体和责任,实施管理跟踪和指导,确保各类基础设施得到有效的管理和养护,如对符合条件的基础设施,将其纳入项目总投资或明确管护经费来源,建立管护经费保障机制;对纯公益性项目由财政安排一定的管护经费,使基础设施建设工程真正走上"平常有人管、坏了有人修、更新有能力"的良性轨道。

(作者单位:省委组织部干部二处)

新型城镇化的路径考虑

——以温州为例

江少勇

城镇化是现代化进程的重要一环。在落实科学发展观、统筹城乡发展、全面建设小康社会的形势下,探索适宜的城镇化发展道路,具有重要意义。温州作为浙江省的三大区域中心城市,是全国首批14个沿海开放城市之一,是全国首批30个和最新一轮18个"全国农村改革试验区"之一,其作为城镇化的研究样本,具有一定程度的代表性。

一、探讨城镇化路径的必要性

当前处于经济、社会、政府三大转型时期。推进三大转型,就是要以政府转型来推动城镇和社会转型,以城镇和社会转型推动经济转型。经济转型,要从过去低、小、散的经济形态和以规模扩张为主的产业发展路径,转向以创新和提升附加值为内在动力,以财富为驱动的经济发展阶段,并辅之以产业的升级;社会转型要以城乡统筹为根本方法,以"三分三改"(政经分开、资地分开、户产分开和股改、地改、户改)为核心,加快新型城镇化进程,推动农村人口向城镇人口转化、农村社会向城镇社会转化;政府转型要从过去生产型政府转向建设型政府,并最终向公共服务型政府转变。三大转型的总龙头和总抓手就是新型城镇化。新型城镇化带动大投入、构筑大平台、改善大环境、推进大发展,推进经济转型、社会转型和政府转型,开创科学发展新局面,其重要性已经得到理论和现实的证明,但作为三大转型总龙头和总抓手的城镇化,其实施路径却因各地情况不同而形式各异,并未有统一的模式。因此,探讨温州有特点的新型城镇化路径,对于统筹城乡发展,更好、更快地推进现代化进程,是一个有意义的命题。

二、温州城镇化现状和存在的主要问题

改革开放以来,尤其是跨入21世纪以来,温州城镇化保持持续健康的增长态势,城镇化质量稳步提升。主要体现在以下几方面:一是速度较快。城镇化水平以年均1.26个百分点的速度显著提升。2001年温州实行行政区划调整,周边乡镇向中心城区合并,调整后温州市区面积从1082 km²扩大到1187.9 km²,人口从121万增加到129万。到2010年年底,温州城市建成区面积已经达到187 km²。二是多级产业模块的发展促进了城镇化的进程。温州前期以村、乡、镇、县为管理单位的工业模块发展迅速,呈现"一村一品、一乡一业"的格局,吸引了大量资金、务工人员的集聚,同时加快了房地产市场的发展。房价的快速上扬引发房地产投资热,城市、中心镇吸引了大量的人口购房定居。较为充分的城镇化,使温州城市建设框架逐步拉开,城乡面貌发生较大变化。三是呈现多中心发展格局。温州前期城镇化发展总体上体现为城市中心、副中心以及中心镇的多中心发展格局。第三轮城市总体规划更是强化了这种格局,同时引导温州构筑背依大罗山、吹台山,面向东海的大都市框架,指引中心城市由"沿江城市"向"滨海城市"发展,初步形成多中心格局。

温州城镇化取得了一定成绩,但也要清醒地看到温州城镇化中存在的不足。

(一)功能区域规划引导不足

由于发展较快,规划引导没有很好地跟上,温州城镇化发展存在着一定的自发性和盲目性,主要表现为城市系统的功能区发展规划不完善,城镇主导功能定位不清,由此也导致区域协调发展不够,在发展中缺乏协调和沟通,产业结构趋同,导致重复建设和低水平竞争,影响了区域竞争力的提升。

(二)城镇化水平总体上滞后于工业化发展

温州工业发展主要以农村工业化为主体,一方面依靠小城镇和广大农

村作为载体,一定程度上促进小城镇在数量上的发展;另一方面,这种工业化没有像多数国家和地区那样带来人口和产业的大规模集中,而是造成城镇化水平明显滞后于工业化的发展。根据有关部门测算,与国际上同等工业化水平国家相比,温州城镇化水平大约滞后了15~20个百分点。首先,城镇化与工业化增长存在较大差异,1999—2007年温州工业总产值年均递增约14%,而城镇化水平年均仅递增1.5%;其次,土地政策与用地机制难以满足城镇化用地发展要求。产业层次低也制约了产业优化与升级,影响了生产性服务业等第三产业的发展,而"三产"水平不高也是导致城镇化速度跟不上工业化的重要原因之一。

(三)未能逾越城镇化发展初期的"低、小、散"困境

　　温州工业化进程主要表现为家庭工业的迅猛发展,城镇化进程主要表现为小城镇的兴起与迅速扩张。因其有着强烈自下而上需求的自发式特点,档次低、规模小、布局散,形成了"村村像城镇,镇镇像农村"的现象;规模过小,造成了城镇综合实力不足,也难以进行较为完善的基础设施配套;同时,存在着重城轻镇、重镇轻乡的倾向,乡村居民点建设分散,土地资源浪费严重,农村基础设施和公共设施比较薄弱,城乡居民收入差距拉大,农村居民生活水平提高缓慢。

(四)配套不健全

　　一些地方在城镇建设上,盲目攀比,乱铺摊子,只追求城镇区域的扩大,不重视城镇空间组织的优化和城镇功能的完善,造成中心城镇规模扩张过快、基础设施建设跟不上、城镇管理水平上不去、医疗卫生设施不配套、科技教育发展滞后、环境脏乱差等问题比较突出。有的地方在城镇发展中,不注意挖掘本地丰富的历史人文资源,一味地模仿他人的东西,没有彰显出自己的城镇特色和建筑风格,甚至连道路名称都照搬外地;个别地方在老城改造时过度开发,对文物古迹、历史街区的抢救保护不够,造成城镇原有的历史风貌和传统文化特色丧失殆尽。

三、温州城镇化的路径

　　针对以上问题,立足温州实际,应当从以下几个方面探索温州城镇化未来发展的方向。

（一）格局科学合理

根据区域发展定位和资源整合要求,重组发展格局,形成规划总体空间架构良好,东部滨海区域和西部生态区域协同发展,功能互补,资源配置合理,多中心、网络型、大服务、大辐射的城镇发展新格局。

（二）人口等资源高度集聚

人口主要集中在城镇,城镇人口主要集中在建成区。

（三）公共配套健全

人口集聚后,相应的就业、居住、入学、医疗、交通、休闲、购物等公共服务及其设施要不断健全。

（四）基本实现城乡一体化

城乡只是区域功能不同,在公共配套上差异不大。

要实现以上目标,温州应当紧紧抓住国务院启动第二轮农村改革试验区工作这一重大契机,以统筹城乡综合配套改革为动力,以"三分三改"为核心,以中心镇建设为平台,以农房改造为切入点,着力破除城乡二元结构,加快推进新型城镇化,统筹城乡发展,推动三大转型,为提前基本实现现代化打下坚实基础。

路径一: (关键词:空间布局)以乡镇撤扩并为突破口,切实推进大都市功能区和中心镇建设,构建"1650"网络型组团式的城镇体系。大区域必须要有大都市,因为其规模越大、功能越强、对小众需求的满足程度越高,对高端人才的集聚能力就越强,对产业的创新推动能力就越强。要围绕建设温州大都市区构架,实施乡镇行政区划调整,深化乡镇管理体制改革,加强大都市功能区和中心镇建设,打造城乡一体化发展的新平台。

1. 构建"1650"大都市区城镇体系新格局

即建设1个主中心,将以大罗山作为中心,包括鹿城、龙湾、瓯海、瓯江口加洞头、瓯北包括上塘在内的区域,建设成为人口、要素、经济、产业等方面高度集聚的大都市核心区;建设6个副中心,在乐清、瑞安、平阳、苍南等沿海地区建设4个大城市,在罗阳、大峃等中西部山区建设2个生态型中等城市,形成大都市副中心;建设50个区域性中心镇,在全市建设50个集聚带动能力强的区域性中心镇,并最终发展成为小城市。

2. 实施乡镇撤扩并

在大都市主中心、副中心地区,实施撤乡镇建街道,规划建设若干个区镇合一、布局合理、分工明确的大都市功能区, 每个功能区面积为30~50 km², 最小也不能小于20 km²,功能区实行管委会领导体制,下设若干个街道;同时各县(市、区)全面实施乡镇撤扩并,建设若干个具有区位优势、产业依托和自身特色的区域性中心镇。

3. 扎实推进扩权强镇

按照责权利相配套的原则,以"权力下放、超收分成、规费全留、干部高配"为主要内容,扩大中心镇经济社会管理权限,增强中心镇管理和发展能力,做大做强中心镇。

路径二:(关键词:要素集聚)以要素市场化、"三分三改"为核心,切实破除城乡二元结构,促进各类要素向城镇集聚。"三分三改",即政经分开、资地分开、户产分开和股改、地改、户改。实行"三分三改",目的是促进要素的市场化配置和流转,推进农村人口向中心镇和新社区集中、产业向园区集中、公共服务向建成区集中;实行"三分三改",是统筹城乡综合改革的核心,是农村生产关系和社会关系的重大变革,对彻底破除城乡二元结构、统筹城乡发展、加快推进新型城市化,具有重大而深远的意义。

1. 政经分开

政经分开是指把村"两委"组织与村级集体经济组织分开。村级集体经济组织是企业,其收益归村民成员所有;而村"两委"是社会政治组织,其运行成本应该参照城镇社区基层组织标准由公共财政来承担。目前,农村的行政组织和经济组织政经合一, 用集体经济来支付社会行政管理费用,这对农民是有失公平的;用行政权力来经营村级集体经济资产,也容易造成内部人员控制及村级组织换届选举中的争权夺利行为,以及以权谋私等腐败现象的发生。

2. 资地分开

资地分开是指把土地资产与非土地资产分开,使得非土地资产能够正常自由流动。宪法规定,农村土地集体所有,不能搞私有化。但非土地资产可以进行改革。目前,农村产权不明晰的关键就是把两者捆绑在一起,不仅造成土地资产不能流动,连非土地资产也不能流动。把土地资产和非土资产分开,在土地资产保持集体性质不变的同时,可以使非土地资产自由流动。

3. 户产分开

户产分开是指把户口与产权关系分开,使农民在农村所享有的各项权益不因户口转换而改变。户口和产权没有必然联系,产权与居住地也没有必然联系。农民作为农村集体经济组织成员,享有土地承包权、宅基地用益物权、集体经济权益,这些权益不因农民户口转换、居住地变化而改变。这些权益是农民个人的权益,可以由农民自由处置。农民到城镇居住并转换户口,与城镇居民享有城镇公共服务和社会保障等方面的同等待遇,这不是户口带来的权益,不用以农民放弃原来在农村所享有的权益为前提条件。

4. 股改

股改是指对村级集体经济中的非土地资产进行股份制改革。村级集体经济组织作为微观经济主体,其行为就是单纯的企业行为。实行股改以后,村集体经济组织按现代企业制度运行,与村"两委"脱钩,防止内部人员控制,保护农民的合法权益。农民对自己拥有的股权享有自由处置权,这些股权不会因农民居住地的变化而丧失,这样农民就可以不受牵绊地自由流动。

5. 地改

地改主要是三句话:农用地"三不变"流转,即农用地在权属性质不变、用途不变、量质不变的前提下进行流转;宅基地助农民进城,即宅基地的用益物权可以变现,也允许农民跨行政村(镇)异地置换城镇房产或异地建房,用来帮助农民进镇入城;建设用地同国有入市,即农村集体建设用地进入市场。农村集体土地分为农用地、宅基地和建设用地,分类进行用益物权改革,可以提高资源配置效率。实行农用地"三不变"流转,可以促进土地相对集中,实行规模化、产业化经营,提高生产效益;宅基地助农民进城,可以有效降低农民进镇入城的安居成本,实现房产增值,增加农民财产性收入,并有利于促进城乡公共服务均等化;建设用地同国有入市,通过建立一套规范的政策,使农村建设用地同国有建设用地一样建立土地交易市场,可以把农村建设用地资源转化为城市发展的要素,充分激发城市化的动力和潜能。

6. 户改

户改指户籍制度改革,即户口以实有人口、实有住所为依据,按居住地登记,剥离依附在户口制度上的身份、职业、公共服务、社会保障等附属功能,还原户口本来的社会管理功能。通过户籍制度改革之后,农民和市民没有区别,同等享有城镇居民的待遇,同时保护农民在原来农村享有的正当权益,农民可以自愿进镇入城转变成市民,从而提高人民生活水平,加快推进城市化。

路径三:(关键词:农房改造)以农房改造建设为切入点,切实抓好综合配套改革试点,引导农民进镇入城。推进农房改造建设,引导农民跨行政区域到规划小区建房,鼓励农民到中心镇集聚,既是一项重大的民生工程,也是统筹城乡改革的牵引工程。完成乡镇撤扩并后,各县(市、区)按照"一镇一试点、一镇一规划、一镇一政策、一镇一平台"的要求,以中心镇为单位,从推进农房改造建设入手,启动统筹城乡综合配套改革试点,加快推进农民向市民转变、农村向社区转变、传统农业向现代农业转变。

1. 一镇一试点

各县(市、区)在起步阶段确定一个试点镇,每个镇确定一个试点新社区,开展农房改造集聚建设,取得成功经验后面上推开。

2. 一镇一规划

按照现代化小城市的标准,高起点、高标准地编制镇域总体规划,明确产业、居住、公共服务和现代农业等功能区的空间布局结构,形成中心镇建设总体框架体系。

3. 一镇一政策

因地制宜,不搞一刀切,根据市、县两级出台的指导性政策意见,坚持依法、有偿、自愿的原则,以镇为单位制定可操作性的具体政策措施。

4. 一镇一平台

以镇为单位整合现有资源,通过行政划拨资产的改性、评估、增值、注资等途径,组建新农村开发建设公司,搭建镇级投融资平台,负责农房改造集聚建设融资。

路径四:(关键词:配套服务)以全面深化其他改革为配套,切实加强城乡公共服务一体化建设,保障农民进城后安居乐业。统筹城乡综合配套改革是一项庞大的系统工程,要把彻底打破城乡二元结构作为改革的最终目标,凡是二元的都应成为改革的对象,凡是有二元制度障碍的都应破除,全面深化其他配套改革,切实加强城乡公共服务一体化建设,真正使农民和市民拥有平等的公民待遇和地位,使农民进城后能够安居乐业。

1. 完善社会保障体系

小康不小康,关键看保障。坚持以创业带就业、促增收,完善收入分配制度,建立健全城乡居民持续稳定增收的长效机制;进一步扩大全民社保的覆盖面,健全城乡统筹的社会养老保障政策体系,建立统一的社会基本医疗保险制度,建立和完善农村失业保险制度,逐步建立城乡统一的社会保障体系。

2. 推进城乡基本公共服务均等化

制定城乡一体的推进公共服务均等化政策制度,建立兼顾远景规划和近期目标,广覆盖、多层次、城乡贯通的公共服务均等化推进机制,加快完善覆盖城乡居民的公共服务体系。

3. 深化农村金融体制改革

加快农村合作金融机构股份制改造,扩大和深化小额贷款公司、村镇银行、农村资金互助社试点,加大保险支农力度,完善农村金融服务体系;推进农村财产的资本化,深化农房抵押贷款试点,创新涉农担保方式,实现农村资产自由变现、交易、流动,释放农村财产的信用资源。

4. 建立健全农村新社区管理服务体制

按照群众自治、管理布局农村新社区,加强社区基础设施建设,科学设置社区组织构架,积极构建社区公共服务体系,逐步以社区格局取代以村组为单元的农村社会组织格局。

(作者单位:温州市政府)

第四部分

强化环境保护行政执法及问责的思考

李伯来

党的十七大报告首次提出了"生态文明"这一理念,作为积极践行生态文明理念的先行者,多年来,我省始终把生态建设摆在重要的战略位置,率先探索生态文明发展道路,积极致力于生态文明建设的实践。近年又提出了建设生态省的目标,充分显示了生态文明建设在我省社会主义现代化建设中的战略地位。环保行政执法及问责在生态文明建设中发挥着极其重要的作用,同时也事关党风廉政建设。本文就强化环保行政执法及问责问题作一探讨。

一、充分认识强化环保行政执法及问责的重要性

近年来,我省各级环保部门坚持依法行政,加强环保法制建设,不断加大执法力度,解决了一批群众关心的环境问题,取得了一定成效。但是,由于我省处于环境污染高峰期和环境违法行为多发期,违法排污、违规建设等典型环境违法行为普遍存在,在少数地区还比较突出。人大代表、政协委员对环境问题的建议、提案逐年增多,环境信访、投诉和群体性事件呈上升趋势,社会反映较为强烈。面对严峻的环境形势,有些地方对环保行政执法工作重要性认识不够,执法不严、监管粗放的问题尚未从总体上、根本上解决,影响了环保事业的健康发展。对此必须统一思想,深化认识。

(一)强化环保行政执法及问责是保障民生、建设和谐社会的需要

环保行政执法及问责是人民群众关心的热点问题,事关生态文明与和谐社会建设。随着生活水平的日益提高,人民群众对生存环境的质量提出

了更高的要求,但从我省环保的现状来看,形势不容乐观,局部地区有进一步恶化的趋势。同时,我省的结构性污染问题突出,污染产业比重偏高,给治污减排工作带来了巨大压力。严峻的环保形势与人民群众的期望值相差甚远,环保信访量始终居高不下,有的甚至因环保问题引发了群体性事件。因此,强化环保行政执法及问责是保障民生、建设和谐社会的需要。

(二)强化环保行政执法及问责是转变发展方式、落实科学发展观的需要

环保行政执法及问责是党委政府关注的重点问题,事关科学发展观能否真正落实。近年来,党中央、国务院十分重视环境保护工作,出台了《关于落实科学发展观加强环境保护的决定》,并把生态文明写进了十七大报告之中。省委、省政府始终把环境保护作为民生工作的重中之重,作为转变发展方式的关键举措,放在突出位置,不断加大工作力度,深入推进环境污染整治和生态省建设。因此,强化环保行政执法及问责是转变发展方式、落实科学发展观的需要。

(三)环保行政执法及问责也是维护党委政府形象的需要

环保行政执法及问责也是纪检监察机关关切的紧迫问题,事关党风廉政建设和党委政府的形象。从我省情况看,随着环境保护和污染整治工作的不断深入,环保执法工作也面临着一些困难。比如,环保执法更多的是环保部门单兵作战,相关部门协作不够,社会监督不力,工作声势不大、氛围不浓;再如,由于现行环保法律法规还不够完善,使一些环保行政执法及问责工作缺乏必要的操作性,实际开展有难度;还有,现在的执法环境也不够好,拒绝检查、阻挠检查、对抗检查等现象时有发生,同时执法部门自身也存在畏权、畏难或执法不力的现象。由此造成了不少环保问题难以及时有效地解决,群众意见大,影响了党委政府的形象。因此,强化环保行政执法及问责也是提高工作效率,加强党风廉政建设,维护党委政府形象的需要。

二、目前我省环保行政执法及问责存在问题的主要表现

环境保护法律法规赋予环保行政主管部门审批、许可、检查、验收、收费、建议限期治理、调查、处罚、调解、监督等多项环境管理权力,从总体上讲,环境管理逐步纳入依法办事的轨道,依法行政的水平逐步提高。但就我省目前的现状看,还存在不少问题,集中表现在以下两个大的方面。

(一)执法环境尚不理想

其一是认识不到位。从政府部门看,由于受传统政绩观的影响,片面理解"发展是硬道理",不能正确认识眼前利益与长远利益的关系,将环境保护与经济发展对立起来,甚至不惜以牺牲环境为代价追求眼前的、局部的经济利益;从企业看,作为市场经济主体的企业是自主经营、自负盈亏和自我发展的独立法人,往往以效益不佳、资金短缺为借口,迟迟不建设污染治理设施,或将环保治理投资和运行费用当做额外的经济负担,直排、偷排污染物的现象屡屡发生。

其二是公众参与不够充分。由于相当一部分公民对环境保护的作用及环境污染的危害缺乏深刻的认识,对身边的污染问题司空见惯;由于我国法治的社会基础较差,很多公民在自身的合法权益直接受到侵害时往往采取息事宁人的态度,不去依靠法律来获得救济,环保执法缺乏坚实的基础。

其三是行政干预仍然存在。发展地方经济,是一个地区、一个部门的首要任务,是相关行政领导应尽的职责,本无可非议,问题在于有些行政领导不能正确认识和处理经济发展与保护环境的关系,片面地追求经济指标的增长,加之现行管理体制深层次问题的影响,致使行政干预环境执法活动的现象仍然存在。受当地党委、政府的干扰,一些本可以得到及时处理的案件久拖不解决,或者即使处理也不够公正,如此便削弱了环保行政执法的权威性。

其四是部门执法配合尚欠紧密。环保执法涉及许多政府职能部门,随着环保力度的加大,部门齐抓共管、环保统一监督管理的机制已初步形成,但由于环保法律法规的不完善,部门职责的交叉,影响了部门环保执法的紧密配合。在海洋环境保护、自然保护区的环境管理、饮用水水源保护区的建设与管理,以及二氧化硫排污费的征收等方面,都存在着部门环境执法的不协调现象。随着政企逐渐分开,以往依赖行政隶属关系管理企业的部门环境管理手段逐渐弱化,齐抓共管的效能也随之减弱。同时,也由于各执法部门之间职责不够明确,存在着执法交叉冲突现象,难以形成有效合力。

(二)执法水平有待提高

环境行政执法是保障各级政府及其环保职能部门行使行政职权的一个重要手段。但与日益繁重的环保行政执法任务不相适应的是,现有的环保行政执法队伍基本上是在排污收费队伍的基础上发展起来的,由于历史较短,这支队伍中有相当一部分人缺乏环保法律专业知识和环保管理经验,加之一些地方忽视队伍建设,因而使一些行政执法人员在履行法定职责中,出现执法不当或执法有误等行为,造成不良影响。主要体现为:

在行政处罚中,一些执法人员怕麻烦,不按法定程序办案。不注重事实证据的收集,证据不全面、不合法或取证马虎,有的只凭一份谈话笔录就实施处罚。被处罚主体认定错误,对当事人是法人与自然人的区分意识相当淡薄,且具有普遍性,由此造成已经作出的行政处罚决定,因被处罚主体认定错误而被复议机关撤销的现象时有发生。还有,不按规定形式作出具体行政行为,一些行政处罚决定书制作不够规范;不能正确适用法律法规条文,违法事实与处罚依据条款不相对应;不能正确履行法定职责,"不作为"或越权处罚兼而有之,甚至引发行政诉讼。

此外,由于环保立法不够配套、完善,使环保行政执法难以准确到位,立法上仍有空白,某些领域仍无法可依,如对电磁辐射、光污染等方面尚缺乏全面系统的法律规定。现行环保法律、法规中一些条款内容与当前加大执法力度、强化环境监督管理的实际需要相脱节或矛盾,存在着明显的缺陷,如对某些违法行为的处罚力度不够,罚款数额过低,罚款幅度过大,难以准确掌握自由裁量权,管理权限过于集中,管而无力,管而无效等;或者在适用自由裁量权时把握不准或执法不公,或者行政处罚"查处分开、票款分离",重大事项集体讨论决定等重要制度执行不严格,影响了环保行政执法的公信力。

三、强化我省环保行政执法及问责的对策思考

(一)提高领导对环保工作的认识,优化环保执法的外部条件

一是大力推行环境保护目标责任制,实行环境质量行政领导负责制和一票否决制,真正做到各级党委、政府的一把手亲自抓环保。将环保目标的执行和完成情况列为评价党委、政府工作和干部政绩的重要内容。二是加强对领导干部环境保护工作的宣传,提高他们的环保和依法行政意识,使其从根本上认识到环境保护的重要性和依法行政、依法处罚的必要性,最大限度地避免行政干预和地方保护主义的干扰,同时使我们的行政执法效

力得到最好的发挥。三是积极支持监察、公安、工商、土地、经贸、农业、林业、交通、海洋等有依法行使环境管理权的部门,搞好分管领域里的环境监督管理工作,形成环保执法的合力。

(二)加强环保执法队伍建设,提高执法水平

一是加强基层职业环保执法队伍建设,将环保执法人员的工资和办公经费列入财政预算,避免"吃"排污费等违法现象的出现。二是加强环境监督管理能力建设,建立自动监控的技术体系,有效遏制企业环境违法行为,并为查处企业的违法事实提供强有力的证据和处罚依据。三是规范执法程序。执法人员必须从观念上实现两个转变,即由权力至上向法律至上转变,由人治向法治转变。根据法律规范执法,遵循公开、公正、透明的原则,按照程序履行职责,严格依法行政。执法人员应站在廉洁从政和廉洁执法的高度,恪尽职守,严格执法,以维护法律的严肃性和强制性,树立执法权威。四是继续深化行政执法责任制工作,进一步明确每个执法岗位和执法人员的执法任务、权限、标准、程序及违法执法、不作为应承担的责任,实现环保执法不越位、不缺位、不错位。

(三)建立行政执法监督机制,实施权力制衡的执法管理模式

既要建立和健全对执法机关、执法人员违法的追究制度和行政赔偿制度,还要注意发挥群众监督和舆论监督的作用。为加大执法力度,严防行政权力的腐败,必须制约行政权力,努力寻找执法权与执法监督权、执法效果和执法规范性的有机结合,既不能妄自执法,形成没有监督的执法,也不能由于监督使执法变得无力或呆板,从而影响了执法力度。同时要建立执法部门之间的权力制衡,实行执法工作的公开、透明和相互监督,推进行政执法工作的顺利进行。

(四)充分发挥公众参与、舆论监督在环保执法中的作用

一是通过开展内容、对象、手段广泛和形式多样的全民环境宣传教育,提高公众的环保意识和法制观念,唤醒和激发公众自觉保护环境、勇于同污染和破坏环境的不良行为作斗争的意识。同时,鼓励公众敢于和善于运用法律武器维护自身的环境权益,调动公众参与环境监督管理的积极性。二是在实施行政处罚听证程序时,邀请有直接利害关系的群众代表参加听证会,充分发表意见,并进行宣传报道,造成舆论影响。同时,为了鼓励群众

举报环境违法案件,要建立群众举报有奖制度。三是积极有序地鼓励非营利的民间社团开展活动,逐步把民间环保社团对环境的监督管理行为法制化、规范化,并通过各种专项经费补贴,支持环保社团开展活动,引导社会各界特别是企业界对民间环保社团给予支持,提高他们参与环境执法的能力和水平。

(作者单位:省纪委执法监察室)

关于浙江省建设节水型社会的几点思考

连占国

一、浙江省水资源形势

浙江省降水丰沛,素有"江南水乡"的美誉。但随着经济社会的快速发展,水资源供需矛盾较为突出,水资源形势严峻,形成了"水乡亦愁水"的现状。

一是人多水少的矛盾较为突出。浙江省多年人均水资源量1760m³,低于全国平均水平2200m³,逼近世界公认的水资源紧缺警戒线1700m³。

二是水资源时空分布不均。浙江省水资源分布的地区差异显著,降水由西南向东北递减,浙西南是降水高值区,而东北部濒海平原及舟山群岛降水相对较少,与耕地、人口分布、生产力布局以及经济发展状况不相匹配,加剧了水资源供需矛盾。

三是降雨集中。受季风气候影响,浙江省降水主要集中在春夏之交的"梅雨季"和夏秋之交的"台风季",其中,梅汛降水范围广、时间长,台风降雨强度大,加上江河源短流急,控制性工程拦蓄能力不足,60%左右的雨水以洪水形式流入大海;浙江省降水量的年际变化大,丰枯年水量悬殊相差近3倍,且呈现明显的连续丰水年或连续枯水年,既易洪又易旱。

四是水环境状况形势严峻。特别是城市内河、平原河网和各水系流经城镇的河段水体污染依然严重,湖泊和水库(包含饮用水水源的供水水库)存在不同程度的富营养化现象,部分城市的饮用水的水源、水质尚达不到标准,制约了当地水资源的可持续利用。

五是水资源利用方式较为粗放。浙江省万元工业增加值用水量、农业灌溉水利用系数、规模以上工业用水重复利用率、城镇供水管网漏损率等与国内先进城市、国外发达国家相比,尚存在较大差距,节约用水潜力较大。

六是水资源支撑能力不足。浙江省除瓯江中上游地区外,其他地区均有不同程度的资源型、水质型和工程型缺水现象,区域性水资源短缺问题依然突出。根据规划,在强化节水的前提下,全省2020水平年保证率为90%,总需水量将达到288亿立方米,但现状工况下水资源可供水能力为240亿立方米左右,全省水资源供需缺口仍达到48亿立方米。

随着浙江省海洋经济战略发展规划的实施和14个重要产业集聚区建设进程的加快推进,用水需求量将大幅增加,水资源供需矛盾更为突出,水生态环境压力日益凸显,对水资源支撑经济社会可持续发展提出了更高的要求。因此,全面推进节水型社会建设,不仅是缓解水资源对经济社会发展的瓶颈制约影响,减轻水生态环境压力的必然要求,也是贯彻落实中央一号文件和中央水利工作会议精神的重要举措,更是实现浙江省经济社会可持续发展的基础支撑。

二、节水水平评价

通过对《浙江省"十一五"节水型社会建设规划》实施情况进行总体评估,至2010年,全省万元GDP用水量从2005年的156立方米/万元下降到94立方米/万元(北京市2010年万元GDP用水量为25.5立方米/万元,美国纽约2005年万元GDP用水量为1.3立方米/万元);灌溉水利用系数从2005年的0.52提高到0.56(北京市2010年灌溉水利用系数为0.68,国际先进水平为0.7~0.8);万元工业增加值取水量从2005年的92立方米/万元下降到54立方米/万元(北京市2010年万元工业增加值取水量为18.8立方米/万元);县级以上城市供水管网漏损率从2005年的18%下降到13.4%(发达国家为8%);县级以上城市污水处理率从2005年的55.8%提高到77.3%(2010年北京市区污水处理率为94%);海水淡化产水能力达到6万吨/天。

三、节水工作存在的主要问题

随着经济的快速发展，工业化、城市化的不断加快，人均水资源短缺、水资源分布不均等问题日益显现，浙江省在节水型社会建设的工作中面临着方方面面的挑战。

1. 节水型社会体制、机制建设尚需进一步完善。一是尚未全面实现水务一体化管理体制。全省除岱山、永康和武义等10个县市成立了水务局外，其他县市尚未实现水务一体化管理，因此，无论是省级层面还是各市县层面，水资源管理体制的完善仍然是当前面临的一个主要问题。二是节水约束机制、激励机制、保障机制不够完善。当前的节水工作还主要依靠政府行政推动，市场在水资源配置中的调节和制衡作用未得到有效发挥，节水政策导向与内在动力的机制研究等很多问题有待进一步探索。

2. 节水型社会建设考评体系有待进一步完善。如何结合"生态省"建设、落实最严格的水资源管理制度，建立科学、合理、有效的考评体系，明确节水目标责任考核对象和奖惩机制等，仍有待进一步完善。

3. 地区发展不平衡，计划用水管理不到位。计划用水制度的推广主要集中在节水型社会建设的试点县市，完善以总量控制和定额管理为主要内容的计划用水管理工作任重而道远。

4. 节水意识亟待加强。许多单位、部门对节水型社会建设认识不到位，对节水减排没有引起足够重视。人们的节水意识不强，水资源浪费现象仍较为普遍。

5. 节水资金投入不足，节水设施建设较为滞后。从各节水型社会试点县市的建设情况来看，目前各地节水专项资金占财政支出的比例偏低，民间吸纳资金更少。受到资金投入的制约，部分试点县市节水设施的建设较计划要滞后。

四、节水型社会建设的政策建议

针对浙江省目前的水资源形势和节水工作中存在的主要问题，我们从管理对策、经济对策、技术对策和开源对策4个层面提出节水措施，为推进浙江省节水型社会建设提供借鉴。

（一）管理对策

1. 进一步健全节水管理体制。不仅要在"三定"方案中明确规定各级水行政主管部门组织指导全社会节约用水工作，而且要在各地区设立专门的节约用水管理机构，确保必要的人员编制，明确相应的职责，保证节水工作有人抓、节水政策有人落实。

2. 研究制定节水法规，强化节水规划、计划的编制。节水法规是节水工作开展的基础和保障，是节水工作的武器装备。地方节水规划和计划为我们的工作提供了目标和方向。

3. 加强用水计量管理。在各类终端用水部位，完善用水计量设备的安装工作，同时保证专门人员进行用水计量设备的监测和维护工作，保证用水计量设备的正常使用。

4. 加强用水总量控制。对各地区、各行业和用水大户制定并下达年度用水总量控制指标，明确相关部门和人员的责任，加大执行情况的监督和检查，运用行政和经济手段对超计划用水单位进行通报和处罚。

5. 出台节水激励机制。节约用水是一项社会化的工作，建议出台一些节水的奖励办法，表彰和奖励为节水事业做出过贡献的单位和个人，激励更多的公众参与节水行动。

6. 严格执行用水器具市场准入制度。达到国家相关节水型器具标准的用水器具方可进入市场，加强器具销售市场的监督管理，定期公布抽查结果；加大节水器具的推广使用，逐步淘汰已使用的非节水器具。

7. 节水设施建设要与主体工程同时设计、同时施工、同时投入使用。将节水设施建设列为建筑监理工作的一部分，并作为验收的内容之一。

8. 加大节水创建工作力度。积极创建节水型单位、节水型校园、节水型社区、节水型工业园区、节水型公园和节水型家庭，评选节水先进个人，以典型的示范引领作用，推进社会节水工作的开展。

9. 强化公共服务用水责任。鉴于公共服务节水的特殊性，建议将公共服务的节水任务或目标落实到个人，相应责任进行明确分配。

10. 加大节水宣传力度。大力宣传推广科学用水、节约用水的好方法，宣传节约用水的基本知识和水资源形势，提高人们对水资源开发客观规律的认识，提高节水意识和自觉性，树立水资源有限、水资源危机的意识，在全社会形成节约用水的良好生活方式;积极整合社会资源参与节水宣传活动,节水事业的发展离不开公众的参与,公众的参与必将促进节水事业的更快发展,要让政府的想法变成百姓的心声与行动,让节水的成果切切实实惠及广大人民。

（二）经济对策

1. 制定较高的适宜水价。要发挥市场的价格调节机制,提高城镇水资源费的征收标准,制定的水价要能反映水资源稀缺性,因为水价过低人们就不会珍惜,间接造成地下水被大量开采使用,并使中水回用、污水资源化等节水措施难以推广。农户和农业用水也要逐步实现装表计量,征收水费,树立"水也是商品"的理念。对于低收入人群和农业用水可以通过政府发放补贴的形式来实现社会的公平与和谐。

2. 加大对浪费用水行为的处罚力度。应开展调查研究,制定不同行业的浪费用水界线和相应的处罚政策;加大对浪费用水行为的检查和处罚力度,将节水工作严格化、制度化;设立节水热线电话,发动人民群众共同监督浪费用水的行为。

3. 对特种行业用水实行特殊水价政策。对洗浴业、洗车业、高尔夫球场和啤酒饮料业的用水,应实行特殊水价政策,要单独装表计量,单独实行计划管理。

4. 积极推进分质水价的实施。将分质水价的修订工作提上日程,通过提高再生水和自来水的差价,促进自来水和再生水的部分置换,是再生水产业化的有力保障。

（三）技术对策

1. 完善节水技术的研究开发和推广服务体系。建立专门研究机构,在现有节水型生活用水器具、工农业节水技术的基础上,研究开发新技术,并建立节水技术推广的服务体系,进一步提高用水效率。

2. 进一步提高节水工艺。加强节水管理,严禁跑冒滴漏,普及节水型用水器具;积极实施节水技术改造项目,提高规模以上工业用水重复利用率。

3. 加大农业节水工程建设。加大地表水灌区的渠道和配套工程建设,加大井灌区低压管道输水灌溉、喷灌技术的推广应用和更新改造,提高灌溉水的利用效率。

4. 降低城市供水管网漏损率。加强公共供水管网泄漏的监测力度,完善监测设备和监测队伍,从技术角度降低城市供水管网漏损率;加大旧城区管网改造力度,逐步淘汰城市供水老化管线和设施,彻底消除安全隐患。

（四）开源对策

1. 加大雨洪利用。建议加快雨洪利用相关政策的制定,促进相关产业的发展;深入开展雨洪利用相关技术和设备的研发工作,加快雨洪利用的产业化,如有效去除雨水径流中颗粒物和其他污染物的设备、流量控制设备等。雨洪资源的有效利用,不仅可以减少自来水等水资源的消耗,而且可以回补地下水,减轻行洪的压力,减少城市内涝。

2. 扩大市政中水的利用。加快再生水利用的相应政策和再生水工程规划的制定;推广绿地使用再生水,整体推进园林绿地节水工作。

（作者单位：北京市水务局节水中心）

浙江省实施排污权交易的实践与思考

姚奇富

排污权交易是指通过充分利用市场机制,以最低的社会总成本对环境污染物进行管理和控制,从而达到减少排污量、保护环境的目的。它通常是根据某个地区的环境容量确定一个排放上限,然后由权威机构以发放排放许可证或者排放权指标等形式,向被纳入到该交易实施范围内的所有"排放源"授予排放权,并允许这种权利以商品形式进行交易,以此来控制污染物的排放总量,降低污染治理费用。浙江省实施排污权交易从20世纪90年代开始试点工作,经过10多年的实践探索,取得了积极成效,并凸显出一定的优势和特色。总结前期实践经验,分析现存的问题,对于浙江省排污权交易的进一步推进具有十分重要的意义。

一、浙江省实施排污权交易试点的实践

浙江省采取"自下而上"的方式,各地区结合自身实际有侧重地开展了排污权有偿使用和交易试点工作。截至2010年年底,全省已有10个市的25个县(市、区)正式开展了排污权交易试点,占全省县(市、区)的28%,已累计开展排污权交易882笔,交易金额2.9亿元。

(一)逐步推进排污权交易制度建设

浙江省各试点地市均出台了排污权交易的相关管理办法和规章制度,对交易的对象、程序、定价和监管等方面予以明确规定,为排污权交易的规范有序开展建立了制度保障。如1997年,嘉兴市秀洲区环境保护、物价、财政3个部门联合颁发《秀洲区水污染物排放总量控制和排污权有偿使用管

理试行办法》，规定由国有资产管理公司——秀洲区污水处理有限责任公司负责排污权有偿使用的经营性收费，所收费用全部用于乡镇生活污水处理厂建设。

2007年年底，浙江省环境保护局下发《关于开展排污权交易试点工作的通知》，要求全省各市选择1个以上县（市、区）开展排污权交易试点，待条件成熟后再逐步推广；随后提出《浙江省推行排污权有偿使用和交易制度的总体框架》，规范排污权有偿使用和交易试点程序与方法。2010年10月，浙江省政府办公厅出台《关于印发浙江省排污权有偿使用和交易试点工作暂行办法的通知》，标志着排污权交易试点已经在全省范围内全面实施。

(二)创新排污权交易新模式——嘉兴模式和绍兴模式

2007年嘉兴市出台了《嘉兴市主要污染物排污权交易办法(试行)》，在全国首次提出主要污染物排污权实行市场化交易的模式，成立了国内首家排污权交易机构——嘉兴市排污权储备交易中心。该中心以企业形式注册，在嘉兴市环境保护局的授权和指导下从事主要污染物排污权交易，是排污权可转让方和需求方交易的平台。它引入国际上通用的治理环境污染的排放权交易制度，建立健全本市排污权交易制度，规范排污权出让和申购程序；发放排污权证，体现排污权资产价值。

绍兴则在逐步规范排污权交易的基础上，积极推行排污权抵押贷款和短期租用模式，彰显了自身的特色。排污权抵押贷款是指借款企业以有偿取得的排污权为抵押物，在遵守国家有关金融法律法规和信贷政策的前提下向银行申请获得贷款的融资活动。排污权抵押贷款模式不仅为企业盘活了资产，而且极大地提高了企业的治污积极性。排污权短期租用则通过企业间排污指标的调剂，较好地解决了当地当年度用足用好全市排污指标总量的问题，还为经济发展提供了环境资源，促进了污染减排工作的开展。

二、浙江省排污权交易实践中存在的主要问题

浙江省通过实施排污权交易，区域排污总量得到了有效控制。但由于浙江省的排污交易实施时间不长，实践过程中还存在以下问题。

(一)排污权交易缺乏顶层法律依据

排污权交易的实施是一个系统工程，从选定污染控制项目到确定污染

物排放总量、许可证的发放等都需要完善的法律体系予以保障。目前,浙江排污权交易尚处在试点阶段,无论国家层面还是省市层面都缺乏规范、操作性强的法律。我们在调研中发现,有些地方的政府和企业不愿意尝试排污权交易的原因就在于缺乏相应的法律法规依据,担心自己的行为是"违法"操作,这在一定程度上影响了排污权交易试点工作进一步的深入开展。目前,迫切需要制定与排污权交易密切相关的地方法规、规章、规范性文件,以弥补国家层面立法的缺陷和不足,使浙江省的排污权交易法制建设满足实践发展的需要。

(二)排污指标初始分配方法尚待完善

在排污总量确定之后,合理地将排污权分配给企业是实施排污权交易的前提。目前的现状是:排污指标的初始分配不仅没有标准,还缺乏科学的定价机制。初始定价过低,不能体现环境资源对排污单位的制约作用;初始定价过高,则又将给企业带来过高负担,更有可能导致政府寻租行为的产生。

(三)排污权交易市场尚没有形成

在排污权交易的成功案例中,很多是在当地环境保护行政主管部门的协调下完成的,行政干预作用明显,并不是完全的市场交易行为。之所以会出现这种政府干预下的交易行为,是由于我国目前尚未形成严格意义上的排污权交易市场,排污权交易没有统一的规则和标准,交易过程中企业遭遇的各种问题无法解决。由于对市场形成未能作出理性预期,造成企业为了自身的发展不愿出售富余的排污指标。这些都致使排污交易市场发育缓慢,交易数量极低。

(四)对企业排污监测和交易监管不足

准确计量和监督污染源排放,以及强有力的监督执法体系,是推行排污权有偿取得和交易的重要保障。目前,多数地区的污染物排放量计量基础相对薄弱,对企业的排污监测、监管不足,环境保护行政主管部门难以掌握排污单位的真实排放数据,导致对排污权交易情况的跟踪记录和核实难以全面有效开展,直接影响了排污权交易市场的建立。

(五)企业参与排污权交易的意愿不明显

据2010年胡应得等对浙江全省选取的385家样本企业开展的"企业参

与排污权交易意愿"调查的有关数据,在所调查的样本企业中,59.22%的企业不愿参与排污权交易。究其原因:一是对排污权交易的相关政策了解不足;二是没有充分认识到排污权交易的实施意义;三是企业出于自身的利益权衡"待价而沽",认为随着环保政策越来越严厉,排污权必然会越来越稀缺,预期价格会越来越高。

三、加快推进浙江省排污权交易的思考

为切实推进排污权交易的有效实施,充分发挥其保护环境、促进经济可持续发展的功效,我们在浙江实地调研和借鉴国内外相关经验的基础上,提出以下推进浙江省排污权交易试点工作的思路和对策。

(一)坚持"以市场化手段促进环境与经济协调发展"的理念

由环境资源稀缺性理论和产权理论发展而来的环境资源产权理论是排污权交易的理论根基,其中环境资源的稀缺性是进行排污权交易的基础。西方经济学家戴尔斯等分析了排污权的产权性,认为政府是环境等共有资源的天然所有者,可以创建一种环境资源的新产权——"污染权"。并允许这种权利在市场上进行交易,以此来进行污染物排放的总量控制。排污者之间根据其成本效益进行排污权交易,因而得出排污权交易就是政府通过行政手段,对稀缺的环境资源进行产权的界定与明晰,通过公平的手段对排污权进行合理的初始分配。基于此,浙江省可以在已有试点的基础上,通过制定有效维护排污权、创造良好市场条件等政策方案,把排污权交易作为解决环境问题的"经济手段"提升为"制度安排",坚持走"以市场化手段促进环境与经济协调发展"之路。

(二)明确政府和市场在排污权交易运行中的相应定位

政府在排污权交易运行中的主导性定位不可或缺。环境资源产权具有整体性、公共性、稀缺性、广泛性等特征。从产权主体看,环境资源具有显著的公共物品特征,具体表现为消费的非排他性、非竞争性和供给的不可分性。因此,环境资源产权作为一种特殊的产权,其产权主体应该属于全体公民。通常,政府作为公众的代理人,履行管理、利用和分配环境资源的职责,以最大限度地保证自然生态环境的良性循环和公平分配,则政府在排污权交易运行中的职能定位应以达到健全市场机制、规范市场秩序、发挥市场

作用为目的,主要体现在排污权交易的初始分配、行政指导、监督管理和基础服务等方面。

市场在排污权交易运行中的公平性与效率性定位不可忽略。环境资源产权具有政府公共产权和厂商交易产权的双重属性,这既决定了政府在环境资源产权交易中的职能定位,又要求建立形成环境资源产权交易市场这一外部性市场,使得污染物的减少和政府选择的排污水平都会以最低成本实现。因此,在政府控制下的环境资源产权市场,是公共物品实行私人物品化管理的必然结果。这样,排污权交易又可被理解为一种以市场为基础,为企业提供符合排放限制或目标,且具有灵活性的成本效益系统,可遵循市场规则运行。排污权交易市场可分为一级市场和二级市场。其中,一级市场即排污权的初始分配和有偿取得,由法律决定,其体现的核心问题是分配公平;二级市场即遵循市场价格规律的排污权交易市场,由市场决定,其体现的核心问题是效率。

(三)实现排污权交易在管理、技术、服务三方面的创新

既然排污权交易是在政府主导下,利用市场机制实现环境与经济协调发展的一种环境经济政策,在理清政府和市场在排污权交易运行中的作用的前提下,应兼顾市场规则,充分发挥政府的应有职能。这就需要政府在管理、技术、服务三方面适时创新。

1. 管理创新

(1)制定排污管理的法规制度。一是制定《浙江省排污许可证管理条例》。排污许可证是排污单位合法排污的依据,也是排污单位享有排污权的证明。因此,立法要加强对排污许可证的申请条件、审批程序、行政主管部门的监督管理,以及相关主体法律责任的规定。排污许可证的审批会对市场主体的经济利益产生影响,对行政主管部门来说具有寻租空间,因此要在立法中事先规定行政主管部门的职责和相应的处罚措施,避免权力的滥用。二是制定《浙江省主要污染物排污权有偿使用和交易管理办法》。排污权交易制度中的"交易"是一个广义的概念,包括环境保护行政主管部门对排污指标的初始分配和排污单位之间富余指标的二级市场交易。该《交易管理办法》应当对交易主体、交易客体、交易平台、交易程序和法律救济等方面作出规定。三是制定《浙江省企业排污量和排污绩效核定技术规范》。

在排污权交易中,准确掌握企业排污情况是交易的先决条件。要准确掌握企业排污情况,就需要建立科学、合理、精确的企业排污量和排污绩效核算技术规范。《技术规范》应对企业排污核算内容、核算方法、核算程序等作出全面、可操作的规定。

(2)完善浙江省排污权交易管理信息系统。浙江省排污权交易中心已经成立,这为做好全省的排污权交易统筹工作提供了保障。因此,浙江各县(市、区)试点区域的排污权交易可由浙江省排污权交易中心统一协调,将各县(市、区)的交易信息统一纳入省排污权交易管理信息系统。省排污权交易中心应积极与各试点县(市、区)进行沟通协调,兼顾各方利益,让地方政府和企业能放心地提供准确的交易信息。

(3)逐步形成排污交易的奖惩机制。政府对有效削减污染物排放量和违反排污权交易规定的行为,分别给予奖励和惩罚。例如,可利用税收、信贷等手段,调动排污者削减排污量的积极性;当交易市场不活跃时,可通过回购排污权等方式,保持排污者治理环境污染的积极性,对积极参与排污权交易的排污者予以表彰、优惠等,调动排污者参与排污权交易的积极性。同时,对排污权交易过程中超标排污、出售虚假排污权、不按规定安装监测装置、欺瞒谎报或拒报监测结果等行为,应予以严惩;对于情节严重或屡教不改的,要吊销污染物排放许可证,收回环境使用权。

(4)建立排污权交易储备制度。在排污权交易市场不发达的情况下,企业无法通过市场获得排污权时,环境管理部门有一定的储备量可以为新建或改建的重点项目提供支持,从而可以避免企业在没有获得排污权的情况下违规生产经营的情况,也可以保证区域的排污总量控制水平。而对于退出市场的企业的排污权在无法进行市场交易的情况下,由储备系统负责接收,不仅有利于管理部门了解总量控制的水平,而且新获得的储备量也为其他项目提供了新的排污权,不像目前退出市场的企业的排污权无法得到利用,导致环境容量资源的浪费。此外,企业也可以利用排污权交易储备制度在各个时段储备多余的排污权,以备将来使用;或者把将来的排污权拿到当期使用,并保证这些从将来借入的排污权在以后的某个时段还清。排污权储备制度的建立,能更好地发挥政府在排污权交易市场的调控作用。

2. 技术创新

（1）建立健全排污权有偿使用与交易的市场价格机制。一是完善市场分配方式，根据环境容量，在确定允许排放污染物总量的基础上，建立排污权公正、公平、公开的分配方法，确保每一个污染企业都取得合理的总量指标。一级市场由政府控制，以有偿占用排污权的形式向排污单位分配排污指标。二是加快完善排污权交易的价格形成机制，根据污染物特点、地区环境容量及自净能力差异、可排污染物总量、排污权有效期、地区经济发展水平等情况，结合污染物治理与削减成本，提出排污权有偿取得的方式，研究制定排污初始权出让价格规定，完善排污权有偿使用与交易价格形成机制。

（2）建立排污权异地交易制度。排污权异地交易主要是指交易主体依据相关法规，以自然地理条件为基础，分别位于不同行政区划的企业或者是位于地域、流域、海域的排污口为了转让或者受让节余排污指标而进行的交易活动。排污权异地交易的动力机制源于区域环境容量的整体性特点、污染物的总量控制、行政区划的区块分割特点和企业的趋利性。特定区域的环境容纳总量受时空约束，且区域内又分别属于不同的行政区划，而排污指标是由一定的行政区划的环境保护行政主管部门颁发，这就可能出现在区域环境容纳总量并未突破的情况下，某些排污者由于没有排污指标不能排污的现象；或者出现在实现总量控制的区域内，排污指标与所需要控制的排放总量基本一致，使新建、改建、扩建的排污口没有排污指标不能排污的现象。这些均导致了对排污权异地交易的需求。在正确测定交换双方区域环境容量和明确评估者的权利义务以及违反该义务应承担的法律责任的前提下，排污权才可以在市场机制下打破地域限制。

（3）尝试排污权证券化。资产证券化属于金融制度创新的产物，是将缺乏流动性的资产，通过重新组合，并利用必要的信用增级技术，将其转换为在金融市场上可以自由交易的证券的行为，从而使其具有流动性，并且产生稳定而可预期的现金流收益。排污权资产证券化是一种全新的经济发展模式，集企业融资与环境保护于一体，与传统的融资模式相比具有无可比拟的优越性。

3. 服务创新

(1)建立与排污权交易相适应的中介机构。目前,排污权交易市场机制不成熟,各类企业数量众多、规模不等、分布零散,这种状况直接导致了排污权交易市场的基础信息寻求费用过高,排污权交易成本甚巨。政府应监督组建专业的排污权交易中介机构,负责提供交易信息,进行交易经纪,调整排污指标,评估环境影响,换发排污许可证,办理排污权储存和借贷等。完善的中介机构应包括排污权交易认证机构、排污权交易评估机构、排污权交易中心和排污权交易仲裁机构。

(2)实施法律救援。排污权交易涉及环境容量这种公共资源的分配,在交易过程中,不仅涉及政府部门同排污单位之间的行政管理和服从关系、排污单位之间的合同关系,还可能涉及排污单位和普通公众的环境侵权关系。在如此复杂的法律关系中要保障各主体的合法权利不受侵害,除了规定处罚措施外,政府还要针对可能的受害人制定法律救济措施。

(作者单位:浙江工商职业技术学院)

培育生态文化　助推科学发展

鲍继红

一、生态文化的基本概念

生态文化是反映人与自然、社会与自然、人与社会之间和睦相处、和谐发展的一种社会文化。它以崇尚自然、保护环境、促进资源永续利用为基本特征，包含建立"诚实守信、善待生命与自然"的伦理道德观，建立"环境是资源、环境是资本、环境是资产"的价值观念，建立以资源节约型、科技先导型、质量效益型为基础的生产发展观，建立科学、合理和健康的生活方式与消费理念等内容。和谐的生态文化是生产力发展、社会进步的产物，是物质文明与精神文明在自然与社会生态关系中的具体表现，是生态文明、社会繁荣的标志，也是人的价值观念的根本转变，是助推区域经济发展的重要推手。

二、加强生态文化建设的时代价值

十七届六中全会首次提出了"走文化强国之路"。生态文化作为一种新型文化在推动社会主义文化大发展大繁荣中担当着重要角色，随着生态文明时代的到来，已经日益成为引领整个社会生态文明建设、实现区域经济社会可持续发展的思想潮流。

1. 加强生态文化建设是优化区域经济发展质量的重要力量。生态文化的内核在于科学认识、积极倡导和推动实现人与自然的和谐，建立一种人与生态环境之间和谐友好的关系，创造有利于生产和生活协调发展的环境。在区域经济建设中,用生态文化引领具体实践,辩证地认识经济增长和经济发展、人与自然的关系,选择人与自然和谐、可持续发展的增长方式,将确保区域经济发展模式呈现良性状态。

2. 加强生态文化建设是实现民众共享品质生活的内在要求。生态环境是衡量人民生活水平和质量的一个重要方面,而生态文化缺失则必然引起生态环境建设的不协调,也就没有经济社会的持续发展。生态文化建设可以将生态意识和生态思维上升为全民意识和行为准则,进一步促进人们生产生活方式的转变,形成优美和谐的生活环境与氛围,让民众得以共享品质生活,提升幸福指数。

3. 加强生态文化建设是塑造区域核心竞争力的主要途径。特色就是优势,优势就是竞争力。衢州作为浙江省经济欠发达地区,生态环境就是最大的特色优势,要实现区域经济的跨越式发展必须充分立足于此。只有通过优化产业布局,走科技先导型、资源节约型、循环经济型的发展之路,培育一批特色产业和产品及专业产业区,依托具有本地化的产业氛围和文化积淀,发挥带动辐射作用,提升对外形象,才能增强区域对资金、技术、人才的吸引力,吸引更多的投资,为区域经济的跨越式发展与"洼地崛起"提供支撑,形成核心竞争力。

三、衢州生态文化建设的途径及成果

近年来,衢州市认真贯彻省委提出的"绿色发展、生态富民、科学跨越"要求,大力弘扬生态文化、生态文明,加强区域生态文化培育,强调在区域发展上突出生态文明理念,在经济活动中体现可持续发展的要求,在日常生活中倡导绿色健康的文明方式,区域生态文化建设工作取得一定成效,为推进衢州高起点、跨越式、可持续发展发挥了积极作用。衢州市森林覆盖率达到72%,空气质量优良天数达到359天,是《全国生态环境保护纲要》所确定的9个全国性生态良好地区之一,是国家级生态示范市、旅游城市、卫生城市。

1. 强化政府主导,健全生态考核机制。生态是衢州的最大特色,也是优势所在、潜力所在。几年来,衢州市坚持生态立市、环境优先的科学发展理念,大力发展生态经济、改善生态环境、弘扬生态文化,走出了一条生态与经济互促共赢的可持续发展道路;全面实行环境目标责任制,将生态建设纳入各级各部门单位综合目标考评体系,利用行政手段激励决策层推行环境友好、生态合理的行政管理和决策方式,实现向可持续发展的转变。

2. 普及宣传教育,推动生态理念养成。衢州市十分重视生态文明理念的宣传普及,制定和实施推进生态文明建设道德规范,以世界环境日、世界水日、世界气象日、世界地球日等为契机,依托中心组学习、人文大讲坛、百姓讲坛、全民学习日等载体开展环保知识竞赛、生态书画摄影比赛、周末文艺广场、保护母亲河、绿色环保志愿者行动等系列宣传活动,积极倡导节约、"低碳"、环保新理念;建立环保义务宣传员、义务监督员工作制度,引导扶持志愿者团队积极投身生态文化建设实践,全方位、多层次营造全社会关心、支持、参与生态文明建设的浓厚氛围。2011年,衢州还举办了"绿色中国行——走进衢州"大型系列主题公益宣传活动,依托组织一体化、运作品牌化、宣传立体化、经费市场化的模式,开展了"百家媒体看衢州"、"共建衢州·绿色中国林"、"8+1对话"、"2010中国绿色宝贝颁奖盛典"等活动,打造了一次"高规格、高水平、有影响力"的生态盛会,充分展示了衢州市生态文明建设的成果,尤其是重视发挥公众人物在生态文明建设中的独特示范作用,专门聘请衢州籍寓外人士周迅为形象大使,何晴等著名影视明星回家乡宣传绿色环保公益事业,以此激发全市人民建设生态文明、打造绿色衢州的热情,使生态文明建设取得社会的广泛认同,生态文化成为一种主流文化和价值取向。

3. 突出公众参与,激发生态创建活力。建设生态文明是一项社会性的公益事业,建设生态文化是为了公众,因此生态文明建设要靠公众参与。衢州市致力于通过体制创新为公众广泛参与生态文化建设提供多种渠道,消除社会抵触情绪和心态失衡,从社会和谐中凝聚抵制生态恶化的整体合力;广泛开展生态市县、生态乡镇、生态村庄和绿色社区、绿色庭院、绿色饭店等系列群众性生态创建活动,扎实推进生态市创建,培育和引导生态导向的生产方式和消费行为,提高生态建设水平。2007年,衢州市及6个县(市、区)均获得"国家级生态示范区"称号,成为全省首个全市"一片绿"的城市。截至2010年年底,全市累计建成全国优美乡镇17个、省级生态乡镇57个、各类省级以上绿色单位288个。同时,衢州市每年都组织开展义务植树、环保志愿者等活动,有效增强了公众保护生态的积极性和自觉性。

4. 挖掘区域文化,培育特色生态产业。充分挖掘地区人文、生态资源,加大了生态资源开发利用,增添了区域生态文化魅力。做好"两子"文化,发挥衢州历史文化名城特色,加强对传统文化的资源整合,进一步扩大了衢州"东南阙里·南孔圣地"的影响力;做大旅游业,依托优质的生态环境、丰富的自然资源及深厚的历史积淀,培育了钱江源头森林氧吧、开化根雕博物馆、江郎山世界非物质文化遗产、龙游石窟等特色生态旅游带;做长生态产业,立足开化龙顶茶,常山胡柚、青石等丰富的地域资源,加强衍生产品开发、品牌知名度提升,拉长区域生态文化产业链;做响农家乐休闲品牌,打造了桃园七里等一批具有优美自然景观、浓郁生态特色的农家乐基地;做美特色文化村,结合美丽乡村建设,启动生态文化产业带建设,形成了柯城沟溪乡余东农民画村、江山大陈乡大陈古村落等大批生态文化特色村。

四、当前区域生态文化建设存在的问题

近年来,衢州市生态文化建设虽然取得了一定成效,但远远不能适应"生态文明、环境友好型社会发展"的需要,还存在着民众的生态意识不强、素质不高,生态文化建设缺乏强有力的经济支撑,生态文化建设的体制机制不健全等诸多问题,生态文化建设任重而道远。

1. 生态文化共识尚未形成。由于区域生态文明尚处在起步阶段,生态文明还没有成为干部群众的自觉意识和内在行动。公众仍然处在政府倡导下被动参与阶段,主动投入小、被动应付多。尤其在一些农村,受传统生活习惯的影响,村民整体的环保意识仍然较弱,村庄环境脏、乱、差等情况普遍存在。违法成本过低,守法成本过高,导致一些没有良知的企业家诚信缺失,有法不依、违规排放、环评数据虚假等现象普遍。小部分政府官员仍存在盲目追求GDP、野蛮开发、经济效益至上等观念。这些问题都严重制约着生态文明的发展。

2. 生态文化建设资金缺乏。资金困扰成为生态文化建设最主要的矛盾之一,尤其是对于衢州等欠发达地区而言,一方面为了保护钱江源头生态环境资源,高附加值的相关产业发展受到制约,经济发展受到影响;另一方面为了保护好生态环境,又需要更多的投入,财政支撑存在一定的困难,而

市场化的融资渠道也存在着多方面因素的限制。另外,文化产业发展的滞后,也使生态文化建设的推进缺乏后盾。

3. 生态文化管理有待完善。生态文化建设是一个系统工程,需要有完善的体制做保障,生态文化建设的约束性操作体制、分解细化的可行性操作途径都还十分缺乏,执法主体不明确,管理体制松散,不能有效整合,缺少生态文化建设专项规划。

五、加强生态文化培育、推进科学发展的思考

1. 转变发展理念,培育生态文化的价值取向。生态文化建设的实质是培育新的思维模式和行为模式,正确处理眼前利益和长远利益、经济利益和环境效益、开发和保护的关系,改变传统生态观,要把握好生态文化与社会经济发展的关系。一要树立生态优势是最大的发展优势的理念。要增强"生态"的首位意识、率先意识,以发展促保护,以保护促发展,使经济发展建立在资源节约和环境友好的基础上,实现又好又快地发展。二要树立节约集约发展的理念。在当前土地、能耗、环境等发展要素需求矛盾十分突出的背景下,必须按照"好字当先"、"亩均效益"的要求,转变经济增长方式,走科技含量高、经济效益好、资源消耗低、环境污染少的新型工业化道路。三要树立生态文明理念。要转变"重物轻人"观念,既要把加快经济发展方式转变作为生态文明建设的重中之重,又要从生态文化培育、生态环境保护、生态经济发展、生态科技进步等多个方面整体推进,使生态文明理念贯穿于经济社会各个方面。

2. 做大生态经济,巩固生态文化的发展繁荣基石。没有发达的经济做保证,生态文化培育及文明建设就会成为无源之水、无本之木。要处理好"生态文化"与"生态经济"的关系,更要把"生态文化"建设寓于"生态经济"建设之中。一要坚持"量质并重、更重质量"的理念,发展生态工业。建设生态工业园区,促进产业集中、集聚、集约发展,形成工业循环经济,大力推广清洁生产;把挑商选资作为发展生态工业的突破口,以"大平台、大产业、大项目、大企业"为主攻方向,特别要吸引战略性投资项目落户,严格执行项目落地决策咨询机制,严把项目环评、能评关;要以发展绿色经济为导向,引导企业用先进实用技术和现代管理方法改造循环经济,加大重点企业、

重点行业的整治力度,加快淘汰落后产能,促进节约能源和保护生态环境的产业发展。二要顺应绿色消费需求,加快发展生态农业。以发展高效生态农业为主攻方向,结合现代农业园区建设,发展生态农业,扩大有机食品、绿色食品和无公害食品的种植;深入实施生态农产品品牌战略,鼓励农业龙头企业和专业合作社开展农产品绿色认证和品牌培育,打造农业产业绿色品牌;大力发展山区经济,保持原生态,保持青山绿水。越来越好的空气质量、越来越高的森林覆盖率,将成就山区经济独特的生态环境风景线,以后发优势开发发达地区难以企及的发展潜力。三是发挥生态优势,加快发展生态旅游业。重点开发"休闲度假、托老养老、民俗文化、特产购物、农产品采摘"等具有地方特色的旅游项目;加快旅游服务配套设施建设,打造高质量的休闲度假旅游基地,加大旅游特色产品开发力度,实现由单一观光旅游向多元化旅游购物和休闲度假转型。四是突出地域特性,发展壮大生态文化产业;突出地域文化特色,形成一批有竞争实力的文化主导产业;重点培育文化创意产业园,发展生态文化培训、咨询、论坛、传媒、网络等信息文化产业;大力扶持已有一定规模的文化产品向文化产业发展提升,将各商标知识产权广泛应用到旅游工艺品、休闲食品生产中,使文化资源的无形资产转化为巨大的商业价值;鼓励各种投资者投资生态文化产业,提高生态文化产品生产的规模化、专业化和市场化水平。

3. 加速品牌培育,扩大生态文化的辐射影响力。生态文化是生态建设的灵魂,必须深入挖掘生态文化内涵,提升生态文化品位,以此实现社会效益和经济效益的双赢。一是着力提升生态文化品位。将生态文化、生态理念融入地方的文化节日和传统节庆活动,举办各种类型的生态文化艺术节,以节扬文,以文促旅,以旅活区,使之成为传统生态文明的重要媒介,使文化成为带动经济发展、促进对外合作与交流、促进文化事业发展的桥梁和纽带。二是着力提升生态文化内涵。注重对生态文化精品的培育与扶持、对历史的挖掘与研究、对传统的保护与传承,着力构建"精品文化、历史文化、民俗文化"三大文化体系,建设各具特色的生态文化带;要做好生态、文态、形态、业态"四态"结合文章,营造自然美、塑造内在美、彰显个性美、弘扬创业美,丰富生态文化建设内涵。三是着力提升生态文化环境。改善区域生态文化硬环境,不断完善乡镇综合文化站公共文化服务功能,重点扶持好市民康乐广场建设和农村宣传文化阵地"五百"工程建设；积极引进、推动各类图书馆、科技馆、名人纪念馆、文化中心、民营电影院、艺术广场、生态公园、标志性建筑和城雕建设，使之成为生态文化亮丽的风景线；谋划一批生态文化保护区，维护生态文化的多样化；加快建设并形成一批以"绿色企业、绿色社区、生态村"为主题的生态文化宣传教育基地。丰富区域生态文化软环境。依托周末文化广场、社区大舞台等活动载体，掀起"多种生态文化"活动的热潮；开创以乡镇综合文化站、基层文化俱乐部为工作纽带、基层文体活动团体为组织载体的基层生态文化工作格局，拓展广场生态文化、公园生态文化、街头生态文化、社区生态文化、家庭生态文化等新型生态文化种类。

　　4. 发挥载体效应，营造生态文化建设的良好氛围。要广泛、深入、持久地进行文化教育、文化熏陶、文化渗透，在人们的意识形态、思想观念、行为规范、道德舆论等方面切实形成一种全民性的、全社会性的大众生态文化，用文化的力量提高全民环保和生态建设的自觉性，动员社会各界和广大群众以各种方式支持和参与生态建设。一要用好宣传阵地。要围绕发展生态经济、倡导绿色消费模式、建设生态文明，宣传普及生态环境保护科学知识，利用电视、电台、网站、微博、论坛、QQ群、宣传橱窗、楼道等各种媒体和公共场所，开展生态宣传、生态培训、生态科研等多种形式的宣传教育活动，大力宣传环境保护和建设成果，充分发挥保护生态环境榜样的示范作用和对环境破坏行为的监督作用。二要用好基层组织。要充分发挥老年协会、共青团、妇女以及基层群众组织的阵地作用，尝试将生态管理内容纳入村规民约、乡风评议、社区评比等领域，让身边人、身边事来引导广大人民群众，并使其理解、支持、参与生态文化建设，引导农民培育简朴、和谐的生态文化，约束身边不良习惯。三要用好制度约束。严格维护生态规划的权威地位，严肃建设程序和必要的审批制度，保证生态规划一以贯之地顺利实施；重点通过法规约束、奖罚激励、企业文化塑造来提高企业的生态环境保护意识和社会责任感，引导企业在生产经营中做到节能减排、绿色生产，争做环境友好型企业。四要用好创建实践。深入推进全民参与的生态创建工作。要突出生态文化创建过程中政府的带动作用，各级政府部门和公务员要带头引领全社会践行绿色低碳的工作方式和生活方式，倡导生态公务、绿色公务、三公消费廉洁廉价,依托政府办公过程中在节能、降耗、废物循环利用等方面的率先举措创建绿色政府文化,促进形成社会新风尚;继续广泛深入地开展生态乡镇、生态村以及绿色企业、绿色品牌、绿色学校等"绿色系列"生态创建活动,积极开展"节能减排家庭社区行动",优化人居生态生活环境,把环境意识、绿色理念和生态文明渗透到学校、企业、社区,多层次、多领域地夯实生态文明建设的社会基础。

5. 完善配套措施,强化生态文化的管理体制机制。要将生态文化寓于生态管理之中,建立信息反馈灵敏、决策水平高的管理体制,实现社会的高效、和谐发展。一是健全制度保障机制。不断完善并出台加强生态文化建设的细化指导性意见,编制区域生态文化规划及操作手册,以制度规范合理引导企业、公众和社会团体的环境意识和环境行为。二是完善资金投入机制。确立政府在生态文化建设中的主导地位,鼓励和引导社会资本参与生态文化建设,形成投资主体多元化、投资方式多样化的投入机制;抓好国家、省有关发展生态经济、改善生态环境、加强资源节约的各种税收优惠政策的落实,用足用好省、市在生态补偿等方面的扶持政策,鼓励金融机构加大对绿色先进企业的支持。三是创新大众监督机制。运用经济刺激、利益刺激和教育引导等方法促使民众共同参与生态环境的保护;设立举报接待日、举报热线、举报信箱等,积极推广企业环境行为信息公开化制度,实现公众对企业环境行为的监督施压;尝试开展生态保护政策、法规和标准的公众效益评价,建立有效的反馈系统和工作程序,使政策、法规和标准日益完善。

(作者单位:衢州市柯城区委)

浙江省水资源环境保护的调查和思考

顾福利

建设生态文明是事关我省经济社会科学发展的一个重大课题,而水资源环境保护又是生态环境建设的一个重要方面。它直接关系到人民身体健康、经济发展和社会和谐稳定。本文通过专题调研,认真梳理了我省水资源环境保护的现状、成效和存在的问题,并提出了进一步保护和完善我省水资源环境的一些对策与建议,为我省生态文明建设建言献策。

一、水资源环境保护现状及主要成效

自2003年开展生态省建设以来,我省立足实际,在经济持续快速增长、环境压力不断加大的情况下,高度重视水资源环境保护工作。尤其是近些年来,我省积极推进"811"环境污染整治行动、万里清水河道整治、千村示范万村整治等一系列工程,令水资源环境保护工作取得了较好的成效。

一是逐步建立水资源保护政策法规体系。省政府批准实施《浙江省水资源保护和开发利用总体规划》,先后出台了《浙江省水污染防治条例》、《浙江省跨行政区域交接断面水质监测和保护办法》、《浙江省跨行政区域河流交接断面水质保护管理考核办法》、《浙江省重点流域水污染防治专项规划实施情况考核办法》等一系列规章和规范性文件,编制了《浙江省水功能区水环境功能区划分方案》和《浙江省水功能区水环境功能区纳污能力核定技术报告》等专项区划和环境指标,落实污染物排放总量控制和削减目标。

二是水资源质量总体评价为优。全省水资源质量基本保持稳定,局部地区有所好转。全省八大水系、运河和主要湖库地表水环境功能区水质达标率达到68.4%；县级以上集中式饮用水水源地水质达标率达到85.6%；江河干流水质总体基本良好。

三是水资源保障能力逐步提高。近几年,全省已建成较大的城乡供水水厂712座,除杭嘉湖地区外,大部分城市供水已由水库供水,全省70%左右的居民用水由水利工程提供保障。至2010年年底,全省累计新增农村供水规模300万吨/日,农村安全饮用水覆盖率从2002年的62%提高到2010年的95.8%。全省沿海平原地下水实现禁限采。

四是污染防治能力显著增强。省委、省政府自2004年以来,先后部署开展了"811"环境污染整治行动和"811"环境保护新三年行动,突出抓重点流域、重点区域、重点行业、重点企业的环境污染整治工作,着力解决人民群众突出反映的环境问题。如温州、丽水两地政府上下联动,实施了制革、电镀、不锈钢和防盗门等行业专项污染整治行动;杭州市2007年至今,已经关停91家区控以上及重点排污企业;宁波慈溪市强制取缔、关闭和转移了3883家废塑料加工户。到2007年,在全国率先全面建成了县以上城市污水、生活垃圾集中处理设施和环境质量、重点污染源自动监控网络。

五是农村环境保护工作特色明显。深入开展新农村建设,组织实施"千村示范万村整治"、农村环境"五整治一提高工程"等系列农村环保行动,重点对农村生活污水、垃圾、畜禽养殖污染和一些区域性的工业污染进行了治理。全省累计已有25%的行政村开展了农村生活污水治理,农村生活垃圾收集率达75%,46%的村庄环境得到整治。

六是率先建立生态补偿机制和排污权交易机制。我省在全国率先出台《关于进一步完善生态补偿机制的若干意见》,省级财政生态补偿转移支付力度持续加大。在嘉兴、绍兴等设区市成功开展排污权交易试点的基础上,全省作为全国排污权交易试点省份成立了省排污权交易中心。

二、当前我省水资源环境保护存在的主要问题

目前,在我省水资源环境保护与利用中,仍然存在经济社会快速发展与水资源相对短缺、生态环境衰退与产业结构调整滞后、城市化快速推进与环保基础设施建设不配套等亟待解决的矛盾和问题。主要表现在以下几

方面：

1. 水资源安全保障能力不足。一是区域性水资源短缺问题依然突出。全省多年平均水资源总量为955.41亿立方米，通过经济合理、技术可行的措施可以一次性利用的地表水资源量约为287.93亿立方米，多年平均人均水资源量1865立方米，低于全国平均水平。水资源区域分布与耕地、人口和生产力布局不相匹配。根据预测，在强化节水方案的情况下，全省2020水平年总需水量将达到301亿立方米，水资源供需缺口为66亿立方米。二是饮用水水源地安全隐患凸现。承担着全省70%以上人口供水任务的水库型饮用水水源地目前面临的各类安全隐患凸现，不少水库呈富营养化状态。据省水利厅提供的数据，全省中心镇以上的160座主要供水水库中，不符合生活饮用水水源地水质标准的水库占调查水库总数的50%，约有26%的水库呈富营养化状态。三是饮用水水源应急储备能力不足。我省县级以上城镇，绝大多数是单一供水水源，水源调节余地小，若遭遇突发性水污染事件，将可能导致供水体系瘫痪的严重后果。杭州市城区80%以上供水依赖钱塘江，现有的珊瑚沙水库备用水量只能维持1天多的供水量；绍兴市区、绍兴县和上虞市80多万城市人口和100多万农村人口的饮用水水源全部由汤浦水库供给。四是部分区域水生态形势依然严峻。随着城市化进程的加快，基础设施建设规模不断扩大，涉河项目越来越多，大量河湖水域被占用，加上水土流失、河道淤积，导致河湖容量逐渐萎缩，原有蓄洪、灌溉、景观、生态等功能退化。据统计，全省杭嘉湖平原、温黄平原等地因过度开采地下水已经导致局部地区地下水水位下降至地面高程−50米，局部地区地面沉降超过1米以上。五是水资源利用效率较低。我省万元工业增加值用水量为54立方米/万元，与全国节水先进城市20~30立方米/万元相比有较大差距；农业灌溉水利用系数为0.54，发达国家为0.7~0.8；规模以上工业用水重复利用率为50%，远低于发达国家85%的平均水平；供水管网跑、冒、滴、漏现象严重，平均漏损率在20%左右，而上海等城市的漏损率为10%左右，国外发达国家的漏损率仅为8%，差距非常明显。

2. 水环境污染尚未得到根本控制。我省水环境污染趋势尚未得到根本控制。八大水系、运河和湖库水质尚有31.6%的断面不能满足环境功能区要求，局部地区地表水水质略有下降；平原河网和城市内河水质污染依然严重,分别有93.8%和90.9%的断面不能满足环境功能区要求;湖泊、水库存在不同程度的富营养化现象;部分城市的饮用水水源、水质尚未达到标准;近岸海域和部分港湾已出现不同程度的海水污染,氮磷富营养化较为严重,有些海域已成为赤潮多发区。水污染防治形势依然严峻。

3. 水资源管理存在体制性障碍。目前,我省资源环境管理体制仍存在着部分管理权限、职责范围相互交叉,职责权利不够清晰,生态环境保护的整体性被条条块块的管理部门分割,区域和流域环境管理体制还不健全等问题。如长期以来,水资源管理存在"多龙治水"的局面,水源由水利部门管理,供水由城建部门管理,排污则归环保部门管理,水资源管理权设置重叠、职能交叉,最终导致水资源管理和配置的长期低效。

三、进一步保护和改善我省水资源环境的对策与建议

水资源环境保护与利用工作具有重要的战略地位。科学保护和利用好水资源,是国家和省"十二五"规划的要求,更是全省人民的共同期盼。我们必须坚持科学发展观,从建设生态文明的高度,创新循环生态经济管理体制,切实做好水资源环境保护与利用工作,实现人与自然和谐发展、经济社会协调可持续发展。为此,提出如下建议。

1. 切实保障水资源安全。一是加快实施我省城乡饮用水安全保障规划。构建县、镇、村3级联动配合的水源保护网络体系,加强饮用水水源及水域周边环境监管,在重点饮用水水源地建设自动水质监测网,公布监测结果,接受社会监督;加强环境隐患排查和环境风险防范,健全流域突发水污染事件和藻类防控应急预案。二是注重水资源优化配置,增加水资源有效供给。在城市供水比较紧缺的地区,将部分原以灌溉、发电等为主要功能的水库调整为城镇供水功能,在水库功能调整过程中,建议落实农业灌溉用水经济补偿的政策措施,诸暨市已出台的每立方水2分钱补偿陈蔡水库灌区的具体办法,值得全省借鉴;积极推行工业、生活与饮用分质、分价供水,提高水资源综合利用效益;制定政策,促进海水淡化和中水回用等非常规水资源利用。三是加强水资源生态系统保护与修复。应在有条件的地区利用现有的水利工程进行生态环境配水,以杭嘉湖、萧绍宁、温黄、温瑞等平原地区为重点实施生态河道整治工程;严格控制湖泊河道的水

域占用,实行水域占补平衡;实施综合治理战略,构建科学完善的水土流失防治体系。

2. 切实加强流域水污染防治工作。针对我省主要流域存在不同程度的水质污染的情况,应完善流域治理机制,深入推进重点流域水污染防治工作,加强水系源头生态环境保护。重点抓好钱塘江等八大水系、京杭运河及杭嘉湖、宁绍、温黄和温瑞平原河网等重点流域的水污染整治,落实流域水污染防治规划的各项任务;继续深化太湖流域水污染防治工作,着力控制氨氮、总磷污染问题;加强工业污染防治,加快推进重点行业、企业污染治理,大力发展循环经济,推进清洁生产;大力发展高效生态农业,积极推广生态养殖、立体种养、种养沼结合等高效生态农业模式,切实抓好化肥农药污染防治工作;加强航运管理,大力整治航运污染。

3. 高度重视农村生活污染治理。积极实施《浙江省农村环境保护规划》,继续大力推进农村环境"五整治一提高"和"千村示范,万村整治"工程。要进一步采取有效方式处理农村生活污水,因地制宜推广农村生活污水处理适用技术,特别要加强"农家乐"的环境监管,连片开发"农家乐"的乡村应建立生活、餐饮污水、垃圾集中治理(收集)设施;建议省财政加大对镇级污水管网建设的补助力度,同时建立镇级污水处理设施运行补助机制。

4. 理顺管理体制,加强政府各部门协商和综合决策机制。创新自然资源管理手段与管理方式。逐步建立自然资源综合管理机制,避免多头管理;在明确初始水权的基础上,逐步开展水权交易试点,深入探索水权流转的实现形式,优化水资源配置,如建立流域上下游协调管理机制,协调解决流域上下游之间的冲突和纠纷。

5. 加大水资源环境保护的投入力度,建立健全流域生态补偿机制。建议在进一步贯彻落实《浙江省人民政府关于进一步完善生态补偿机制的意见》的基础上,加强流域生态价值、水资源价值和补偿标准研究,建立起更加科学合理的生态补偿机制。一是尽快制定《浙江省生态补偿条例》,明确生态补偿的责任主体、补偿标准和补偿形式。二是出台《浙江省湿地保护条例》,建立湿地保护补偿机制,抓好流域内湿地、自然保护区的建设和管理。三是建立"异地低碳生态补偿试验区",出台相应政策和保障措施,引导企业投资兴业,以区内税收返回形式支持流域上游地区发展。四是逐步提高生态公益林和防护林补偿标准。针对公益林区域重要性、功能重要性、生态区位重要性的不同,实行差别性的补偿标准,争取到"十二五"末生态公益林的补助标准在现有基础上有较大幅度的提高。

(作者单位:省政协办公厅)

生态文明建设之机制保障思考

——以浙江省为例

薛春江

党的十七大提出的生态文明建设的重要战略决策,以及如何在生态文明建设中发挥机制的保障作用,值得我们认真思考。综合运用法律、经济、技术和必要的行政手段解决环境问题,有利于调整产业结构,有利于从根本上解决环境问题,有利于真正实现环境保护和发展方式转变的良性互动,全面建设环境友好型、资源节约型社会。本文拟以浙江省为例,就生态文明建设中的机制保障问题做一探讨。

一、浙江省生态文明建设中机制保障的基本情况

近年来,浙江省始终坚持机制创新的治本之策,为推动生态文明建设提供了强大动力和制度保障。特别是中共浙江省委十二届七次全会做出的《关于推进生态文明建设的决定》,提出了生态文明建设体制机制不断完善的目标,以使生态文明建设走上法治化、规范化、常态化轨道。从实践效果看,取得了明显的成效。

(一)政策法制保障不断强化

"十一五"期间,浙江全省累计出台了18部地方法规和规章、30多项有关生态环保工作的政策性文件。相继就发展循环经济、完善生态补偿机制、开展环境污染整治、加强钱塘江和太湖流域水污染防治、工业项目新增污染控制、环境污染整治企业搬迁转产关闭、重点污染物排放总量控制和污

染减排、重点监管区整治、加强农村环境保护和污染整治等工作做出部署，并提出一系列政策措施。

(二)行政管理机制不断规范

一是率先在全国制定和实施生态环境功能区规划,逐步建立了层次分明、功能清晰的环保规划体系。研究建立了空间准入、总量准入、项目准入"三位一体",专家评价与公众评价"两结合"的新型环境准入制度;二是创新了减排预警、约谈、区域限批等约束性政策机制。实行项目审批与区域环境质量挂钩、与产业结构调整挂钩、与环保基础设施建设挂钩、与污染减排绩效挂钩制度。完善项目审批总量削减替代制度,明确了区域限批的对象和相关工作要求。三是开展跨行政区域河流交接断面水质管理考核。建立并实施跨界河流交接断面水质达标管理制度;按月对各行政区交接断面水质进行评价,每月将评价结果通报给各级政府,督促各地进一步重视环境保护,及时采取措施改善水环境质量;从2009年开始实施,每年根据考核目标要求对各县市进行考评, 将结果与政府领导班子和领导干部综合考评、建设项目审批和生态环保转移支付资金等挂钩。四是重视执法协作机制。连续多年开展专项联合执法行动,打击违法排污企业,保障群众健康;加强与工商等部门协作,着手建立信息互通共享机制;利用司法力量推进环保执法,制度实施以来,全省各级检察机关支持起诉多起环境违法案件,制裁违法者,督促、协助环保部门追缴排污费。

(三)环境经济政策不断完善

一是建立生态补偿机制。2008年,省政府出台了《浙江省生态环保财力转移支付试行办法》,围绕水体、大气、森林等生态环保基本要素,对八大水系干流和流域面积100平方公里以上的一级支流源头和流域面积较大的市、县(市)给予生态环保财力转移支付。2010年转移支付范围扩大到全省除宁波外的所有市县,省财政预算安排12亿元对全省63个市县给予生态环保财力转移支付。二是排污权有偿使用和交易政策法规体系框架基本构建完成。出台了《浙江省排污权有偿使用和交易试点工作暂行办法实施细则》、《浙江省初始排污权有偿使用费征收标准管理办法(试行)》等。目前全省11个设区市、35个县(市、区)实质性开展有偿使用和交易工作。到2011年上半年,全省开展排污权有偿使用企业4642家,涉及金额8.31亿元;排污权交易1274笔,涉及金额2.92亿元;排污权抵押贷款129笔,涉及金额6.2亿元。三是建立和完善绿色经济政策。深入推进绿色信贷、绿色保险、绿色证券、绿色采购等制度,实行金融信贷、清洁生产、企业环保信用等级评价、上市企业环保核查和信息公开等制度相互依托,协同推进,对企业提高环保意识、加强内部管理、履行社会责任、实现绿色发展产生了积极作用。

二、浙江省生态文明建设中存在的机制保障问题

应当说,浙江省生态文明建设各项机制的完善,有效地调动了各级政府、各有关部门、广大企业、社会各界共同参与环境保护的积极性、主动性和创造性,也有力地促进了生态文明的建设进程。但是,客观分析,机制保障工作中仍然存在许多不足之处。

(一)环境保护的市场促进机制仍不完善

环境成本外部化及污染治理的有效激励不足现象比较普遍,市场机制在促进资源集约节约利用中的基础性作用发挥不够。价格机制尚不健全,城市供水、污水处理和生活垃圾处理的收费制度尚未完全建立和落实。多元化环保投融资机制和环保设施市场化、产业化发展的机制仍不完善。

(二)对生态文明建设考核机制还存在疏漏

针对地方政府的生态文明考核指标还不是很具体,责任有待进一步明确,奖惩措施还不到位。涵盖经济指标、社会发展指标、人文指标、资源指标、环境指标的综合考评标准尚不健全。环境目标责任制的内容还显宽泛,操作性不强。政绩考核"指挥棒"的作用发挥不理想,除极个别影响较大的事件外,因为环境问题而被问责的领导干部寥寥无几。

(三)一些法律法规和政策相对滞后

推进生态文明建设的法律、法规和标准体系还没有建立,一些环保领域存在法律真空,进一步的环保措施深化实施缺乏法律法规的支撑。全省的地方性法规、政府规章和规范性文件也需清理与完善,对相关环保机构的单位性质界定及主管部门亟待统一。环境保护管理的监督机制还不健全,环境执法中的部门保护和地方保护主义依然存在,环境法治的尊严没有得到有力维护,未能从根本上扭转一些地方环境质量下降、环境突发性事故频发、环境污染群体性事件影响社会稳定的趋势。

（四）公众的生态文明建设意识还需加强

生态文明理念还没有成为广大干部群众的自觉意识和行动,部分群众缺乏绿色生活消费观, 一些企业经营者缺乏守法治污的社会责任意识,有的地方能源资源浪费严重,有的地方污染偷排现象依然突出。公众对环境的参与权落实还不够,环境监督途径和诉求渠道还不畅通,群众环境权益难以得到维护。

三、强化浙江生态机制保障的几点措施和建议

面对存在的问题,必须从全局的高度来认真审视和思考创新机制建设的必要性。采取多方面的举措,不断强化制度的执行力,以保障生态文明建设各项指标的落实。

（一）综合采用多种环境经济政策,促进生态环境保护的发展

1. 建立健全生态补偿机制

一是通过征收生态环境补偿费等途径,对那些直接从自然中获取资源,以及从事水、土地、森林、矿产等资源开发利用对生态环境造成不良影响的企业征收相应的环境补偿费,调控社会的生产行为和生活行为,限制对环境的损害和对资源的过度浪费。二是按照"谁开发谁保护、谁利用谁补偿、谁破坏谁恢复"的原则,逐步加大生态环保财力转移支付力度;积极探索多样化的生态补偿方式,逐步在饮用水水源保护区、自然保护区、重要生态功能区、矿产资源开发和流域水环境保护领域实行生态补偿,加大对欠发达地区和全省重点流域、重点区域的生态建设和环境保护支持力度。三是完善生态补偿相关管理制度,建立跨界生态补偿制度。

2. 建立健全要素配置机制

一是完善资源有偿使用制度,推进资源性产品价格和环保收费改革,加快建立反映市场供求关系、资源稀缺程度、环境损害成本的生产要素和资源的价格形成机制。二是完善排污权交易制度,积极推进排污权有偿使用和交易试点工作,建立生态环境治理的成本机制和激励机制,达到以最小的成本治理环境污染的目标,同时保障提高企业治污效益的受益权。三是完善城市污水、垃圾处理和放射性废物、危险废物集中处置收费制度,适当提高排污费征收标准,拓宽收费范围,改善收费结构,实现科学收费。

3. 建立健全投融资机制

一是进一步调整优化财政支出结构,加大财政向生态文明建设领域的倾斜力度,确保各级财政用于生态文明建设专项支出逐年增加;完善转移支付制度,在全省逐步实施"一般性转移支付为主,特殊性转移支付或专项补助为辅"的较为规范的省对市县财政转移支付制度,促进转移支付制度化、公开化,充分发挥公共财政的导向作用。二是通过灵活运用财政政策措施,鼓励和引导民间资金以不同形式参与生态文明建设。全面放开环境基础设施建设领域,在直接关系社会公共利益和涉及有限公共资源配置的行业,推动落实政府特许经营制度;拓宽利用外资渠道,鼓励外商投资兴办污染防治、资源节约利用等项目,促进生态环境建设和环保产业发展,努力形成"政府主导、多元投入、市场推进、社会参与"的生态文明建设投融资机制。

(二)建立强有力的组织领导体系与政绩考核体系,促使各项措施的落实

1. 加强组织领导

一是各级党委、政府要从战略和全局的高度,切实承担起全面推进生态文明建设的重要责任,把生态文明建设列入重要议事日程,与经济、政治、文化、社会建设同步部署、同步规划、同步推进,统筹协调,形成合力;形成党政主要领导亲自抓、负总责,分管领导具体抓,环保部门主要负责,相关部门各司其职的生态文明建设工作协调机制。二是把生态文明建设总体规划作为"十二五"时期一项重要规划进行研究编制,并制定全省生态文明建设专项规划及其详细规划;明确生态文明建设的目标任务和工作重点,明确任务分工,层层抓好落实。

2. 建立健全党政干部考评及问责机制

一是合理制定考评标准。针对不同地区经济发展水平和功能定位,以区域可持续发展和实现基本公共服务均等化为目标,设计一套科学合理、实用性和可操作性强的绩效评价体系和分类考核办法;建立生态文明建设综合评价指标体系,科学分析和动态评价生态文明建设的成果。二是制定完善生态文明建设目标责任制的考核办法。将生态文明各项指标,纳入各级党政领导班子和领导干部综合考核评价体系与离任审计范围,把考核结果作为干部任免、奖惩的重要依据之一,促使各级领导干部在加快发展经济的同时,更加注重保护青山绿水,保护良好的生态环境。三是建立生态文

明建设问责制,将生态文明建设各项任务完成情况与财政转移支付、生态补偿等资金安排以及各类评优创先挂钩,对不重视生态保护和建设、造成生态环境破坏事故的单位和主要领导实行一票否决。

(三)建立健全政策法规体系,为生态文明建设提供法治保障

一是加强立法工作,重视环境法制基础和空白领域环保立法研究,加快研究制定生态文明建设的综合性立法规划,进一步完善地方自然资源保障、生态环境保护、生态经济、人口生态等方面的法规。二是加强政策制定,根据环境特征、产业特点和环保工作需要,重点制定完善结构调整、节能减排、污染治理、环保设施、生态修复、环境监控、生态补偿、清洁生产和循环经济等方面的配套政策;加强标准制定,研究制定符合现阶段经济社会发展实际的环境质量、污染排放和治理、环境准入等方面的地方标准。三是加强执法监督,完善环保执法机制和监管制度。实行重大环境事故责任追究制度,重点查处影响群众健康的环保违法行为,切实提高依法行政水平;要积极关注法律法规实施后的执行情况并适时组织评估,加强对有关法规实施情况的执法检查,对严重违反环境保护、自然资源利用等法律法规的重大问题,依法进行处置;加强环境保护司法工作,及时受理与环境保护相关的民事、行政、刑事案件,对严重破坏资源、污染环境的单位和个人,依法严厉查处。

(四)大力宣传生态文明建设的重要性,强化公众对环境的参与和监督

一是广泛开展环境宣传教育,倡导生态文明,营造全社会关心、支持、参与环境保护的文化氛围,提高全民保护环境的自觉性。确立"生态是资源、是商品、是形象"的观念;形成"生态建设人民参与,建设成果人民共享"的共识;把节约文化、环境道德纳入社会运行的公序良俗,引导社会公众自觉选择节约、环保、低碳排放的生活方式和消费模式。二是强化社会监督,维护公众的环境知情权和监督权。要健全公众参与机制,为各种社会力量参与环境保护搭建平台;充分发挥公众人物在建设生态文明和环境友好型社会中的作用;壮大公众通过网络参与等形式影响政府和企业生态环境建设行为的力量,壮大环境公益等非政府组织在促进生态文明建设、制止环境破坏方面的积极作用;要不断加强新闻舆论环境监督制度建设,切实发挥新闻舆论监督作用,促进生态文明建设的不断深入。

(作者单位:北京市东城区法院)

推进浙江省农村生态文明建设的思考

张华杰

　　农村生态文明建设具有基础性的地位。只有农村生态文明建设取得实际效果,我国的生态文明建设才会有根本性的改变和质的突破。2002年,浙江省第十一次党代会提出了建设"绿色浙江"的目标任务。党的十六大后,浙江省委又进一步明确要以建设"绿色浙江"为目标,以生态省建设为载体和突破口,走生产发展、生活富裕、生态良好的文明发展道路,先后制定了一系列纲领性文件。党的十七大后,浙江省委、省政府又对生态文明建设进行了新的部署,提出了新的要求。生态文明建设已经成为浙江省加快全面建设小康社会、提前基本实现现代化的重要内容。经过多年的实践,浙江省农村生态文明建设取得了可喜的成绩,并诞生了全国首个生态县安吉等一批先进典型,但同时也面临着一些挑战。本论文立足于农村层面,以湖州、安吉、长兴、丽水等市县为调研对象,着重考察了安吉农村生态文明建设的做法、成效,并针对目前存在的问题提出相应的建议和对策。

一、安吉县生态文明建设的实践和经验

(一)安吉县生态文明建设的实践

　　安吉曾是浙江省20个贫困县之一,农村大部分深入山区。20世纪八九十年代曾走过工业强县之路,但由于环境破坏、生态恶化,1998年被国务院黄牌警告并被列为太湖水污染治理重点区域。2000年,安吉县作出了生态立县的战略决定,从此走上了生态文明的可持续发展之路。2006年6月5日,

被命名为中国第一个"国家生态县",同时经济也得到快速发展。2009年,安吉县完成地区生产总值159.52亿元,同比增长11.2%,增幅位居全省首位;财政总收入18.3亿元,其中地方财政收入10.5亿元,同比增长24.3%和27.4%,增幅名列全省第一;人均GDP突破5000美元;城镇居民和农民人均可支配收入分别达到22484元和11436元,同比增长11.1%和10.5%,农民人均纯收入高出浙江省农民人均收入,城乡居民收入比为1.98:1,城乡统筹水平居全国前列。

2008年初,安吉出台了《建设"中国美丽乡村"行动纲要》,拉开了"中国美丽乡村"建设的序幕。该《纲要》提出,要用10年时间,推进村庄环境综合提升、农村产业持续发展和农村各项事业全面进步,把安吉建设成为"村村优美、家家创业、处处和谐、人人幸福"的现代化新农村。现在,安吉的"中国美丽乡村"建设已经成为全国新农村建设的典型模式。

(二)安吉县生态文明建设的经验

1. 突出政府的主导作用。主要是明确建设目标、坚持规划引领、推行联动考核,并在相互间建立有机的衔接。首先是提出明确的目标,在目标指导下,县、乡镇、村从自身实际出发制定规划;坚持以规划为引领,将其他各类专项规划纳入美丽乡村建设整体规划;坚持建管并重,推行联动考核,制定了包括四大方面36项指标的考核办法,坚持"一个标准、三个档次、捆绑考核、动态管理"的模式;构建县、乡镇、村三级考核体系,根据考核结果进行适当激励,实行财政"以奖代补"政策,并逐年加大奖励力度。

2. 建立有序推进的工作机制。制订年度计划,实施梯度推进机制,注重抓点、串点成线、连线成面抓整治;坚持不规划不设计,做到不设计不实施,因地制宜,体现差异性和多元化;严格项目管理,制定考核指标与验收办法,采取"5+X"的办法清理整合建设项目,对支农项目申报、立项、实施、考核验收、资金拨付全面审核把关,着力提高项目绩效;同时,配套设计执行情况检查、跟进项目资金运行审计等办法。

3. 实施四大工程。一是环境提升工程,主要是整合环境资源,综合改善质量,全面提高品位,夯实生态文明建设的基础;二是产业提升工程,主要是围绕产业发展生态化方向,扶持优势产业,形成品牌效应,推进创建从"建设村庄"向"经营村庄"提升,为生态文明建设提供强有力的经济支撑;

三是服务提升工程,主要是围绕生态文明共享目标,健全农村公共服务体系,繁荣农村社会事业,重点推动城镇基础设施向农村延伸,公共服务向农村辐射,社会保障向农村覆盖;四是素质提升工程,主要是围绕全民共建共创机制,树立生态文明建设理念。

4. 建立了多元支撑的投入体系。安吉建立了"财政引导、金融支持、群众参与"的多元化投入体系,为生态文明的建设和管理提供了充足的资金来源。一是财政加大投入力度,2010年投入资金2.46亿元,约占全年可用资金的19%,远远超过周边3%~6%的平均水平。二是引导金融资金支持建设。安吉县财政局在县信用联社建立专项资金用于乡镇建设资金的融资担保,县信用联社按基准利率下调10%为建设项目提供金融支持。三是激励广大群众参与建设,主动投入资金建设生态文明。

二、浙江农村生态文明建设存在的问题

近年来,浙江省各地学习安吉等县市经验,在农村生态文明建设中取得了良好的成效,但也还存在以下问题。

(一)生态文明的思想认识水平差距较大

对生态文明建设这一战略,上层领导很重视,积极性也很高,但一部分基层干部、群众和企业负责人的生态意识比较淡薄,在全社会尚未完全形成"建设生态文明,人人有责"的良好风尚。

(二)考核体系和长效管理机制尚不完善

目前,从省里到县(市)尚未形成一套行之有效的生态文明建设考核制度,现有的考核制度也是重在惩罚,缺少奖励;而干部考核和选拔任用机制方面,尚未真正体现科学发展和生态文明的导向。一些工作表现出虎头蛇尾现象,一批建成后的设施没有被很好地管理并发挥应有的作用;"三化"的成果不能巩固。

(三)农村生态建设规划不够规范

规划部门专业人员少,导致相当一部分的村庄规划没有按规定程序进行实地勘察和论证。即使一批创建村制定了村庄建设规划,并且进行了实地勘察和论证,但由于受资金不足的制约,也是着眼当前的多、考虑长远的少,普遍存在不科学、不合理的问题。村庄规划和建筑设计与生态不和谐,

缺乏地方特色和传统文化特色。

（四）农村生态建设投入不足、投入渠道相对单一

全省、县（市）环保经费投入虽在迅猛增加，但由于政府经费投放方向太多，又加之环保工作历史欠账太多，导致客观上不可能在短时间内全面完成环保基础设施的建设和提升环保的能力装备；多元化的投入机制也尚未建立，社会资本参与度偏低，生态权益交易市场没有形成。

（五）生态文明建设的产业支撑仍显乏力

目前全省不少县（市、区）产业水平总体较低，工业生产的能源资源消耗比较大，而且近几年的增长幅度仍高于工业平均增幅，这种高投入、高排放的粗放型增长方式很难一下子从根本上扭转过来；而生态产业又相对薄弱，未足以为生态文明建设提供强有力的经济支撑。

三、推进农村生态文明建设的建议

针对浙江省农村生态文明建设中存在的问题，借鉴省内外的经验，本文提出以政府为主导、以市场为动力，推进浙江省农村生态文明建设的建议和措施。

（一）充分发挥政府部门的主导作用

1. 政府部门要通过多种渠道进行宣传教育，加强生态文化建设，提升全社会的生态道德水平，使广大干部、群众认识到自己肩负的责任，自觉转变行为观念，调动他们参与建设的积极性、主动性和创造性，使生态文明建设保持持久的生命力。

2. 明确战略目标，组织县、乡、村各层级制定规划，通过加快健全规划体系，充分发挥规划的引导作用，形成城乡一体、相辅相成、互促共进的建设思路。村庄规划和民居建筑设计还必须注重个性、注重与生态和谐发展，融入地方特色和传统文化特色。

3. 充分发挥财政的杠杆作用和项目的支撑作用，以政府资金带动大量社会资金投入建设，以政府资金实行"以奖代补"，调动农村建设主体的积极性，以政府资金解决建设前期启动资金问题。政府部门实行统筹，对所有支农项目梳理整合、分解安排，同时积极向上级政府部门争取建设项目。

4. 建立健全考核体系和长效的管理机制。国家、省、县（市）应该建立健

全一套推进生态文明建设的考核体系,在干部评价与使用上引导、激发干部加强生态文明建设的积极性;同时,建立健全长效的管理机制。农村生态不仅要立足于建立考核体系,更要致力于建立相应的维护管理机制。

5. 政府主导农业科技创新,以科学技术和农业机械化来推动和改变农业、畜牧业、水产养殖业的传统生产方式,建立生态型的生产方式和循环经济,减少农村环境污染。

(二)充分发挥市场动力的作用

1. 充分重视生态产业市场动力的作用。坚持以农为本发展战略,"跨二进三",实现"三农"跨越式发展,大力发展和壮大生态产业。安吉生态文明建设的成功经验之一就是坚持以生态理念指导产业发展不动摇,加快产业的生态化改造,大力培育生态农业、生态工业、生态服务业等生态产业体系,积极培育发展循环经济。

2. 充分利用互联网市场动力的作用。大力发展农村电子商务,目前我国的农产品电子商务还停留在初级阶段。未来要实现农民依靠互联网改变传统的生产生活方式、依靠互联网缩小城乡差距、依靠互联网稳定发展农村社会经济、依靠互联网提高农民的精神文化素质的目标,农村电子商务始终是排头兵。政府应当加强这方面的教育、引导和培训,帮助农民树立网上营销与消费的新观念;还应当加快我国农村网络通信基础设施建设。

3. 大力发挥环境权益交易市场动力的作用。加快环境权益交易市场的建立,浙江省早已积极探索建设生态补偿机制并走向制度化,但市场化的生态补偿模式尚在试点阶段。因此,一方面应加大政府主导的生态补偿的力度;另一方面,应在各地试点的基础上加快建立市场化的生态补偿机制,包括排污权、水权、矿权、CO_2排放权等的市场交易,在这方面浙江省是有优势的,目前亟待制定相关的法规与规范,建立相应的交易平台。

(作者单位:温州医学院)

论生态文明建设初始阶段的政府作用

　　——以湖州等地经验为例

钟伟锋

　　党的十七大第一次把"建设生态文明"作为一项战略任务写入党代会报告。党的十七届四中全会把生态文明建设提升到与经济建设、政治建设、文化建设、社会建设并列的战略高度,使其成为中国特色社会主义事业总体布局的重要组成部分。自此,生态文明上升为政府的施政纲领和国家战略,生态文明建设在全国蓬勃开展起来。

　　生态文明是一种以环境资源承载力为基础、以自然规律为准则、以可持续的社会经济政策为手段、以致力于实现人与自然和谐发展为目的的文明形式。生态文明建设在内容上具有全面性,时间上具有长期性,过程上具有渐进性和阶段性等特点。因此,生态文明建设可分为初级阶段和高级阶段,这里,笔者把初级阶段的起步阶段称之为初始阶段。

一、生态文明建设初始阶段的阶段特征

　　生态文明建设处于不同的阶段,具有与之相对应的固有特征。生态文明建设初始阶段有以下特征:

（一）缺乏共识和行动自觉

　　生态文明建设是一个系统工程,涵盖社会生活的方方面面,涉及所有社会主体和成员,由于个体的差异,理念的确立和行为的养成参差不齐,达成共识必然有个过程,行为也只能由不自觉逐步走向自觉。

（二）基础薄弱、水平较低

生态文明是人类社会发展到一定历史阶段的产物，是一种全新的文明形态，由于认识的局限和缺乏经验的借鉴，以及受工业文明延续的影响甚至冲击，决定了生态文明建设的初始阶段必然是基础薄弱和较低水平的，甚至会出现反复。

（三）机制不健全、内生力缺乏

生态文明包含了生态伦理、生态经济、生态制度、生态安全、生态环境等等，是一个完整的有机体，需要统筹协调，由于初始阶段其有效的机制尚未形成，特别是在市场机制的引入和培育不足，导致其内生力缺乏。

二、湖州生态文明建设中政府作用的探索和实践

我国现有的政治行政体制、产业转型升级的现状和生态文明建设的复杂性、系统性决定了政府在生态文明建设中，特别是初始阶段的主导地位，也决定了政府职能转变与创新的必然性，而强政府弱社会的生态治理格局则决定了政府必须转变职能，创新生态治理新格局。近几年来，湖州大力推进生态文明建设，取得了明显的成效。湖州市是浙江省设区市中唯一的省级生态文明建设试点市，下辖所有县都成为省级以上生态县，实现了"满堂红"，国家级生态乡镇创建率列全省第一，浙江省共4个国家级生态县，湖州就占了两席。从湖州实地调研的情况看，政府在生态文明建设方面的实践探索主要有：

（一）政府强力推动

早在2003年市第五次党代会上就明确提出了建设生态市的奋斗目标，2007年市第六次党代会提出了建设现代化生态型滨湖大城市的具体目标，把生态优势定位为湖州的立市之本和核心竞争力，成立了由市党政一把手为组长的创建工作领导小组，加强组织领导和统筹协调。市人大作出了加快建设生态市的决议。市政府每年与各县区签订任期和年度生态市建设目标责任书；高度重视规划的先导作用，先后制定了《中共湖州市委关于加快推进生态文明建设的实施意见》、《湖州市生态建设规划》等；建立了绿色GDP核算应用体系，成为全国地级市首个绿色GDP核算应用体系；在市县（区）政府领导干部政绩考核体系中，增加生态建设考核权重，并设立环保

重大事故一票否决制；建立健全特殊生态价值地区领导干部政绩考核的指标体系，长兴县对水口乡、二界岭乡2个生态试点乡取消工业经济考核指标，增加生态环境考核指标。

(二)动员公众广泛参与

先后举办了"阳光下排污，市民来探察"，"护卫蓝天碧水"——家庭减排节能降耗创意大赛等活动，以激发市民参与环保、关心环保的热情；市环保局、市妇联、团市委等部门联合举办"节能减排，减轻地球负担"、"绿色苕溪、和谐湖州"青少年保护母亲河工作论坛等活动。安吉县早在2004年就设立了全国首个县级"生态日"并利用作为上海唯一的市外环境教育实践基地和联合国大学"可持续发展教育区域专业中心"等优势加强环境教育培训。开展绿色系列创建典型推进工作，全市已累计创建完成16家省级绿色饭店，61户省级绿色家庭，31家省级绿色企业，19个省级绿色社区，8家省级绿色医院；努力使政府、企业、居民在生态文明建设中达成共识，达到互动。

(三)运用经济杠杆，借力市场机制

湖州市政府出台了关于建立生态补偿机制的意见。德清县率先建立西部乡镇生态补偿机制，按照"谁受益、谁补偿"以及多元筹资、定向补偿的原则，对以牺牲经济发展为代价，担负着生态维系职责的西部乡镇给予生态补偿。全市设立"湖州市生态建设专项资金"，安吉县、长兴、德清县财政确保每年投入1500~2000万元用于生态创建。根据环境功能要求，在科学核算区域环境容量的基础上，在市域范围内建立污染物排放总量控制、污染物排放指标有偿分配和排污权有偿交易制度。安吉县在"中国美丽乡村"建设中，实行项目制，以奖代补，吸引了大量社会资本进入农家乐、农居房和各种体育文化设施。目前，已有200多家企业与175个行政村进行合作共建，全县首批61个"中国美丽乡村"创建村推出562个建设项目，已吸引外资和民间资本13.7亿元。

三、生态文明建设初始阶段政府作用的着力点选择

任何事物的发展都需要动力，生态文明建设也不例外，需要内生力和外动力发挥作用。所谓内生力是指来自事物内部的、自发的力量，是事物自我发展的能力。生态文明建设的内生力包括各类社会主体的内生力，即所有

社会成员形成共同价值取向的有意识的自觉行动,以及运作机制的内生力,即生态文明建设过程中植入市场经济的利益驱动机制和竞争机制而形成的来自内部机制驱动的能力。外动力是指来自事物本身以外的力量。生态文明建设的外动力主要指政府有意识的推动,即政府作为生态文明建设的主导者,综合运用经济的、行政的和法律的手段,推动生态文明建设的深入开展。

生态文明建设初始阶段,一方面由于全社会尚未达成共识和行动自觉,因而作为生态文明建设主体的社会成员,其内在的、自发的动力缺乏;另一方面,由于生态文明建设领域的市场机制尚未引入或有效建立,市场引领的能力明显不足。以上两个方面决定了生态文明建设初始阶段其内生力的缺乏,这就为外动力填补动力不足提供了必要和可能,从而使政府强力推动成为必须并为其提供了广阔的现实平台。同时,如果把生态文明建设的成效或成果看作是一种产出,政府运用经济的、行政的、法律的手段所作的推动看作是一种投入,那么政府付出行政成本得到生态文明建设成果的行为可视为是政府的一种消费行为,其结果符合经济学中的边际效用递减规律。如果换个视角,把政府投入行为看作是一种生产过程,则相应地符合经济学边际报酬递减规律,即初始阶段单位投入的回报率最高。因此,从经济学角度分析,生态文明建设初始阶段政府推动的边际收益最高、边际成本最低,是高效率的行政行为,符合市场经济的规律和价值取向。

由于外动力是人为的,容易受认识、环境、财力等的影响,因而更多的是起助推的作用,只有内生力才是根本的、持久的。因此,生态文明建设初始阶段,政府作用的着力点应在增强"两力"上下工夫,即以加大外动力为起点,培育内生力为根本。

四、生态文明建设初始阶段政府发挥作用的现实途径

生态文明建设是一项系统工程,必须遵循人、自然、社会和谐发展这一客观规律,坚持统筹兼顾,这就必然要求政府发挥主导作用。从湖州生态文明建设的实践看,初始阶段政府发挥作用的现实途径如下。

(一)加大外动力

1. 加强组织领导,搞好统筹协调

生态系统是由各种因素构成的相互联系、相互作用的整体,在生态系

统中,一切事物都是相关的。与其相适应,政府作为管理部门,其职能必然具有统一性、综合性、整体性和协调性。政府要把推进生态文明建设工作列入重要议事日程,切实加强组织领导与协调、监督,明确目标,落实责任,形成生态文明建设的合力,确保生态文明建设各项工作部署落到实处。当前,不少地方生态文明建设的不同领域由不同部门负责,如节能降耗由工业或经济主管部门负责,减排由环保部门负责;城市绿化由建设部门负责,农村绿化由林业部门负责等。尽管这些部门之间进行定期交流、会商,但是从实践方面来看,并没有实现很好地融合,难以适应生态文明建设的需要。特别是当前,参与生态文明建设的部门日益增多,各级政府可考虑建立一个类似于"环境保护和生态文明建设委员会"性质的领导机构,来统一组织领导和统筹协调生态文明建设,并解决跨地区的生态文明建设问题。

2. 坚持统筹谋划,做到规划先行

要以科学合理的生态文明建设规划为先导,将生态优先的理念渗入到经济社会发展全过程、各领域。各级政府必须强化生态立法和生态规划的引导功能,以制度化、规范化的方式促进生态保护和生态发展,把生态治理、生态保护、生态规划、生态发展纳入核心职能范围,既要制定和完善各类生态功能区、生态产业园区、生态农业区和居住区的规划,又要构建省域、市域、县域、乡域、村域的生态环境规划体系,真正做到横向到边、纵向到底的生态文明建设规划体系,实现与经济社会发展规划的无缝对接。

3. 强化政策引导,建立生态优先导向

企业作为生态文明建设的主体,政府要尽力降低其参与生态建设的投入和成本。要完善绿色财政税收政策,逐步形成对保护环境、节约资源、循环使用资源以及新能源利用等行为实行减免税收的财税政策体系;推行"绿色资本"市场,完善"绿色信贷"制度,对环境友好的优质企业,在上市融资、公司贷款、企业债券发行等方面给予更多的政策倾斜;建立和完善科技创业创新的政策环境,加大科技创新扶持力度,加大对节能环保研发、技术应用的支持力度,降低企业节能、降耗、减排的成本,促进产业结构调整;深化产学研一体化合作机制,借助与高校的合作平台,完善促进高校科技创新和最新科研成果转化、孵化机制;推进绿色政府采购制度,加强对绿色环保产品的采购和支持;积极探索绿色保险机制,探索环境污染责任保险通

过商业保险市场化机制,减轻政府与企业的环保压力;健全民间投资生态文明建设的回报机制;建立和完善生态补偿机制,进一步拓宽补偿范围、深化补偿内容、增加补偿资金,在县域范围内探索"横向财政转移支付"补偿模式。

4. 加强法制保障,严肃行政问责

要使环境优先理念从"软约束"转变为"硬要求",强化环境执法主体的地位和责任,增强执法的威慑力,同时要创新并强化生态执法,充分利用日常监测、监控和突击性的"飞检"等方式对企业进行全方位的监测和抽检,一旦发现违规违法排放者则处以重罚,杜绝违规非法排污现象;不断强化生态文明建设的责任落实机制,在对单位GDP原材料的消耗程度、能源资源消耗强度和环境污染程度进行系统考核和分级分类基础上对各级地方政府进行综合考核,对在生态文明建设过程中执行不力的官员进行行政问责,对环境污染控制不力而导致突发性事件、群体性事件的地方政府实行一票否决。

5. 完善考核体系,加大考核力度

突出绿色GDP概念,完善促进生态文明建设的指标评价体系和考核机制。通过科学设定评价内容,逐级建立评价指标,强化对单位GDP原材料的消耗程度、能源资源消耗强度、单位工业增加值能耗和环境污染程度进行系统考核,全面衡量科技创新与转化、管理水平、经济结构调整和转型升级的综合体现,监测、反映经济增长对环境的污染情况和压力水平,全面反映地方政府在生态治污和生态文明建设过程中的努力情况和实际绩效。要整合各种干部政绩考核制度和评价标准,全面衡量干部政绩,充分发挥政绩考核机制"指挥棒"的作用,引导领导干部正确处理经济社会发展与保护资源、保护环境的关系,尽可能地降低行政成本、减少施政代价、提高施政绩效,实现执政理念的根本性转变。建立社会评价体系:充分发挥人大、政协及各社会组织的监督作用,定期向人大、政协和公众通报生态文明建设情况,并接受监督;扩大群众对领导干部推进生态文明建设的知情权、参与权和监督权,对涉及生态文明建设的重大规划项目和重大决策,通过听证会、论证会和社会公示等形式,接受群众评议和监督;同时努力探索借助第三方评价机构、专家专业人士等专业力量进行专业考评的形式,并以此作为

党委政府内部考核评价的必要补充。

（二）培育内生力

1. 培育共识，形成行动自觉

政府要率先垂范，创建生态型政府，承担对全体社会成员进行宣传教育的法定职责，逐步形成全社会的共识，达到政府、企业、公民良性互动，使生态文明建设成为全社会的自觉行动，形成不竭的精神动力。

生态文明建设呼唤生态型政府。所谓生态型政府，也可以称为绿色政府、环保型政府或环境友好型政府等，它是指能够将实现人与自然的和谐共生作为基本理念，将遵循自然生态规律和促进自然生态平衡作为基本目标，并能够将这种理念与目标渗透、贯穿到政府制度与行为等诸方面之中去的政府。由生态危机引起的各种问题深刻而普遍，其全局性、综合性、长期性决定了它是人类面临的重大而紧迫的公共问题，只有通过政府主导，整合社会资源，设计公共政策，加强公共管理才能得到切实解决；随着生态危机的日益加重，市场和消费者生态安全的需要正在逐步提高，传统市场经济正在向生态市场经济发展。政府要履行促进经济发展的职能，就必须顺应这一趋势，逐步把整个国民经济转变到生态市场经济和循环经济轨道上来。生态型政府也是节约型政府，政府在对其内部事务和外部公共事务的管理中，应坚持"高效、低耗、低排"原则，做生态文明建设的引领者、促进者和实践者。

政府要广泛开展生态文明宣传教育，大力弘扬生态文化，使生态文明观念深入人心，化为每个公民、每个家庭、每个单位的自觉行动。一要加强生态意识教育。在当前，环境、资源、人口等生态问题日益严峻的形势下，要帮助人们真正了解生态环境问题的严重性，使公众树立忧患意识和生态危机意识。要教育公众树立生态文明建设的主体意识，克服生态文明建设的"搭便车"心理；要提高公众的生态科学知识，培育高尚的生态审美情趣。二要加强生态道德教育。"生态道德是一切环境素质的第一素质。"公民生态道德意识的薄弱和缺失是生态问题产生的一个深层次根源。树立生态善恶的道德观，让人们清楚生态行为中的是与非、荣与耻，使生态保护成为公众的自觉行为。培养人们的前瞻意识和自省意识，引导科学发展观在人们心中的确立和形成，使全体公众的行为和个人生活都规范到生态文明建设的共同理想目标之中,使人们关心自然、社会和他人,自觉担负起保护资源和环境的责任,努力使生态道德转化为自身的自觉实践。三是生态法治教育。提高人们的生态意识,促进有利于保证和促进生态的法律法规的功能发挥,推进生态文明建设的发展。

2. 引入市场,发挥市场机制作用

要着力培育生态文明建设领域的市场化机制,利用市场经济的利益驱动机制和竞争机制,将资源、环境等市场化、货币化和可交换化,使社会成员的生产生活行为的外部成本内部化,减少和消除负外部性。

要探索建立多元化生态投入机制。按照"谁投资、谁经营、谁受益"的原则,鼓励不同经济成分和各类投资主体以独资、合资、承包、租赁等多种形式参与生态环境建设、生态经济项目开发;大力开展"村企联创"活动,鼓励工商企业及民营企业捐助农村基础设施建设,通过拍卖、租赁等方式,盘活集体闲置资产,积极创造条件引进项目和外来资金,支持生态文明村建设;鼓励社会资金、民间资本以"BT"、"BOT"等形式,参与安全饮水、沼气、文化设施、村庄绿化等生态文明建设重点工程建设;鼓励社会捐赠,引导金融信贷等各类资金参与生态文明建设;探索经营性生态项目企业特许经营权以及林地、矿山使用权等作为抵押物进行抵押贷款。

要按照环境资源稀缺性实施环境容量资源有偿使用制度,按照市场经济规律赋予生态资源价值,通过生态环境资源的有偿使用,促进环境容量资源的优化配置。全面推进排污权交易机制,根据环境容量确定区域污染物的排放控制总量,将排放控制总量转换成排污许可指标,面向合法排污单位进行初始分配,排污许可指标及其所代表的排污权可以在具有不同边际污染治理成本的排污单位之间进行交易,政府可以在市场上买进或卖出排污权以调控排污许可指标的实际使用数量。由于不同的排污单位具有不同的边际污染治理成本,因此,通过排污权交易可以实现交易双方的"双赢",从而使整个社会以最低的成本达到环境保护的目标,实现环境容量资源配置效率的最大化。此外,要大力探索和推广企业副产品的循环利用、交易和奖励制度,资源消耗的阶梯价格制度等。

(作者单位:湖州市中级人民法院)

区域生态文明建设的法律保障

周 庆

省"十二五"规划提出,坚持走生态立省之路,深化生态省建设,积极推进节能减排,大力发展循环经济,着力改善生态环境,加快构筑资源节约型和环境友好型社会;同时指出要完善推进生态文明建设的法律制度,加大执法力度,加强法制宣传教育。本文围绕我省生态文明建设的地方实际,从完善法制和加强法律实施方面对生态文明建设进行一些探讨。

一、加强地方立法,完善我省生态文明建设的法律制度

改革开放以来,生态环境保护的法律成为发展最快的法律之一。目前,我国有关生态环境保护的法律已初具规模,逐步形成了以宪法为基础,《环境保护法》为统领,相关法律、行政法规、地方性法规、规章以及我国签订或参加的国际条约所组成的生态环境保护法律体系。宪法第9条以及第26条,构成我国生态环境保护法律体系的宪法基础。《环境保护法》是我国环境保护方面的专门法律,规定了国家保护环境的方针、任务、基本原则、管理体制、主要措施和法律责任等。《海洋环境保护法》、《水污染防治法》、《大气污染防治法》、《海洋倾废管理条例》、《森林法》、《草原法》、《矿产资源法》、《渔业法》等法律,以行政管理为主要手段,对某一生态要素的保护作出了特别规定。1996年修改的《刑法》侵犯财产罪中将破坏环境资源保护罪予以专门规定。《民法通则》、《物权法》、《侵权责任法》等从民事权利救济的角度对环境保护问题做出了规定。2009年通过的《侵权责任法》第8章对环境污染责任作出了专章规定。

根据我省生态文明建设的实际情况,省委、省政府相继制定了《关于落实科学发展观加强环境保护的若干意见》、《浙江省环境保护重点监管区管理细则》、《关于加强城镇污水处理厂建设管理工作的通知》等30多项有关生态文明建设的政策性文件。同时省人大、省政府以强化环保执法手段,增强环保执法刚性为目标,加快地方环保立法进程,先后出台了《浙江固体废物污染环境防治条例》、《浙江省水污染防治条例》、《浙江省跨行政区域河流交接断面水质监测和保护办法》、《浙江省自然保护区管理办法》等20多部地方性法规和规章。2006年9月1日,我省正式实施《浙江省环境污染监督管理办法》,将省内各行政区域内环境质量水平纳入领导干部政绩考核,并确定污染物排放"超标即违法"的原则,这在全国省份生态环保立法中首开先河。一系列法规政策的制定,为加快我省生态文明建设,加大环境保护执法力度提供了法律依据。

虽然近年来我省生态文明建设立法为我省生态文明建设提供了强有力的法律保障,但与生态文明建设发展的需要相比,地方立法仍有待进一步加强。首先,应加强空白领域的生态立法研究,重点加强我省在土壤污染防治、机动车污染防治、生物安全等方面的法规和制度的研究。根据国家相关法律,制定和完善我省环境保护条例、农村生态环境保护、饮用水水源保护等方面的法规;根据地方环境保护标准的制修订权限以及我省的环境特征、产业特点和环保工作需要,制定符合现阶段经济社会发展实际的环境质量、污染物排放地方标准及重点污染行业环境准入标准;不断完善排污权交易,在试点经验基础上,结合污染减排的形势,制定地方法规,形成全省主要污染物排污权有偿使用制度,以加快形成主要污染物排污权交易市场。

同时,应及时总结我省在生态文明建设过程中行之有效的政策措施,通过地方立法上升为法规,使之成为刚性制度,以利于巩固发展。如完善绿色信贷政策,健全企业环境行为信用等级评价制度,形成有利于经济结构转型升级的制度体系;建立绿色保险制度,进一步开展环境污染责任保险工作;加快环境税费政策改革,坚持制约机制和激励机制并重原则,切实建立较为完善的环境税费法规体系;深入探索"异地补偿"的生态补偿机制,根据我省生态环境资源的"梯级"分布格局和生态环境功能分区,在环杭州湾和温台沿海等存在环境容量资源比较优势的地区建立"生态特区",制定相应的政策法规和保障措施,定向允许丽水、衢州等源头保护区和生态脆弱区来此招商引资和异地发展,并将发展所得的相当部分利税予以返回,运用"造血型"生态补偿的政策,推进"生态特区"所在地的产业集聚和发展,促进基础设施建设和劳动力就业。

二、充分利用法律手段,将生态文明建设措施落实于实践

法律法规建构的生态保护制度和具体措施需通过执法予以落实,其一般方法与其他领域的执法相同,即职能部门严格依照法律法规的规定,运用行政许可、行政命令、行政处罚、行政征收和行政裁决等措施,保障有法必依,执法必严。但上述方法在一些方面并不能完全有效,如在淘汰低端产业和落后产能,实行腾笼换鸟的策略中,对合法企业并无强制力,须另行寻找合适的法律手段,其中,行政合同可视为一途径。

行政合同又称行政契约,是指行政主体为了行使行政职能实现特定的行政管理目标,而与公民、法人或其他组织,经过协商,相互意思表示一致所达成的协议。在现代行政中,行政合同作为一种新型的行政方式,是一种富有弹性和灵活性的新型管理形式,具有传统的行政行为所无法替代的功能。一是具有减少行政阻力功能。现代行政模式下,政府往往须得到相对人的自愿合作才能取得理想效果,而行政合同在获得相对人自愿合作方面具有突出的优势。二是具有明晰权利义务功能。通过合同的方式使双方当事人的权利、义务关系得以明确,从而保障行政目标的顺利实现。三是具有化解矛盾纠纷功能。行政合同因双方权利、义务关系的确定性、明晰性,在发生争议后,比较容易通过法律途径化解矛盾纠纷。四是具有补充法律不足功能。在法律没有规定的情况下与行政相对人,通过行政合同来形成其所预期的行政法上的权利义务关系,从而达到弥补立法的不足,并在一定条件下替代立法规制的效果。

行政合同应用于生态文明建设最早产生于日本的公害防止行政协定书,而后在世界范围内广泛使用。我国的实践则源于环境保护目标责任制的推行,可以说,环境保护目标责任书是我国最早的生态行政合同。2002年颁布的《清洁生产促进法》首次在专门的立法中确认了生态行政合同。生态行政合同作为行政法上的手段,是为政府推行生态行政政策,实现生态行

政目的服务的,这就必然内在地决定了在生态行政合同中双方权利义务的配置是不平衡的,表现为向行政机关一方的权利倾斜和向相对一方的义务倾斜。基于生态行政合同的上述功能和特点,在生态文明建设中可予以充分运用。政府与企业可就节能减排、产品环保标准等签订行政合同,提出符合区域生态文明建设要求的条件,并确定企业达不到要求时的退出和补偿机制,从而为"腾笼换鸟"确定法律依据。

三、积极探索生态公益诉讼,推动生态文明建设的社会参与度

生态公益诉讼是指在任何行政机关或其他公共权力机构、法人或者其他组织及个人的行为有使生态遭受侵害或有侵害威胁时,相关法人、公众团体或国家机关为维护生态公共利益而向法院提起诉讼的制度。美国是最早建立生态公益诉讼的国家之一,在1970年的《清洁空气法》中,规定了任何人都可以以自己的名义对包括美国政府、行政机关、公司、企业、各类社会组织以及个人按照该法的规定提起诉讼。在此后陆续制定的诸如《清洁水法》、《噪声控制法》等环境保护的法律中也都制定了公民诉讼的条款,共同构成了一整套较为完整的生态公益诉讼制度。日本、英国、印度均建立了类似的生态公益诉讼制度,提倡公众加入到生态监管的行列中来。

我国2002年颁布的《环境影响评价法》明确提出了"公众环境权益"的概念。2005年11月23日,《国务院关于落实科学发展观加强环境保护的决定》指出,完善对污染受害者的法律援助机制,研究建立环境民事和行政公诉制度。最高人民法院《关于为加快经济发展方式转变提供司法保障和服务的若干意见》明确要求各级法院要"依法受理环境保护行政部门代表国家提起的环境污染损害赔偿纠纷案件,严厉打击一切破坏环境的行为",这一规定是最高法院首次明确环保部门有权代表国家提起环境损害赔偿诉讼,标志着环保部门作为生态公益诉讼原告主体地位的确立。《贵阳市促进生态文明建设条例》更是首次以地方法规的形式明确了包括环保社会团体在内的公益诉讼原告资格。2007年11月以来,贵州省贵阳市中级人民法院和江苏省无锡市中级人民法院、云南省昆明市中级人民法院相继成立了专门的环境保护法庭或环境保护审判庭,审理由各级检察机关、环保行政部门、环保民间组织、社会团体等向法院提起的生态公益诉讼。

　　国内外生态公益诉讼的实践表明,生态公益诉讼对克服生态环境监管不足、利益主体不明的困难具有独特的作用,是社会公众参与生态文明建设的有效途径。但一直以来,生态公益诉讼在国内并未得到广泛实行,主要原因是在现有民事和行政诉讼制度下,生态公益诉讼中的原告资格问题成为法律障碍。在现有诉讼制度下,原告必须是直接利害关系人,否则不能向法院起诉。这种制度设计是在私益诉讼的前提下产生的,其原理对于公益诉讼并不适合。最高法院的意见和贵阳、无锡、昆明三地的实践正是对此的突破,值得我省借鉴。

　　在生态公益诉讼制度中,首先要明确哪些组织或个人享有原告资格。对此,贵阳、无锡、昆明作出了明确规定,但三地规定各有不同。贵阳规定,检察机关、环境资源管理机构、环保公益组织、生态环境和规划建设监督员,可以提起生态公益诉讼;无锡规定,检察院、环境公益组织、公民个人可以提起生态公益诉讼;昆明规定,只有检察院及在我国境内经依法设立登记的、以保护环境为目的的公益性社会团体,可作为原告向法院提起诉讼,法院暂不受理公民个人提起的生态公益案件。笔者认为,在生态公益诉讼中,在实现原告主体资格多元化的同时,要避免重复诉讼。检察机关、环境管理部门及社会团体都可以提起生态公益诉讼;而公民享有原告资格,容易造成重复诉讼,不宜实行,其可通过上述组织提起诉讼。同时要建立生态公益诉讼鼓励机制,设立生态公益诉讼基金,将生态公益诉讼胜诉所得款项归入基金,用于支付诉讼费用,并且对生态公益诉讼参与者予以奖励,从而保障生态公益诉讼的良性运行。

(作者单位:衢州市中级人民法院)

资源型企业发展循环经济的
路径分析与思考

——关于长广集团转型发展的思考

邢志江

从资源流程和经济增长对资源、环境影响的角度考察,增长方式存在着两种模式:一种是传统增长模式,另一种是循环经济模式。目前,传统增长模式面临着全球性挑战,发展循环经济已经成为当今世界的潮流和趋势,把发展循环经济作为缓解资源约束矛盾,转变经济发展方式,实现可持续发展的重要着力点具有重要的现实意义。《"十二五"规划建议》提出"大力发展循环经济",这是贯彻落实科学发展观,转变经济增长方式,实现可持续发展,加快建设资源节约型、环境友好型社会,提高生态文明水平的重要举措。企业是发展循环经济的主体,资源型企业由于其对资源的依赖性,发展循环经济更具有紧迫性,本文通过对资源型企业发展循环经济的一般路径分析,结合长广集团的实践谈几点思考。

一、资源型企业发展循环经济的一般路径

资源型企业主要是指以因对资源开发利用而兴建的企业,是依赖于自然资源禀赋优势而产生的。这样的企业因资源而起、因资源而生,企业经济资源的配置和延用大多围绕自然资源开发的产业链展开,而一度形成优势。但是这种优势因资源的不可再生性和有限性,而又转为资源型企业发展的劣势,成为企业可持续发展的瓶颈。

在新的经济环境下,发展循环经济成为资源型企业寻找符合自身资源禀赋、人文背景和发展进程的转型模式;创新性地开拓发展路径,实现特色化、差异化,形成企业新的经济增长点和竞争力,成为资源型企业实现可持续发展的有效途径。分析资源型企业发展循环经济的一般路径,主要有产业拓展、产业更新和产业复合3种形式。

(一)产业拓展路径

产业拓展路径即在资源开发的基础上,发展下游加工业,建立资源深度加工和利用的产业群。产业链拓展模式利用这一特点向前自传产业链,其特点是转型初期,能够充分发挥本企业的资源优势,同时上下游产业链在生产、技术、管理、产品等方面关联性强,实施转型的难度较小。随着下游产业的不断发展壮大,资源型企业产业体系的竞争和自我发展能力将逐渐增强,可使企业逐步摆脱可持续发展对资源的依赖。

(二)产业更新路径

产业更新路径即利用资源开发所积累的资金、技术和人才,借助外部力量,建立起基本不依赖原资源的全新产业,把原来从事传统产业的人员转移到新兴产业上来。产业更新模式无疑是最彻底的产业转型模式,它摆脱了对原有资源的依赖,但如何在以资源开采业和主要依赖资源为主导的产业基础上,发展具有竞争力的替代产业群,是该路径面临的最大挑战。

(三)产业复合路径

产业复合路径即资源型企业在实现经济转型中不局限于以上单一路径,而是以上两种路径的复合。通常是在转型初期采用产业自传路径,随着企业发展,通过逐步培育和发展新的接续产业,调整产业结构,逐步形成多元产业支撑的新格局,由单一资源优势向多功能综合经济优势转变,实现企业资源的优化配置和转型升级。

二、长广集团发展困境的成因分析

长广集团公司的前身是长广煤矿公司,始建于1958年8月,因地跨浙江省长兴县和安徽省广德县,故取名"长广"。1997年11月,长广煤矿公司改制为国有独资的浙江长广(集团)有限责任公司;2001年列入省属国有企业授权经营行列。

长广长期以煤炭开采为主业,是典型的传统资源型企业,历史上最多时有13对矿井同时生产,其中分布在安徽省广德县境内9家,浙江省长兴县境内4家,年产原煤100万吨以上;在资源短缺的计划经济时期,煤炭产量占全省煤炭供应量的1/4以上,为浙江经济建设做出贡献。在发展煤炭主业的同时,长广还相继建设了水泥、发电、机制、运输、通信、供电等辅业。建矿之初,长广有职工3000多人,上世纪70年代开展"夺煤大会战",职工人数一度上升到近3万人,矿区人口达6万多人。因矿区远离城镇,还配套建有公、检、法、工商行政、公路稽征、医院、学校等行政、社会职能的基础设施。

由于长期以煤炭开采为主业,没有城镇依托,导致长广在发展上面临着企业布局分散化、产业结构单一化、经济结构应变适应性差、就业结构非均衡等诸多问题,主要表现出以下特点:

1. 受传统管理体制影响,体制不顺,机制不活,与市场经济的要求不适应,缺乏市场竞争力。

2. 产业结构单一,产品层次较低,经济增长主要依赖自然资源,没有新的经济增长点。

3. 队伍结构失衡,高层次人才缺乏;劳动密集型的生产方式,导致职工队伍人数较多,但素质偏低、技能单一。

4. 点面式的企业分布和小区域式的分散管理模式,造成管理链条冗长,管理成本居高不下。

进入21世纪,随着煤炭资源的渐趋枯竭,矿井逐步关闭,主业萎缩,而替代产业尚未形成,原有配套建设的电力、水泥等辅业由于在产能规模、科技工艺等方面不符合国家相关产业政策的要求而被列入关停行列,致使长广经济结构性的矛盾日趋显现,企业亏损加剧、资金匮乏、人才流失、冗员增多、负担沉重。到2004年,年度亏损高达9000多万元,职工利益难以保障,各类矛盾不断凸显,企业一度陷入濒临破产的困境。分析长广这一困境的成因,主要是由于资源枯竭和产业结构调整滞后造成的,是一般资源型企业在传统发展模式条件下资源枯竭后的共性。

三、长广集团发展循环经济的实践和发展思路

"十一五"期间,在省委、省政府的高度重视和正确领导下,在省级各有

关部门和地方政府的大力支持下,长广坚持以科学发展观为指导,深入贯彻落实省委"两创"总战略,紧紧抓住"安全稳定和减亏增效"这一中心任务,积极稳妥地推进改革发展脱困等各项工作,实现了"脱困工作成效显著,生产经营扭亏为盈;企业改革不断深化,竞争能力显著提升;产业结构逐步优化,转型升级初见成效;职工生活得到改善,矿区社会和谐稳定"的目标,取得了阶段性成果。特别是通过发展循环经济,促进企业转型,使企业步入了一个新的发展时期,为"十二五"期间的发展奠定了良好基础。

(一)长广集团发展循环经济的实践

在做好做优原有产业的同时,长广打破传统发展理念和路径选择,以发展循环经济为主线,结合自身实际进行资源整合和结构调整,企业转型初见成效。

1. 以煤矸石综合利用为源头,发展新型建材制造

在50多年的煤炭开发和建设中,长广共形成煤矸石山10余座,煤矸石累计堆存800多万吨,已关闭矿区占地面积约5000余亩。目前,每年仍有10余万吨的煤矸石产出。这些废弃物如不有效开发利用,既占用大量土地,又严重污染环境,制约企业的可持续发展。针对困扰企业发展的这一难题,长广大力开发新型建材企业,先后建设三条采用一次码烧工艺技术年产8000万块(折标)煤矸石烧结多孔砖生产线和一条采用二次码烧工艺技术年产20000万块(折标)煤矸石、页岩烧结多孔砖生产线;就地消化煤矸石,转化废弃物,使之资源化,综合利用,变废为宝。

此外,对传统煤炭产业,在确保安全的前提下,实施精采细挖,并对煤炭品种进行分筛销售,最大限度地提高资源利用率;对开采过程中产生的煤矸石进行综合利用,将其转化为煤矸石烧结砖的生产原料,实现其资源化和再利用。

2. 关停小火电,发展生物质发电项目

电力及热力供应原是长广的一大主业,但以小火电为主,根据国家电力产业政策和规划,属于关停范围。长广根据浙江省"十一五"期间小火电机组关停工作"尽快淘汰落后生产能力,推进电力行业结构调整优化"工作的要求,加快电力生产企业的转型。按照国家电力工业产业政策和发展规划,加大高效、清洁机组的建设力度;按照电力工业持续健康发展的相关要

求,适时关停了所有燃煤火力发电机组,投资建设了2X15MW生物质秸秆发电项目(目前在国内属较大生物质发电机组),实现了小火电向生物质发电的成功转型,目前两台生物质发电机组已投入运行,并网发电。

3. 推广清洁生产,实施水泥余热发电

水泥行业也是长广的重点产业,同样面临资源、能源和环境问题的严峻挑战。长广根据水泥行业发展趋势,在淘汰生产方式落后、能耗高、污染严重的立窑、旋转窑等小水泥企业后,新建了新型干法水泥熟料生产线;同时配套建设余热发电机组,推广清洁生产和实施余热发电,充分利用机组自我循环所产生的热量进行发电,减少粉尘和污染排放,降低热耗、电耗和污染,赢得比较优势,实现了由传统水泥企业向新型干法水泥企业的转型。

对以上3个方面发展循环经济的路径进行分析可知,发展新型建材制造和水泥余热发电项目,属于产业拓展路径范畴;而发展生物质发电项目,则属于产业更新路径的范畴。下一步除沿用好产业拓展路径和产业更新路径外,还将采用产业复合路径,以更有效的方式发展循环经济,促进企业转型升级。

(二)长广集团未来转型发展的思路

●未来长广将通过大力发展新能源、新材料、生物产业等三大支柱产业,灵活发展五大辅助产业,走出符合国家产业政策、具有长广特色的跨越式发展之路,构建长广多元化、开放式协调发展的格局。要立足循环经济和新能源概念,通过多样化的研究合作途径,多重出击,发挥在原有产业链基础上拓展出来的战略性新兴产业的优势,实现资源循环利用和节能环保,根据各个产业的不同情况,选择不同的发展路径,实现转型发展、跨越式发展和可持续发展。

1. 大力发展新能源,做强生物质发电产业

借助国家开发利用可再生能源,发展循环经济的产业政策,依托长广原有的在发电行业较强的技术优势、人才优势和先行进入生物质发电行业的比较优势,大力发展生物质发电项目。在运作已建成的2X15MW生物质秸秆发电项目的基础上,积累生物质发电的关键技术和经验,并积极推广应用,在省内、国内选择有条件的地区,布局建设生物质秸秆发电项目和垃圾发电项目,形成较强的市场竞争能力。

2. 积极发展非金属矿物质制品业

遵循循环经济"减量化、再利用、资源化"的原则,采用当今世界上最先进的节能、环保生产工艺,以节约能源资源、保护生态环境和提高产品档次为重点,以促进行业实现循环经济改造为目标,充分利用现有资源,积极发展水泥、新型墙材、钙化物项目等非金属矿物质制品业,促使废弃物的资源化和综合利用,促进产业链拓展和价值链提升。以新型墙材为例,在各条生产线全部建成投产后,长广将建设成为目前省内最大规模的新型墙材制造基地。

3.重点培育发展生物产业

生物产业属于战略性新兴产业,是长广"十二五"期间重点培育发展的产业,这是因为培育发展生物这一战略性新兴产业是长广摆脱对原有资源依赖,抢占经济科技制高点的重要举措。"十二五"期间,长广将与科研单位合作,利用其人才和技术优势,以及长广现有生物质发电、热电联供项目的优势,建设纤维素丁醇以及生物制药项目。拟采用以农作物秸秆等生物质原料制备丁醇,项目建成后,不仅可以实现现行丁醇制备依靠玉米作为原料的关键技术突破,而且可以缓解粮食安全的压力;提炼后的秸秆废料则又可作为生物质发电的原料,实行循环利用,促进生物制造关键技术的开发应用。同时,还要依托项目开发,发展机械制造业、物流产业以及相关服务业,为各主业板块提供支持和保障,增强各产业之间的关联度,形成综合竞争优势。

实践证明,发展循环经济是企业转型升级、实现可持续发展的重要途径。只要我们创新思路、创新理念、创新技术和发展模式,坚持用循环经济的理论指导企业的转型,在产业结构的调整中发展循环经济,就一定能够实现企业转型升级,促进企业可持续健康发展。

(作者单位:长广集团)

第五部分

浙江省农民专业合作经济组织
发展现状与对策研究

劳赐铭

改革开放30多年来,我国农村面貌发生了巨大变化,农民收入不断提高。但是随着农村改革与发展的深入推进,农村中的一些深层次矛盾日益显现,突出集中于千万家农户的分散经营与高度社会化对接不匹配引起的各方面的矛盾。农民专业合作经济组织对解决这些矛盾具有非常重要的意义,它是农民自愿联合、民主管理的互助性经济组织,其主要任务是为社员提供产前、产中、产后系列化服务,组织社员按照市场需求进行标准化生产、规模化经营,是小规模生产与大市场需求有效对接的重要平台。浙江省农民专业合作经济组织在我国各省份中,发展水平处在前列。本文通过对浙江省农民专业合作经济组织发展现状及存在的问题进行分析,对如何进一步推动农民专业合作经济组织的发展提出建议。

一、浙江省农民专业合作经济组织的发展现状分析

(一)发展现状

浙江省农民专业合作经济组织的起步较早,可以追溯到20世纪80年代中期。2003年,浙江省被农业部确定为全国第一个农民专业合作社试点省份;2004年11月,浙江省出台了全国第一部农民专业合作经济组织地方性法规——《浙江省农民专业合作社条例》,解决了长期以来困扰农民专业合作经济组织发展的法律地位问题,为农民专业合作经济组织走上法制化管理轨道奠定了基础,标志着浙江省农民专业合作进入新的发展阶段;2007

年7月1日,《中华人民共和国农民专业合作社法》的颁布实施,明确了农民专业合作社的市场主体地位,并对合作社从成立到运作做出了明确的规范,推动了农民专业合作社的规范化发展,农民专业合作社对农业发展的影响力越来越大,对新农村建设的积极作用也逐渐凸显出来;截至2010年年底,浙江省农民专业合作社总数达20678家,成员78.7万个,带动非成员农户375.9万个,合作社覆盖了全省48.6%的家庭承包经营农户,2010年全年实现总经营收入327亿元,盈余36.2亿元;2011年上半年又新增加农民专业合作社1962家,总数达到22640家。

(二)特点

1. 发展速度快,涉及领域广

自2007年《农民专业合作社法》颁布实施以来,我省农民专业合作社迅速发展,总数从2007年年底的5141家增加到2010年年底的20678家,三年间共增加了15537家,平均每年增长5179家,年均增长率达到59%。合作社已涵盖我省农业的所有主导产业、特色产业和骨干农产品,其中种植业合作社11834家,林业合作社1178家,畜牧业合作社3051家,渔业合作社1640家,农机植保休闲观光等服务业合作社1765家。

2. 组建方式多,领办主体多元化

近年来,我省农民专业合作社呈现出多样化的发展模式。主要包括:龙头企业领办型。通过"公司+合作社+农户"的模式,统一采购、统一生产、统一管理,由龙头企业统一进行收购。农技部门领办型。利用部门人才、技术、设备优势,提供技术服务,让成员消除种植、养殖过程中的技术顾虑。涉农部门领办型。涉农部门利用自身优势把生产、加工、销售、科研及技术推广等环节有机连接起来,帮助农民进入市场,增强农产品的市场竞争力。村两委或村合作经济组织领办型。农民专业合作社与村两委实行人员兼职,发挥村两委的组织、协调、管理优势,带动当地农业的发展。农村能人大户联合领办型。农村能人大户依托自身技术、经验、资金、销售渠道等优势,围绕当地特定的产业或产品,带动本地及周边群众进行生产。

3. 合作制特征明显,农民主体地位突出

我省农民专业合作社坚持以家庭承包经营为基础、以农民为主体、以服务成员为宗旨,建立并完善了"民办、民管、民享"的运作机制。农民成员占合作社成员总数的96%,农民成员股本占80%以上。农民专业合作社成员地位平等,实行民主管理,实行一人一票制,每个成员有一票基本的表决权。大部分农民专业合作社建立了完善的理监事会制度,内部治理结构健全。

4. 注重与市场对接,竞争力逐步提高

近年来,我省农民专业合作社大力推进"五化"建设,努力提升产品质量,加强与市场的对接,竞争力逐步提高。2010年全省有3764家农民专业合作经济组织实施了标准化生产,5502家建立了农业生产记录,2571家通过各类农产品质量认证,724家获得市级以上名牌产品,2010年总经营收入比2009年增长了22.9%,盈余增长了36.1%。

二、我省农民专业合作经济组织发展存在的主要问题

(一)单体规模不大

农民专业合作经济组织大多还处于初级阶段,大部分限制在本镇村或者一个小的区域内,"村村办合",各自为战。平均每个合作社社员不到40个,带动农户182个,年经营收入158万元,盈余17.5万元,还有30%左右的合作社处于盈亏临界点或亏损状态。

(二)发展欠规范

虽然大部分合作社都制定了章程和管理制度,设立了理、监事会和社员(代表)大会,但相当部分形同虚设,合作社内部的民主管理和监督机制也只是停留在形式上,社员对合作社的意义认识不足,缺乏大局意识和约束机制,社员不承担责任,管理松散,对合作社的发展也不太关心。全省有26%的合作社还没有达到规范标准,经县农业主管部门认定为规范化的农民专业合作经济组织只占总数的24%左右。

(三)质量有待提高

农民专业合作经济组织起点低,农民成员自身资金非常有限,由于农民成员的短视性,目前合作社高分配、低积累的现象非常普遍,合作社用于基础设施建设、发展生产、推广技术的资金不足,后续生存发展能力有限。平均每家合作社资产只有79万元,只有30%的合作社提取了公积金积累;尚有72%的合作社未组织开展标准化生产,87%的合作社没有通过农产品

质量认定。

（四）竞争力不强

大多数农民专业合作经济组织还处于低层次的家庭作坊式经营,在开展加工方面还存在着先天不足的现象, 只有40%开展了农产品粗加工、精深加工,真正自办加工实体的不到10%,自身没有仓储设施的占70%,产品主要靠自销的占83%。

（五）联合合作缺乏

全省农民专业合作经济组织在同一个乡镇内的在70%以上,跨乡镇以及跨市县组建的还不到30%。农民专业合作组织之间缺乏联合合作,各自为战,不仅不能获得规模效益,反而造成不必要的低级竞争。同时,农民专业合作经济组织联合社(会)不能进行工商注册登记,不是市场经营主体,享受不到相关优惠政策,也一定程度上抑制了农民专业合作经济组织之间的联合合作。

三、提升浙江省农民专业合作经济组织发展水平的对策建议

（一）继续鼓励发展形式多样的农民专业合作经济组织

目前, 我省农民专业合作经济组织已占到行政村总数的75%左右,传统的种养殖专业合作经济组织占了近90%。传统领域的专业合作经济组织已渐趋饱和,从事低层次生产、销售的农民专业合作经济组织已经难以适应农业现代化的要求,组建多种类型的农民专业合作经济组织是下一阶段加快发展的必然趋势。在发展农民专业合作经济组织时,应鼓励多主体、多层次、多领域、多类型兴办农民专业合作经济组织,开展多种形式的合作。在组建主体上,鼓励和引导农村能人、农民经纪人、种养殖大户、农业龙头企业、涉农部门利用自身优势牵头领办;在组建层次上,要突破地域、行业的界限,实行跨区域、多元化发展;在组建领域上,应积极拓展加工运输、土地流转、农技植保、家政养老、休闲观光、金融服务、消费合作、信用合作等多种领域,拓宽服务范围;在合作类型上,可以是劳动的合作、技术的合作、资金的合作、土地的合作,也可以是多种要素兼有的合作,只要是坚持合作社的基本特征,围绕服务社员这个基本内容,有利于推动农业现代化的发展和增加农民收入的合作,都应鼓励其发展。

（二）提升合作经济组织的组织化程度

依法规范农民专业合作社的运作是确保合作社持续健康发展的基础。我省农民专业合作社发展已进入由量的扩张向质的提高转变的新阶段，处于提升和壮大的关键时期，要加快规范发展和质量提升的步伐，切实做到在规范中加快发展，在加快发展中不断规范提升。按照管理规范化、生产标准化、经营品牌化、社员技能化、产品安全化的"五化"建设要求，依法规范完善农民专业合作社章程、组织机构、股金设置、民主管理、财务管理、生产经营、盈余分配、成员账户设立等运行制度，提高运行管理水平；按照农业部"民主管理好、经营规模大、服务能力强、产品质量优、社会反响好"的示范社创建标准和省政府及其有关部门制定的示范社创建标准，积极推进农民专业合作社示范社建设行动；按照《关于促进农民专业合作社提升发展的意见》（浙政发〔2010〕48号）文件要求，加强示范社的示范引导作用，加快标准化生产步伐，提高农民专业合作社的运行质量，提升农产品市场竞争力，使农民专业合作社真正成为促进农业产业化发展和助农增收的重要力量。

（三）走内外联合合作之路，增强竞争力

单个的专业合作社在市场中仍然是孤立的，人员少、规模小、资源有限，难有精深的加工，也很难打造出真正的名牌，难以应对激烈的市场竞争。根据市场经济规律，同区域、同产业的专业合作经济组织逐步走向重组或者是再联合、再合作是必然趋势，也是提高市场竞争力和市场占有份额的重要途径。农民专业合作经济组织在增强内部合作，完善自我服务功能，为成员提供优良服务的同时，应积极创造条件，以市场为导向、品牌为纽带、产权结合为手段，加强合作社与合作社、合作社与农产品加工销售企业、农批市场等的联合合作。可以是横向的联合，不同产业的合作社进行跨区域重组或联合，形成区域性的强社或联合社，壮大实力，增强带动力和影响力，形成同一品牌的不同产品，丰富产品品种和类型，多样化地对应农产品批发市场和超市；或者是同产业的专业合作社进行联合，提高产业化程度，更有利于实现标准化生产、规范化发展、品牌化经营。也可以是纵向的联合，通过产业链上的联合，延伸产业链条，实现规模与品牌的升级，以产供销一条龙、农工贸一体化的形式对接超市连锁、物流配送、电子商务等现代市场经营模式，增强农民专业合作经济组织的市场竞争力。

（四）积极探索组建综合性农民合作经济组织

我省山多地少，土地细碎化严重，随着农业现代化的快速发展和社会主义新农村建设的不断深入，农民的生产生活需求越来越多样化，而专业化的农民合作经济组织往往只能满足一部分农民某一方面的需求。从专业化的农民合作经济组织本身来看，其对于金融、财政、购销、文化等方面也有着很大的需求，农民合作经济组织只有具备综合化服务功能才能满足成员和自身的需要。2010年，中央一号文件对发展农民专业合作社方面指明了一个新的趋向：更多赋予合作社多样化的职能——从承担新增农业补贴、进行产销对接、兴办农村资金互助社、自办农产品加工企业、建立党组织等诸多方面对农民专业合作社的发展进行了阐述，反映了中央鼓励农民专业合作社立足专业性适度综合化的全面发展思维，这是统筹城乡发展的战略性安排，也是深化农村改革的必然趋势。

综合性农民合作经济组织是指业务范围涉及生产、加工、流通、金融、保险以及文化建设等众多领域的农民合作经济组织，其最大优势在于通过多样化业务节约交易费用——既有生产和销售领域的合作，以解决农产品供给问题；又有金融、保险领域的合作，以解决农民资金短缺的问题；还有文化领域的合作，以解决文化建设、培养新型农民的问题。综合性农民专业合作社甚至可以吸纳城市消费者加入，形成生产者与消费者直接对接的机制，彻底降低农产品流通成本，实现提高农民收入、保障质量安全、增加消费者福利的多重目标。发展综合性农民合作经济组织，有助于提高农民的组织化程度，有效发挥统一经营的优势，促进多功能性的现代农业建设；有助于增强农民合作经济组织的实力和吸引力，促使其进入生产、加工、流通、金融等附加值高的领域，提高市场谈判地位，有效增加农民收入；有助于农民合作经济组织的文化建设，提高成员的合作意识，培养新型农民，为建设现代化农业和社会主义新农村提供人力保障。

发展跨区域、跨行业、大规模、综合性的农民合作经济组织，是农民专业合作经济组织发展的必然趋势，能够很好地改变我国分散的农村经济，改变传统落后的农业生产方式，改变农民的弱势地位，加快统筹城乡发展步伐和实现"三化同步"，应该进一步加大力度，进行积极探索和实践。

（作者单位：省供销社合作经济指导处）

户籍制度改革的难点与对策分析

——以浙江温岭市为例

沈　滨

　　户籍管理是我国具有历史传统的居民管理制度,对保持我国社会稳定发挥了重要作用。户籍管理牵涉广大人民群众的学习、工作、生活和各项经济社会活动,与人民群众切身利益息息相关、紧密相连。但是,随着我国改革开放后经济社会发生的巨大变化,户籍制度改革也日益提上了议事日程,尤其是随着我国城市化进程的日益深化,改革户籍制度,适应人口流动的要求,需要我们对现行户籍制度进行改革。

　　为适应经济社会不断发展的客观需求和广大群众的迫切要求,温岭市根据台州市委、市政府的要求和安排,近年来开展了一系列的户籍制度改革试点工作。温岭市的户籍制度改革经历了从计划到放开,从管理到服务,解决了一批户口管理工作中的突出问题;促进了人口的合理、有序流动,引导农村人口向小城镇有序转移,促进小城镇健康发展;加快了温岭市的城市化进程。

一、温岭市户籍制度改革的主要特点

(一)城乡二元户口迁移制度被彻底打破

　　为适应新形势下人口流动的需要,温岭市实行了多项政策措施,一方面解决了历史遗留问题,为人民群众服务,另一方面也有利于人口流动和人口集聚。如:推行多种形式的亲人投靠制度,制定允许夫妻投靠、未成年子女投靠父母和老年人投靠成年子女的政策;整合各类户口,先后将农场户口、自理口粮户口、蓝印户口、渔业居民户口转为非农户口;在全市范围内实行购房落户政策,全面放宽对引进人才的条件限制,全面实施投资落户、纳税落户、优秀流动人口落户等政策。通过上述措施,原有的实行多年的城乡分割的二元户口迁移壁垒就被彻底打破,为城市化的进行打下了良好的制度基础。

(二)积极探索户口混合管理,进一步深化户籍便民利民措施

根据省公安厅关于印发《浙江省常住户口登记管理规定(试行)》的通知精神,针对温岭出生人员未落常住户口多、大中专毕业生要求回原籍落户多等实际情况,温岭市自2009年7月1日起推出了一系列户籍便民利民措施,目的是解决包括符合条件的大中专毕业生回原籍地(农村)落户、特殊情况的未落户口人员的落户、双方户口性质不同的混合户口管理等在内的问题。这种做法打破了传统的户籍登记管理模式,适应了现行人口流动的多种方式,既满足了人民群众的多种需求,也提高了管理的有效性。

(三)居住证改革全面实施

流动人口管理历来是非常复杂和问题多生的领域。暂住证制度曾经是我国针对流动人口管理推行多年的一种制度。但随着城市化的发展,暂住证制度的缺陷也日益显现,尤其是难以适应城市化过程中,人口集聚后的社会管理工作。自2007年7月起,省政府在嘉兴市、慈溪市、绍兴市等地开展居民证制度改革试点;2009年10月,温岭市依据《流动人口居住登记条例》,取消暂住证制度,同时实行了居住证制度,从实施效果看,流动人口管理的工作得到显著改善。

二、温岭市户籍制度改革中遇到的难题

户籍制度改革本身并不复杂,但附加在户籍制度上的相关行政制度以及由此形成的社会利益分配格局却是错综复杂的。目前,温岭市户籍制度改革遇到的问题如下所述。我们可以看出,这些问题除了户籍制度本身外,更多的是与户籍制度联系在一起的各种体制上、观念上以及与利益相关等方面的深层次问题。

（一）农业转移人口不愿意进城落户，出现"反城市化"现象

随着社会经济的快速发展，特别是在浙江这样的经济发达地区，由于农村工业化和私营经济为农民提供了越来越多的发财致富的机会，在最近一段时期内，农村户口反而成了一种"香饽饽"，因为其背后的利益链条越拉越长，而城镇户口背后的利益链条却越来越短。农村户口越来越强的吸引力导致出现"反城市化"现象，如在温岭出现了如下现象：办理"农转非"户口的群体和人数逐年减少，要求办理户口"非转农"的群体和人数却越来越多。近年来，原籍为农村的大中专毕业生、退伍军人、参加户籍制度改革进城落户人员等，要求迁回农村和"非转农"诉求比较强烈，相关信访、投诉、诉讼数量日益增多，有的甚至发展到串联上访、群体性上访、越级上访，成为一个社会不安定因素，社会反响较大。

（二）进城人员没有能力在城镇落户生根

虽然有越来越多的人员涌入城市，而且他们要求融入当地社会、实现本地化的愿望和诉求也十分强烈，但是由于户口迁移政策大多与住房、学历、投资、职业等挂钩，致使他们难以符合条件。进城人员长期在收入低标准、生活低质量、保障低水平的社会底层徘徊，与本地居民的差距越拉越大，边缘化程度越来越高，本地化能力却越来越弱。再加上目前高涨的房价，即使政策允许其进城落户，多数进城人员也难以实现进城落户生根的愿望。

（三）配套改革不到位，执行政策不一致

户籍制度改革不是单项改革，涉及与之相关的多项制度改革。由于集体资产分配制度、养老保险制度等相关配套改革尚未跟上，以及在户籍制度改革试点中群众所关心的计划生育、建房等问题，在具体执行中与当初改革时承诺的政策前后不一致，农村居民成为城市居民后看不到多少实惠，比之改革前并无太大改变，甚至还有所下降，这样反倒使参与户籍制度改革的人有一种被欺骗的感觉，因此群众才有了怨言。

三、加快户籍制度改革的几点建议

通过对温岭户籍制度改革的观察和思考，本文认为可通过如下一些措施来完善我国和我省的户籍制度。

（一）以"三条路径"设计户籍制度改革政策

1. 建立城乡统一的一元化户口登记制度

　　加快在全市范围内取消农业户口、非农业户口的户口性质划分的步伐，取消城乡分割的按农业户口、非农业户口的登记办法，按照公民经常居住地登记户口的原则，统一登记为"浙江居民户口"。

2. 实行按居住地登记户口的迁移制度

　　实行以具有合法固定住所为基本条件的迁移制度；放宽申请投靠亲属的条件限制；进一步放宽城镇在引进人才、投资等方面的条件限制，鼓励智力移民、投资移民，降低进入城镇的门槛；放宽长期居住流动人口申请入户的条件限制。

3. 全面实施居住证制度

　　认真贯彻实施《浙江省流动人口居住登记条例》，加快制定配套政策措施，加快建设流动人口综合信息平台，根据本地实际不断提高持证人的待遇水平和权益保障。

（二）充分保障进城落户人员在农村的权益

　　为更好地吸引农业转移人口进城落户，必须切实保障其在农村的既得利益。目前可实行如下一些措施，鼓励农民进城，放弃农业户口。

1. 逐步实现户籍与土地承包权相分离

　　在不突破现有法律法规规定的前提下，保持农业转移人口土地承包权的长期稳定，实现土地的经营权和收益权等只与土地的承包权相关，而与承包人的户口性质、户口登记地相分离。

2. 逐步实现户籍与村经济合作社社员身份相分离

　　在解决好出生、嫁娶、迁入人口等新增人口的利益分配的同时，依法允许户口迁出本村的社员保持社员身份。有关行政主管部门加强政策引导和工作指导，并可以提供相应的社员身份认定办法范本。

3. 逐步实现进城落户人员离乡又离土

　　按照依法、自愿、有偿的原则，鼓励进城落户人员土地承包权的流转；开展农村非农建设用地流转试点，构建经营性集体建设用地用益物权，探索村经济合作社股份流转的可行性和有效方法；完善新型农村合作医疗制度，研究进城落户人员基本医疗保障转移接续办法；可以借鉴嘉兴、杭州等地的"以宅基地换住房、以承包地换社保"等做法,鼓励进城落户人员逐步实现离乡又离土,真正变农民为市民。

(三)坚持户改先行与配套逐步推进相结合

改革城乡二元户籍制度,并不能改变城乡二元经济结构的现实,但只有先行打破城乡二元户籍制度,取消二元结构的标志,才能形成政策倒逼机制,从而推进相应的城乡一体化配套改革。

1. 以户籍制度改革促进相关配套制度改革

在这一方面,可以按照"户改先行、配套跟进、量力而行、逐步到位"的思路,通过积极稳妥推进户籍制度改革来牵引相关方面的制度改革逐步跟进。如对一些制度不合理并具备改革条件的,如城乡居民合作医疗保险、养老保险、失业保险、高龄老人补贴等逐步实行城乡统一的政策;对一些制度不合理但尚不完全具备改革条件的,如城乡退伍士兵优抚安置等政策进行适当的调整并逐步并轨;对一些制度不合理但改革条件尚不具备或者改革时机尚不成熟的,如农村计划生育政策、房屋拆迁等,仅做城乡识别标志的调整,使政策的继续执行与户口性质相分离。

2. 明确公安机关和相关部门职责

建议在推进这些改革过程中,既要明确公安机关推进户籍制度改革的职责任务,又要明确相关部门同步推进相关行政制度改革的工作要求和时间表,落实其改革主体责任。

3. 稳妥有序推进各项改革

户籍管理制度改革涉及面广,政策性强,关系到人民群众的切身利益,关系到改革、发展和社会稳定的大局,对统筹城乡发展、构建社会主义和谐社会具有重要意义,因此建议深入研究户籍管理制度改革带来的新情况、新问题,稳妥有序地推进各项改革,更好地保持经济的协调发展和社会稳定。

(作者单位:农发集团下属浙江省农都农产品有限公司)

城市化进程中
社会管理面临的挑战与发展对策

张盛云

　　改革开放30多年来,随着城市化的持续推进,我国社会的面貌发生了深刻的变化。我国已经进入了以工业化、城镇化、多样化、信息化为特征的新发展阶段,同时也产生了大量新的社会问题和社会需求。解决这些新的社会问题,满足新的社会需求,保障人们的生存权和发展权等基本社会权利,都对社会管理提出了新的挑战和新的要求。因此,在城市竞争日趋激烈的大背景下,提升城市社会管理水平,使之能促进城市的发展,已经成为一个非常严峻的问题。本文试就我国城市化进程中面临的挑战,并结合国内部分城市的实践,对城市化进程中社会管理问题提出一些思考。

一、我国城市社会管理创新的发展背景

(一)工业化社会的发展

　　随着我国经济社会工业化水平的提高,促使电子信息、化工、交通、遗传工程等一系列高新技术出现并迅速投入应用,极大地推动了社会生产力的发展。我国在工业化、科技创新等领域的发展促进了经济快速增长,传统封闭型的经济模式向现代开放型的经济模式转换,社会经济消费水平显著提高。但是,在经济社会工业化程度急剧提高的同时,快速工业化也出现了环境污染、生态恶化、城市拥堵、食品安全等一系列社会问题,这些问题对我国社会管理水平的进一步提高、建立更加全面和专业化的城市社会管理机制提出了更高要求。

(二)城市化进程日益加快

在中国特有的"城乡二元经济结构"的大背景下,面对城市化进程的加快和都市圈的大幅扩容,城市人口将越来越多。城市经济则以现代化的大工业生产为主,而农村经济则以典型的小农经济为主。城市的道路、通信、卫生和教育等基础设施发达,而农村的基础设施落后,这种状态既是发展中国家的经济结构存在的突出矛盾,也是这些国家相对贫困和落后的重要原因。发展中国家的现代化进程,可以说在很大程度上是实现"城乡二元经济结构"向现代经济结构转换的过程。因此,在这个转换过程中,城市管理需要面对前所未有的新挑战。城市管理要加强城市管理体制改革、调整行政区划、拓展城市发展空间;要加快城市规划工作,推进产业结构调整步伐;要大力改善城市基础设施,建立快速高效的交通体系;要加强外来人口管理,完善城市环境综合整治等问题,不断提高城市管理水平。

(三)多元化社会的到来

中国社会已经进入了多元化社会时代。社会的多元化,主要体现在5个方面:一是价值的多元化。价值的多元化表现在职业方面的价值多元化、社团方面的价值多元化、文化方面的价值多元化、思想方面的价值多元化。二是职业的多元化。在现代专业分工的原则下,旧的职业犹如大浪淘沙,有的被自然淘汰了,有的则被保留下来,分工越来越细、越来越多;而新的职业和新的行业则应运而生、层出不穷。三是社团的多元化。在一个多元化的社会里,在国家之下,自发地形成了很多大大小小的社团,而这些社团又各有其社会代表性,可以弥补政府对个人功能之不足。四是文化的多元化。在多元化社会里,大家的同质性越来越小,而异质性则越来越大。不同的文化在法律之内都应受到尊重和保护,以获得进一步的自然发展来表现它们的特点和功能。五是思想的多元化。在一个真正的多元社会中,会有种种不同的想法与看法,有种种不同的意识形态出现。只要这些意识形态不违背国家宪法及其他基于社会正义与社会安全所制定的法律,就应受到尊重和保护,使不同的思想免受干扰而获得自由发展。

现代公民应该懂得,由于多元化的存在,人们因其处境不同,对问题或社会现象、事件自然会有不同的看法,价值观念、政治理念、生活方式等诸多方面应是多样的,而现代国家也应该承认和赞同多元化。多元化社会的到来,对国内原有的城市管理模式提出了新的要求。

二、当前城市社会管理面临的主要问题

城市社会管理工作是一项社会系统工程,政策性、群众性、流动性较强,涉及面广、难度大、矛盾多、情况复杂。就我国全局看,经济社会发展正逐步从基本实现小康向全面小康转变,东部沿海地区将率先赶上中等发达国家水平,但地域差距、贫富差距很大,正处于社会的转型期,人口多、资源贫乏、矛盾多、发展观念和管理手段落后,这都对完善城市社会管理带来巨大挑战;就城市内部看,我国许多城市在社会管理方面主要存在以下几个方面的问题。

(一)法规不完善,管理不到位

现行的有关城市社会管理法规虽然较多,但仍不够健全和有效。譬如,城市社会管理目前仍没有一部独立完备的法律法规;有些城市社会管理法规缺乏可操作性的处罚规定,如对流动摊贩的管理就没有具体可行的条文;立法空白或立法不配套,如摩托车载客扰乱客运市场、非机动车乱停乱放影响市容环境等,缺乏相关的法律依据进行合理处罚。同时,城市社会管理的理念、管理体制、服务领域和服务水平与社会要求还有很大差距,时常出现社会管理不到位、社会服务质量不佳等诸多问题。

(二)城市社会管理对象复杂

随着城市化进程的发展,目前城市社会管理对象十分复杂:一是流动人口增加,目前的管理约束体系不够完善,部分城市成员法制意识淡薄,与管理者"捉迷藏"、想办法"钻空子"的现象较为普遍;二是失业下岗人员和进城农民工以及孤寡残疾弱势群体,他们大多从事简单商品买卖活动或体力劳动,以维系基本生活需求,由于受习惯势力影响,往往对城市管理不理解、不支持,甚至产生抵触情绪;三是部分城区居民无视城市管理工作,导致违章建筑、随意改变房屋用途和墙体结构等现象时有发生;四是老龄化社会的趋势和特点,给尚未成熟的城市管理带来很大的新挑战。这些情况的存在造成了城市社会管理的一个诟病。

(三)市民文明素质亟待提高

我国城市管理"以人为本"的方向虽然明确,但真正实施起来往往举步

维艰。目前,市民来源多样,素质参差不齐。与城市的发展水平相比,部分市民群众的城市意识、环境意识、卫生意识还不够强,文明素质还有待于提高,维护环境、爱护城市的主人翁意识也有待于提高。少数市民守法意识不强,导致不良卫生习惯、不遵守交通规章、车辆乱停乱放、损害公物和破坏环境等现象还比较普遍。这些都在很大程度上加大了我国城市社会管理的难度。

(四)城市社会管理队伍建设滞后

尽管城市社会管理队伍建设正在迅速加强,但是因为理念、师资、培养体系等因素的限制,总体上看,这支队伍的人员数量不足、整体素质还有待于提高。目前一些管理工作人员不熟悉相关法规,工作方法简单粗暴,缺乏对突发事件的处理能力,经常出现城市社会管理队伍与弱势群体之间的冲突等现象。

(五)社会组织参与不够

由于我国的社会组织发育不够,在城市社会管理中真正起到"管理"作用的,主要还是政府管理部门,譬如一些城市中的街道办事处、居委会和正在建立的社区组织,以及城管执法部门等。实际上,城市管理涉及城市的每个分子,城市的建设和发展与每个人的利益息息相关,因此,必须广泛发动城市社会的各级组织,充分调动社会成员参与自主管理和自我服务的主动性与积极性,应该大力培养各类参与社会管理和服务的民间组织,发挥社会组织的"润滑剂"作用,满足社会成员的合理需求,营造和谐的社会氛围。

三、关于城市化进程中进一步完善社会管理的建议

目前国内一些城市在深化城市的社会管理方面进行了很好的探索,政府主导、社会参与的社会管理格局正在快速形成。譬如,北京正在进行城市精神的探索,提出了"爱国、创新、包容、厚德"为内容的"北京精神"。这一城市精神是人民长期发展建设实践过程中所形成的精神财富的概括和总结,体现了社会主义核心价值体系的要求,体现了首都历史文化的特征,体现了首都群众的精神文化追求。北京积极推行数字网格化的城市管理模式,大力推进创新型城市建设,并正在努力探索社会化管理格局。

浙江省作为沿海经济发达的重要省份,一直走在改革开放的前沿,把

繁荣、公正、和谐作为社会建设的基本目标,创造了有利于经济社会协调发展的"浙江模式"。浙江省积极推进城镇化,城市群迅速崛起,同时在城市社会管理方面也进行了有益的探索。譬如,杭州市上城区的城市智能管控模式,通过对大街小巷的远程监控,及时洞察社区的社情民意,了解矛盾纠纷和群众利益诉求,促进社会和谐;又如,宁波海曙区进行了社会工作模式的积极探索,形成了"海曙模式",其中"81890服务模式"就是一个典型的创新。

借鉴我国相关城市的发展经验,当前尤其要做好以下3个方面的工作:

(一)牢牢坚持以人为本,创新社会管理理念

在社会迅速城市化的过程中,社会管理要始终坚持科学发展观,坚持以人为本理念。城市管理者要摆正位置,转变发展理念,坚持全面协调可持续,坚持决策的民主化和科学化,在城市管理中要真正代表广大人民群众的根本利益。在城市管理中始终坚持:一要遵循"人性化"原则。所谓"人性化"就是要充分尊重人的存在和价值,不断满足人们日益增长的物质文化需要,包括现实的需要和可持续发展的需要。要关注现实的需要已由过去的"水电路房"四大瓶颈转变为绿化、环卫、教育等方面的滞后;可持续发展的需要则应大力加强环境建设,确保资源的可持续开发。二是追求"人格化"品质。所谓"人格化",就是赋予城市具有吸引力的人文色彩和特色风范,从而使其产生独到的人格魅力。摒弃大拆大建、规划随意变更等现象。三是发挥人的创造性。人是环境建设的主体,必须发挥广大人民群众的主动性和创造精神,使每一个人都成为环境建设中的活力"因子",成为社会建设中的和谐"因子",成为美好家园的风景线。

(二)扩大社会管理主体,充分发挥参与功能

注重发挥基层社会管理服务多元主体的作用。党的十七届五中全会强调,要健全党委领导、政府负责、社会协同、公众参与的社会管理格局,健全基层管理和服务体系。为此,必须大力加强和改进基层党组织工作,充分发挥群众组织和社会组织的作用。社会管理和服务的主体是多元的,除了党委和政府的领导、组织力量外,群众组织和社会组织是重要的主体,是基层社会管理和服务的基础力量与重要依托。

健全社会管理格局中的"社会协同",就是要协同社会组织(包括社会

工作者队伍)、凝聚各方力量管理社会事务、调节社会利益、化解社会矛盾,促进社会有序运行;"公众参与",就是要以城乡社区建设为基础平台,依托城乡社区自治组织发动群众共同参与社会管理。当前,我国社会结构日益分化,社会利益日趋多元,社会问题日渐复杂,社会管理的任务日益繁重。在"单位人"日益向"社会人"转化的趋势下,城乡社区是大多数居民生活的基本依托,是基层社会管理和服务的综合平台;社会组织是公民在不同领域、不同层面的自我组织形式,能够反映群众诉求、规范群体行为和提供社会服务;基层社会工作者具有立足一线、直接联系群众特别是直接帮助弱势群体的优势。只有这样,才能实现协调社会利益、增进社会福祉、化解社会矛盾、稳定社会秩序、健全社会管理格局的目标。

(三)健全社会管理体制,提供优质高效服务

要进一步完善社会管理的制度设计,大力创新管理体制机制,适应社会多元化状况,满足人们个性化需求;充分调动全社会参与社会建设的积极性和创造性,建设繁荣、公正、和谐的社会主义和谐社会。

建设科学的参与制度是以人为本思想和民主管理思想的本质要求和体现。广泛的公众参与有利于城市政府在决策过程中听取不同城市利益相关人的多种利益需求。政策透明公开,有利于监督;有广泛的公众支持基础,有利于执行。同时,参与制度也是一种防治腐败和经济节约的城市管理方法。建立科学的城市管理参与制度,要根据城市的实际情况和公众参与意愿的要求,坚持以人为本的思想。

在城镇化过程中,要密切关注城市总体规划布局、产业发展特别是第三产业发展、户籍制度、土地制度、住房制度、社会养老和医疗保障制度,以及教育资源配置、和谐心灵构建等多个方面的问题,进行科学规划,健全体制机制,理顺关系,逐步消除城乡二元结构,为和谐社会建设打下坚实的制度基础。

要及时分析小康社会甚至发达社会、老龄社会、资源紧缺社会的特点,把握好社会成员的各类合理需求,通过有效的政策措施,引导社会提供优质高效的社会服务,以满足人们日益增长的物质和精神需求。

(作者单位:北京市妇联机关党委)

加强村级留用地管理
服务城乡统筹发展

—— 以杭州市为例

胡 伟

　　留用地制度，是指政府在征用集体所有土地时，按照征地面积的一定比例核定用地指标，让被征地集体经济组织用于发展二、三产业，壮大集体经济，安置失地农民，为被征地农民提供长期稳定的土地收益来源。加强留用地管理，对促进村级集体经济组织资产的良性运转、保障失地农民的长远利益、实现地区发展战略的稳步推进和城乡统筹发展具有重大意义。

一、历史沿革及作用

　　杭州市是国内较早实施村级留用地管理制度的城市之一。1998年11月，杭州市委出台《关于在市区开展撤村建居改革试点工作的意见》，明确撤村建居后，原农村集体土地经依法征用转为国有。为解决撤村建居后原村集体经济组织及其成员的生产、生活问题，1999年4月，杭州市政府办公厅转发市土管局《杭州市撤村建居集体所有土地处置补充规定》，规定"可由原村集体经济组织提出申请，经区人民政府审核，报市政府同意，在杭州市土地利用总体规划确定的建设留用地范围内留出部分土地，其面积控制在可转为建设用地的农用地总面积的10%以内"。此后数年，杭州市政府又相继出台《关于加强村级集体经济组织留用地管理的实施意见》、《关于进一步完善村级集体经济组织留用地出让管理的补充意见》等政策，对留用地项目出让方式、出让程序以及后期管理等方面加以完善,逐步形成了现行留用地制度框架。

留用地制度实施以来,虽然争议不断,但该项制度在统筹城乡发展、推进我市城市化进程中发挥了积极作用。一是有效促进了市区征迁和谐稳定。2006—2010年,市区共征收集体土地约16万亩,未发生重大群体性事件。二是有效探索了失地农民生活保障新途径,以留用地形式引导、支持村集体经济组织发展第二、三产业。三是有效促进了城市配套建设发展。杭州市留用地项目业态主要是商务综合用房、宾馆、饭店等,吸引了大量社会资金进入三墩、蒋村、下沙等周边地区建设商业配套设施,加快了这些地区的服务业发展和城市化进程。

总之,杭州市留用地政策的效果和作用显著。从2004年至2010年,杭州市区共办理留用地项目用地审批202宗,出让土地面积约4539.87亩。按开发模式分为:自主开发项目用地109宗(面积2164.82亩),合作开发项目93宗(面积2375.05亩);按土地用途分为:商业174宗(面积4283.23亩),综合办公6宗(面积156.60亩),加油站项目20宗(面积82.55亩),工业2宗(面积17.49亩)。

二、存在的问题及原因分析

在实践探索过程中,杭州市留用地项目在规划、建设和经营管理等方面也存在一些必须引起高度重视的问题。下面分项目规划、建设和经营管理3个阶段分析。

(一)项目规划阶段问题及其原因分析

1. 局部区域业态重复

目前市区两级政府对留用地开发缺乏统一规划。留用地项目一般在本村范围内选址,以村(社)为招商主体,村干部缺乏专业的业态分析决策能力和经验,导致局部区域留用地项目布局不够科学合理、业态重复。

2. 指标与落地相矛盾

一方面,有指标难落地。受城市控规调整及布点规划滞后影响,部分村级留用地指标难以及时落实到地块,指标无法使用。另一方面,有项目缺指标。留用地指标根据征地项目核发,由于部分村农用地数量少等原因,使得部分村集体经济组织指标不足,项目难以选址建设,而多村联建、指标调剂等措施推行阻力较大。

(二)项目建设阶段问题及其原因分析

1. 村集体经济组织实力有限

一是缺乏开发资金。市区大部分村集体经济收入不高,开发留用地资金主要依靠征地补偿款。若村里有多个项目需要启动或者单个项目体量较大,则资金问题尤为突出。这也是多数村集体寻求合作开发的主要原因。二是缺乏管理人才。留用地项目运作专业性强,涉及规划、设计、资金运作、物业经营等多个领域,大部分村干部在这方面能力不足,致使项目开发迟缓,甚至闲置。三是缺乏招商渠道,合作伙伴实力弱。

2. 合作项目股份比例不符合规定

目前有43个合作项目股份比例不符合政策规定,占合作开发项目总数的46.2%。主要表现形式有两种:一是项目用地报批时提供的公司章程符合规定,但在取得土地后到工商部门变更股份;二是双方签订两份合作协议,一份按政策规定确定股份用于报批,另外一份按实际投资份额约定项目建成后双方产权分配比例。村集体经济组织在合作公司中不控股,其长期利益无法得到保障。

3. 项目推进普遍滞缓

至今未按合同约定开工项目46个,占留用地项目总数的22.7%,一定程度上加大了村集体包括合作开发商的资金压力。造成项目推进滞缓的主要原因:一是项目审批因素。留用地项目审批手续较为复杂,导致建设周期较长。从立项到竣工,一般约需4~5年。二是项目调整因素。村集体组织由于缺乏建设经验,自主开发项目往往在业态、规划指标上反复调整,影响了项目进度。三是项目拆迁因素。协议出让的留用地项目均由受让主体自行拆迁,推进难度大。

(三)项目经营管理阶段问题及其原因分析

1. 合作公司存在清算风险

我国《公司法》规定公司注册资本实行实缴制度。合作开发项目,村集体经济组织若以土地使用权作价出资,那么除去评估环节还必须变更权属至合作公司,一旦合作公司经营不善甚至破产,土地及相应房产均会被作为合作公司的财产进行拍卖偿债,股(村)民的长期权益则荡然无存并会造成严重社会问题。此外,合作公司均有期限,有的合作公司还可能因为某些外在因素提前终止,这都存在一个公司的清算问题。

2. 涉嫌变相房地产开发

14个项目(其中合作开发10个、自主开发4个)设计有单身公寓,甚至"类住宅",并采取签订长期租赁协议的方式变相销售,有的以"外来人口公寓"名义立项建设后出售给村民居住或出租。这类做法,一是违背了留用地政策留地于民,保障长期收益的初衷;二是擅自改变土地用途和规划用地性质(留用地出让时的用途为商业办公),变相为住宅使用,扰乱了正常的房地产市场秩序;三是带来一系列社会问题。出现上述问题的主要原因有:一是在项目建设时为了迅速回笼资金;二是在项目规划、方案设计、施工许可等环节,相关部门审批(核)把关不到位,给后期变相销售以可乘之机;三是职能部门之间缺乏必要的沟通和衔接,监管各自为政,不能形成合力。

3. 项目建成后析产困难

一方面,由于合作开发项目股份比例不符合规定、项目"以租代售"等问题导致项目竣工后无法办理相关权证,项目公司无法析产;另一方面,由于规划设计和开发单位的认知等因素,部分项目的设计按照垂直分割方式分割合作双方的产权,但是现今的测绘颁证规范是按照楼层分割,因此该类合作项目的析产存在无法回避的法律障碍。此外,留用地析产时产权要从项目公司变更至双方股东名下,涉及相关税费数额较大也是析产困难的原因之一。

4. 合作项目后续管理隐患

物业产权的分割可能造成物业管理、地下空间归属等经营问题,需要政策进一步明确指导。例如物业管理方面,按照《物权法》和《杭州市物业管理条例》的规定,同一规划区块只能有一家物业公司,否则就可能在该留用地建设的物业中出现两家争利而造成局部区块的管理混乱问题。

三、对策与建议

笔者认为,下一步应针对近年来留用地项目出现的问题,以加强规范管理为主线,辅以必要的政策细化和补充,力争实现满足基层利益需求与加强政府规范管理的双赢。

（一）以留用地指标货币化为主导，加强扶持引导

鼓励和推动留用地指标"货币化"，实行政府对指标的货币化收购，是解决留用地项目开发一系列问题的有效方法。对尚未落地或无法落地的留用地指标，政府可实行货币收购，收购价格可按指标所在级别基准容积率2.0时的商业用地的市场评估价确定；指标已落地的留用地项目采用"留用地货币化"公开出让的，按相关规定核拨土地出让收入。在支付方式上，建议以货币化资产配置的形式落实"留用地指标货币化"政策。政府在收购留用地指标过程中，经村民代表大会同意，直接返还等值实物资产；或是将收购款打入专用账户，由村级集体经济组织自行购买其他物业。

（二）以自主开发和合作开发为重点，加强服务指导

1. 加强规划指导

建议由各区政府（管委会）牵头负责制定本辖区内的留用地发展规划，在摸清指标底数的基础上，统筹留用地指标使用，并结合服务业发展等规划，合理确定项目业态、开发方式、建设规模、建设时序等；相关职能部门负责指导、审核发展规划；村集体经济组织应按发展规划进行建设，重大项目可以考虑由区、乡镇（街道）协调实行多村联建，或由乡镇（街道）统一建设。

2. 加强合作指导

一是建议规范合同、章程。由专业部门牵头，将留用地项目的合作合同和合作公司、经营公司的章程格式化、标准化。二是建议推行合作开发商预选目录。建议由市政府明确专门部门牵头，梳理守诚信、实力强的开发商，建立开发商预选目录，以市属国有房地产企业为主，推荐村集体经济组织从预选目录中选择合作开发商，规范合作方。三是建议在坚持合作项目公开招拍挂的前提下探索多种合作模式。例如，村集体经济组织不直接参与项目开发建设，在出让文件中直接明确，项目建成后由受让人无偿提供一定比例的物业归村集体经济组织所有，或由村集体经济组织按固定价格购买物业。具体物业比例、位置、面积、建设标准在土地出让前由村民代表大会同意后报乡镇（街道）、区政府确定。出让起价可根据上述情况和条件评估后确定。

3. 加强经营指导

建议以析产与经营分离为抓手、以公司法为依据,以夯实资本金为核心。一是项目竣工验收完毕后的产权登记严格执行村集体经济组织不低于51%的产权登记的政策规定;二是物业经营中设立专门的经营公司,股权设置按照经合社章程规定的程序在与合作方谈判的基础上确定,村集体经济组织可通过经营权的让步缓解51%强制规定下的资金压力;三是注册资本金双方均以现金方式出资, 并且将村集体经济组织的股权设置为优先股。其主要特征有:享受固定收益、优先获得分配、优先获得公司剩余财产的清偿等。

4. 加强政策指导

现行政策在权证办理、物业管理、项目公司退出问题等方面的规定过于模糊,需要进一步加以细化落实,制定可行的操作方法及程序。此外,留用地项目建设周期长,多数村集体经济组织经济能力偏弱,建议对留用地项目给予一定的政策扶持,如建立信托基金,为资金不足的自主开发项目提供一定的融资平台;对项目建成析产时产权变更至村集体经济组织名下的项目给予税费优惠;对土地作价入股合作项目的土地增值税计算方式予以调整,将土地评估价值部分计入成本等。

(三)以部门联动为核心,加强监督管理

1. 建立统筹管理机构和协调机制

留用地开发建设涉及规划、招商、土地、建设、工商等多个环节,并非某个职能部门可以全程主管。建议成立市级留用地管理领导小组,定期召开工作协调会,对留用地开发全过程统筹协调;领导小组下设办公室,办公室设在市国土局;各区要与市里做好对接,建立相应的管理机构和协调机制。

2. 建立联审会办制度

留用地项目涉及行政审批等职能部门权力事项的, 建议推行联审会办制。

3. 各司其职,严格把关

一是严把用地报批关。由国土部门负责严格按照土地出让合同约定规范操作,加大对房地产开发企业违法违规行为的查处。二是严把设计审批关。由建委牵头,加强对商业、办公类建设项目,特别是留用地项目的方案

设计审查,对非住宅类建筑不得按照住宅标准进行审批。三是严把销售关。由房管部门牵头,规范管理,要求开发商在告示中明确建筑物的使用性质。四是严把验收关。由建委牵头,严格按照批复的要求进行竣工验收,维护业主权益。五是严把变更关。由规划部门牵头,杜绝建筑物使用性质的随意变更。六是严把宣传关。由工商部门牵头,加强留用地项目广告管理,对违规进行房地产销售的广告宣传要依法查处。此外,在土地出让金返还过程中,财政部门可以考虑计提部分资金作为诚信保证金,待项目完全按照审批约定进行开发建设,通过土地复核验收且经有关部门审核后再予以返还。

4. 落实项目属地监管

一是明确管理责任。由项目属地政府负责,明确各部门日常监管职责。二是强化跟踪监督。各区政府、乡镇(街道)要加强对项目的全程跟踪监管,对项目公司股权状况、项目产权分割状况、物业经营管理状况、返还出让金使用状况等进行实时监控,及时制止并纠正发现的问题。

(四)以基层党风廉政建设为抓手,强化村资监管

着力研究和加强"撤村建居"社区党风廉政建设。完善村级民主决策制度,规范和完善"撤村建居"社区决策议事制度,特别是要建立健全一整套完善的、科学的监管体系,强化对其权力运行的有效监督。具体包括:一是地方政府可设立农村集体资产管理委员会。二是建立集体资产管理考核体系。三是建立集体资产的安全保障机制,建立健全集体资产四项监督管理制度,即民主决策制度、民主理财、民主公开制度和责任追究制度。四是整合监督组织运行机制。在全面建立社区纪检组织、居务监督委员会、社监会(监事会)的基础上,明确各监督组织的工作职能,规范运行机制,充分发挥监督合力。五是严肃查处违纪违法行为;通过查办案件,发挥警示和威慑作用,以儆效尤,以打促防。

(作者单位:杭州市监察局)

创新环境公共管理　促进和谐社会建设

刘海明

人与自然和谐相处是社会主义和谐社会的重要特征和基本要求,加强环境公共管理是实现人与自然和谐相处的重要途径。同时,环境公共管理创新也是社会管理创新的重要组成部分,是环保工作应对当前社会深刻变化的必然要求。我们必须顺应时代的需要,根据社会管理创新的总体要求,立足实际、深入探索,走出一条符合发展规律的环境公共管理新路子。

一、环境公共管理创新是一项紧迫的任务

一是特定经济社会发展阶段决定了必须加快环境公共管理创新。按照美国心理学家马斯洛的需求层次理论,人在衣、食、住等生理需要得到满足以后,就会追求保障自身安全等更高层次的需要,良好的环境质量正是自身生存安全的基础屏障。生态环保工作可以据此划分为温饱阶段、小康阶段和良好环境质量的享受阶段。在温饱阶段,公众更多关注的是自身的生理需要,对环境问题不甚关注;在小康阶段,公众更多地关注环境质量对自身生存安全的影响,而这一时期正处于工业化中后期,也是各类环境矛盾和问题的凸显期和高峰期;在享受阶段,这个时期已经过了环境库兹涅兹倒U型曲线的"拐点",公众更多地注重体验环境质量所能带来的精神愉悦和享受。当前我们正处于从基本小康社会向全面小康社会过渡的建设期,正处于经济高速发展期与社会矛盾凸显期,环境污染进一步加剧,环境安全隐患进一步积聚,环境矛盾进一步恶化,公众诉求进一步多元化,环保领域的新情况、新问题特别多,也特别复杂,只有加快管理创新,才能有效应

对当前及今后的复杂形势。

二是特定环境利益矛盾决定了必须加快环境公共管理创新。当前,在各个层面都存在着环境利益矛盾。在政府层面,"十二五"开局和换届之年,发展冲动强烈,抓经济建设仍然是各级地方政府的中心任务,存在着经济发展与环境保护的矛盾;在市场层面,企业转嫁环境成本追求超额利润没有得到有效遏制,环境行为外部性得不到约束,存在企业利益与社会利益的矛盾;在社会层面,环境改善的过程性与公众不断高涨的期望值存在着日益尖锐的矛盾,环境问题已经成为公众投诉的热点、重点,成为引发社会矛盾的重要隐患。

三是环境的特定性质决定了必须加快环境公共管理创新。环境既是一种自然资源,更是一种社会资本,因对自然资源的占有、分配、消费而形成的社会关系和社会矛盾直接决定着环境问题的走势。可以说,对环境的管理就是对社会的管理。当前,环境已经成为最为重要的社会公共品之一,环境管理实际上已经成为社会管理中最基本的范畴。创新环境管理,就是创新社会管理,就是对当前围绕环境权利而日益多元化、复杂化的社会问题的创新性回应。

二、正确把握环境公共管理创新的目标方向

随着形势的新发展,环境公共管理在理念、主体、模式、方法等各个方面都要进一步改进,实现转变。概括起来讲,要实现4个转变。

一是从政府主导向社会共同参与转变。长期以来,我们环保管理遵行强政府弱社会的模式,使得环保部门承担了过多过重过头的职责,一些工作,不该管的管了,该管的却管不到位,存在不同程度的越位、缺位、错位现象,行政成本过高、管理效率过低、失误风险过大;相对于环保部门的大包大揽,社会各主体投入环境保护的动力不足、意识不强、责任缺位、能力不够、渠道狭窄,长期游离于环保事业的边缘,甚至激发对立情绪,全社会没有形成环境保护的强大合力。环境是最大的公共品,环境保护是一项全民事业,政府与公民是环境建设和管理的共同合作者,尤其是在市场经济条件下,要进一步理清政府、社会、市场各主体的职能,积极发挥环保部门作为行政者、管理者、服务者,公众和社会组织作为监督者、推动者、参与者,

企业等市场主体作为自我管理者的作用,使各方主体相互合作、优势互补、协商治理。

二是从行政强制为主向重激励自律转变。环境问题表现在自然界,原因在社会里,根子在人本身。以行政强制为主的环境管理方式强调的是命令式控制、惩罚式压制,指向的是外部行为,看重的是短期效果,而忽视了市场主体内源动力的培育,不符合环境问题的生态学规律、社会学规律、经济学规律,不能从根本上解决问题。新时期的环境管理必须从重行政强制转为重激励自律,既要优化行政管理"看得见的手"的作用,还要充分发挥市场机制"看不见的手"的作用,更要加强文化这只"更内在的手"的引领作用,着眼于调动各个主体减少污染、节约资源、保护环境的主动性、积极性、创造性,加强法律法规约束、政策激励引导、环保技术和产业发展、社会舆论营造、价值观发展观引领,使生态经济成为最具竞争力的经济,生态文化成为最有活力的文化,生态伦理成为时代的文明标志,环境保护成为每个主体的内在要求和自我追求。

三是从粗放式管理向精确型管理转变。这是形势发展的要求,是现代行政管理发展的新趋势。要在理念、手段、技术、制度等各方面实现精确化转型,树立精确化的管理理念,构筑标准化的操作框架,借助定量化的管理手段,强化信息化的技术支撑,加强专业化的队伍保障,实现对环境基本信息的精确掌握、管理过程的精确控制,使环境管理可核查、可监督、可控制。

四是从重行政监管向重环境服务转变。环境管理作为公共管理的重要组成部分,必须回归服务本职,具体来讲就是服务发展、服务民生。环境服务的根本立场是公共环境利益,最基本的任务是为全社会最广大人民提供良好的环境公共品,最需要坚持的原则是维护环境公平正义,尤其要加强弱势群体的环境权益保障。为此,要树立服务理念,强化服务责任,加强回应性能力建设,加强公开性、透明性建设,优化工作程序,做到高效便捷,做到人性化、柔性化、贴心化。

在积极推进环境公共管理创新4个转变的基础上,实现构建和谐社会之目的。具体归结起来是4点目标。

一是协调环境利益。这是本质要求。环境问题的本质是利益问题,涉及个人与他人、个体与群体、区域与区域、当代与后代等之间的环境利益关系。创新环境公共管理就是要着眼于协调、互动、均衡、共生,形成各方利益协调体系,从而实现环境持续优化。

二是维护环境权益。这是根本宗旨。创新环境公共管理就是要更好、更有效地维护公众的环境权益,尤其是弱势群体的环境权益,使各个层面的主体都能享受到优质的环境资源,真正体现环境管理的公平正义原则。

三是规范环境秩序。这是主要目的。创新环境公共管理,就是为了进一步规范环境秩序,使各个主体依法、合理行使自己的环境权利,在谋求自身环境利益的同时,遵守环境秩序,遵行生态伦理道德,尊重他人、公众、后代的正当环境利益。

四是确保环境安全。这是基本底线。创新环境公共管理就是要应对当前环境安全隐患日益积聚,突发性事件易发、多发的形势,加强环境安全管理,消除安全隐患,确保环境安全。

三、环境公共管理创新的实现路径

环境公共管理创新首先要在方法手段上进一步丰富、进一步多元,要逐步形成依法监管、政策激励、总量控制、标准规范、文化引领、社会推动等多方发力、综合施策、相互配套的管理体系。机制建设是推进环境公共管理创新的核心,是环境公共管理创新取得实际成效的重要保障。根据当前实际,要重点建立健全7项机制。

(一)建立健全环境决策源头管理机制

事实证明,环保工作从源头抓起,防患于未然,成本低、效果好,容易使企业、社会、政府达成共识。要树立关口前移、源头治理的理念,增强管理的前瞻性、主动性和有效性,推动生态环保工作进入经济社会发展决策的前端,纳入经济社会发展一起研究部署,一起检查考核,强化环境政策、规划和重大环境问题的统筹协调;要规范环保决策行为,建立健全决策的调研、风险评估、专家论证、公众参与、绩效评价、反馈修正等一系列工作机制,实行环境保护决策的咨询、听证、公示制度,实现向主动性的转变。

(二)建立健全沟通疏导机制

一是强化环境诉求表达机制。构筑政府、企业、社会公众三方交流互动平台,让社会公众和企业及时了解政府环境管理的决策、政策措施和工作成效,让企业展示治理环境污染的决心和作为,让政府知晓社会公众和企业的环保愿景和建议要求,消除信息不对等状态,增进三者的理解互信,形成共同的环保价值取向,营造推进环保工作的合力。二是强化信息网络管理机制。随着论坛、博客、微博等新兴网络形式的迅速发展,互联网正成为社会舆论的放大器,对做好环保工作是一个考验。要深入推进政府信息公开,充实官方微博和门户网站的各项内容,强化咨询服务功能,建立完善民情观察员和网络评论员制度,积极主动发布权威信息,做好网络舆情的监测收集、分析研判、应急处置、引导、咨询、解释和沟通工作,架起环保部门与群众的"连心桥"。三是强化环境利益协调机制。要找准社会各方环境利益的平衡点,依法调整政府、公众和企业三者的环境利益关系,规范环保行为,切实加大排污者的治理代价,重奖环境保护行为,严惩违法排污行为;要按照公正、公平、合理的原则分配环境资源,发挥市场机制的自动调节功能,有效落实排污权有偿使用和交易政策,将生态环保专项资金、重大生态环保工程项目和生态补偿资金等,基本投向事关环保民生的领域,彰显环境管理的公平正义。

(三)建立健全借力推进机制

要做好借力借势文章,创新公共服务机制,构建全方位"扁平型"的网格化管理模式,努力把环境管理触角延伸到基层的每一个点。一是要借助环保社会管理组织的力量。要加强环保基层管理的服务机构建设,积极引导各种社会组织、群众组织、自治组织和人民群众有序参与社会管理,构筑"共建、共享、共推"机制;建立激励推进机制,鼓励环保社会组织和环保自治组织的发展壮大,特别是要加强农村环保自治组织建设,发挥村规民约的环保自律作用;同时要强化社会中介组织、民间环保组织培育。二是要借助社会舆论的力量。抓好环保宣传教育和社会组织动员,充分发挥社会舆论对环保工作的正面推进作用,加强环境问题警示教育,充分调动社会各界参与和监督环保工作的积极性、主动性,着力建立最广泛的环保"统一战线"。三是要借助环保法治的力量。要注重运用环保法治手段加强和创新社会管理,着力建立政府、企业、个人"三位一体"的环保信用体系,深化落实企业环保守信承诺制和环境违法行为公开道歉制,构建社会化的惩戒体系。四是要借助环保科技的力量。大力推进环保科技创新,为加快经济发展方式转变和环境管理体制机制创新提供有力的技术支撑。五是要借助国际绿色贸易壁垒的"倒逼"力量。

（四）建立健全严格的环境执法监管机制

树立零容忍的执法导向，始终保持监管执法高压态势，定期开展不同主题的专项行动，对任何环境违法行为零容忍、严打击。一要健全严管重罚的管制体系，强化部门联动，加强司法威慑，逐步转变以行政手段为主的管制办法，形成以刑罚手段为主、行政与民事手段为辅的管制体系，加大对环境违法行为的打击力度。二要实施全覆盖的监督管理，在幅度上做到末端监管、过程监管、前期监管以及项目建设阶段监管全覆盖，在空间上实行跨区域、流域共保共治，在领域上实行工业、农业、生活综合监管；完善严格的责任落实体系，强化环保部门基层站所一线监管责任，实施网格化管理、痕迹化管理，完善部门监管责任、企业自我管理责任、协会协管责任"三统一"的责任网络，做到监管责任无空白、不模糊、可监督。

（五）建立健全环境安全应急管理机制

一要进一步完善预警管理机制。以加强环境应急研判力、决策力、控制力、引导力为重点，加强排查预警，实行环境安全定期排查，动态更新环境安全数据库、应急专家库和应急预案，建立科学的预警指标体系，完善预测研判机制，强化预见性分析。二要进一步健全环境问题应急处置机制。完善环保"12369"投诉举报热线24小时接访和及时快速处置工作机制；建立"大信访、大调解、大信息"格局，构建多渠道环保维稳情报收集网络，并及时研判处置情报信息，努力把矛盾化解在萌芽状态。三要进一步加强舆情应对，完善突发性事件信息报告制度，强化应急信息管理，建立统一的媒体信息发布制度，深化民众举报、企业自报、舆论监督、政府通报相结合的信息披露制度。四要进一步健全政府主导、企业为主、公众参与的应急及救助网络。加强社会引导和动员，鼓励公众和民间团体参与应急管理，完善以家庭、社区、企业为单位的环境安全管理教育、应急能力培训，提高全社会应对环境突发性事件的意识和能力。

（六）建立健全精确化管理和政绩考核新机制

向技术要力量，向智能要效益，向数据要权威，把环保管理推向精确化、系统化、智能化。当前工作的重点是加强信息化、队伍能力、研究能力建设,实施"数字环保"工程,提高队伍监管、监测、科研能力,形成定期分析研判的机制,逐步做到环境信息说得清、环境问题说得清、决策预期效果说得清、工作成效说得清、情况发展趋势说得清;建立有利于环境保护的政府考核机制,强化地方政府的环保职能。当务之急,应改变过去单纯考核地方经济增长的做法,建立起一套有利于环境保护的地方政府生态环境考核指标体系,如生态重点保护区域应以绿色GDP考核。同时,还应建立环保问责机制。

(七)建立健全环保监管服务机制

一要进一步简化程序,实施即办制,做到简单事项立即办、复杂事项限时办、特殊事项专题研究;二要进一步突出重点,建立重点项目信息库,实行提前介入、信息公开、简化环评、一次性告知、绿色通道、跟踪服务,确保重大政府投资项目顺利实施;三要进一步规范行政行为,坚持行政处罚自由裁量权电子化平台,开展行政许可自由裁量权规范化试点,提高依法行政、阳光行政水平;四要进一步完善监管工作机制,实施行政告诫制度,健全企业监督员制度,实行提前预警制度,做到监管服务有机统一、相互促进;五要进一步规范中介服务,对环境影响评价等方面的中介服务加强管理,建设健康公平的环评服务市场。

(作者单位:丽水市环境保护局)

杭州特色潜力行业员工队伍建设研究

贾秀英

杭州十大特色潜力行业是杭州现代服务业新的增长点,根据《杭州十大特色潜力行业发展规划(2007—2020年)》,十大特色潜力行业是指美食、茶楼、演艺、疗休养、保健、化妆、女装、运动休闲、婴童、工艺美术等行业。要提升这些行业的服务水平和服务质量,员工队伍建设是关键。本文通过对以休闲服务为主题的美食、茶楼、演艺、疗休养、保健(足浴)、化妆(美容美发)和运动休闲行业员工队伍现状进行调查的基础上,分析了杭州特色潜力行业员工队伍建设中存在的主要问题,并提出了加强员工队伍建设的对策。

一、杭州特色潜力行业员工队伍的基本现状

通过走访相关行业协会,就行业的从业人员状况及人才的吸引、开发等问题进行了访谈。根据调研情况,对各行业员工队伍的基本状况分析如下。

（一）美食行业

1. 餐饮旅店行业

调研发现,餐饮旅店行业从业人员的性别比例比较均衡,无论是管理型,还是专业型、操作型的服务人员,男性比例占45%,女性比例占55%;在年龄结构上,18~25岁的从业人员所占比例最大, 约占61%,25~35岁其次,约占28%;在学历结构上,主要以初高中为主,分别占49%和26%。

2. 西餐咖啡行业

2007—2010年西餐咖啡行业的从业人数从1.6万人增加到约2万人。在性别比例上,管理型和专业型的服务人员男性所占比例较大,分别达到61%和87%,而操作型的服务人员中女性所占比例较大,约占82%;在年龄结构上,大部分从业人员处于18~25岁的年龄区间,约占56%;在学历结构上,主要以初高中为主,约占80%。

3. 酒吧KTV行业

酒吧KTV行业的从业人员处于稳步增长的过程,2007—2010年的从业人数从3万增加到4万人左右;在性别比例上,酒吧KTV行业由于其工作的特殊性,无论是管理型,还是专业型、操作型的服务人员,均以男性员工为主,35岁以下的员工占80%;学历以初高中为主,分别占30%和50%。

(二)茶楼行业

茶楼行业2007—2010年的从业人数基本稳定在7600人左右。在性别比例上,无论是管理型,还是专业型、操作型的服务人员,都以女性员工为主,均超过60%;在年龄结构上,从业人员主要处于35岁以下,其中25~35岁约占40%,18~25岁约占37%;在学历结构上,以初高中学历为主,约占83%。

(三)疗休养行业

疗休养行业的管理型和操作型从业人员主要以女性为主,分别占55%和70%,而专业型服务员工则以男性为主,约占65%;在年龄结构上,25~35岁的从业人员所占比例最大,约占36%,其次是35~45岁和18~25岁区间,分别占22%和25%;在学历结构上,以大专为主,约占40%,其次是高中和本科,分别占28%和25%。

(四)演艺行业

演艺行业的从业人员处于稳步递增的过程,2008—2010年的从业人数分别约为1200人、1300人、1400人。管理员工以男性为主,约占70%,专业型员工以女性为主,约占60%;在年龄结构上,以18~25岁的从业人员为主,约占45%,其次是25~35岁年龄区间,占35%;在学历结构上,以大专文化程度为主,约占45%,其次是高中和本科,分别占25%和22%。

(五)保健行业

足浴行业从业人员的数量较多,2007—2010年从业人数在12万人左右。在性别比例上，管理型和专业型服务员工以男性为主，分别占60%和55%，而操作型员工则以女性为主，约占80%；在年龄结构上，从业人员以18~25岁的年龄区间为主，约占54%；在学历结构上，以初中学历为主，约占60%。

（六）化妆行业

2007—2010年的从业人数从14000多人增加到24800人左右，呈稳步增长趋势。美发行业以男性员工为主，无论是管理型、专业型还是操作型员工的男性比例均达80%，美容行业基本为女性员工，约占95%以上；在年龄结构上，以25~35岁的员工为主，约占46%，其次是18~25岁区间和35~45岁区间，分别占30%和20%；在学历结构上，以初中学历为主，约占65%，高中学历的从业人员占30%。

（七）运动休闲行业

运动休闲行业的从业人数基本稳定在5000人左右。在性别比例上，运动休闲行业的从业人员以男性为主，其中管理型和专业型员工，男性比例约占70%和80%；在年龄结构上，从业人员主要处于25~35岁和18~25岁年龄区间，分别占43%和30%；在学历结构上，主要以大专和初高中学历为主，其中大专学历占25%，高中学历占30%，初中学历占29%。

二、杭州特色潜力行业员工队伍建设存在的问题及分析

（一）存在的问题

1. 供需不平衡

杭州特色潜力行业的整合和扩张对管理和服务人员的需求越来越大。根据各行业协会对未来5年行业员工需求的预估情况，其中，2015年各行业预估的员工需求量分别是：咖啡西餐行业（3万人），酒吧KTV行业（6万人），茶楼行业（8000人），演艺行业（2500人），运动休闲行业（5万人），足浴行业（15万人）。可见，杭州特色潜力行业对员工的需求量非常大。但是，由于对服务业人员的培训一直没有得到足够的重视，高层次服务人才短缺的现象还比较严重，由此导致这方面人才的需求缺口很大，远远满足不了行业发展的需要。

2. 流动性大

从调查中发现，杭州特色潜力行业员工队伍不稳定，流动性大。员工的

高流动率有很多不利影响。首先,不利于饭店服务质量的提高,长时间下去还会影响饭店客源;其次,会使团队内部产生不稳定的因素,削弱团队凝聚力。此外,因为新员工招聘要消耗人力、物力、财力,新员工的岗前培训也需要较多的投入,而加上由于操作不熟练,服务程序不规范等造成的损失,饭店会增加额外的成本与费用。

3. 从业人员素质较低

根据调查发现,大部分从业人员都只有初高中学历,且缺少专业化的培训。虽然引进了部分高层次的服务型管理人才和专业人才,但整体素质偏低,尤其是热衷于特色潜力行业的服务人员十分短缺,使得整个行业的服务质量不高,产业的蓬勃发展对员工队伍的素质提出了严峻的挑战。

(二)影响因素分析

根据访谈资料分析,杭州特色潜力行业吸引和留住员工的关键要素主要是社会认可、薪酬待遇、劳动强度、行业发展和成长空间等5个方面。

1. 社会认可度

社会认可度是访谈中提及最多的因素。在传统观念下,服务行业被认为是伺候人的工作,社会地位低人一等,因此,员工的社会压力大,一旦有更好的发展机会就会转行。提高服务性工作的社会地位,使其被社会关注和尊重,有助于提高员工的工作成就感和自我价值的实现,从而吸引和留住员工。

2. 薪酬待遇

薪酬待遇是吸引和留住人员的重要因素。服务行业的员工,特别是一线员工的工资水平普遍不高。为了获得更高的劳动报酬,一旦有机会,许多员工就会选择跳槽。因此,在杭州这样生活消费水平比较高的城市,解决员工的生活保障问题成为吸引服务工作者的重要因素。

3. 劳动强度

服务行业的劳动强度大,对员工的情绪劳动要求高。为保证顾客的满意度,服务行业一直要求员工把顾客视为上帝,把"对"让给顾客,而现在顾客的要求越来越高,对服务工作者的情绪劳动提出了很大的挑战。此外,服务工作时间长,工作内容单一等也是造成很多人不愿从事服务行业的重要原因。

4. 行业发展

杭州特色潜力行业尚处于发展的初级阶段,产业发展还很不充分。传统的餐饮业等大多难以摆脱传统的经营模式,有些餐饮业由于经营不善甚至开始走下坡路;新兴的美容、健身行业等,又因为社会上消费观念不强或消费层次不高,导致行业发展比较缓慢;而有些行业由于缺乏有效管理,导致行业形象不佳,公众接受度不高。总之,特色潜力行业的发展状况对员工的开发具有重要影响。

5. 成长空间

个人良好的成长空间对吸引和留住员工具有重要的作用。部分员工在现有的岗位工作一段时间后,由于自己的才能不能得到有效发挥,或者没有升迁机会,或者工作没有得到肯定等原因,就会对现有的工作失去信心,转而寻找更有利于实现自我价值的工作,从而导致行业员工队伍不稳定甚至流失。

三、杭州特色潜力行业员工队伍建设的对策研究

根据调研情况分析,杭州特色潜力行业属于人力资源稀缺的新兴行业,服务业总体技术含量不高,附加值低,对拥有专业知识、专业精神和专业技术的高素质从业人员有着迫切需要。

(一)提升服务行业员工的社会地位

首先,思想上要高度重视服务行业人员的培养与成长,改变“服务型人员是社会底层”的传统偏见,从思想观念上明确服务行业员工培养的迫切性和必要性;其次,政府和行业协会要重视做好服务行业的形象宣传工作,充分宣传服务行业人员工作的政策措施、引导培养和就业导向;再者,做好服务工作者的形象宣传工作,开展形式多样的评比活动,如行业先进工作者、服务模范、专业技术能手等国家级、省市级奖项的评选表彰工作,让更多的服务型员工得到全社会的认可。

(二)构建服务行业人员培养体系

员工的培养需要多方共同参与,明确多元主体之间的利益关系,建立一套相应的运行和保障机制,才能保证培养工作高效运行。

1. 政府提供政策保障

在多元主体培养模式下,要对学校、行业协会和企业进行决策指挥和组织协调,政府在其中担任着非常重要的角色。其主要职责:一是要加强信息引导,提供及时、准确、完整的市场信息,正确引导服务业人员的开发;二是

通过制定推动服务型员工培养模式实施的相关法律、政策,用明确的制度规定学校、企业以及行业协会等各方的责任和义务,为多方合作参与员工培养营造良好的社会氛围;三是优化服务业员工发展环境,加大宣传力度,提升服务业员工的公众认知度,努力增强全社会对服务业人员的文化亲和力、经济亲和力。为了调动各方的积极性,政府还要建立起对各方开展员工培养合作的激励机制和评价机制,以激发各方参与服务业人员培养的积极性。

2. 学校实施员工培养

学校在服务行业员工多元主体培养模式下的职责主要体现在两个方面:其一,学校作为人才培养的主体,应发挥其教学功能。在专业与课程体系的设置安排中,应多渠道、多层次、多形式了解员工市场需求状况,把握行业发展的格局和趋势,主动适应经济结构调整、经济发展和社会的全面进步,特别是高职院校,可以在办学中体现鲜明的行业特色,贴近职业岗位的需要。其二,成立实践(实训)指导工作委员会。该委员会成员主要应由学校实践(实训)部门负责人、企业人力资源部门主管和企业高级技术人员等组成,其基本职能是根据企业及市场需求的现状和变化,提出学生实践环节的具体要求和具体内容安排。

3. 行业协会提供技术支持

随着政府职能的转变,对企业的管理、监督、服务等部分职能将逐步转移给行业协会。服务业行业协会是由服务业内资深职业教育专家、行业专家、企业领导以及政府相关部门组成的。其主要职责:一是组织制定行业标准,引导人力资源流向;二是定期召开各种交流会,向学校和行业企业提供信息交流平台,做好本行业的核心人才(员工)开发倡导,组织行业内的各种大型人员引进、培训教育活动;三是通过各种方式宣传、激励本行业的优秀人员,大力营造本行业尊重知识、尊重人才的良好氛围;同时,作为中介机构的行业协会,还应当承担起监督学校和企业双方合作具体执行的全过程,评定校企合作培养实际绩效,及时反馈信息。

(三)加强服务行业员工的队伍建设

1. 加强管理型服务员工的队伍建设

特色潜力行业是引领消费时尚的行业,行业特性要求经营管理者要有丰富的理论知识做指导,扎实的实践经验做后盾,广泛的社会阅历做基础。

特色潜力行业的经营管理者在具备科学化管理素质的同时,还应是具备战略思想的创新型人才,能紧跟时代潮流,善于把握市场脉络,迎合市场需要,不断推出符合市场需求的消费产品。因此,要通过外部引进和企业培养并举的方式加强管理型服务员工队伍的建设。企业应面向社会,以优厚的待遇、宽松的工作环境,吸引社会精英来充实壮大企业的管理队伍。除了从社会上引进优秀人才之外,特色潜力行业还要注重企业内部培养,加强内部的管理培训,致力于培养、提高管理人员的能力。

2. 加强专业型服务员工的队伍建设

根据市场需求,不断完善专业型服务员工的评价体系,采用科学、规范的评价手段对其技术水平进行科学评价,使之规范化、制度化。其一,确立考核评价标准,健全评价体系。将政府考核、同行评议和社会评价结合起来,逐步建立起以职业能力为导向,以工作业绩为重点的科学评价体系。其二,成立职业技能鉴定中心,按照不同行业和地域分布,逐步形成覆盖全国的权威性的技能人才鉴定体系。其三,规范就业准入制度,营造良好氛围。按照国家有关政策,努力在各行业和企业推行职业资格证书和劳动准入制度,提高服务业从业人员的职业素质。

在专业型服务员工的队伍建设中,可实行资历架构计划,以提升从业人员的专业能力,具体做法可以借鉴香港、英国等地的资历架构项目。

3. 加强操作型服务员工的队伍建设

在服务行业中,一线员工扮演着重要的角色。他们是实现顾客满意的决定因素,是企业形象的塑造者,企业文化的传播者。满意的员工才能创造满意的顾客,因此,加强操作型服务员工的队伍建设对服务行业的发展起着至关重要的作用。

(1)共建心理契约

心理契约是个人将有所奉献与组织欲望有所获得之间,以及组织将针对个人期望收获而有所提供的一种配合。员工的工作满意度是企业心理契约管理的重点和关键,共建心理契约的意义在于它有助于实现人力资源的自主能动开发。心理契约管理的目的,就是通过实现员工的工作满意度,进而实现员工对组织的强烈归属感和对工作的高度投入。企业可通过共建愿景的方式来加强心理契约的建设,激励员工为实现愿景而奋斗不息。共同愿景能够使全体员工紧紧地团结在一起，淡化人与人之间的个人利益冲突，形成锐不可当的巨大的凝聚力。在企业文化中加入共同愿景，就等于为企业注入了无法衡量的永恒的价值和取之不尽的潜能。

(2)培育员工自豪感，提高内在的奖励价值

自豪感是工作出色时人们内心所充溢的满足感。自豪感与员工的工作表现以及企业的经营业绩紧密地衔接在了一起。企业与一线员工分享企业使命、远景与目标，有利于形成内部一致的目标和方向，激发员工的热情并将员工的行为整合引导到企业使命、远景与目标所规定的方向上来。开展服务精神教育，树立正确的服务观念；教育员工职业没有高低贵贱之分，只要通过自身的努力创造价值，就值得尊重；使员工成为为绅士和淑女服务的绅士和淑女，并具有职业自豪感；同时，给予一线员工一定的工作自主权。

(3)人文关怀的组织文化

以人为本的组织文化主要表现为：坚持为员工服务、凝聚员工的力量、为员工的发展服务。关注员工的全面利益，激发其工作、创新的积极性是人力资源开发的基础性工作。应注重企业内部广大员工的精神文化需求与交往需求，满足其多层次、多方面的需求。不但要关注企业员工个体的全面利益，而且还要协调员工之间的利益，在保证按劳分配的基础上，同时也要照顾到每一位员工的基本利益要求，从而充分调动员工参与的积极性、主动性。

(四)营造有利于员工发展的环境

首先，要尊重员工、关心员工，让员工能得到发展。服务行业要真正认识到员工是企业发展的宝贵资源，各级管理人员更是企业发展的倚重力量。其次，打造学习型组织。企业要努力将自己打造成学习型组织，在企业里倡导勤奋好学、积极向上的精神，营造"不学则退"的氛围，让员工在学习中不断进步。再次，引入竞争机制。科学、适度的竞争有助于员工成长和才能发挥，特色潜力行业要适度营造人才竞争的氛围，要为管理型服务员工创造不断发展的空间。

(作者单位：杭州师范大学)

创新投入机制
提升浙江新农村建设质量

　　——基于余杭、开化新农村建设投入问题的调研与思考

李建新

　　省十二次党代会提出了统筹推进新型工业化、新型城市化和新农村建设的重大战略，要求以"以工促农、以城带乡建设新农村"的战略思想，把城市和农村作为一个整体来加以规划建设。只有新农村建设上去了，才有利于加快缩小城乡人居环境、基础设施、公共服务和社会事业方面的差距，让全省农民与城市居民共享现代文明成果，为全省新型工业化、新型城市化的健康发展提供和谐稳定的社会基础。只有新农村建设跟上时代的步伐，才有利于实现城乡人口、产业、资源、要素的合理布局和优化配置，形成城乡经济社会发展一体化的新格局，为全省新型工业化和新型城市化的快速发展提供持续不断的有力支撑。面对目前农村建设基础仍较滞后、资金投入明显不足的实际，只有通过投入机制的创新，才有利于发挥有限公共财政资金的最大效益，更好地集聚全社会的资源，进一步加快浙江新农村建设的步伐。本课题组在对余杭区和开化县开展实地调查的基础上，就目前新农村建设投入现状、初步成效及制约因素等方面存在的问题进行了深入的研究，力求提出进一步加大投入力度、探索创新浙江新农村建设投入机制的政策建议。

一、两县(区)新农村建设的主要进展与特色

按照"多予、少取、放活"的方针,浙江于2002年率先在全国进行了农村税费改革,相继实施了补农支农的一系列惠民利农政策。同时,各级财政不断调整支出结构,逐年加大对"三农"的投入。据调查,余杭区2008—2010年3年间,全区财政预算投入共计768495万元,其中,农林水事务类54917万元。2007—2009年,村庄环境整治建设总投入约9亿元,其中区镇(乡和街道)财政投入65990万元,村集体和农民投入24300万元。开化县2006—2010年,"三农"财政专项资金总投入11.82亿元,其中省以上财政专项资金8.99亿元,县财政资金2.83亿元。事实表明,财政资金投入的不断增长对现代农业发展、农村基础设施和公共服务体系建设发挥了至关重要的作用。

1. 高效生态农业加快推进,农业现代化经营水平不断提升。据调查,余杭区目前已建成省级农业园区10多家、市级都市农业示范园区46家,区级特色农业园区32家,粮食生产功能区2.2万亩;农业产业化经营水平快速提升,区级以上农业龙头企业118家,其中产值超亿元的龙头企业16家;培育发展农民专业合作社1790家,联结基地21.54万亩;现有注册农产品商标520多个,全区农产品品牌经济年总量近20亿元。开化县现代特色农业稳步发展,名茶战略成效显著,开化龙顶品牌价值凸显,成为农民增收的重要支柱产业。"十一五"期间全县新增黑木耳生产基地3个,新发展清水鱼等生态渔业养殖445亩,完成竹林低改6100亩、油茶低改6500亩;新增省级农业龙头企业2家、农业专业合作社72家,农业组织化水平和市场对接能力不断提高;全面完成集体林权制度主体改革,并成功入选全国林改典型县。

2. 农村环境面貌发生巨大变化,基础设施建设大力推进。余杭区将改善环境作为新农村建设的突破口,坚持整合协调、综合治理、建管并举,以"清洁绿化、健康文明"行动为载体,促进基础设施均衡化为目标,全面实施垃圾清理、农村改厕、河道池塘清淤、村道硬化绿化、生活污水治理、文体休闲等基础设施建设。到2009年,全区258个村庄分3批完成了第一轮整治任务,同时完成了第一轮"十村示范、百村整治"工程,共实施重点整治村215个,建成"全面小康示范村"35个,新农村"星级村"创建覆盖面超过80%,目前正在大力推进美丽都市乡村建设。开化县结合下山搬迁,积极推进人口内聚外迁,2010年全县下山搬迁589户2259人;以建设生态乡村为载体,累计建成25处集镇和163个村的生活污水治理设施,发展户用沼气9987户,卫生改厕7227户,城乡生态环境进一步改善;启动了全国小型农田水利重点县建设,改善灌溉面积3.73万亩,完成2万亩标准农田质量提升和1万亩农发工程建设,农业基础设施不断完善。

3. 农民社会保障制度建设全面推进,农村基本公共服务快速覆盖。余杭区农村社会保障已实现广泛覆盖,基本建立了"城乡统筹、全民共享"的城乡居民基本养老、基本医疗保障体系。目前,全区参加各类养老保障人员突破60万人,参保率达到80%;参加医疗保障的人员86万人,参保率达99.6%。等级公路通村率100%,村村实现通公交目标;农村安全饮用水覆盖率100%,建成区镇村3级公共卫生服务网络,拥有社区卫生服务站178家。开化县农村公共服务和社会事业发展水平也得到明显提高。农村公路建设"双百"目标如期实现,3个乡镇60个村的电气化建设顺利通过省级验收;2011年在全省率先完成城乡居民社会养老保险参保缴费工作,参保人数15.15万人;农村五保、城镇"三无"对象集中供养率分别达到96.7%和100%;城乡居民医疗保险参保率分别达到92.7%和90.1%,报销医药费4708万元,46.9万人次受益;完成1300户农村困难群众住房救助。

二、两县(区)新农村建设的主要问题及原因分析

由于历史原因和体制机制上的问题,加上农村建设历史欠账多,以及农业产业回报周期长而不高、农村基础设施建设的公益性和非盈利性特点,尽管对"三农"的投入在绝对数量上每年都在增加,但与农业、农村和农民的需求相比,新农村建设发展的成效仍是初步的、低水平的,投入总体仍显不足,结构不尽合理,资金投向、使用管理等有待进一步完善。

1. 财政资金投入依然不足。从两县(区)反映的情况来看,财政资金在城乡分配上仍不均衡,总体还是偏向城市,特别是农林水事业类投入资金仍然偏少,投入结构仍不尽合理。2010年,余杭区农林水事业类投入为54917万元,占全区"三农"财政总投入的17.5%,真正用于农业生产、农田水利和农业公共服务的财政资金并不多;而全区财政总收入为120亿元,土地出让金收入则高达146亿元,差异十分明显。开化是浙江省重点欠发达县之

一,2011年还被列入省特别扶持的重点欠发达县名单,3年将实施三大类40个项目,计划总投资15.25亿元,其中省财政特别投入6亿元,尽管投入力度史无前例,但县里自筹资金的压力仍然很大。为保护钱江源头,县里关停水泥、矿山企业等影响的税收达2亿元左右,而目前一年拿到的生态补偿资金为4500万元;实施下山搬迁,财政给每人补助资金5600万元,而一个农户异地新住房的投入至少在10万元以上。

2. 支农资金整合尚未破题。从调查反映的情况来看,一方面是财政资金投入不足,而另一方面是现有的财政资金也没有完全用好、管好。目前财政资金管理主要还是使用条块分割的形式,一些支农专项资金在性质上虽有相同或相近的地方,但其资金归属和分配权分属不同部门,列支不同的科目,使政府财力分散,投入重点不突出,容易出现资金浪费、重复补助等问题,致使投资效益大打折扣。据统计,余杭全区与农业农村工作关系较为直接的各类扶持政策有70余项,而这些政策涉及的资金管理使用涵盖了财政、科技、水利、农业、林业、国土、扶贫、交通、电力、教育、卫生、文化、民政等10多个部门,可想而知,其协调难度之大。在资金拨付上,不同来源的资金拨付渠道不一致,造成资金沉淀或"跑冒滴漏"现象时有发生。同时在一些项目的推进中,管理制度不够完善,部分业主存在着"申请项目积极,实施项目消极;争取资金主动,建设管理被动"的现象。尽管两县(区)在政策和资金整合上也进行了积极的探索,但无论进展还是效果均不理想,主要原因在于部门之间思想难统一,也缺乏明确有效的协调机制。

3. 社会投资支持有待激发。推进新农村建设,不仅是各级党委、政府的职责,同时也是全社会的共同事业,离不开社会各方的积极参与。从调查反映的情况来看,当前主要问题表现为:一是工商资本投入"三农"动力不足。由于农业项目往往是单位面积投资少、税源少、用工少,而用地指标制约大、融资难度大、双重风险大,致使不少工商企业进入农业存在畏难情绪。余杭区采用多种激励措施,近4年来通过联乡结村到位项目资助资金6500万元,工商企业参与村级物业建设项目24个,总投资达3亿元,这与余杭区整个经济发展水平是不相适应的。二是金融支农活力不足。由于农业信贷涉及面广、单笔数额小、风险因素多、有效抵押物少等原因,"三农"信贷资金总量不足的问题仍然突出,农民、农业主体和农村中小企业贷款难也未从根本上解决。开化县这主面的问题更为突出,全县2006—2010年,通过群众投工投劳折资、企业自筹、银行贷款、招商引资等形式带来的社会投资仅为1.82亿元。

4. 区域发展差距十分突出。近几年两县(区)在缩小城乡差距上都取得了较大成效,但由于两者在所处区位、原有经济基础、发展规划控制等方面的差异,表现在区域上的发展差距十分明显。这充分反映出我省在统筹区域发展上面临的突出问题,也是实现"十二五"时期全面建成惠及全省人民小康社会目标的重点和难点。从两县(区)的实际情况来看,2010年,余杭区全区实现生产总值628.83亿元,人均GDP突破1万美元;财政总收入120亿元(土地出让金收入146亿元);农村居民人均纯收入15617元,城乡居民收入比为1.85∶1;2011年新农合人均筹资额800元。2010年开化县全县实现地区生产总值70.98亿元;财政总收入5.77亿元(土地出让金收入不足5亿元);农民人均纯收入7399元;2011年新农合人均筹资额285元。上述数据表明,两县(区)在GDP、财政总收入和人均收入及新农合人均筹资额等方面的差距分别为9倍、20倍和2倍以上。

三、创新浙江新农村建设投入机制的对策建议

党的十六届五中全会通过的《建议》明确提出,"建设社会主义新农村是我国现代化进程中的重大历史任务,要加快建立以工促农、以城带乡的长效机制。"所谓以工促农,就是要改变农业和农村经济在资源配置和国民收入分配中所处的不利地位,加大公共财政支农力度,让公共服务更多地深入农村、惠及农民。所谓以城带乡,就是妥善处理城乡关系,切实维护农民的合法权益,加快改变城乡二元结构。为此,必须牢固树立把有效解决"三农"问题作为全党工作重中之重的理念,把不断加大工业反哺农业、城市支持农村的力度,作为我国一项长期的基本政策和制度安排,建立完善"政府主导、农民主体、金融支持、部门协同、社会参与"的"以工促农、以城带乡"的长效机制。

1. 建立专项基金,着力建立和完善财政支农资金稳定增长的长效机制。同步推进工业化、城市化与农业现代化,加快建设新农村是我省"十二五"规划建议和纲要提出的基本要求。而同步推进"三化"的首要问题就是

要进一步加大公共财政对新农村建设的投入，让农民平等参与工业化、城市化进程，公平分享工业化、城市化成果。必须进一步强化统筹城乡搞建设的意识，把农村基础设施、公共服务和人居环境的改造作为政府应承担的公共职能之一，进一步调整城乡建设投资结构，真正把建设的重点转向农村；必须明确公共财政要更多地用于"三农"建设发展，务必保障公共财政更多地润泽农村，更广地惠及农民；要进一步调整国民收入分配格局，优化建设资金投向和结构，大幅度增加对"三农"的投入，大力促进教育、文化、卫生和社会保障的城乡统筹安排和统一制度建设；新增财政支出要真正体现加大向"三农"倾斜的力度，新增预算固定资产投资更多地用于"三农"，进一步落实和不断提高土地出让金用于农村建设的政策；为确保公共财政能够持续稳定地增加对新农村建设的投入，要像水利基金、教育基金那样，设立专门的新农村建设基金，从制度安排上落实新农村建设的资金来源，真正形成支农资金稳定增长的长效机制；同时，要加快推行"一事一议"财政奖补制度，更好地推动"户外村内"农村小型基础设施建设，加快改善农村民生，建立新形势下村级公益事业建设的投入机制。

2. 强化项目整合，着力建立和完善支农资金的良好运行机制。从现实来看，支农资金整合是一个复杂的系统工程，不仅涉及各个涉农部门，而且还关系到现行体制机制的创新。目前，比较现实的选择是，总结发扬各地比较成功的实践探索，由易到难、由简到繁，加快推进。一是要进一步明确资金整合的项目平台，围绕重点项目来整合。从省里来讲，以"二区"建设为重点的现代农业、推进城乡统筹发展的中心村培育建设、以村庄环境综合整治为载体的美丽乡村建设等，可以率先成为省财政支农资金整合的平台，加以积极尝试。二是明确资金整合的责任主体。凡属农口部门自身内部的项目资金整合，项目主管部门为责任主体，负责本部门内部支农资金的整合；涉及农口部门之间的项目资金整合，在省财政指导下，由项目牵头单位会同成员单位共同做好支农项目的共建；涉及各涉农部门之间的项目资金整合，则由财政部门牵头，会同各相关部门共同做好支农项目的建设。三是建立年度会商机制。无论何种层次的项目安排，在确定年度计划前实行相关部门参加的联席会议制度或交流协商制度，进而形成"财政牵头、部门联动、目标一致、责任清晰、合力共建、成果共享"的支农资金整合新机制。同时,要进一步强化财政支农资金的使用管理。重点完善明确资金目标绩效,控制项目数量,提高支持标准;加强完善项目管理,严格各项责任制度;强化监督检查,积极试行对专项资金进行整体绩效评价,尽早建立实质性的以支农资金使用效果为导向的激励机制,做到对使用效益显著的项目单位,在今后的项目申报和资金安排上给予优先考虑。

3. 集聚各方资源,着力形成社会力量参与新农村建设的激励机制。加大金融服务创新力度,强化政策助农、信贷强农、机制便农、服务惠农。进一步鼓励商业银行、农村信用合作联社等金融企业,实施城乡一体化经营,充分发挥县域商业金融主渠道的作用;要对支农信贷业务税收、不良贷款核销、因信贷支农需要而必须保留的亏损金融网点予以一定的财政政策支持等优惠政策,大力鼓励各类金融企业支持农村基础建设,支持辐射面广、带动力强、发展前景好的上规模、有特色、科技型的农业产业化龙头企业;以农村信用体系建设为重点,加强政府部门和农村金融机构协同合作,积极鼓励和支持金融机构开展农户信用档案征集和农户信用评级工作,扩大评定面、增加授信额度;针对农业贷款小额、短期、缺抵押担保的现实,积极稳妥地支持农民专业合作社开展社员资金互助合作和村级资金互助合作组织;通过土地资源开发利用等方面政策的积极调整和部门服务作风的切实改进,大力引导更多的工商企业到农村投资和发展;大力鼓励工商企业出资设立区域性的新农村建设公益基金,不断拓宽民营资金参与新农村建设的投入途径;加强舆论宣传,努力营造全社会关心、支持、参与建设社会主义新农村的浓厚氛围。

4. 统筹区域发展,着力强化上下联动的特别帮扶机制。2011年年初,为加快欠发达地区实现跨越式发展,跟上全省发展的步伐,省委、省政府专门出台政策,明确从2011年起,对全省经济发展比较落后、生态保护任务最繁重、地理位置最偏远的开化等12个县(市、区),省财政将连续3年,每年筹资16.8亿元,围绕扶贫开发、产业发展、公共服务三大重点,实施为期3年的特别扶持。从2011年以来的实际建设情况看,一是效果明显,二是力度不够。根据浙江的财政实际,有必要也有条件将这一政策至少再延长3年,支持力度再上一个台阶。同时,积极借鉴杭州市正在进行的"强城带乡、强工补农"、"城乡联动,一体发展"的做法,在全省范围实施经济强县与欠发达县之间在"产业共兴、资源共享、乡镇结对、干部挂职、环境共保"等方面的全方位协作，着力改进和提升我省已实施多年的山海协作方式，以市场需求为导向，真正改变长期以来单一的"输血式"帮扶，将政治任务和市场需求融会贯通，建立起互利共赢的利益机制，有效解决城乡区域统筹中动力不足、难以持续的"顽症"。

（作者单位：省农办新农村建设处）

新农村建设中亟待解决的
民营中小企业安全生产问题刍议

黄孟岳

　　"建设社会主义新农村是我国现代化进程中的重大历史任务。"这一历史任务按照"生产发展、生活宽裕、乡风文明、村容整洁、管理民主"的思路,向国人宣示了清晰务实的工作主线,向世界发出了坚定而自信的"中国信号"。这是中国全面建设小康社会和现代化建设的希望所在。在这坚定而自信的声音里,蕴藏着一个古老民族面对全新挑战的无穷勇气,饱含着一个执政党面对人民群众的神圣责任,传递着一个国家面对全社会的庄严承诺。为此,中共中央总书记胡锦涛曾强调,要从建设中国特色社会主义事业的全局出发,深刻认识建设社会主义新农村的重要性和紧迫性,切实增强做好建设社会主义新农村各项工作的自觉性和坚定性,积极、全面、扎实地把建设社会主义新农村的重大历史任务落到实处,使建设社会主义新农村成为惠及广大农民群众的民心工程。由此可见,建设社会主义新农村,事关全面建设小康社会和现代化建设全局。笔者认为,加快建设社会主义新农村必须注重解决乡镇民营中小企业安全生产中存在的"老大难"问题和"新难题"。

一、乡镇民营中小企业安全生产中的"老大难"问题和"新难题"

(一)"老大难"问题

　　多年来,在乡镇民营中小企业安全生产工作中,笔者认为,主要存在以下"老大难"问题:

"老大难"问题之一：高危行业集中度高

乡镇民营中小企业中有非煤矿山资源开采、加工与利用型企业，也就是说靠山吃山，靠水吃水。如非煤矿山、化工、服装加工、皮革制造、电渡业、船舶修造、竹制品以及满足当地民生需要的经营企业等。这些生产、经营企业多为高危行业企业，隐患多、事故多。一些地方招商引资门槛过低，化工集聚度较高的区域，整体规划、布局不尽合理，安全基础设施薄弱，工艺水平落后，安全隐患随处可见。

"老大难"问题之二：安全生产条件差

大多数企业安全生产条件达不到国家和行业标准，生产工艺落后，设施设备陈旧，"低、小、散"企业面广量大，生产、仓储、居住"三合一"企业比较普遍，存在着严重的安全隐患。一些企业的厂区拥挤不堪，不要说消防通道，就连正常的走路都非常困难。受经济利益的驱动和急功近利的致富心理影响，乡镇民营中小企业大多数安全生产投入少，主要靠降低投入与生产标准，投产后又不按标准提取安全生产费用，缺乏维持简单再生产和安全继续投入的资金保障。因此，许多企业安全生产条件既先天不足，又后天缺失。

"老大难"问题之三：安全管理制度不落实

乡镇民营中小企业主要负责人一般是谁投资，谁担任。由农民到企业家的身份转换，缺少法律、专业知识和管理能力的支撑。因此，企业安全生产责任制落实不到位、安全生产管理较为混乱、安全教育培训不到位，安全管理意识、安全管理能力相当脆弱，不会管、管不好的现象相当严重。反映在安全生产方面多为不知道什么是安全隐患，也不知道隐患在哪里，更不会处置隐患。因此，违章指挥、违规生产造成事故频发。

"老大难"问题之四：从业人员安全技能低下

走进一些企业厂区，只见许多张花花绿绿的安全生产标语醒目地挂在墙上和走道上，可是，当被问及安全生产最基本的常识时，多数工人基本上是一脸茫然。乡镇民营中小企业从业人员通常是一些农村剩余劳动力，安全生产知识相当匮乏，极大部分是初中文化，这种低文化程度制约了员工劳动安全技能的掌握和提高。农民工聚集在劳动密集型企业中劳动强度大、安全风险程度高的岗位上，加上企业培训工作不能严格执行，农民工自我保护能力不强,违章作业,致使伤害自己、伤害别人、被别人伤害的事故经常发生。从近年来事故死亡人数统计分析,有2/3的死亡者为农民工,而且有70%以上的事故伤亡人员是在企业工作不到1年的员工,90%以上事故是由违章指挥、违章操作、违反劳动纪律等人为因素引起的,其教训十分深刻。

"老大难"问题之五:电力设施落后,火灾事故多发

改革开放之前,乡镇村电力设施设备均按照一般照明需求安装。改革开放之后,乡镇村企业迅猛掘起,电力设施设备长期超负荷运行,再加上企业因生产经营需要乱接乱拉现象较为普遍,电力设施设备绝缘老化引发的火灾事故、触电事故不断发生。

(二)"新难题"

近年来,在乡镇企业大发展中,安全生产"老大难"问题尚未根本解决,随着新农村建设的深入推进,安全生产又面临着一些"新难题"。

"新难题"之一:新农村建设规划中村工业功能区的难题

从县域乡镇村规划情况看,新农村建设规划中村工业功能区处于缺失状态,依托当地农业资源深度加工业、来料加工业、乡村低耗低排放工业无法进入村工业功能区,既影响了乡镇村经济的发展,又产生了新的"三合一"企业安全隐患。

"新难题"之二:农村建房增多带来新的难题

当前,除乡镇村统一建造住宅外,随着农民收入的不断增加,许多地方农民旧改新、平改楼。在建筑施工过程中,多数农民盖房无设计、无资质,施工人员也多为左邻右舍的农民,没有经过专业培训,房屋建设质量安全没有保障。

"新难题"之三:乡乡村村通路后带来新的安全难题

乡镇村道路村村通后,日益富裕的农民有能力、有条件购买小汽车、摩托车、农用车作为代步和运输工具。由于乡镇村道路交通警力严重缺失,乡镇村发生的道路交通事故呈迅猛上升态势。

"新难题"之四:农村公共聚集场所安全新难题

农村森林景观、乡村休闲旅游业、"农家乐"业,网吧、酒吧、歌舞厅、集贸市场等等像雨后春笋从无到有,由少到多,然而对这些公共聚集场所的

安全问题监管职责不清,监管力量严重不足。

"新难题"之五:安全领域不断拓展的新难题

由于农业生产力水平的提升,农业、渔业、养殖业等农村小工业逐步实现机械化、电器化,随之带来了电网、电工、机械安全等新的安全监管难题。

"新难题"之六:安全监管力量不足的新难题

高速发展的生产力和严重滞后的安全监管力量,与人民群众对安全生产的强烈愿望存在严重反差。由于乡镇安全监管机构人员、装备的限制,出现对乡村企业安全生产监管缺位和空挡。乡镇政府在履行安全生产职责上权责不对等,一旦发生事故,追究乡镇政府的责任,但《安全生产法》没有赋予乡镇政府安监职权,导致出现乡镇政府有责无权的局面。乡镇安监工作人员极不稳定,使安监工作缺乏连续性。

二、加强乡镇民营中小企业安全生产工作的思考

一起起带血的事故,应该让人警醒。然而,在现实中,这些警示常常会在经济快速发展的诱惑下失去效力。当我们将过错归咎于劳动者的安全意识缺乏时,是否应该想到在发生的一系列安全事故中,我们的政府相关部门该承担起怎样的具体责任呢? 对这些中小企业和加工厂家,又该施以何种规范有效的管理和监督措施呢?

(一)对安全生产必须有一个新的更高的认识

安全生产事关广大人民群众生命财产安全,事关地方经济社会发展稳定大局,事关政府的形象和诚信。重视安全生产,也不能停留在"口头"上,也不能停留在"口号"上。抓好安全生产,必须要有"铁的面孔"、"铁的手腕"、"铁的纪律"、"铁的措施"。安全生产"宁可听骂声","不愿听哭声"。笔者认为,中小企业安全生产工作中存在的"老大难"问题与"新难题",中小企业事故频发和一些地方发生职业危害群体事件,究其原因,一是一些地方政府过度注重经济发展;二是许多地方,一讲到建设社会主义新农村,首先想到的就是拆旧房建新村,把建设社会主义新农村等同于韩国的新村庄运动,单纯地建设新村庄;三是生产经营单位安全生产法制意识淡薄,安全生产主体责任不落实,隐患排查整改和防范监管措施不到位,制度和管理不健全。教训是沉重而深刻的。在发展社会主义市场经济的过程中,一些地

区和部门不能正确处理安全与生产、安全与效益、安全与发展的关系,出现了忽视安全生产的倾向,有的甚至见利忘义,"要钱不要命"。这些问题必须予以高度重视。

加强安全生产工作,首要的是解决思想认识问题。必须充分认识到安全生产绝不仅仅是一般的生产问题,它直接关系到党的工作大局。重大特大事故不仅会造成严重的直接经济损失,而且对事故发生地区和单位的经济发展也会造成重大的负面影响;重大特大事故往往造成恶劣的社会影响,引发许多复杂的社会问题,如果处理不当,还会酿成社会动荡;重大特大事故往往造成群死群伤,给人民的生命财产造成严重损失,甚至使群众感觉缺少安全感,严重损害党和政府的形象。由此可见,安全生产既是经济问题,又是一个严肃的政治问题。

解决思想认识问题的关键在于必须站在"科学发展"的高度来对待安全生产工作。反映在安全生产上,就是必须确保人民群众的生命财产安全,使广大人民群众有一个安稳的工作环境、生活环境。人民群众的利益是一个综合体,内涵是多方面的,而保证其生命财产安全是最起码的要求,也是广大群众最关心的问题。如果重大特大事故迭出,群众的生命财产安全受到威胁、遭受损失,那么,我们党和政府的宗旨如何体现? 代表最广大人民的根本利益从何谈起?"安全搞不好,如何向老百姓交代?"各级政府要充分表达对人民群众的深厚感情,体现对人民生命财产安全高度负责的精神。时刻以此警醒自己,看到自己肩负的重任。牢记我们党始终代表最广大人民的根本利益,必须把安全生产这个"人命关天"的大事时刻放在心头;牢记我们党的宗旨是全心全意为人民服务,在安全生产上绝不能麻木不仁,置若罔闻;牢记社会主义市场经济越发展,安全生产越重要,正确处理安全生产与各方面的关系,把安全摆在生产经营工作的第一位,做到在任何时候、任何情况下,安全第一不动摇。

"生存权"和"健康权"是劳动者最基本的权利。我们必须清醒地认识到,劳动者的"生存权"和"健康权"一旦丧失,再谈保护其"经济利益、民主权利和精神文化权益"就毫无意义。搞建设、谋发展的最终目的是让人民群众过上更加美好的幸福生活。发展是硬道理,但不能以牺牲人的生命为代价。劳动者是国家的主人,如果以牺牲劳动者的安全与健康作为代价来发展生产,那就从根本上违背了社会主义生产的目的,失去了发展社会主义生产的意义,违背了我们党和国家的宗旨,也违背了现阶段党中央提出的"科学发展观"、"以人为本"的方针。在建设社会主义新农村中,要把关系到各行各业、关系到千家万户的安全问题切实解决好,正确处理好速度、质量、效益、政绩的关系,切忌片面追求效益和政绩,坚决守住安全生产这条"高压线"。

(二)居安思危,警钟长鸣,实现安全生产,重在防患于未然

浙江省基于中小企业多,家庭作坊式加工业多,这样一个特殊的产业背景,无论从发展阶段、产业结构、技术装备、员工素质,还是从管理水平等方面来看,安全意识、安全基础还较为薄弱。目前,全省在建和即将开工建设的工程项目数量多、分布广、摊子大、施工环境复杂、建设条件艰苦,面临着许多安全风险,事故发生率会随时增加,给安全生产带来更加严峻的考验,安全监管难度增加,安全生产任务更加繁重。越是在"生"与"死"的关键时期,越要绷紧安全生产这根弦,全面加强安全生产。预防为主,这既是多年来我们吸取血淋淋事故教训积累的宝贵经验,也是我们从事安全生产工作的重要方针。安全生产要咬住"隐患"不放松,安全生产是实打实、硬碰硬的工作,要树立"放过一个事故隐患,等于埋下一颗定时炸弹"的忧患意识,切实把查找安全隐患提到"责任重于泰山"的高度,强化"人命关天"这一理念,切实抓好隐患的消除工作,从源头上消除事故的苗头,不让隐患有存身之地。"良医者,常治无病之病,故无病;胜人者,常治无患之患,故无患也。"只有常怀忧患意识,保持清醒头脑,于无事时寻出有事,才能在有事时化为无事。当前,重点工作是要对道路交通运输、非煤矿山、危险化学品工业领域、建筑施工领域、机械制造和水上作业等行业领域,开展全面排查并消除隐患。只要发现问题,该整改的迅速整改,该停工的立刻停工,该停用的坚决停用,不能姑息任何借口,不能放过任何隐患。只有治理一项隐患,才有可能避免一起事故,增加一份安全。

(三)安全重在管理,管理重在现场,现场重在落实

企业是安全生产的责任主体,对安全生产负责。政府是监管主体,责任是严格执行企业准入制度,监督企业依法履行安全生产。采取断然措施消除安全生产隐患,是各级政府部门应该思索和解决的问题。我们再也不能

在工人多次付出鲜血和生命的代价后,才唤起对安全生产的重视。搞好安全生产,必须求真务实,真抓实干,关键在抓落实。为加强安全生产工作,党中央国务院、省委省政府作出了一系列决策部署,制定了许多法律法规和政策措施,反复强调、三令五申。至今各类安全生产事故仍然处于高发态势,主要是生产经营单位在安全生产中存在侥幸心理,对已制定的法律法规和政策措施不能落实到位。在市场经济的运行机制下,企业作为独立法人,是市场竞争的主体。搞好安全生产有利于保护劳动者,调动劳动者的劳动积极性,从而提高劳动生产率;有利于生产经营单位的生产经营活动正常进行,从而获得较好的经济效益;有利于树立良好的企业形象和诚信;有利于企业的长远发展和壮大。当前必须狠抓制度落实,要以治大隐患、防大事故,把主要精力放在那些可能导致重大特大事故的重点隐患、突出问题的解决上;狠抓有法不依、有章不循、纪律松弛、责任不到位的现象,坚决纠正安全生产"说起来重要,干起来次要,忙起来不要",过于注重短期内经济指标的增长,而忽视了安全效益的行为,促使企业依法准入、依法生产、依法监管。只要我们每一个法人单位,不论规模大小,都扎扎实实地按照安全生产的要求来规范自身行为,勤于检查、督查,就一定能够实现安全发展。

要坚持围绕中心、服务大局,自觉地从大局高度来思考谋划安全生产工作;要坚持以人为本,自觉地用科学发展观和安全发展理念统领生产工作;要坚持求真务实、真抓实干,选择好开展安全生产工作的有效载体、内容、手段、方法和措施等等,持之以恒,常抓不懈;要坚持与时俱进、开拓创新,不断推动安全生产工作动态监督的新机制。要突出预防为主,着力加强事故事前防范;要突出依法监督,着力加强责任落实;要突出基层组织建设,着力加强干部的履职能力。只有这样才能够真正预防和减少伤亡事故和职业病的发生,切实维护劳动者的安全与健康。

安全是企业永恒的主题。必须时刻把安全生产牢牢抓在手上,并贯穿于安全生产的每一个环节,无论何时何地、何种情况都要多一点未雨绸缪,少一点亡羊补牢。安全生产直接关系到社会的和谐与稳定,关系到广大从业人员的生命和家庭幸福,是一个企业生存的命脉。我们要彻底改变事故非要等到出了人命才被重视和解决的现象。国人要发展,但不要血淋淋的发展。搞好安全生产,让劳动者有安全感,对企业、对社会有认同感,激发劳动者的工作积极性,提高劳动生产率,获得更好的经济社会效益,推动经济社会科学发展、安全发展。

(四)完善安全生产法律法规,强化乡镇政府权威是关键

市场经济条件下,政府职能主要是管理社会公共事务。安全生产是关系民生的重要社会事务。《安全生产法》第8条明确了政府安全监管职能,但只规定"县级"政府以上,在现行条件下,很多工作如果没有乡镇政府的具体组织和参与,不可能收到实质性成效。因此,必须明确乡镇政府设立安全监管机构、安全生产监管职能、人员编制。

在对乡镇中小企业及乡村公路、农用船、农用车、农房建设、旧房改造、公共聚集场所等的安全监管上,乡镇政府较之县市直管具有情况熟、距离近、时间短的明显优势。因此,解决乡镇中小企业安全生产中存在的问题,就必须赋予乡镇政府安全生产行政执法权限,只有这样,才能保障乡镇政府实施有效监管。可根据《行政处罚法》有关规定,开展委托执法。委托主体是县级安监部门,委托对象为乡镇人民政府或经县级编委批准设立的安监站(所),委托事项主要是日常安全监管、隐患排查、适用简易程序的行政处罚权限、适用一般程序的调查取证权和立案建议权等。这样,就可以充分发挥法律法规的强制力和乡镇政府安监工作的威慑力。

(五)建立乡镇辖区专家网络,消除安全监管的"盲点"

随着乡镇经济发展的普遍提速,各乡镇发展的重点和经济产业结构各具特色。不少乡镇领导最担心的就是安全生产,深感如履薄冰。加上乡镇主要领导交流频繁和安监工作人员变更较快,专业素质常常与监管对象业务要求不对口、不适应,严重影响了监管的实效性和权威性。尽管一次重大事故发生后,各地都会轰轰烈烈地进行整治,该拆的拆,该补的补,可现实却依然让人揪心。危险的厂房仍在眼前矗立,该关闭的小化工厂还在偷偷生产,该炸毁的小矿山还在明目张胆地开采,该废弃的机器还在隆隆地运转,悲剧也正是在这样的背景中一次次重复。如某县的一位政府官员曾坦诚地说:"有的地方存在重大的安全隐患已有时日,有的甚至就在眼皮底下,知道危险,知道是应该停产,但就是没办法去管,这些乡镇、村的小企业实在太多管不过来啊!如果把这些乡镇、村企业都停了,那么多人吃饭怎么办?这种事,我有时真的不敢想它的后果,想想晚上都睡不着觉啊!"在经济快

速发展的同时,安全生产基础脆弱的"警灯"也不时亮起。目前,在这些企业中,尤其是一些老企业和乡镇的小企业,有相当一部分的安全设施与主体工程的"三同时"建设没有跟上,造成许多安全生产先天"欠账"。一些企业安全责任主体不明,没有按照《安全生产法》的规定落实安全保障措施;而安全监管基本属于"失控"状态,有时最多是应付性地搞一次突击检查,草草了事。由于这些乡镇、村企业严重违规操作,安全隐患随处可见。在浙江省,这些中小企业绝大多数分布在乡镇、村,而大多数乡镇还没有建立有效的安全监管网络,也未全面配备必要的专职安监人员,绝大多数企业实际上处于安全监管的"真空地带"。为此,建立"专家组查隐患,企业搞整改,政府抓督办"的隐患排查整改机制尤为必要和紧迫。同类工业企业相对集中的乡镇,可建立小型专家组,专家组可就近聘请当地企业安全工程管理人员和附近大专院校、科研机构专家担任,既负责本区域工业企业的安全隐患排查与咨询、评价工作,同时又可向其他乡镇提供技术服务。

(六)完善新农村建设规划中的安全规划,夯实安全工作基础

建设社会主义新农村,一个很重要的任务是要建设既有利于生产力持续发展,又有利于人居的良好环境。在新农村建设中要加强农村的基础设施建设和生态建设以及人居环境治理。从生态、生产、生活3个方面着手改变农村的自然生态环境。笔者认为,这些问题确实应该引起各级党委和政府的重视,认真地加以解决。新农村建设落实到具体操作层面上,需要先有一个科学合理、符合实际的发展规划。由此,各级各部门在制定新农村建设规划时,一要注意考虑和安全生产相关的内容,要突出规划乡、镇、村工业化目标,居住区域与工业区域相分离,可以规划为农村区域经济集聚区,将安全规划列为总体规划的重要组成部分,认真研究安全规划项目、规划重点和规划前景,确保新规划、新项目的实施;二要在安全设施审查、安全设计、安全验收上实现提前介入,避免在项目建成后留下新的"三合一"安全隐患;三要在旧村改造项目上,必须考虑安全事项,使旧村项目的安全"老大难"欠账问题得到逐步解决。通过强化安全规划,夯实农村安全发展基础,防止安全事故发生,提高农村安全生产水平。

(作者单位:省总工会劳动保护部)

农业虚拟企业构建研究

邱　妘

一、引言

　　食品安全事件的屡屡发生、生态文明问题的不断暴露,或多或少都与我国粗放型农业生产和经营模式有关。在中央连续11年将一号文件锁定在农业问题之后,温总理在今年的政府工作报告中再次强调:"坚持把解决好'三农'问题作为全部工作的重中之重,进一步强化强农惠农政策,协调推进工业化、城镇化和农业农村现代化",预示着国家将在"十二五"期间着力解决农业产业化问题。回顾改革开放以来农业发展的轨迹,也可以清楚地发现:从家庭承包到农业社会化服务、农业产业化经营,再到农业企业化管理和产业集群,现代农业发展无一不伴随着农业经营模式的创新和农业生产经营体系的变革。当前,现代农业发展方式转变,不仅面临工业化、城镇化、市场化、国际化带来的机遇和挑战,而且也面临信息化、网络化、虚拟化不断加快的机遇和挑战。

　　基于此,本文旨将虚拟企业和农产品供应链理论有机结合,探索以农产品供应链为纽带,以虚拟企业为载体,围绕现代农业发展所需要的产前、产中、产后服务,将辐射带动广大农户的农产品生产、加工、流通、营销企业集聚于虚拟企业之中,研究这种基于农产品供应链的信息化、网络化的动态联盟——农业虚拟企业的构建,为我省现代农业发展方式转变提供新的思路,以从根本上提高我省农业产业的竞争力。

二、农业虚拟企业概念框架的确立

(一)农业虚拟企业的内涵

农业虚拟企业是一种全新的农业生产经营模式。它是将虚拟企业理论运用于农业生产、经营领域的一种创新,是指围绕现代农业发展所需要的产前、产中、产后服务,将能够动员组织广大农户和从事农产品生产、加工、流通、营销的企业,以市场机遇为导向,以农产品供应链为纽带构建的动态联盟。可以说,这是对自然、技术、物质、人力等资源的优化与整合,其内涵体现在:(1)农业虚拟企业能够快速响应市场机遇;(2)农业虚拟企业具有突出的整体竞争力;(3)农业虚拟企业的盟员关系具有动态性和市场性。

(二)农业虚拟企业的特征

1. 目标

农业虚拟企业的经营目标是最大限度地整合农业资源,提高农业生产的整体效益,从而实现农业生产的可持续发展。具体来看,农业虚拟企业有以下几个目标:(1)把握快速变化的市场机会;(2)扩展企业边界,保持对重要供应商的控制;(3)提高自身核心能力;(4)控制产品质量,提高食品安全程度;(5)减少环境污染,提高产品绿色度和生态文明程度。

2. 生命周期

农业虚拟企业的存续时间较实体企业要短暂。在市场机遇来临时,盟主企业立即选择合适的合作伙伴,组建农业虚拟企业,并投入运行,完成生产、加工、营销等一系列工作。在机遇消失时,农业虚拟企业也可随即解散。因此,农业虚拟企业是一种多生命周期的组织模式,可以根据市场机遇的出现和消失周而复始,不断循环。

3. 结构模式

农业虚拟企业以零散农户和个体加工者为上游,以核心企业为中心,以分销者和零售者为下游而组建动态联盟(如图1)。其中,参与联盟的有从事种植生产的农户、小规模加工的个体户,也有负责分销、零售的经销商,这与典型的制造型虚拟企业有很大的区别。当盟主企业为加工企业时,上下游之间的关系由加工企业进行协调管理,整体统领农业虚拟企业的运作;而当盟主为物流企业时,物流企业主要在供应链中发挥连接作用,为多个上下游环节提供物流服务,保证农业虚拟企业正常运行。

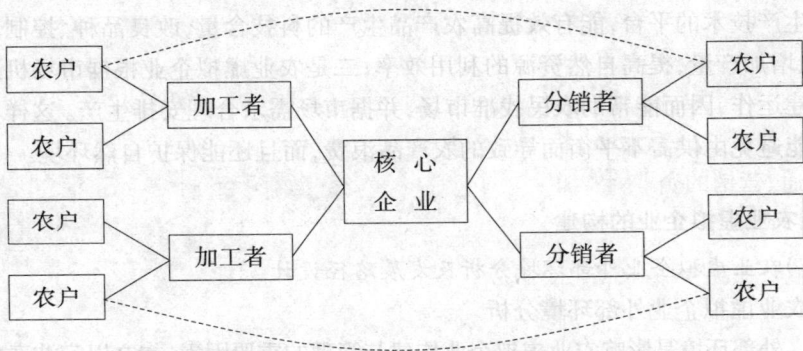

图1 农业虚拟企业概念图

(三)农业虚拟企业构建的现实意义

1. 农业虚拟企业的构建将有助于加快农产品的市场响应速度,增强农业组织参与市场竞争的能力。农业虚拟企业是一种以市场机遇为导向的组织模式,借助其合作网络,盟主企业能迅速组织农产品的开发、生产直到售后服务的整个流程,以最快的速度对市场作出反应。

2. 农业虚拟企业的构建为政府提供了发展农业的新思路和新方法,为农业企业提供了新的运作模式和管理理念。我国众多农业企业存在着资金少、技术低、质量差、品牌弱等问题,难以适应日趋激烈的市场竞争环境,更难以应对工业化、城镇化、市场化、国际化带来的挑战,组建农业虚拟企业可以解决上述问题,从而为政府提供转变农业发展模式的新思路。

3. 农业虚拟企业的构建能为广大农户提供正确的生产指导,成为他们增加收入的新途径。首先,农户可以借助虚拟企业联盟及时了解国家相关的政策法规,并据此及时调整其农产品生产策略,有效利用资源。其次,农业虚拟企业的构建,可以作为引进农业生产技术的一个有效平台,提高农户生产活动的科学性。这样,能够节省农民在一些非核心活动中可能耗费的资源,有利于提高农民的生产效率,从而提高农民的收益。

4. 农业虚拟企业的构建有利于农产品质量和资源利用效率的提高,增加农业生产的环保效益,实现农业的可持续发展。农业虚拟企业在农业生产中对环境的作用,主要体现为两个方面:一是农业虚拟企业作为引进先进生产技术的平台,能有效提高农产品生产的科技含量,改良品种、控制质量、增加产量,提高自然资源的利用效率;二是农业虚拟企业根据市场机遇组建运作,因而能帮助农民找准市场,并据市场需求合理安排生产。这样不仅能避免由供需不平衡而导致的农产品浪费,而且还能保护自然环境。

三、农业虚拟企业的构建

(一)农业虚拟企业外部环境分析及发展路径设计

1. 农业虚拟企业外部环境分析

外部环境是影响农业虚拟企业构建与管理的重要因素。本文以宁波奉化水蜜桃供应链为例,调查了水蜜桃供应链上中下游农户和农业企业的生产经营情况,以及他们对农业虚拟企业概念的了解和参与农业虚拟企业的意愿。

奉化水蜜桃现有栽培面积4.5万亩,其中溪口、萧王庙、大桥3个基地镇乡分别有1.32万亩、0.74万亩和0.36万亩,有面积超千亩的水蜜桃专业村7个,超500亩的重点村11个。在七月中旬到八月初水蜜桃达到旺季时,桃农们大都以边摘边卖的形式自行销售,通常由家庭成员分工协作,委派妻子或丈夫去市场卖,其他家庭成员在桃园摘。由于农户们选用不同品种,使水蜜桃分批成熟,所以很少有农户雇人采摘。

与奉化水蜜桃农户的访谈中,我们发现:(1)奉化水蜜桃主要有以下3种销售渠道:桃农们自行到市场上直接销售;利用"农家乐"旅游销售;获得企业订单,销售给从事农产品加工生产的农业企业。(2)广大农户并不知道农业虚拟企业的概念及其能给自己带来的益处。(3)广大农户也无意识寻求与企业的联盟,参与农业虚拟企业。

在调研奉化水蜜桃供应链的基础上,笔者又检索了我省有关农业虚拟企业的相关政策、制度或文件,结果为空白。由此,我们有理由认为农业虚拟企业的外部环境为:(1)农产品供应链并不完整、完善;(2)作为农业虚拟企业重要组成部分的广大农户缺乏对农业虚拟企业的基本了解;(3)目前尚无政策制度体系来支撑农业虚拟企业的组建与发展;(4)组成农业虚拟企业的盟主企业和盟员(农户和农业企业)都缺乏对信息技术平台的了解与应用。

2. 农业虚拟企业发展路径设计

基于以上分析,笔者认为,农业虚拟企业在浙江的组建与发展,应根据不同农产品供应链的现状循序渐进、逐步推进。具体发展路径与步骤如下:

(1)加强宣传与培训,让潜在盟主和盟员充分了解农业虚拟企业内涵及能给自己带来的益处。只有让潜在的农业虚拟企业参与者充分了解,组建农业虚拟企业不仅能使自己对市场反应的敏捷性得以提高,还能使自己的核心竞争力得到提升,这样,他们才有积极性发起组建或参与组建农业虚拟企业。

(2)政府出资搭建信息交互平台,以帮助参与农业虚拟企业的广大农户和农业企业能在相互信任的基础上,共享信息资源。信息交互平台是农业虚拟企业运营与管理的技术支撑,作为政府公共服务的组成部分,由政府出资建设完全可行,也十分必要,这在浙江制造业产业集群的运营、管理中,已有先例。

(3)基于信息交互平台的支持,由具有销售渠道的农业企业为盟主,与农产品供应链上游的固定农产品供应商(农户)、从事农产品加工的农业企业以及下游的分销商或零售商签订协议,或由具有较强生产加工能力的农业企业为盟主,与上游农户及下游分销商和零售商签订协议,组成动态联盟——农业虚拟企业。

(4)农业虚拟企业构建之后,政府还应出台相应的政策、制度,帮助农业虚拟企业规范内部管理,协调外部关系;同时,作为发起人的盟主企业也应召集农业虚拟企业的所有参与者,共同商讨利益共享、风险共担的机制,这样,才能在市场机遇存续期间,促使盟主、盟员协同努力,创造出共赢共利局面。

(二)农业虚拟企业的建立与运行

农业虚拟企业能否在我省农业经营模式的变革中真正发挥作用,一个重要问题就是农业虚拟企业整个运行过程的设计与实施。农业虚拟企业运行过程主要包括:市场机遇的寻找、盟主企业的自身评价、合作模式的选择、盟员的评估与选择、农业虚拟企业的构建、农业虚拟企业的管理、农业虚拟企业的解散。

1. 市场机遇的寻找

农业虚拟企业是一种为捕捉市场机遇而存在的临时性组织,为此,盟主企业在组建农业虚拟企业之前的首要任务是识别市场机遇。市场机遇识别的关键在于对市场环境的分析,预测未来市场的发展变化,从中捕获市场机遇。企业有时可能面临多个机遇,但由于资源的限制,必须对所出现的机遇有所取舍,可根据自身资源和可能取得的外部资源的情况,通过定性与定量分析相结合的方法,选择出最有价值的机遇。

2. 盟主企业的自身评价

当盟主企业识别出市场机遇后,就需要分析、评价现有产品、现有资源,尤其是自身的核心竞争力是否能够满足市场机遇实现的需要,寻找企业现有资源和能力与新产品要求的核心竞争力之间的差距,重点规划具体资源和能力需求以及当前缺乏的资源和能力,为下一步合作模式选择和盟员企业选择提供依据。

3. 合作模式的选择

在浙江农业生产与农产品供应链现有模式下,笔者认为,可由具有销售渠道或较强生产加工能力的农业企业作为盟主组建农业虚拟企业,盟主企业可以自有的产品品牌为基础,把精力主要用在产品设计、市场管理和品牌经营方面,利用省内外现有的固定供应商(农户)和农业生产企业,以及国内外著名物流或营销商的营销网络进行虚拟经营,采取"借鸡生蛋"的虚拟生产策略和"借网捕鱼"的虚拟销售策略,整合各成员的资源优势,营造农业虚拟企业的核心竞争能力。

4. 盟员的评估与选择

农业虚拟企业的组建过程是盟主企业选择盟员(农业企业和农户)结成动态联盟以及盟员企业认可市场机遇的过程。一般情况下,虚拟企业的组建由盟主响应市场机遇而发起,并由盟主权衡各种因素,全面考察潜在的合作伙伴,确定最优的盟员构成方案,继而确定各盟员的参与方式。在浙江农业虚拟企业构建过程中,笔者认为盟员的选择应考虑以下原则:(1)核心能力的互补性;(2)盟主、盟员文化的相融性;(3)经营目标的一致性;(4)网络联系的方便性;(5)参与者的相互信任性。

5. 农业虚拟企业的构建

盟员选定后,盟主企业必须制定农业虚拟企业运行的各种规则,与盟员协调,通过组织结构的确定、过程的重组和优化、利益/风险机制的建立、企业文化和管理制度的建设、各项标准的制定、信息网络的利用和保护等一系列工作,完成农业虚拟企业的构建。农业虚拟企业是以利益为驱动的,农业虚拟企业能否合理地制定利益分配机制是其能否成功运作的关键,因此,浙江农业企业在构建农业虚拟企业时,还应考虑互惠互利的原则、结构利益最优化原则、利益和风险相匹配原则,以及个体合理原则。

6. 农业虚拟企业的管理

农业虚拟企业构建后,其管理的终极目标是将农业虚拟企业系统中的人流、物流、资金流统一以信息流的形式进行表达和处理,以项目为纽带,通过信息网络系统对农业虚拟企业实施智能管理。管理的具体内容包括:信任管理、生产任务管理以及运作的监督管理。通过对农业虚拟企业进行管理,实现为客户及时提供质量好、成本低、效用高产品的经营目标。

7. 农业虚拟企业的解散

当市场机遇实现之后,农业虚拟企业就有可能按协议自动解散,或根据新的市场机遇的需要,重新续签合同契约。农业虚拟企业存续期的长短,取决于它所捕捉的机遇存续期的长短。以品牌、营销网络等为核心竞争力构建的农业虚拟企业,其存续期取决于品牌的市场持久性以及营销网络的完善性和拓展性,一旦品牌失去了市场的认可,营销网络失去了相应的市场竞争力,农业虚拟企业也就失去了存在的必要,即行按协议自动解散。农业虚拟企业解散期管理的主要内容包括:项目中止识别、综合绩效评价、利益分配及解散后的事务处理。

四、结束语

当前,"三农"问题仍然较为突出,是政府、社会关注的重点。而"三农"问题的核心是要转变农业生产经营模式,提高农业生产经营效率,使广大农户能与农业企业联结在一起,从而达到提高农民收入、改善农民生活水平、实现农业产业化发展的目标。针对农户、农业产业链的发展,本文提出构建农业虚拟企业的思路,帮助农户参与到由农业企业发起的农业虚拟企业中,可以使农户提升对市场的反应速度,降低农产品滞销等生产经营风险,从而保障广大农户的利益。

(作者单位:宁波大学国际交流学院)

后 记

当前,党校的干部教育事业正处在一个新的起点上。新形势、新阶段、新任务,都对党校的改革发展提出了新的更高要求。如何全面把握提高党校教学管理科学化水平,进一步推进党校教学整体转型;如何真正做到让马克思主义中国化最新成果系统进课堂、进头脑,把提高干部的思想政治素质和执政能力贯穿于教学全过程;如何有效地增强教与学的主动性和创造性,建立健全系统化、协调化、高效化的管理体制机制;如何紧紧围绕浙江省委、省政府的重大战略部署开展教学;如何更好地服务与落实我省"八八战略"和"两创"总战略,加快推进经济转型升级,这是党校教育工作必须破解的重要课题。

近年来,浙江省委党校始终坚持在各主体班次中推进研究性教学,使学员在学习中研究、在研究中学习,其中课题研究就是一种重要形势。2011年,省委党校秋季中青班学员按照教学要求,紧紧围绕省委、省政府重大战略部署,就浙江经济社会发展中的难点热点问题,深入基层调查研究,总结经验,探讨对策。这是培养学习型、创新型干部的重要途径,对于领导干部进一步开阔思路、提高理论与实践能力将起到积极的作用。同时,学员们根据课题分工,撰写了相关论文,不仅可以使自己得到提高,也可以相互交流学习,有关对策建议还可以供省委、省政府领导及相关部门决策参考。

在论文指导过程中,王祖强教授、何圣东教授、陈时兴教授、向新民教授、石婷婷教授、王立军教授、徐竹青教授、陈愉愉副教授、李涛副教授、包海波副教授、郑燕伟副教授、袁涌波副教授等付出了很多努力,向他们表示由衷的感谢。教务处和学员部的同志也为本书编辑、修订和校对做了大量耐心细致的工作,在此一并致谢!

由于时间仓促,作者和编者水平有限,书中难免存在错漏和欠妥之处,恳请各位专家、读者批评指正。

中共浙江省委党校教务处
学员部

2012年1月